WHY원자력이 필요한가

WHY WE NEED NUCLEAR POWER

나의 손주 스카일라, 미카 그리고 에바.
미래는 그들의 것이다.
화석연료를 사용함으로써 우리세대가 만들어낸 문제들을
반드시 우리가 해결하여야 한다.

한국어판 서문

지구 기후 변화의 영향들과 싸우고, 전 세계적으로 심각해지고 있는 환경 문제들에 대응하기 위하여 이 책을 썼다. 2014년 이 책이 영문판으로 출간된 이래, 전 세계는 유례없는 속도로 뜨거워지고 있고, 빙하와 빙상이 더욱 빨리 녹고 있으며, 해수면은 상승하고, 해양 산성화가 진행되고 있으며, 폭풍은 더욱 심각해지고 있지만, 각국 정부들은 CO_2 감축 목표를 달성하지 못하고 있다.

주로 석탄이나 천연가스를 태워서 전기를 생산하는 것이 CO_2 생성의 가장 큰 원인이다. 전기 생산이 지구온난화에 기여하는 것을 줄이거나 막는 것이 가장 핵심인데, 이 목표를 달성하기 위해 전기 생산의 여러 대안들을 탐구하는 것이 이 책의 목적이며, 여러 대안들의 장점과 단점들을 비교하되, 원자력을 중점적으로 살펴볼 것이다.

이 책은 세 부분으로 나뉘어져 있다. 제1부에서는 온실가스에 의한 지구온난화의 과학적 기초를 자세히 살펴보고, 석탄, 천연가스, 태양광, 풍력, 원자력 등 여러 에너지원들의 장점과 단점들을 평가해 볼 것이다. 또한 재생에너지는 여러 가지 한계를 가지고 있어서 지구온난화 문제를 해결하는데 충분하지 못함을 밝히겠다. 그래서 원자력의 사용이 늘어나야 하는 이유들을 설명하겠다.

제2부는 방사선에 관한 것이다. 방사선 물리학의 역사적 발전

과정을 살펴보고, 방사선이 분자, 세포 및 인체에 미치는 생물학적 영향을 기술하겠다. 또한 우리 모두가 어떻게 자연으로부터 발생하는 배경방사선에 노출(expose, 피폭)되고 있는지를 설명하고, 우리의 세포들이 방사선에 의한 손상을 복구하는 능력을 어떻게 개발해 왔는지를 설명하겠다.

제3부에서는 우라늄 채광, 방사성폐기물 및 원자력 사고 등을 포함하여 원자력 발전의 위험성을 분석하겠다. 쓰리마일 아일랜드, 체르노빌 및 후쿠시마의 주요 원전 사고들이 환경 및 보건에 끼친 자세한 영향들을 논의하겠다. 마지막 장은 원자력 발전에 관한 잘못된 믿음들을 비판한 후, 어떻게 원자력이 핵심적인 역할을 해서 저탄소 미래 에너지 시대로 발전할 수 있는지 설명하겠다.

나는 이 책의 한국어판이 발간되는 것에 매우 고무되어 있다. 그런데 왜 굳이 한국어판이 필요할까? 첫째, 한국은 1970년대부터 현재까지 매우 오랫동안 성공적인 상업용 원자력 발전의 역사를 가지고 있다. 한국은 세계에서 다섯 번째로 많은 원자로를 운용하고 있으며, 원전을 수출하는 국가이다. 둘째, 한국은 세계에서 일곱 번째로 온실가스 주로 CO_2를 많이 배출하는 나라이다. 그 이유는 한국이 석탄, 석유 및 천연가스에 크게 의존하고 있기 때문이다. 셋째, 현 한국 정부가 풍력과 태양광을 강조하면서 40년에 걸쳐 발전시켜온 원자력 발전을 퇴출시키는 정책을 펼치고 있기 때문이다. 그러므로 한국인들에게는 원자력과 다른 에너지원들에 대해 편향적이지 않는 과학적 정보를 한국어로 제공하는 것이 중요하다. 이 한국어판이 그러한 정보를 제공하기를 희망한다.

2020년 1월 20일
마이클 H. 폭스

추천사 1

그래도 원자력이다

한갑수

(국회의원, 환경부 차관, 농림부 장관, 한국산업경제연구원 원장 역임)

본인은 환경부 차관으로서, 그리고 지난 2005년에는 중저준위 방사성폐기물 처분시설 부지선정위원회 위원장을 맡아 원전 문제에 깊은 관심을 두고, 우리나라 원전산업을 지켜보았다.

근래 미세 먼지가 기승을 부리자 매일 아침 먼지 농도를 살피고 마스크를 챙겨야 할 만큼 1급 발암 물질인 미세 먼지는, 이제 우리의 일상생활을 위협하는 공포 수준에 이르렀다. 중국발 미세 먼지에 대한 적극적 저감 대책을 요구하는 것도 중요하지만, 국내 발생원에 대한 엄밀한 조사를 통해 미세 먼지를 획기적으로 줄이는 노력도 필요한 지금이다.

이런 관점에서 공장 매연, 노후 경유차 등과 함께 미세 먼지를 가장 많이 배출하는 석탄화력발전 비중을 줄이는 게 핵심 과제로 등장했다. 그러나 현 정부가 밀어붙이고 있는 탈원전 정책은 미세 먼지 저감은 물론 지구적 차원의 온실가스 감축에 크게 역행하고 있다.

나는 환경단체나 환경론자들이 대표적 청정에너지인 원전을 반대하는 것을 이해할 수 없다. 그들이 내세우는 태양광·풍력 등 재생에너지도 친환경 에너지이다. 그러나 재생에너지는 정부가 계획 중인 원전 축소의 공백을 메우기에는 아직 규모가 너무 작고, 전력을 안정적으로 공급하기에는 여전히 어렵고 불안하다.

원전은 석탄이나 액화천연가스(LNG) 발전에 비해 미세 먼지, 황산화물, 질소산화물 배출이 현저히 적은 친환경 에너지원이다. 하지만 정부의 원전 가동 축소 방침 이후 석탄 및 LNG 발전이 그 공백을 메우면서 미세 먼지 발생을 부추기고 있다. 우리나라는 2017년 OECD 회원국 중 온실가스 배출 증가율 1위라는 불명예를 안은 바 있다.

이처럼 정부가 앞장서서 탈원전 정책을 밀어붙이면서 미세 먼지를 잡겠다는 이율배반적인 국가 에너지 정책을 펴고 있어 정말 안타깝다. 세계가 부러워하는 국내 원전 산업은 붕괴 일보 직전에 이르고 있는 지금, 원자력계에 희망을 주는 책 한 권이 번역되었다. 영국의 권위 있는 옥스퍼드대 출판부가 펴낸 『WHY 원자력이 필요한가』를 이 분야의 석학인 KAIST 조규성 교수가 번역을 맡아 오랜 수고 끝에 출판된다는 반가운 소식이다. 환경론자적인 측면이라는 이 책의 부제 또한 흥미롭다.

저자인 마이클 폭스 교수는 미 콜로라도대학의 환경 및 방사선 보건학과 교수로 평생 봉직해 왔다. 이 학과는 미국에서 가장 큰 환경 보건 프로그램 중 하나로 방사선 보건을 핵심 커리큘럼에 포함시킨 본산이기도 하다. 또 폭스 교수는 아름다운 로키산맥 기슭에 태양광 패널을 설치한 자택에 살고 있는 재생에너지를 선호하는 환경주의자이면서도 한 국가의 산업이 제대로 지탱되려면 원전이 필요하다고 강력하게 주장하는 분이다.

마이클 폭스 교수는 세계 3대 원전사고(쓰리마일 아일랜드, 체르노빌, 후쿠시마)의 현장을 찾아가 조사한 다음 "그래도 원자력이다"라는 결론을 내리고 있다.

이 책은 과학 선진국 영국이 다시 원자력을 시작하면서 영국민들에게 원자력의 가치를 이해시키기 위해 옥스퍼드대 출판부가 펴낸 명저이다.

에너지 빈국(貧國)인 대한민국이 21세기 들어와 원전이란 최첨단 에너지를 수출하는 강국이 되었다. 2019년 차세대 한국형 원전인 'APR1400'은 미국 원자력규제위원회(NRC)로부터 안전성 인증까지 받아내는 쾌거를 이뤘다. 이는 미국 정부가 향후 APR1400의 미국 내 건설을 허가한다는 안전 확인 증명서이기도 하다. 우리 정부가 원전이 안전하지 않다며 탈원전으로 문전박대를 하는 사이 미국 NRC는 한국 원전의 우수성을 인증하고, 전 세계에 널리 알린 셈이다. 이는 원전 강국인 프랑스와 일본을 제치고 따낸 성과이기에 전 세계가 놀랐고, 코리아의 자긍심을 이룬 큰 역사적인 일이었다.

환경단체의 거센 목소리도 잘 듣고 있지만, 문재인 정부가 들어서면서 그들의 주장은 만고의 진리가 되는 경향이다. 지난 3년간 문재인 정부의 탈원전 정책으로 인한 원자력 인프라 붕괴로 손실 비용이 500조 원이 넘는다고 주장하는 학자도 있다. 게다가 지난해 한전 적자는 1조 4천억 원에 이르렀다.

우여곡절 끝에 아랍에미리트(UAE)에 수출한 한국형 원전인 바라카 원전 운영권마저 반 토막이 나고 있는 지금, 이 책 『WHY 원자력이 필요한가』는 전 국민에게 원자력의 소중한 가치를 일깨우는 지침서가 될 것으로 사료된다.

2020. 3. 31

추천사 2

탈원전의 골리앗 망령에서 벗어나게 되기를

정근모

(국제원자력대학원 대학교, KAIST 초기 설립자, 부원장, 교수, 과기처장관 역임)

중국 우한에서 갑작스럽게 발생한 코로나로 전 세계가 팬데믹에 신음하고 있다. 이처럼 지구촌이 갑작스러운 역병으로 우울한 지금, 그나마 반가운 것은 마이클 폭스 교수의 『WHY 원자력이 필요한가』라는 책이 KAIST 조규성 교수의 번역으로 시의적절하게 발간된다는 소식이다.

폭스 교수 자신은 신재생에너지 열혈 지지자이지만, 신재생에너지는 미세먼지나 지구온난화의 주범인 석탄을 줄이거나 대체할 수 있을 만큼 대량으로 전력을 생산할 수 없으며, 전 세계적으로 증가하고 있는 전력수요를 따라잡을 수 없다고 주장하고 있다. 또 폭스 교수는 화석연료를 태우는 일로 인해 대기로 방출된 엄청난 양의 CO_2를 줄이는 전 지구 차원의 전략으로 그가 내린 최종 결론은 '원자력이 필요하다'이다.

폭스 교수의 이런 원자력 예찬론을 다시 한번 입증하는 해답이 바로 한국형 원전인 APR1400이다. 현재 산유국인 아랍에미레이트(UAE)의 바라카에 4기가 건설되고 있으며, 최근 4기 중 1기가 운영

허가를 얻어 얼마 전부터 시운전 중에 있다. 또 APR1400은 미국과 한 팀이 되어서 미래 원전 시장을 주도하게 될 가능성도 가지고 있다. 이처럼 원자력 발전은 글로벌 기후변화와 에너지 문제 해결 측면에서 미래의 가장 중요한 전력원임이 국외에서 인정되고 있다.

그러나 우리나라에서는 지난 3년간 문재인 정부의 탈원전 정책이 많은 문제점을 파생시키고 있다. 이승만·박정희 대통령이 애써 일으켜 세운 원자력 산업 생태계가 붕괴하고 있으며 전 세계가 부러워하는 수출경쟁력이 증발할 위기에 처해있다. 또 유능한 원자력 인력의 국외 유출과 국내 원자력 관련 대학과 대학원의 전공 기피 현상이 극심해지고 있다.

지난해 문재인 정부의 월성1호기 영구정지 결정을 지켜보면서 UAE 원전 건설을 자문했던 본인을 비롯하여 에너지 관련 학계 원로들은 "이산화탄소 저감을 위한 전 세계적 노력으로 신재생에너지 확대는 바람직하지만, 원전도 현실적 대안으로 적극 활용해야 한다"고 간곡하게 건의한 바 있다.

또 월성1호기를 계속 가동하면 연간 2,500억 원 이상의 LNG 발전 비용을 절감할 뿐만 아니라 연간 4백만 톤 이상의 온실가스 배출을 줄일 수 있어 1,600억 원의 사회적 비용을 추가로 절감할 수 있다는 경제성 분석이 발표된 바 있다.

현재 문재인 정부의 일방적인 탈원전 정책에도 불구하고, 전 국민의 80%가 원전을 지지하고 있으며, 문재인 정부는 자국의 원전 생태계를 무너뜨리면서 수출은 하겠다는 자가당착에 빠져있다. 이런 돈키호테식의 코미디 정책은 세계 어느 나라에서도 그 유래를 찾아볼 수가 없다.

이 책을 발간한 영국에서 1760년대에 시작된 산업혁명은 프랑스

혁명과 더불어 유럽의 근대 사회 성립에 가장 결정적인 영향을 끼친 일대 사건이었다. 전 세계로 파급된 기계의 발명과 기술의 변화, 그리고 이로 인하여 일어난 사회·경제상의 코페르니쿠스적 혁신을 가져왔다. 이런 산업혁명을 주도한 영국이 2020년 지금, 책 제목 그대로 'Why We Need Nuclear Power'를 묻고 있다. 그리고 산업선진국 영국이 한국형 원전 도입을 간절히 기대하고 있다는 점은 시사하는 바가 크다. 나는 권위있는 영국의 옥스퍼드대 출판부에서 이 책을 펴낸 점에 크게 주목하고 있다.

그뿐만 아니라 환경단체와 환경주의자들의 거센 반발 때문에 한동안 원전을 사양길로 내팽개쳐온 미국도 새로운 에너지원으로 원전 건설을 준비하고 있으며, 특히 우리나라 원자력 기술에 큰 관심과 협력의 손길을 보내고 있다. 이처럼 전 세계가 한국형 원전을 주목하고 있는 지금, APR1400은 향후 인공지능 기술과의 접목으로 경제성과 안정성이 더욱 개선될 수 있으며 고부가 가치를 가져올 수 있을 것으로 기대된다.

여전히 탈원전의 미몽에서 요지부동인 문재인 대통령을 비롯한 정부, 여당 권력자들에게 더 늦기전에 하루속히 탈원전 정책의 폐지를 촉구하면서 이 책이 탈원전이라는 골리앗 망령에서 벗어나는 전 국민의 필독서가 되기를 소원한다.

2020. 3. 31

聖 村 鄭 根 謨

감사의 글

수년간 '방사선 생물학'을 강의하면서 이 책에 대한 아이디어가 시작되었다. 그러나 대학원생들을 가르치고 지도하느라 책을 쓸 여력이 좀체로 나지 않았다. 은퇴를 한 후에야 글을 써야겠다고 생각하고 있던 중 학생들이 나를 고무시키고 자극했다. 과학자로서 길을 가던 내게 학생들은 내 삶의 중심이 되어 있었던 것이다.

그동안 그들과 함께 연구하고 일하는 것이 나의 가장 큰 즐거움이었고, 늘 내 삶을 풍부하게 채워주었다. 이 책은 그들이 없었더라면 존재할 수 없었을 것이다.

또한 콜로라도 주립대 내 우리 학과의 여러 과학 분야 동료들이 깊은 관심을 갖고 소중한 의견을 주었다. 이들은 모두 세계적인 과학자이자 같은 길을 걸어온 친구다.

방사선 생태학자인 워드 위커(Ward Whicker)는 원고에 나오는 과학적 사실들이 정확한지 확인해 주었으며, 내가 계속 글을 쓸 수 있도록 용기를 북돋아 주고 조력을 아끼지 않았다.

방사선 생물학자인 조엘 베드포드(Joel Bedford)는 나에게 포유류

13

세포를 성장시키고 방사선 생물학을 실험하는 방법을 가르쳐 주었다. 특히 이 책의 방사선 생물학에 관한 부분을 읽고, 방사선이 DNA(Deoxyribonucleic acid)와 세포를 손상시키는 방식에 관한 과학적 사실이 정확한지 확인해주었다. 만약 이 책에서 과학적 오류가 발견된다면 전적으로 나의 잘못으로 인한 오류임을 밝혀둔다.

존 핀더(John Pinder)는 학부 수업에서 환경에서의 방사능, 특히 원자력 사고 이후에 방출된 방사성동위원소에 관한 강의를 해주었다. 원자력 사고에 관한 부분에 반영된 많은 사실들은 그에게서 배운 것이며, 그는 이 책을 위하여 중요한 그림들을 기증해 주었다.

톰 보락(Tom Borak)은 방사선 물리학에 대한 나의 이해를 도왔고, 그도 이 책을 위하여 그림들을 기증해 주었다. 그리고 나의 친구들도 본 저술에 공헌을 해주었다. 한스 웨스트(Hans West)는 다양한 관점에서 중요한 의견을 수없이 제시해 주었다.

주디 몰러(Judy Mohler)는 모든 장에 걸쳐 환경에 관해 깊이 우려하고 있는 비과학자들의 관점을 제시해주었다. 그녀의 의견은 일반 독자들이 쉽게 접근할 수 있도록 하는데 도움이 되었다.

또한 한 개 이상의 장을 읽고 의견을 준 게리 폭스(Gary Fox), 스티브 몰러(Steve Mohler), 테리 토레스(Terri Torres), 미치 맥도비츠(Mitch Magdovitz), 제니퍼 맥도비츠(Jennifer Magdovitz) 등에게도 감사의 말을 전한다.

나는 다양한 원자력 시설과 석탄화력발전소를 견학시켜 주고 기술 정보를 제공한 여러 사람에게 빚을 지고 있다. 이들은 울프크리크 원자력발전소의 톰 모로(Tom Moreau)와 로우하이드 발전소(Rawhide Energy Station)의 존 리틀(Jon Little), 데이브 유서리(Dave Ussery) 등이다.

마이클 맥마혼(Michael McMahon)은 프랑스에서 아레바(AREVA) 사 라아그 재처리 공장을 보여주었다. 조우 팔도브스키(Joe Faldow-ski)는 라아그 공장에서 재처리된 플루토늄을 이용하여 MOX(혼합 산화물연료) 연료를 만드는 아레바의 멜록스(Melox) 공장을 보여주었다. 마이클과 조우는 모두 핵폐기물에 관한 부분을 읽고 많은 의견을 주었다.

파워텍(Powertech)사의 리처드 클레멘트(Richard Clement)는 우라늄 관련 부분에서 현장 우라늄 광산과 우라늄 시장에 대한 나의 정보가 정확한지 확인해주었다.

맥심 오렐(Maxim Orel)은 체르노빌 주변의 배타 구역(Exclusion Zo-ne)을 안내하는 가이드였다.

오랜 세월 항상 나를 지지해 온 아내 메리 엔(Mary Ann)에게 사랑과 함께 감사의 마음을 전한다. 그녀는 이 책이 기술적으로 쓰여 있는지에 관한 의견을 주었으며, 더 많은 사람들에게 다가갈 수 있도록 원자력이나 재생에너지(renewable energy)와 관련된 뉴스 기사들을 전해주었으며, 내 인생을 인도하는 빛이다.

마지막으로 이 책의 발행인을 찾기 위해 애썼던 대리인 스탠 웨익필드(Stan Wakefield)와 홍보를 위해 수고했던 옥스퍼드대학 출판사의 편집자 제레미 루이스(Jeremy Lewis)에게도 감사드린다.

마이클 H. 폭스

서문

왜 우리는 원자력이 필요한가?

"책상 밑으로 들어가. 미사일들이 날아오고 있다." "대통령이 총에 맞았다." "방위군이 켄트 주에서 4명의 학생을 살해했다." "강이 타오르고 있다." 이것들은 나의 불타는 십 대와 막 어른이 되기 시작하던 시기의 추억들이다. 1960년대인 이때는 베트남 전쟁에 반대하는 시위, 인종 차별에 반대하는 폭동, 그리고 존 F. 케네디 대통령, 로버트 케네디 및 마틴 루터 킹 주니어의 암살 사건 등과 함께 사회가 여러 이슈들로 갈등하고 동요하던 시기이다. 또 냉전이 한창이었고, 미국과 구소련이 핵무기로 세계를 날려버릴 수 있다는 공포가 지배하고 있었다. 이러한 위기 외에도 쿠야호가 강에 화재가 일어나 주요 도시의 공기가 숨쉬기가 힘들 정도로 환경이 오염되었다. 위와 같이 사회적인 문제들과 환경오염 문제가 뒤섞여 많은 시민이 정부나 과학을 더 이상 신뢰할 수 없는 것은 아닌지 의문을 제기하기 시작했다. 이러한 의구심들에 의해 조장된 새로운 행동주의(a new sense of activism)는 환경운동으로 이어졌고, 결국 우리의 강과 공기를 깨끗하게 만들기 위해 미국 환경보호청

(Environmental Protection Agency, EPA)이 설립되었다.

이 시기는 『침묵의 봄』Silent Spring(1), 『인구 폭탄』The Population Bomb(2), 『성장의 한계』The Limits to Growth(3)와 같은 책들이 지구에 미치는 인간의 영향을 더 심각하게 받아들이지 않는다면, 끔찍한 결과를 초래할 수 있다고 앞을 다퉈 선포하고, 환경운동가들이 일반적으로 핵무기와 방사선의 위험에 대해 매우 우려하며 큰 목소리를 높이던 때이기도 했다. 제한적 핵전쟁(limited nuclear war)도 '핵겨울(nuclear winter)'로 이어질 거라는 공포가 만연했다. 원자력발전소가 제안되면 건설을 방해하거나 실제로 건설되기까지 10년 이상 건설계획을 지연시키려고 치열한 시위들이 일어났다. 따라서 사회 구성원 다수가 방사선에 대한 작은 노출도 암을 유발할 수 있고, 원자로는 건강의 주요한 위협 요소라고 확신하게 되었다. 이 두려움은 원자력에 대해 가장 비판적인 비평가 중 한 명인 헬렌 칼디코트(Helen Caldicott)가 쓴 『원자핵 광기』Nuclear Madness와 같은 책에 의해 증폭되었다.(4)

원자력발전소 붕괴에 대한 공포는 영화 〈차이나 신드롬(The China Syndrome)〉에 의해 더욱 촉진되었다. 이러한 두려움은 1979년 쓰리마일 아일랜드(Three Mile Island, TMI) 원자로가 부분적 노심용융(爐心鎔融, meltdown)을 견뎌낸 후, 1986년에 체르노빌의 원자로가 완전한 노심용융을 겪고 대량의 방사능을 공중에 내뿜었을 때, 최고조에 달했다. 쓰리마일 아일랜드 사고로 인해 미국에서 새로운 원자로 건설계획들이 모두 철회되고, 많은 원자로들이 정지되었다. 체르노빌 사고는 원자력 발전의 매력을 완전히 빼앗아 버렸다.

그리고 환경보호청은 1960년대 전후 환경피해를 줄이는데에 강력한 영향력을 가진 기구가 되었다. 그러나 지난 10~20년 동안 교통 및 전기에 화석연료를 사용하는 일이 지구의 기후변화(climate change)를 초래하는 등 심각한 환경문제를 야기한다는 사실이 점차 명백해졌다. 환경학자들은 화석연료 연소(burning fossil fuel)와 삼림벌채(deforestation)로 생성된 온실가스 즉 CO_2가 압도적으로 지구의 지속 가능성을 심각하게 위협하고, 기후변화를 주도하고 있다는 점에 공감하게 되었다.(5) 지구의 인구 수가 『성장의 한계』라는 책에서 예언한 수치에는 아직 도달하지는 않았지만, 수그러들 줄 모르는 인구 증가는 미국뿐만 아니라 전 세계적으로 에너지 및 기타 자원에 대한 수요를 꾸준히 증가시켜 왔다. 더욱이 톰 프리드만(Tom Friedman)이 『뜨겁고 평평하며 붐비는』*Hot, Flat and Crowded*(6)이란 책에서 웅변적으로 묘사한 것처럼 개발도상국 특히 인도와 중국은 현대사회로 발전하면서 에너지 수요를 증가시키고 있다.

미국과 세계의 수요를 충족시키는 에너지는 어디에서 올까? 대부분의 경우, 전기를 생성하는 과정에서 어마어마한 양의 CO_2를 발생하는 화석연료에서 온다. 미국에서는 화석연료인 석탄, 석유와 천연가스가 전체 에너지 생산의 약 80%를 차지하고, 전기 생산의 66%를 담당한다. 석탄은 아직까지는 전기를 생산하는 선두 주자로 미국의 경우 모든 전기의 41%를 공급하는 반면, 천연가스는 24%를 공급한다. 재생에너지는(현재까지 재생에너지의 최대 구성요소인 수력 포함) 전기의 약 12%를 제공하고 원자력은 21%를 제공하고 있다. 현재 태양광과 풍력 발전에 많은 관심이 쏠리고 있지만, 석탄과 다른 화석연료의 사용량을 아직은 크게 줄이지 못하는 한계에 직면하고 있다. 2012년 말까지 미국에서 태양광 및 풍력 발전은 3.7%에 불과하였다.

반면 원자력은 전기를 생산하기 위해 사용하는 석탄의 양을 상당히 줄일 수 있을 뿐만 아니라 청정에너지의 유일한 대안이라는 것은 분명하다. 환경운동가들이 1960년대와 1970년대에 원자력과 방사선의 위험에 대해 제기한 두려움 때문에 일반 대중은 원자력 사용 증가에 대해 우려하고, 대부분의 환경단체는 반대해왔다. 2011년 후쿠시마에서 지진과 해일(쓰나미)로 인해 발생한 원자력 사고는 반핵운동의 불길에 연료를 끼얹는 격이었다.

이 책은 1960년대로 거슬러 올라가는 환경에 대한 나의 오랜 우려심과, 방사선 생물학자로서 35년간의 연구와 경험의 산물이다. 나는 시에라 클럽(The Sierra Club), 자연보호협회(The Nature Conser -vancy), 세계야생생물기금(The World Wildlife Fund) 및 국립야생생물연맹(The National Wildlife Federation)의 오랜 회원이다. 또 전력망(grid)을 벗어나 전력생산을 위한 태양광 발전기와 배터리 저장에만 온전히 의존해야 하는 산속 오두막을 한 채 가지고 있으며, 전력망에 묶여있는 태양광 발전기를 집에 설치해 사용하고 있으므로 대체에너지의 지지자라고 자부한다. 풍력과 태양에너지는 매우 중요하지만, 그럼에도 불구하고 현재 가장 중요한 발전원인 석탄을 줄이거나 대체할 수 있을 만큼 대량으로 전력을 생산할 수 없으며, 전세계적으로 증가하고 있는 전력수요를 따라 잡을 수 조차도 없다고 확신한다.

콜로라도 주립대학 교수인 나는 방사선 및 생물학적 효과에 대해 학부, 대학원 과정에서 학생들을 가르치고 있다. 화석연료를 태우는 일로 인한 환경오염이 점점 명백해짐에 따라 전력 생산을 위해 화석연료를 태울 때 대기로 방출된 엄청난 양의 CO_2를 줄이는 전략적 중요성 때문에 원자력과 관련된 이슈들에 집중하기 시작했다. 원자력에 찬성하거나 반대하는 쪽의 책들이 폭발적으로 늘어나고 있지만, 그 어떤 책도 방사선의 생물학적 영향과 우리가 그것을 어떻게 알고 있는지에 대한 명확한 설명을 제공하지는 못하는 것 같다. 또한 방사선에 관한 근거 없는 유언비어들과 반드시 알아야 할 사실들이 있다.

이 책의 목표는 확고한 과학에 기반하여 이슈들을 탐구하는 것이다. 이 책은 내가 가르치는 대학 교과목들에 뿌리를 두고 있지만, 과학책이 아니라 교양 있는 대중이 원자력과 관련된 쟁점들과 근거 없는 괴담들을 잘 이해하는데 도움이 될 것이다. 전기를 위한 에너지를 어디서 얻는지, 에너지 생산이 지구환경에 어떤 영향을 미치는지, 그리고 CO_2 생성을 줄이고 환경영향을 막으면서도 미래의 에너지 요구를 충족시키기 위해 무엇을 할 수 있는지에 관심이 있다면, 이 책은 바로 여러분을 위한 책이다.

현재의 에너지 사용과 미래 전망의 맥락에서 온실가스 및 지구온난화 문제가 이 책의 중요한 기본 메시지이기 때문에 1부에서 지구온난화에 대한 과학적 지식을 논의하겠다. 몇몇 그래프는 지구온난화의 근거와 지구온난화와 인류가 초래하는 CO_2 생산과의 관계를 분명하게 보여주고 있다. 그런 다음 인류의 에너지원을 자세히 논의하고, 석탄, 석유, 천연가스, 태양광, 풍력 및 원자력의 장단점을 비교하겠다. 또 화석연료 연소가 지구온난화에 미치는 심각한 영향을 강조하고, 동시에 재생에너지의 한계와 지구온난화 문제를 해결하기에 충분하지 않다는 것을 보여주고자 한다. 그래서 전력 생산시 지구온난화를 최소화하기 위해서는 원자력 사용을 증가시켜야 한다는 이유를 개진하겠다.

2부에서는 방사선이란 실제로 무엇인가(물리학을 최소로 사용하겠으나, 내 학생들이 다 알듯이 내가 워낙 물리학에 대해 말하는 것을 좋아해서 때로 자제하지 못할 수도 있다)와 방사선 선량(線量, dose)이 무엇을 의미하는지 설명하고자 한다. 특정 유형의 방사선들을 원자로와 관련된 방사선의 맥락에서 기술할 것이다. 인간에게 있어서 단연 가장 많은 방사선 노출은 자연배경방사선 및 의료 진단을 위한 검사들로부터 비롯된다는 점을 대부분의 사람들은 알지 못한다. 원자력 발전에서 발생하는 방사선에 의한 피폭의 잠재적인 영향을 이해하기 위해서는 먼저 우리의 일상에서 늘 환경에 존재하는 배경방사선의 영향을 이해하는 것이 극히 중요하다.

우리가 신경 써야 되는 것은 당연히 임의의 방사선원에서 발생한 방사선이 우리 세포와 인체에 어떤 작용을 하는지이다. 이를 이해하려면 먼저 방사선이 어떻게 DNA를 손상시키는지와 세포들이 그 손상에 대해 어떻게 반응하는지를 아는 것이 필요하다. 방사선 및 기타 유해물질들로부터 발생한 DNA 손상을 복구하기 위해 우리의 세포가 복잡하고 정교한 분자적 방법들을 진화시켜온 사실은 많은 사람들에게 매우 놀라운 일로 받아들여질 것이다. 그러나 특정한 조건에서 방사선은 세포를 죽이거나 돌연변이를 일으킬 수 있다. 방사선이 돌연변이를 만들 수 있기 때문에 방사선이 암을 유발할 수도 있지만, 방사선이 세포를 죽일 수 있기 때문에 암을 치료하는 데도 방사선이 유용하다.

밝혀진 바와 같이 우리는 방사선의 생물학적 영향과 암을 유발할 수 있는 능력에 대해 거의 모든 다른 독성 물질보다 더 많이 알고 있다. 그것을 어떻게 알 수 있었을까? 인간에 대한 방사선의 발암 영향에 관한 정보는 2차 세계대전 중에 일본에 투하된 두 개의 원자폭탄으로부터의 생존자들과 의료 목적을 위해 상당한 선량에 노출된 사람들로부터 얻을 수 있었다. 방사선이 어떻게 돌연변이

21

와 유전적 손상을 일으키는지에 대한 우리의 기본적 이해는 방사선 생물학자들의 세포 및 분자 연구에 관한 방대한 문헌에서 찾아볼 수 있다. 2부에서 특정한 선량 값에 노출되었을 때 암을 발생할 확률을 이해하는 것이 대단히 중요하다. 또한 원자력 발전과 관련된 잠재적인 위험을 이해하는 것이 중요하다.

마지막 3부에서는 원자력 발전과 관련된 특별한 주제(issue)들을 다루겠다. 우라늄 광석의 채광 및 분쇄는 전통적으로 지하광산(underground mine)이나 노천광산(pit mine)에서 이루어져 왔지만, 새로운 현장침출채광법(in situ leach mining method)은 방사선에 대한 잠재적인 피폭 및 노천식 채광(또는 계단식 채광)과 관련된 환경적 피해를 크게 줄여준다. 우라늄에 관한 장에서는 채광과 관련된 문제들을 살펴보고, 원자력 르네상스를 맞이하기 위한 우라늄의 장기적인 가용성에 대해서 탐구할 것이다.

원전사고의 잠재적 가능성은 원자력을 사용하는데 있어서 가장 중요한 요소이다. 이것은 아마도 대부분의 사람들이 갖는 가장 큰 관심사일 것이다. 쓰리마일 아일랜드, 체르노빌, 후쿠시마 원자력 발전소 사고들의 원인과 환경 및 건강에 대한 영향에 대해 논의하겠다. 그 영향이 일반적으로 추정되는 것보다 훨씬 작다는 사실에 대부분의 사람들은 놀랄 것이다. 체르노빌 주변의 '황무지'가 실제로 '생물 다양성의 섬'으로 변했다. 원자력의 전반적인 안전기록은 다른 에너지원 특히 화석연료와 비교해서도 매우 우수한 것으로 나타난다. 이러한 사고들의 결과로 더 개선된 운영절차 및 원자로의 설계는 미래 원전 사고의 가능성을 최소화한다. 미국에서 상업용 원자로들이 50년간 가동되면서 쓰리마일 아일랜드 사고를 포함하더라도 단 한 명의 사망자도 나오지 않았다. 단언컨대 석탄이나 천연가스에 대해서는 그렇게 말할 수 없을 것이다.

발전용 원자로에서 발생하는 폐기물은 대부분의 사람들에게 어떤 무엇보다 중요한 관심사이지만 장기간의 방사성폐기물 저장(longterm nuclear waste storage)에 대해서는 오해가 많다. 방사성폐기물에 포함되어 있는 물질들과 그 물질들이 시간이 지남에 따라 어떻게 감소하는지를 (다시 물리학으로 돌아가자) 정확히 이해하는 것이 우선 필요하다. 그런 다음 많은 사람들이 비난하는 유카산 방사성폐기물 저장소 계획에 관해 논의하겠다. 우리가 이미 정치적인 프레임에 깊이 갇혀 있을 수도 있지만, 미래의 인류가 마주하게 될 잠재적인 방사선 피폭량은 실제로는 극히 적을 것이다. 많은 사람들을 놀라게 하고 있는 것은 윕 처분장(Waste Isolation Pilot Plant, WIPP)으로 알려진 뉴멕시코의 칼스배드 시 인근의 깊은 소금 광산에서 군사용 방사성폐기물을 이미 안전하게 저장하고 있다는 것이다. 그리고 방사성폐기물도 자원이 될 수 있다. 프랑스는 방사성폐기물에서 우라늄과 플루토늄을 추출하여 새로운 연료로 만드는 재활용을 하고 있다. 그래서 방사성폐기물의 장기 보관 문제를 크게 줄여준다. 우리가 해야 할 일이 아닐까? 우리가 이것을 추구하고자 선택하면 이용 가능한 선택지이다.

나는 지구의 기후변화에 미치는 에너지 생산의 영향을 최소화하기 위해서는 원자력의 사용 확대가 필수적이라고 확신한다. 그러나 열린 마음으로 이 주제를 다루려고 노력하고 있으며, 이 중요한 공공의 정책에 관해서 가장 훌륭한 과학적 증거와 분석을 제시하고자 노력하겠다.

독자 여러분이 원자력에 대해 편향적이더라도 열린 마음으로 이 책을 읽을 것을 희망하며, 또한 방사선이 매우 위험하거나 무서운 것이라고 대다수의 미국인들이 믿거나 대중언론이 발표해왔던 것과는 달리 사실은 그렇지 않다는 것을 배우게 되기를 희망한다. 에너지 생산 문제와 이로 인한 지구와 모든 생명체(우리 자신, 자녀, 그리고 손자들을 포함)에 미치는 영향은 정확한 정보 없이 논쟁하기에는 너무나도 중요한 일이다. 나는 이 책이 우리가 직면하고 있는 어려운 선택들에 대해 정보에 입각해 토론을 개최하는데 도움이 되기를 희망한다. 실로 세상에 공짜는 없으며, 어려운 결정은 어렵게 내려져야 할 것이다. 어려운 선택들은 두려움에 마비된 시민보다 정보에 정통한 시민들에 의해 결정 내려지는 것이 좋을 것이다.

'빙하가 녹고 있다' '해안이 잠기고 있다' 아직 시간이 있을 때 준비하자. 그래서 이러한 상황이 우리의 손자들이 직면하게 될 현실이 결코 안 되기를 바라자.

참고 문헌

1. Carson R. *Silent Spring*. Boston: Houghton Mifflin, 1962.
2. Ehrlich PR. *The Population Bomb*. New York: Ballantine Books, 1968.
3. Meadows DH, Meadows DL, Randers J, Behrens III WW. *The Limits to Growth*. New York: Universe Books, 1972.
4. Caldicott H. *Nuclear Madness: What You Can Do!* Brookline, MA: Autumn Press, 1978.
5. Alley R, Bernsten T, Bindoff NI, Chen Z, et al. Summary for policymakers. In: Solomon S, Qin D, Manning M, et al. eds. *Climate Change 2007: The Physical Science Basis. Contribution of Working Group I to the Fourth Assessment Report of the Intergovernmental Panel on Climate Change, Cambridge,* United Kingdom and New York, NY: Cambridge University Press, 2007; 1–21.
6. Friedman TL. *Hot, Flat, and Crowded*. New York: Farrar, Straus and Giroux, 2008.

목차

한국어판 서문
추천사
감사의 글
서문

PART 01   에너지와 지구온난화

제1장 지구 기후변화: 사실인가, 허구인가?

무엇에 관한 논쟁인가?   31
　　　정부간기후변화협의체와 국제협약 / 온실효과 /
　　　회의적인 정치인들과 전문가들 / 회의적인 과학자
지구온도와 온실가스   46
　　　지난 만년의 기후: 홀로세
온도와 이산화탄소의 최근 변화   53
빙하의 용융과 해수면 상승   61
온도 계산 모델들   65
싱어와 에버리에 대한 답변   67
미래의 지구온난화 및 그 영향에 대한 예측   69
　　　해수면 및 산성화 / 지구의 이상기후

제2장 에너지: 어디에서 가져왔나?

에너지의 간략한 역사   80
　　　석탄 / 석유 및 천연가스 / 우라늄
우리는 얼마나 많은 에너지를 사용하며 이들을 어디서 구하는가?   87
세계 에너지 사용량   93
탄소 중심의 에너지 경제를 줄이기 위해 우리는 무엇을 할 수 있을까?   95

제3장 석탄과 천연가스: 좋고, 나쁘고, 추한

석탄   104
     석탄화력발전소 / 이산화탄소 배출 및 기타 오염물질 /
     채광 및 건강위험 / 얼마나 많이 있을까? / 탄소포집 및 저장 기술
천연가스   122
     얼마나 많이 있나? / 온실가스 배출량 / 수압파쇄법

제4장 재생 에너지: 사이렌의 유혹

태양광   140
     광전지 태양광 발전 / 집열식 태양열 발전 / 태양열 난방 /
     태양광 발전의 한계
풍력   160
     풍력 발전의 한계

제5장 원자력: 미래로 되돌아가기

원자로 알아보기   188
원자력 발전의 장점: 193
     기저전력 / 온실가스 배출 / 위치 및 소요면적 / 비용 /
     원자력 및 재생에너지 보조금
선진 원자로 기술   203
원자력이 석탄을 대체할 수 있을까?   209
원자력 반대 주장들   212

PART 02   방사선

제6장 원자: 과학이 밝혀낸 미지의 세계

방사선이란 무엇인가?   219
흑체복사: 양자   224
핵이 있는 원자 모델   229
양자론적 원자 모델   232
원자핵   241
방사능: 붕괴과정   243

핵분열 250

제7장 방사선: 정말 두려운가?

방사선과 물질의 상호작용 262
    전자기파 방사선(광자)의 상호작용 / 하전입자의 상호작용 /
    중성자의 상호작용
방사선 선량은 무엇인가? 273
DNA와 세포에 미치는 방사선의 영향 277
    DNA 복구 시스템 / 방사선은 어떻게 암을 유발할까?
위험은 무엇인가? 294
    방사선에 의한 사망 / 방사선에 의한 발암 / 방사선에 의한 유전효과
플루토늄은 얼마나 위험한가? 303

제8장 일상의 방사선: 늘 함께 살아가는

자연배경방사선 311
    우주방사선 / 원시지구방사선
의료 피폭 323
배경방사선은 얼마나 위험할까? 326

PART 03   원자력의 위험

제9장 핵폐기물: 이미 정답은 있다

핵폐기물이란? 333
장기 및 단기 폐기물 저장 341
유카산 343
윕 처분장 353
사용후핵연료의 재활용 358
'핵폐기물' 재활용하여 새 연료 제작 365

제10장 원자력 사고들: 그 진실은?

공포, 1979년 3월 16일 377

쓰리마일 아일랜드, 1979년 3월 28일   378
    어떻게 사고가 일어났나? / 쓰리마일 아일랜드의 결과
체르노빌, 1986년 4월 26일   387
    어떻게 사고가 일어났나? / 위험한 방사성동위원소 /
    건강에 미친 영향 / 환경 영향 / 체르노빌 방문 / 원자력에 대한 영향
후쿠시마, 2011년 3월 11일   414
    어떻게 사고가 일어났나? / 건강 및 환경영향 /
    원자력에 대한 영향 / 원자력의 위험성에 대한 대중의 인식

제11장 우라늄: 충분한가?

우라늄 채광   434
    신콜로브웨 / 쉽록
분쇄   440
현장회수법   443
농축   451
연료 제조   455
세계 우라늄 자원   457
    메가톤에서 메가와트로 / 원자력 르네상스를 위한 충분한
    우라늄이 있을까? / 증식로 / 토륨

제12장 이제 우리가 할 일은?

괴담 1 : 방사선은 대단히 위험하고 우리는 그것을 이해하지 못한다   487
괴담 2 : 원자력 발전으로 생성된 핵폐기물에 대한 해결책은 없다   489
괴담 3 : 원자력은 안전하지 않고 원자력사고는 수십만 명을 사망케 했다   492
괴담 4 : 우라늄은 아주 빨리 고갈될 것이고, 우라늄 채광은 이산화탄소를   496
    발생시켜 무탄소 장점을 잃을 것이다
괴담 5 : 원자력 발전은 비싸기 때문에 시장에서 살아남을 수 없다   497

후기   504
역자후기   506
부록 A 지구온난화   520
부록 B 용어, 정의 및 단위에 대한 해설   528
부록 C 두음문자 및 약어   532
부록 D 관련 있는 노벨상 수상자   537
색인   538

PART 01

에너지와 지구온난화

제1장 지구 기후변화: 사실인가, 허구인가?

무엇에 관한 논쟁인가?

지구에 사는 수십억 명의 우리는 지구에 온실가스(greenhouse gas, GHG)를 대량 방출하고 있기 때문에 전례 없는 속도로 지구의 기후를 변화시켜서 재앙으로 치닫게 하고 있다고 기후과학자들(climate scientists)은 말한다.

반면 회의론자들(skeptics)은 그렇지 않다고 말한다. 단지 지구 기후가 정상적인 변화를 경험하고 있으므로, 우리 모두 심호흡을 하고 침착해야 하며, 무언가 다른 것에 대해 걱정해야 한다고 말한다. 누가 맞는 걸까?

CO_2와 소위 다른 '온실가스들(주로 메탄과 아산화질소 등)'의 인위적 발생이 지구온도를 상승시키는지에 대한 범국가적인 논의가 지난 수십 년 동안 격렬히 진행되어 왔다.

이 현상은 대개 '지구온난화(global warming)'라고 불리지만, 단순히 지구의 온도 상승이 아니라, 전체 기후에 대한 보다 복잡한 변화이므로, '지구 기후변화(global climate change)'라고 부르는 것이 더 적절하다. 앨 고어(Al Gore)는 인간이 온실가스를 증가시킴으로써

PART 01
에너지와 지구온난화

지구 기후변화를 초래하고 있다는 이론을 주장해온 미국의 전 부통령이자 환경운동가이다. 그의 영화와 책 『불편한 진실』*An Inconvenient Truth*은 널리 알려져, 2008년 노벨평화상까지 수상했지만, 회의론자들로부터는 비판을 받기도 했다.

소수의 과학자들과 미국의 일반대중은 대기 속 CO_2의 증가와 지구 기후변화는 아무 관련이 없으며, 만일 설사 관련이 있다 하더라도 너무 막대한 비용때문에 결국 손쓸 방법이 없을 것이라고 믿는다. 반면 다른 한편에서는 CO_2 증가가 지구 기후를 변화시키고 있다는 공감대가 기후과학자들 사이에 형성되고 있으며, 이들은 엄청난 양의 연구 논문들을 발표하고 있다.

정부간기후변화협의체와 국제협약

유엔이 후원하는 정부간기후변화협의체(UN Intergovernmental Pan-el on Climate Change, IPCC)가 1990년 이후 발간한 일련의 보고서 중 네 번째인 「2007년 제4차 평가 보고서」에서 과학적 합의(the scientific consensus)가 확실하게 명시되었다.[1]

정부간기후변화협의체는 세계기상기구(World Meteorological Orga-nization, WMO)와 유엔환경계획(United Nations Environmental Program, UNEP)의 후원아래 1988년 11월 과학자들이 세계 기후문제를 논의하기 위한 제네바 회의로 시작되었다. 그러나 사실 그 시작은 아주 무더웠던 1988년 6월 워싱턴 DC에서 콜로라도의 팀 워쓰(Tim Wirth) 상원의원이 기후변화에 관한 청문회 의장을 맡으면서였다. 주요 증인은 대기물리학자이자 NASA(미 항공우주국)의 우주연구기관인 고다드 우주연구소(NASA's Goddard Institute for Space Studies) 소장인 제임스 한센(James Hansen)이었다.

한센은 자신의 컴퓨터 시뮬레이션에서 예측하였듯이 지구온도가 상승하고 있으며, 지구온난화는 인간에 의해 방출되는 온실가스가 요인이라고 증언했다. 이 청문회는 여러 언론을 통해 널리 보도되었고, 과학자와 정치가 사이의 대화가 시작되었다. 워쓰청문회(The Wirth hearing) 직후 대기 변화에 관한 세계 대회가 토론토(Toronto)에서 개최되었으며, 이 곳에서 CO_2 배출량을 줄이기 위한 국가간 정책 조정이 제안되었다. 그러나 더운 여름이 가을로 바뀌자 대중의 관심은 시들해졌다.(2)

대중의 관심은 떨어졌어도 과학계는 멈추지 않았다. 기후변화에 대한 과학적 진실과 그 대책에 관한 정부간기후변화협의체 회의 및 후속 워크샵들, 그리고 기후에 대해 과학적으로 알려진 것과 그 조절작용에 대한 검토 작업이 스웨덴의 기상학자 버트 볼린(Bert Bolin)에 의해 주도되었다. 볼린은 과학이 아닌 방법으로 미리 예단되는 것에 대해 신중을 기했다.

정부간기후변화협의체는 1990년 가을, UN에「제1차 평가 보고서」를 통해 지구가 온난화되고 있으며 "온실가스인 CO_2, 메탄, 염화불화탄소(chlorofluoroca rbons, CFCs, 일명 프레온가스) 및 아산화질소의 대기 중 농도를 현저히 증가시키고 있는 건 인간이며, 또한 지구온난화는 자연적인 온실효과를 발생시키는데, 수증기의 영향이 크지만, 온난화의 주범은 CO_2다"라고 선언하였다. (3)

1992년 브라질의 리우데자네이루에서 개최된 지구정상회의(Ear-th Summit)에서 UN기후변화에관한기본협약(United Nations Frame work Convention on Climate Change, UNFCC)이라고 하는 CO_2 배출을 제한하기 위한 국제협약이 체결되었다. 이 회의에서 선진국들은 자국의 '온실가스 배출량(greenhouse gas emissions)'을 통제하고, 개발도상국들의 배출량을 줄이기 위한 재정적 자원을 제공할 것을 의결함과 동시에 본 회의에서는 선진국들에게 2000년도까지 온실가스 배출량을 1990년 수준으로 자발적으로 감축하도록 요구했다.(2)

그러나 이것은 시작에 불과했다. 정부간기후변화협의체는 「제1차 평가 보고서」의 결론을 바탕으로 버트 볼린의 주도하에 많은 과학자들이 모여 1995년 두 번째 보고서를 작성했다. 「제2차 평가 보고서」는 「제1차 평가 보고서」의 일반적인 내용을 보다 정확한 데이터로 구체화했는데 '지구의 기후변화는 인재(人災)가 확실하다'(4)라는 중요한 결론을 내렸다.

이후 리우(Rio)회의 합의에 실효성을 강화하기 위한 목적으로 1997년 교토(Kyoto)회의가 개최되었다. 1990년 이래 온실가스 배출량이 상당히 증가하였기에 구체적인 목표치를 세워야 했다. 미국과 유럽연합(EU)은 배출 목표에 대해 다양한 견해를 피력했으나, 교토회의에 참석한 앨 고어는 미국이 온실가스 배출 감축을 심각하게 받아들이고 있음을 보여주었다.

그는 이미 온실가스와 지구온난화에 대한 심각한 논의를 담고 있는 『균형 잡힌 지구』 Earth in the Balance를 저술한 바 있다.(5)

미국, 유럽 및 일본은 지구 전체의 온실가스 배출량을 1990년 수준보다 5% 낮게 줄이는 것을 목표로 정하고, 2008년부터 2012년까지 CO_2 배출량을 1990년에 비해 6~8% 줄이기 위한 법적 구속력이 있는 목표 설정에 동의했다.(6)

두 번째 논쟁은 선진국과 개발도상국 사이에서 일어났다. 중국, 인도, 브라질과 같은 개발도상국들은 온실가스 문제에 책임이 없다고 주장하면서(맞는 말이지만) 법적 구속력이 있는 온실가스 감축

서약을 거부했다. 그러나 이들 국가들도 발전하게 되면 더 큰 원인 제공 국가들이 될 수도 있다. 문제는 미국 상원이 개발도상국의 책임을 면제하는 어떠한 조약도 받아들이지 않을 것임을 1992년 버드하겐 결의안(Byrd Hagen Resolution)에서 분명히 밝혔다는 것이다.

세 번째 논쟁은 배출량 감축에 대해 어떻게 보상하느냐에 관한 것이었다. 미국은 석탄화력발전소의 산성비(acid rain)를 줄이기 위한 배출상한선 및 배출권거래제(a cap and trade system)를 성공적으로 도입한 실제 사례가 있어서 시장 지향적 모델을 원했고, 유럽은 정부가 의무적으로 개입하길 원했다.

결국, 미국이 논쟁에서 승리했고, 교토 의정서(Kyoto Protocol)가 채택되었다. 그러나 개발도상국들의 역할에 대한 의견 차이는 이 결의가 미국 상원을 통과할 수 없을지도 모른다는 것을 의미하고 있었다. 따라서 빌 클린턴 대통령은 실패할 것이라 예견하여 이 조약을 상원에 상정조차 하지 않았다.(2)

2001년 정부간기후변화협의체의 「제3차 평가 보고서」는 정확한 데이터 및 모델을 통해 이전 보고서에서 내린 결론들을 계속 수정해 나갔으며 결론에 통계적 가치를 부여하기 시작했다. 지구온난화가 인재라는 증거들은 계속 늘어나고 있었다. 보고서는 "지난 50년 동안 관찰된 온난화의 대부분은 온실가스 농도의 증가에 기인한다"라고 결론 내리고 있다.(7)

그리고 회의는 계속되었다. 2009년 말 코펜하겐에서 전 세계의 지도자들이 만나서 기후변화에 대해 이를 예방하고 완화하기 위해 무엇을 해야 하는지를 논의하였지만 행동 방침(course of action)을 결정할 수는 없었다.(8)

그들은 2010년 말, 칸쿤에서 다시 만나 지구온난화를 막기 위한 적절한 합의서에 서명했다. "사상 처음으로 모든 국가들이 공식적인 국제연합 협약에 따라 탄소 배출을 줄이겠다고 서약했다. 가난한 국가들이 홍수와 가뭄에 적응할 수 있도록 부유한 국가들이 '녹색기금(green fund)'으로 2020년부터 매년 총 920억 달러를 지원하기로 했다. 또한 이 기금은 중국과 인도를 포함한 개발도상국들이 풍력과 태양광을 비롯한 재생에너지원으로 전환할 수 있도록 돕게 될 것이다."(9) 그리고 2009년 말 환경보호청은 온실가스가 환경과 인류 건강을 위협한다고 규정함으로써 자동차, 발전소, 공장 및 기타 인위적 원인들로부터 CO_2 방출을 규제할 수 있는 길이 열렸다.

그러나 합의서에 서명하는 것과 실제로 무언가를 하는 것은 별개의 일이다. 지금까지 CO_2 배출량을 줄이기 위한 조치는 특히 미국에서는 미미한 반면, 유럽은 2003년에 유럽연합 배출권거래제(the European Union's Emission Trading Scheme, EU ETS)를 체결하고, 2020년까지 CO_2배출량을 1990년 수준의 20%까지 줄이겠다는 야심찬 목표를 채택했다.(2)

한편 미국은 CO_2 배출을 줄이기 위한 배출상한선 및 배출권거래 시장을 설립하는 법안을 통과시키는데 실패했으며, 공화당의 반대 때문에 전체 이슈가 정치적으로 뜨거운 감자가 되었다.

모든 이슈에 대해 충분히 논의하는 것은 이 장의 범위를 넘어서는 것이지만, 논쟁의 이면에 존재하는 과학을 고려하는 것은 중요하다. 왜냐하면 이 책의 전제는 지구의 기후변화는 화석연료를 태우는 일로 인해 대기에 CO_2를 방출하는 인간으로부터 기인하고 있다고 보기 때문이다. 과연 그럴까, 그렇지 않을까? 이 점이 문제다.

온실효과

이 질문에 답하기 위해 우리는 먼저 온실가스가 의미하는 것이 무엇인지, 그리고 온실가스가 어떻게 지구를 뜨겁게 하는지를 명확히 이해할 필요가 있다. 진짜 의문들은 '지구가 왜 현재의 온도를 가지고 있는가', '무엇이 지구온도를 변화시키는가'인데, 그 답들은 물리학에서 찾을 수 있다.

지구는 태양에서 지표에 도달하는 에너지로부터 열을 얻는다. 태양으로부터 지표에 충돌하는 평균 에너지는 초당 약 342Watt/m² 이지만, 이 중 약 30%는 구름과 물과 얼음에 의해 지구 표면에서 반사되므로 약 235W/m²만이 지구에 흡수된다.[1] 물리학의 기본 법칙에 의하면, 가열되는 물체가 에너지 균형을 유지하기 위해서는 동일한 에너지를 방출해야 하므로 약 235W/m²가 지구에서 방출되어야 한다.

스테판-볼츠만 법칙(Stefan-Boltzmann law)에 의하면, 물체(흑체, black body로 가정함)가 에너지를 방출하는 비율은 물체 온도의 4제곱에 비례한다. 이 법칙과 지구가 에너지를 방출하는 비율 그리고 지구가 에너지를 흡수하는 비율을 사용하면 흑체 지구의 온도가 약 -18°C가 되어야 함을 알 수 있다. 그러나 이 온도는 실제 지구의 온도가 아니다. 평균 지구 온도는 실제 약 15°C이다.(10) 지구가 얼음 공(ball of ice)이기 때문에 지구의 온도가 스테판-볼츠만 법칙이 예측한 온도가 아니라는 사실은 우리에겐 매우 다행이다.

그렇다면 물리학이 틀린 것인가? 아니다. 지구의 대기를 고려하지 않은 것이다. 대기는 대부분 질소와 산소로 이루어져 있지만, 온실가스로 알려진 기체(주로 수증기와 CO_2, 메탄, 아산화질소, 오존(ozone) 및 기타 소량의 여러 기체들)들도 포함하고 있다. 태양으로부터 나오는 에너지는 대부분 가시광선(첨두 파장은 0.5마이크로미터)이지만, 지구에 흡수된 후 다시 우주로 방출될 때는 가시광선보다 더 긴 파장, 즉 가시광선보다 더 적은 에너지를 갖는 적외선(첨두 파장은 10마이크로미터)으로 방사된다. 지구의 대기는 태양으로부터 오는 가시광선들 대부분에 대해 투명하지만, 온실가스는 적외선의 대부분을 흡수한다. 대부분의 대기를 형성하는 질소와 산소는 적외선을 흡수하지 않으므로 지구온난화에 기여하지 않는다. 따라서 온실효과(greenhouse effect)에 대해 간단히 설명하자면, 태양에너지(가시광선)는 온실의 유리창을 통과하지만, 적외선(지구에서 방출되는)은 유리를 통과하지 못하고 온실 내부에 갇히게 되므로 지구를 온실로 비유하는 것이다(온실가스가 유리창 역할을 함).

보다 정확하게 표현하자면, 온실가스가 적외선을 흡수한 후 모든 방향으로 다시 방출하는데, 일부는 지구로 되돌아오고 일부는 대기를 가열한 후 우주로 방출된다. 그 결과 온실가스가 존재하지 않는 경우에 비해 지구는 더 높은 온도로 가열된다. 여전히 에너지 관점에서 균형이 성립해야 하는데, 입사하는 태양 복사선과 방출하는 지구 복사선이 같아질 때까지 스테판-볼츠만 법칙에 의해 지구의 온도가 올라가며, 더 빠른 비율로 에너지를 방출하고 이 중 일부는 되돌아오는 과정이 반복된다.(10)

그러나 균형에 도달할 때까지의 조정 과정은 매우 오랜 시간이 걸릴 수 있으며, 현재는 흡수와 방출 사이에 불일치가 존재한다는 것이다. 지구는 흡수하는 양보다 $0.6W/m^2$ 더 적은 양을 방출하고 있으므로, 지구온난화는 필연적으로 발생할 수밖에 없다.(10, 11)

이 모든 설명은 논쟁의 여지가 없는 자연현상이다. 물론 더 자세히 설명해야 할 것들이 많지만, 이것이 지구와 대기가 어떻게 작동하는지에 대한 개략이다.

진정한 논란은 인간이 많은 양의 CO_2 및 기타 온실가스를 대기로 방출함으로 새로운 에너지 균형을 맞출 때까지, 온실효과가 지구를 가열함으로써 지구온도를 변화시키고 있는지 여부이다. 이것이 의문이다.

회의적인 정치인들과 전문가들

반대론자들은 뭐라고 말하나? 메이저급 언론사를 통해 지구온난화에 대한 CO_2의 영향을 일관되게 무시하고, 실제로 지구온난화를 노골적으로 부정하는 말을 함으로써 세간의 이목을 끄는 평론가인 조지 윌(George Will)이 대표적 인물이다(역자 주: 이 책에서 전문가들로 번역한 영어 원어는 pundits로서 언론에 자주 등장하는 자칭 전문가를 일컫는다).

그는 1998년 이래 지구온난화는 없었으며, 지구온난화를 예측하는 시뮬레이션은 '확실치 않고 위험한(dicey)' 가정에 기반을 두고 있으며, 1975년에는 과학자들이 지구한랭화(global cooling)를 예언했듯이 지구온난화에 대해 과학자들이 잘못 생각할 가능성이 있다고 주장했다.(12)

또한 과학자들이 지구온난화 또는 한랭화 여부를 제대로 알지 못한다는 증거로 1975년 4월 28일 「뉴스위크」지의 「냉각하는 세계」 *The Cooling World*라는 표지 기사가 즐겨 인용된다. 그러나 「뉴스위크」지 기사는 당시 과학적인 여러 기사들의 합의를 대표하지 못하고 있다.[2] 이러한 주장들을 평가하는 가장 좋은 방법으로 온도와 CO_2 농도에 대한 실제 데이터를 살펴보고자 한다.

많은 정치인들이 지구온난화에 대해 소리 높여 거짓이라고 주장하는데, 그 중에서도 오클라호마 주 출신의 제임스 인호페(James Inhofe) 상원 의원은 2005년 1월 4일 상원에서 다음과 같이 강력하게 반대를 주장했다.

"2003년 7월 28일 상원에서 제가 말씀 드렸듯이, 지구온난화에 관한 많은 논쟁은 과학보다는 공포에 근거하고 있습니다. 나는 파국적인 지구온난화의 위협을 '미국 국민들 사이에 악의적으로 퍼뜨리는 거짓말'이라고 부릅니다. 이렇게 표현하면 극단적인 환경론자들과 추종자들은 달가워하지 않습니다. 나는 또한 상당한 분량의 보고서에서 동일한 극단적인 환경론자들이 수백만 달러에 달하는 기금 조성 목적으로 이 문제를 악용하고 있으며, 심지어는 그들의 캠페인 자금 조달을 위해 납세자들의 연방세를 사용하고 있습니다."(13)

그와 유사한 신념을 가진 다른(대부분 공화당의) 정치인들의 관점에서 볼 때, 지구온난화는 모두 환경론자들에 의해 악용된 거짓말에 불과하다는 것이다. 영국의 정치인 나이젤 로슨(Nigel Lawson)은 약간 다른 시각을 가지고 있지만, 그 역시 지구 기후변화의 궁극적인 결과는 인간에게 더 긴박하게 비용을 지불하게 만드는 다른 일들(역자 주: 기아, 질병, 물 부족 등)에 비해 별 거 아니라고 확신하고 있다.(14)

또 다른 비판은 기상 예측이 며칠 후의 기상을 정확하게 예측할 수 없다면, 도대체 미래 50년 동안 지구 기후를 어떻게 예측할 수 있는가 하는 것이다. 그러나 이 주장은 기상과 기후의 차이를 혼동하고 있다. 기상은 일별 기온, 강수량 및 폭풍우 활동으로 시간과 지리적 영역에 따라 크게 달라진다. 기상과 기후의 차이는 2007년 정부간기후변화협의체의 「제4차 평가 보고서」에 명확히 설명되어 있다.

"기후는 일반적으로 평균 기상으로 정의되며, 기후변화와 기상은 서로 얽혀있다. 관측을 통해 기상 변화가 있었음을 알 수 있으며, 기후변화를 확인하는 것은 시간 경과에 따른 기상 변화의 통계이다. 기상의 무질서한 특징은 며칠 후의 기상을 예측할 수 없다는 점이다. 그러나 대기 조성이나 다른 요인들의 변화로 인한 기후의 변화 혹은 장기 평균 기상의 변화를 예측하는 것은 전혀 다른 일이며 훨씬 잘 다룰 수 있는 문제이다. 비유하자면 어떤 특정한 사람이 죽을 나이를 예측하는 것은 불가능하지만, 산업화된 어느 국가의 평균 남성의 수명이 약 75세라고 자신 있게 말할 수 있다."(15)

회의적인 과학자들

인위적 온실가스가 지구온난화의 원인이 된다는 이론에 동의하지 않는 것은 일부 전문가들과 정치인들 뿐만은 아니다. 일부 저명한 과학자들도 의문을 제기하고 있다. 그 중에 가장 대표적인 사람이 프레드 싱어(S. Fred Singer)인데, 그는 2008년 「뉴욕 타임스」의 베스트셀러 『멈출 수 없는 지구온난화: 매 1500년마다』*Unstoppable Global Warming: 1500 Years*(16)로 인해 대중에게 인기있는 과학자이자 작가이다. 싱어는 인공위성용 기상 관측기를 개발해 국립기상청 위성서비스센터(the National Weather Bureau's Satellite Service Center)의 초대 소장을 지냈고, 버지니아대학의 환경과학과 교수였다. 1990년부터 지구온난화를 주요 쟁점 중 하나로 여기는 한 비영리 연구소에서 '과학 및 환경정책 프로젝트(the Science & Environmental Project)'를 시작했다. 그는 "컴퓨터 시뮬레이션은 지구 기온이 급격히 상승할 것으로 예측하지만, 기상 위성과 열기구 계측기로부터의 자료는 약간의 온난화가 있을 뿐"이라고 주장했다. 그는 또한 정부간기후변화협의체 보고서의 결론을 논박하기 위해 국제기후민간협의체(the Nongovernmental International Panel on Climate Control)를 시작했다.(17)

프레드 싱어의 지구온난화에 대한 비판은 인간에 의한 온실가스가 지구온난화를 일으킨다는 이론을 뒷받침하지 않는다고 주장하는 여러 과학자들의 주장을 대표한다고 할 수 있는데, 그가 그동안 과학에 관해 언급했던 논점들을 살펴보자.

첫째, 그는 지구의 기후가 인간이 살지 않았던 지질시대에 매우 큰 변화를 겪었다고 주장한다. 이것은 명백한 사실이다. 고대 기후는 대부분 판구조(板構造) 변화에 의한 지구상의 대륙 배치에 따라 결정되었다. 약 2억 2천5백만 년 전 지구의 땅덩어리들은 초대륙 판게아(Pangaea, 수백만 년 전에 존재했던, 현재의 모든 대륙들이 하나의 거대한 대륙을 이루고 있을 때의 이름)로 결합되어 있다가, 두 개의 초대륙 로라시아(Laurasia, 수백만 년 전, 지금의 북미, 그린란드, 유럽, 아시아 대부분의 지역을 포함하던 거대 대륙)와 곤드와나(Gondwana, 수백만 년 전에 지구 남반구에 있었던 대륙. 지금의 아라비아, 남미, 남극, 오스트레일리아, 인도로 이뤄져 있었음)로 나누어지기 시작했다. 약 1억 7천만 년 전 판구조의 힘은 곤드와나를 여러 대륙으로 분리하고 이동시키기 시작했다. 결국 남극-오스트레일리아, 아프리카, 마다가스카르, 인도가 서로 분리되고, 인도양이 형성되었다. 얼마 지나서 남아메리카는 다시 아프리카로부터 분리되어 남대서양을 만들었다. 지구의 현재 기후에 대한 중대하고 획기적인 사건은 남극대륙이 호주에서 분리되어 남극으로 이동하면서 동시에 남아메리카와

안데스 산맥(Andean link)이 끊어지던 때인 약 3,000~4,000만 년 전에 발생했다. 또 다른 중요한 사건은 약 300만 년 전 북아메리카와 남아메리카 사이의 파나마 지협이 상대적으로 높아진 사건이다. 이로 인해 대서양과 태평양이 갈라지고 멕시코 만에서 북극까지 따뜻한 물을 나르는 대서양 만류가 생성되었다. 북반구의 대기 순환과 강수 패턴이 변하여 현재의 기후 패턴이 시작되었고, 남극대륙에서 빙하가 형성되었다.(18)

싱어와 에버리는 200만 년 전, 태양에 대한 지구의 궤도가 변화(역자 주: 공전 이심률의 변화로 약 10만 년 주기를 가짐)함으로써 주기적으로 빙하기와 간빙기가 번갈아 나타나기 시작했으며, 지난 수백만 년 동안 대략 1,500년 주기로 기상변화가 일어났다고 주장한다.

이 주장은 주로 지난 1만 2천 년 동안 북극 빙하로부터 북대서양 해저로 떨어진 빙하 파편들을 측정하고, 이를 태양광 출력의 변동치와 비교한 게라드 본드(Gerard Bond)(19)의 논문을 기반으로 하고 있다. 빙하기와 간빙기 주기의 또 다른 증거는 댄스가드(Dansgaard)와 외쉬거(Oeschger)가 분석한 그린란드 빙하 코어(역자 주: 극지방의 빙하에서 채취한 원통 모양의 얼음 기둥)로부터 얻었다.(20) 이 빙하 코어는 주요 빙하기와 간빙기 기후의 큰 변동(주기는 약 10만 년) 곡선을 보여 주지만, 큰 변동 외에도 약 2,500년의 작은 온도 변화 주기도 보여 주고 있다. 이 작은 주기는 나중에 약 1,500년(+ 또는 −500년 오차)으로 변경되었고, 그들이 저술한 책의 제목이 되었다. 또한 지구는 자연적으로 1,500년 주기로 변화하고 있기 때문에 (현재의 온난화는) 온실가스로 인한 온난화와는 무관하다는 주장의 근거로 삼는다.

그렇다면 1,500년의 주기를 초래하는 것은 무엇일까? 싱어와 에

버리는 은하계 외부의 우주선에 의한 태양 활동의 영향으로 그것을 설명하려고 하였다. 태양 활동이 약할 때면 더 많은 우주선이 대기를 공격하여 공기분자를 이온화(ionization)하고, 지구를 식힐 수 있는 구름들의 핵들을 생성한다. 태양이 더 활동적이면, 여분의 자외선은 더 많은 오존을 생성하고, 태양으로부터 더 많은 근자외선을 흡수하여 대기를 따뜻하게 만든다. 이 다소 복잡한 이론의 한 가지 문제점은 1,500년의 태양주기가 존재하지 않는다는 것이다.

놀랍게도 그들은 태양 활동에서 가장 두드러진 변화, 즉 쉽게 측정할 수 있고 온도에도 어느 정도 영향을 미치는 11년 흑점주기를 무시한다.

싱어와 에버리가 저술한 책의 대부분은 1,500년 주기로 가정한 지난 100만 년 동안에 초점을 맞추지 않고, 대신 최근 천년, 특히 AD900년에서 AD1300년까지의 중세 온난기와 AD1300년부터 AD1850년까지의 2단계 소 빙하기(a two-stage Little Ice Age)에 초점을 맞추고 있다. 실제로 주기가 1,500년이라면 2,400년 경에 또 하나의 온난기가 시작되겠지만, 현재는 아직 소 빙하기 상태에 있어야 한다. 물론 그들이 500년이라는 오차를 제시하고 있기 때문에, 현재는 그들의 이론에 기초한 새로운 온난기에 있을 수도 있고 아닐 수도 있다. 그리고 더 중요한 것은 태양광 출력을 측정하면 기후를 예측할 수 있어야 한다. 따라서 그들의 이론을 시험해 볼 수 있으며, 나중에 우리는 이 이론이 지구 기온의 현재 상태를 설명하는지에 대한 증거를 살펴볼 것이다.

싱어와 에버리는 온실가스가 지구온난화의 원인이 아니라고 주장한다. 그들은 온실가스 온난화에 대해 "(1) 유일한 증거는 지구가 온난해지고 있다는 사실뿐이며, (2) 지난 150년간의 온난화를 잘 설명하지 못하는 이론이고, (3) 확인 안 된 컴퓨터 시뮬레이션뿐"이라고 비판한다.

그들은 온실가스 이론으로 설명할 수 없는 것들의 목록을 제공하기 위해 계속 노력하고 있다.

또 CO_2가 지구온난화를 일으킨다는 이론에 회의적인 과학자이면서 매사추세츠 공대의 저명한 기상학교수인 리처드 린젠(Richard Lindzen)은 "대기 상층부의 권운 구름(cirrus clouds)에 구멍이 열리고 열을 방출한다는 '아이리스 효과(iris effect)'에 의해 지구의 온도는 스스로 조절된다. 또 지표 온도가 상승하면 열대 지방에서 습한 공기가 상승하지만, 많은 습한 공기가 낮은 온도로 유지되기보다 물방울이 되어서 높은 권운을 만드는 얼음 결정을 형성하므로 습기가 줄어든다. 따라서 사실상 '서모스탯 메커니즘(a thermostat mechanism),' 즉 열대지방에서 대류작용(convection)을 통해 열이 높은 대기층으로 올라가 멀리 방출되는 현상 때문에 온도가 안정되며, (또한 우리는 구름이 형성되는 과정을 거의 이해하지 못하지만) 태양빛이 뜨거울 때 더 많은 구름이 형성되어서 지구로 들어오는 태양 복사열을 더 많이 반사해 버릴 것이다"라고 주장한다.(21, 22)

구름을 제대로 시뮬레이션 할 수 없다는 것은 확실하지만, 그렇다고 지구가 온난화되지 않고 있다는 것을 의미하지는 않는다. 또한 그의 이론이 맞다면, 과거에 다른 이유들로 인해 지구가 온난화되던 것을 막는데도 적용되었어야 한다. 따라서 그의 이론에 대한 좋은 평가 방법은 실제로 지구가 온난해지는지 아닌지 두고 보는 것이다.

온실가스가 현재의 지구온난화를 일으킨다고 확신하는 과학자들조차도 과거에 빙하기와 간빙기가 반복적으로 일어났던 것을 부정하지 않으며, 인간 활동은 이 현상과 아무 상관이 없다는 것을 인정하기도 한다. 문제의 핵심은 지난 50여 년 동안의 기후변화가 화석연료의 연소와 삼림벌채로 인한 인위적 온실가스에 의해 발생했는지 여부이다.

싱어와 에버리 그리고 다른 지구온난화에 대한 회의론자들은 우리는 단지 주기적으로 그리고 반복적으로 일어나는 정상적인 기후변화를 겪고 있다고 말하고 있지만, 대부분의 과학자들은 자연적 요인들로는 최근의 변화를 설명할 수 없다고 말한다.

지구온도와 온실가스

그래서 몇 가지 증거를 살펴보자. 기후변화의 과학적인 배경을 제대로 이해하기 위해서는 실제 데이터를 그래프 형태로 살펴볼 필요가 있다. 이것은 일부 독자들에게는 협박처럼 들릴지도 모른다. 심지어 내 수업에 참석하는 많은 학생들조차 그래프를 따라가는 것에 어려움을 겪는다. 그럼에도 나는 그래프들을 주의 깊게 공부하기를 권장한다.

지금부터 캡션과 텍스트를 이용하여 여러분에게 그래프들을 설명해 보겠다. 여기에 인용하는 많은 증거들은 2007년 정부간기후변화협의체의 「제4차 평가 보고서」, 즉 2,000명이 넘는 동료 과학자들의 심사(peer review)를 거쳐 발표한 6,000여 편의 과학 논문들에 대한 최신 보고서, 그리고 미국국립해양대기청/ 국립기후데이터센터(US National Oceanic and Atmospheric Administration / National Climate Data Center, NOAA / NCDC)의 자료들에서 얻은 것이다.

2010년 해커들이 기상학자들의 컴퓨터를 해킹한 후, 과학자들이 지구온난화 사례를 과장하기 위해 자료를 조작하고 있다는 주장을 하였다. 그들은 이메일을 공개하고 문서들을 발표하는 등 작은 스캔들을 터뜨렸다. 그러나 다섯 가지의 서로 다른 조사를 통해 부정행위에 대해 무죄임이 밝혀졌다.(23)

그럼, 먼저 수십만 년 동안의 온도와 온실가스 기록을 살펴보자. 어떻게 가능할까? 눈송이가 떨어지면 그 안에 대기가 갇혀 있는 얼음층(氷層)이 형성된다. 남극대륙과 그린란드와 같은 지역에서는 눈이 내릴 때, 대기 구성 성분과 공기 방울이 눈과 함께 얼음으로 압축되어지고, 매년 대기의 새로운 기록을 담은 새로운 빙층이 형성된다. 그린란드 빙층에서 채취한 아이스 코어(ice core)에서는 12만 5천 년 전까지, 남극 경우에는 80만 년 전까지 과거를 알 수 있다.(10) 아이스 코어 기포에서 나온 기체의 분석을 통해 대기 조성의 시간적인 기록을 알 수 있으며,(18) 이 아이스 코어로부터 수소 동위원소인 중수소(Deuterium)의 양을 측정함으로써 당시 온도 역시 추론할 수 있다.[3]

<그림 1.1>의 그래프는 주요 온실가스(CO_2: 메탄 및 아산화질소)와 온도가 65만 년에 걸쳐 어떻게 변했는지 보여준다.(24) 온도축 척도가 주어지지 않았지만, 현재의 온도는 빙하기들의(역자 주: 빙하기의 주기는 약 10만 년으로 9만 년의 빙하기와 1만 년의 간빙기로 구성됨) 평균온도보다 약 6℃ 높다.(10) 온도 변화에 1500년 주기가 존재한다면, 그것은 훨씬 더 긴 기간 동안의 큰 온도 변화와 비교할 때 매우 작은 효과라는 것을 주목할 필요가 있다. 음영 부분은 간빙기 기간으로, 지구가 따뜻하고 빙하들이 녹아 있는 시간이다. 다음은 이 그래프에서 알 수 있는 몇 가지 중요한 사항들이다.

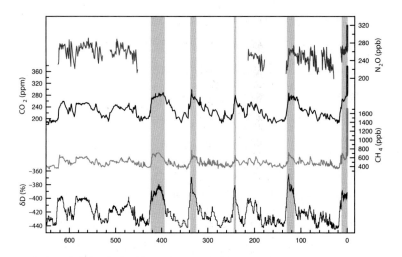

〈그림 1.1〉 국지적 온도를 추론할 수 있는 남극 빙하의 중수소의 변이(δD) (맨 아래쪽 그래프)와 아이스 코어 내에 포획된 공기 및 최근의 대기 측정치로부터 얻은 대기중 온실가스의 CO₂ 농도(위의 두 번째 그래프), 메탄(아래에서 두 번째 그래프) 및 아산화질소(N₂O, 맨 위 그래프). 650,000년의 데이터. 음영 처리한 구간은 현재와 이전의 따뜻한 간빙기 기간을 나타낸다. © IPPC(정부간기후변화협의체)

첫째, 온실가스는 간빙기 동안 항상 상대적으로 농도가 높다. 둘째, 온실가스 농도와 온도는 빙하기 초기의 하강하는 속도보다 간빙기 시작할 때의 상승속도가 훨씬 더 빠르다. 셋째, 시간축 척도로 인해 그래프에서 명확히 보이지는 않지만, 보다 상세한 분석에 의하면, 실제로 CO₂농도가 온도에 비해 수백 년 정도 뒤쳐져 있음을 알 수 있다. 그러나 최근의 증거에 의하면, CO₂의 증가는 약 2만 년 전 마지막 빙하기 말기에 북반구 온도를 상승시키고 빙하의 용융을 가져왔다.(25) 넷째, 현재 온실가스의 급격한 증가는 65만 년 전체 기간 내에 전례가 없다. 이전 간빙기의 CO₂ 농도는 약 280ppm이었지만, 2013년 7월은 397ppm이다(역자 주: 2020년 현재 약

410ppm).(26)

수십만 년 동안 분명히 인간이 이러한 변화를 일으키지 않았는데, 무엇이 원인일까? 이러한 빙하기와 온난화 주기는 지구 기울기의 주기적인 변화와 태양 주위를 도는 지구의 타원형 궤도(이심률, eccentricity)의 변화 주기(밀란코비치 주기, Milankovitch cylcle, 약 10만 년 주기)(15, 18, 27)에 의해 유발되었다.

또한 지구는 현재 태양 주위의 궤도면을 기준으로 23.4°C로 기울어져 있지만, 4만 1천 년을 주기로 22.1°C에서 24.5°C까지 변화한다. 이 기울어짐은 북반구와 남반구에 계절이 나타나는 주요 원인이다.

지구 기울기(tilt)는 팽이의 넘어지기 전 모습처럼 2만 3천 년을 주기로 세차운동(뒤뚱대며 흔들린다, precess)을 한다. 태양 주위의 타원형 궤도 때문에 지구는 태양에 더 가깝게도, 더 멀리도 떨어지게 되는데 이 역시 계절에 영향을 미친다. 타원 모양 역시 10만 년 주기로 원형에 가까운 모습에서 타원형 모습으로 바뀐다. 이 주기들의 조합들은 북위와 남위 지방들이 받는 태양의 복사량에 영향을 미치며, 눈이 쌓이고 빙하가 만들어지거나, 얼음이 녹고 빙하가 감소하는지 여부를 결정한다.(18) <그림 1.1>을 보면, 온난화 간빙기가 약 10만 년 간격으로 발생하며, 그 주요 효과는 지구 궤도의 타원율(ellipticity) 변화이다.(28) 따라서 1,500년 주기는 이러한 큰 변화에 비해 일시적 작은 변화에 불과하다.

그러나 CO_2가 온도 변화를 일으키는 이유는 무엇일까? 정확한 세부 내용은 알 수 없지만, 바다가 CO_2를 흡수하는 것이 가장 중요한 요인이다. 바다의 상층은 대기와 비슷한 양의 CO_2(약 800Gt)를 포함하고 있다.(10)

차가운 바닷물은 더 많은 CO_2를 흡수하고 따뜻한 바닷물은 CO_2를 배출한다(이 효과는 차가운 탄산음료 캔과 따뜻한 탄산음료 캔을 열 때의 차이와 정확히 같다. 따뜻한 탄산음료는 CO_2를 빨리 방출하므로 음료수 캔이 열릴 때 넘칠 수 있다. 반면 차가운 탄산음료는 많은 양의 CO_2를 일시에 방출하지 않기 때문에 넘치지 않는다). 이것은 지구 궤도의 변화 때문에 더 많은 태양광 피폭이 일어나고 이로 인해 온난화가 시작되면, 바다에서 더 많은 CO_2가 방출되어 온난화가 가속된다. 이로 인해 다시 더 많은 CO_2를 방출하는 정궤환(正軌還) 현상이 발생한다. 광대한 바다가 예열되고 더 많은 CO_2를 방출하기까지는 오랜 시간이 걸리기 때문에 수백 년 정도의 지연 현상이 생길 것으로 예상된다. 그러나 마지막 빙하기가 끝나는 무렵의 용융현상은 CO_2의 증가가 선행한 후 일어났다. CO_2는 북반구를 데워서 빙하층을 녹이는데 도움이 되었다. 그러므로 CO_2 증가가 온난화에 아무런 영향을 미치지 않을 것이라고 생각할 수는 없다.

또 다른 정궤환 현상은 '알베도(albedo)'라고 알려진 현상, 즉 빙상들(ice sheets)이 햇빛을 반사하는 것과 관련이 있다. 대륙의 빙하가 녹으면 얼음에 의해 반사되는 햇빛이 적어지고, 노출된 토양, 암석 및 식물에 더 많은 햇빛이 흡수되어 온난화가 더 잘 일어난다. 이러한 알베도의 변화와 해양에서의 CO_2 방출 때문에 온난화 기간이 한랭화 기간보다 훨씬 빠르게 진행되지만 여전히 수백 년에서 수천 년이 걸린다. <그림 1.1>에서 가장 놀라운 것은 현대의 온실가스 농도의 급격한 상승이다. 이는 역사적으로 전례가 없는 일이다.

지난 만년의 기후: 홀로세

이제 지난 만년 동안 사물이 어떻게 변했는지 알아보기 위해 다른 시간 척도를 살펴보자. 이 만년은 홀로세(Holocene)라고 알려져 있다. 온도의 변동이 거의 없이 기후는 대체로 안정적이었으며 문명과 농업의 여명을 낳았다. 이 기간은 바이킹(Vikings)이 그린란드에 정착하던 중세의 최적기 또는 중세의 온난기(AD900~1300)[4]와 유럽의 소 빙하기(AD1300~1850)로 알려진 시기를 포함하고 있다.(27) 이 두 사건은 아마도 최소한 부분적으로는 태양 강도의 변화에 의해 발생하였다. 소 빙하기의 가장 추웠던 시기인 1650~1715년 사이에 '마운더 극소기(Maunder Minimum)'라고 알려진 태양광 출력을 떨어뜨리는 흑점의 감소 시기가 발생했다.(18)

최근 100년 동안 모든 온실가스 농도가 급격히 증가하기 전까지 지난 만년 동안에는 온실가스 농도의 변화가 거의 없었다. <그림 1.2> 속 삽화는 1750년에 시작된 산업화 이후의 변화를 보여준다. 이 기간 동안 온도와 온실가스는 더 정확하게 측정되었다.

CO_2는 가장 농도가 높은 상태이고 화석연료 연소와 삼림벌채로 인해 가장 빠르게 증가하고 있기 때문에 가장 우려되는 것은 온실가스이다. 그래서 이제 이것에 주목해야 한다. <그림 1.2>는 지난 50년 동안의 CO_2(최상위 그래프), 메탄(중간 그래프) 및 아산화질소(최하위 그래프)의 급격한 증가를 보여준다. 전 세계의 평균 기온을 보여주진 않지만, '복사 강제력(Radiative Forcing)'을 나타내는 척도를 보여주고 있다. 이것은 '지구 대기 시스템에서 들어오고 나가는 에너지의 균형을 변화시키는 인자들이 갖는 영향력의 척도이고, 잠재적인 기후변화 원인으로 인자들의 중요성을 나타내는 지표이다. 양(+)의 강제력은 대기를 따뜻하게 하는 반면, 음(-)의 강제력은 냉

PART 01
에너지와 지구온난화

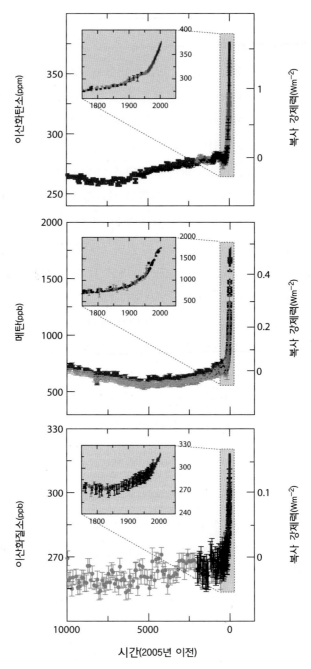

〈그림 1.2〉 지난 만 년간의 온실가스 농도와 복사 강제력의 기여. 중간 삽화는 1750년 이후의 농도를 보
여준다. *Climate Change Physical Science Basis* 그림 SPM1 캠브리지: 캠브리지대학 출판사, 2007
© IPPC 「제4차 평가 보고서」

각시키는 경향을 나타낸다.'(1) 복사 강제력은 대류권 계면에서의 단위 면적당 에너지율(Energy rate, Power) 단위로 (제곱미터당 와트 또는 W/m²) 표현된다(복사 강제력에 대한 자세한 내용은 부록 A를 참조하라).[5] 이는 CO_2가 지구온난화에 기여하는 양의 복사 강제력(1.66W/m²)을 대기에 추가한다는 것을 의미한다. 과연 그럴까? 아니라면 지구온도가 실제로 상승하지 않았다고 말하는 회의론자들의 주장이 옳을까?

온도와 이산화탄소의 최근 변화

먼저 대기 중 CO_2의 최근 측정치를 살펴보자. 1950년대 데이비드 킬링(David Keeling)은 자신이 살고 있는 캘리포니아 집 근처의 대기 중 CO_2 농도를 정확하게 측정할 수 있는 기술을 개발했으며, 기준 농도 310ppm을 설정했다. 나중에 하와이의 화산인 마우나 로아(Mauna Loa) 위에 실험실을 설치하고 매일 CO_2 측정을 시작했다. 한 가지 극적인 발견은 지구가 CO_2를 호흡한다는 것인데, 여름에는 잎이 자라면서 광합성 작용을 통해 CO_2를 흡수하고, 가을과 겨울엔 잎이 나무에서 떨어져 썩어 가면서 CO_2를 배출한다. 그는 지구의 호흡을 반영하는 대기 중 CO_2 농도가 1년 주기로 변동한다는 사실을 측정했다.

이는 <그림 1.3>에서 지그재그로 나타나 있다. 더욱 중요한 점은 대기 중 CO_2 농도가 꾸준히 상승하고 있으며, 그 형태가 선형적이지 않고 지수 함수적으로 나타난다는 것이다.(29, 30) 시간 경과에 따른 대기 중 CO_2의 농도는 킬링 곡선(Keeling Curve)으로 알려져 있

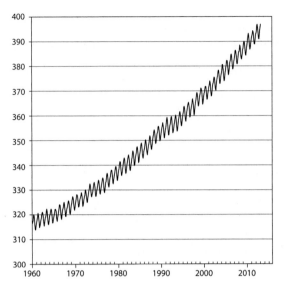

〈그림 1.3〉 마우나 로아에서 측정한 대기 중 이산화탄소의 킬링 곡선. © NOAA

다<그림 1.3>.

　킬링 곡선의 영향을 크게 받은 대표적인 인물이 앨 고어인데, 그는 하버드 대학교 학생이었을 때, 킬링(Keeling)의 과학분야 멘토(mentor)인 로저 레벨(Roger Revelle) 교수에게서 처음으로 이것을 듣게 되었다. 앨 고어는 이후 자신의 저서『균형 잡힌 지구』와『불편한 진실』을 통해 이 곡선을 일반 대중에게 알리게 되었는데, 지구온난화에 대한 과학적 관심을 자극한 일침이었다.

　이제 킬링 곡선에 나타난 CO_2 증가로 인해 예상대로 온도가 실제로 상승하고 있는지 살펴보자.

　지구기후변화의 지표에 관한, 한 보고서(31)에서 국립해양대기청/ 국립기후데이터센터는 1880년 이래 대기 중 CO_2 수치와 지구

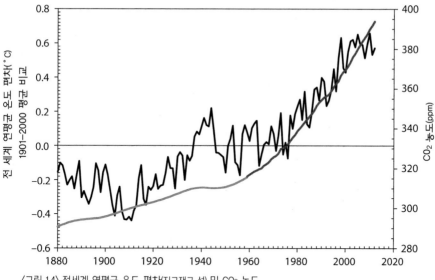

〈그림 1.4〉 전세계 연평균 온도 편차(지그재그 선) 및 CO₂ 농도
　기준 온도는 1901~2000년 평균 온도다. 과거(1880~1959년) CO₂ 자료는 20년 평균값을 사용
　하는 이더릿지(Etheridge) 등의 데이터(32). ⓒ NOAA/NCDC 데이터. 마우나로아(1959~2012년)

평균기온을 비교하는 데이터를 제공하고 있다. 에더리지(Etheridge)
와 그 일행의 과거(1880~1959년) CO₂ 데이터 기록에 2012년까지 데이
터를 추가하여 〈그림 1.4〉를 업데이트했다.(32)

　지구의 기온은 많은 변동성을 가지고 있지만, 대략 1980년 이후
로 온난화 추세는 논란의 여지가 없으며, 이 추세는 CO₂의 증가와
부합하고 있다. 조지 윌과 같은 회의론자들은 (1998년 이후) 지난 10
여 년 동안 지구온난화는 일어나지 않았다고 말한다. 아마 그는 지
구온난화가 실제로 존재한다면 기온이 매년 상승해야 한다고 생각
하는 것 같다.

　그러나 추세가 나타난다고 말하는 것만으로는 아주 과학적인 것
은 아니다. 특정 시간 범위 동안 통계적으로 유효한 변화가 실제로

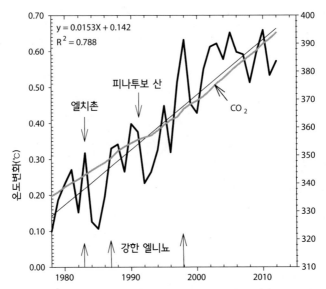

〈그림 1.5〉 20세기 육지와 해수면의 평균온도의 기저로부터 온도 편차(지그재그 선, 왼쪽 축)와 대기중 이산화탄소 농도(부드러운 선, 오른쪽 축). 가는 직선은 온도 데이터의 선형 회귀 선. 화살표는 강한 엘니뇨 연도를 나타내며 화살표 높이는 엘니뇨의 강도에 비례함. 온도 편차, © 국립NOAA/NCDC 엘니뇨(El Niño), 워싱턴대학교의 대기 및 해양합동연구소

존재하는지 확인하기 위해서는 자료를 선형 회귀(linear regression)라고 하는 수학적 방법을 통해 분석할 수 있어야 하고 또 분석해야만 한다. 특정한 어느 한 해에 너무 많은 영향을 받지 않을 정도로 시간 범위가 넓어야 한다. 특정한 한 해에 체리를 따보고는 그 이후에는 온난화가 없었다라고 말할 순 없다. 그것은 조지 월의 방식이다.

어떤 특정한 한 해의 날씨와 기온에 영향을 미칠 수 있는 요소들이 있다. 화산 폭발은 에어로졸을 대기로 방출하므로 화산의 크기에 따라 수년 동안 한랭화(cooling)를 일으킬 수 있으며, 엘니뇨 혹은 남방진동(El Niño / Southern Oscillation)은 그것이 일어나는 수년 동안 온난화를 일으킬 수 있다. 반대로 강력한 라니냐(La Niña)가 일어나면 세계는 수년간 한랭화가 이어진다.

1980년 이후의 온도와 CO_2 기록을 더 자세히 살펴보면 이러한 생각이 분명해질 것이다. <그림 1.5>는 온도 이상 현상(20세기 평균치에 대한 온도 변화)과 대기 중 CO_2 농도를 보여준다. 또한 이 그림은 일시적인 온난화를 일으키는 주요 ENSO(엘니뇨) 사건들과 대기로 에어로졸을 방출해 한랭화를 일으켰던 1982년과 1991년 엘 치촌(El Chichón) 및 피나투보산(Mount Pinatubo) 화산 폭발 시점들을 보여준다.

1998년은 특히 엘니뇨가 강했던 해였고 이로 인해 비정상적으로 따뜻했다. 과학계의 전문용어로 말하자면, 정상적인 범위에서 벗어난 특이한 경우이다. 그리고 2005년과 2010년 모두 1998년보다 약간 더 따뜻했기 때문에, 1998년 이래로 온난화가 없었다는 주장은 명백히 잘못된 주장이다. 지난 10년이 가장 뜨거운 시기였지만, 기온의 5년 평균치의 변화는 기본적으로 거의 없었다. 그 이유는 아마도 엘니뇨와 라니뇨 현상 및 에어로졸로 인한 자연적인 기후의 변화(33)와 지난 10년 동안 심해(深海)가 잉여 열을 많이 흡수하여 비정상적으로 온난화되었기 때문일 것이다.(34)

그래프의 가는 직선은 온도 편차들에 대한 선형 회귀선으로 (수식은 <그림 1.5>의 왼쪽 상단에 있음) 두 가지 흥미로운 정보를 포함하고 있다. 하나는 보통 그렇듯이 직선의 기울기는 전체 기간 동안의 연간 온도 증가율을 의미한다. 0.0153°C/year이며 0.153°C/decade(decade는 10년을 의미함)이다. 다른 하나는 통계적 상관도(R^2)로서, 이 경우 0.79인데 이는 실제 온도와 직선의 기울기로 나타나는 연간 선형 증가 사이에는 상대적으로 강한 상관관계가 있음을 보여준다. R^2값이 1에 가까울수록 데이터가 단순한 직선에 가깝다는 것을 의미한다.

이 직선의 기울기를 더 오랜 기간 동안 유사한 온도 변화의 기울기들과 비교하면 증가율이 변화하고 있는지를 알 수 있다. 정부간기후변화협의체 2007년 보고서(24)에 의하면(2005년 말까지), 150년 동안의 기울기는 0.045˚C/decade이었으며, 100년 동안은 0.074˚C/decade이었고 50년 동안은 0.128˚C/decade였다. 이것은 평균 온도의 증가율이 과거보다 최근 수십 년 동안에 더 많이 증가했다는 것을 의미한다(1980년 이후는 0.153˚C/decade 상승한 것을 기억하라). 즉 실제 지구 온도는 지난 100년 동안 선형 이상으로 더 빠르게 증가하고 있다. 수학적으로 말하자면, 1차 함수(직선) 보다는 2차 함수가 더 잘 표현한다고 할 수 있다.

연간 대기 중 CO_2 농도도 <그림 1.5>에 표시되어 있는데, CO_2 역시 온도와 유사하게 증가하고 있음을 보여준다. CO_2 역시 직선 이상으로 더 가파르게 증가하고 있다. <그림 1.4>와 <그림 1.5>의 자료를 종합해 볼 때, 특히 CO_2가 많아지면 기온이 높아진다는 물리학의 법칙에 의해 CO_2 양의 증가가 지구의 기온 상승을 초래했다는 결론이 나온다.

CO_2와 지구온난화의 연관성에 대해 간단하면서도 의미 있는 질문은 CO_2 양이 빠르게 2배가 되면 어느 정도의 온난화가 예상되는가이다. 이 값은 '기후민감도(climate sensitivity)'로 알려져 있으며, 우리가 계속해서 더 많은 CO_2를 대기로 쏟아낼 경우 무엇이 기대되는지를 평가하는 것은 매우 중요한 일이다. 기후민감도의 가장 최고의 값은 제임스 한센(James Hansen)에 의해 연구된 고기후 연구

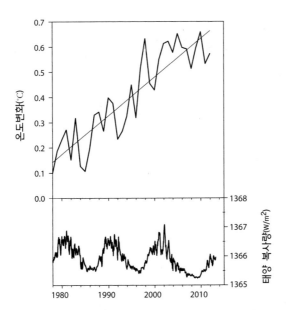

〈그림 1.6〉 지구 대기의 상단에서 받은 태양 복사량과 비교한 지구 표면 온도의 비정상 현상. 태양 에너지는 1978년 이래 인공위성에서 측정되었다. 스위스 태양 자료. ⓒ 다보스물리 기상관측소 / 세계복사센터, NOAA/NCDC

(paleoclimate studies)에서 비롯된 것이다.

그는 마지막 빙하기의 상태와 지구가 에너지 균형 상태에 있는 천년을 평균한 최근의 홀로세 기간을 비교했다. 대기 중 CO_2 양과 빙하의 반사율(albedo)에 의해 결정되는 '기후 강제력(climate forcing)'은 위 두 시대의 기온 차이를 결정한다. 그 결과 기후 강제력은 W/m^2당 0.75°C로 계산된다. 장기간의 간빙기 평균 CO_2양 280ppm이 2배 증가하면 4W/m^2의 강제력이 유발되므로 CO_2양의 2배 증가는 3°C의 온도 상승을 의미한다. 한센은 이 값을 사용하여 <그림 1.1>에서와 같이 고기후 기온을 계산했으며, 대기 온실가스와 빙상의 반사율(albedo)만을 기반으로 40만 년의 온도를 정확하게 모사할 수 있었다. 또한 계산식에 의하면 기후민감도는 3°C(21, 35)이다.

하지만 지구온난화가 일어나고 있다면, 그 원인이 약 1,500년 주기의 온난화를 초래하는 것은 실제로 CO_2가 아닌 태양 복사량(solar irradiance)이라는 싱어의 주장은 어떨까? 관측된 지구온난화를 태양 복사량으로 설명할 수 있을까? 태양 복사량의 가장 큰 단기간 변화는 11년 태양주기이다. 지구 대기 상층부에서 측정한 <그림 1.6>의 결과는 태양 복사량의 규칙적인 11년 주기(실제로 10~12년)를 보이지만, 지구의 지속적인 온난화를 설명할 만한 꾸준한 태양 복사량 증가는 없었음을 보여준다.(31)[6]

무질서한 기후 때문에 오르락내리락 거리는 평균 기온은 태양광 출력의 변화에 거의 영향을 받지 않고 있음을 보여준다. 사실 2001년에서 2010년까지 태양광 출력은 감소하고 있었지만, 지구는 지난 10만 년 동안 가장 뜨거운 10년을 경험했다.

또한 정부간기후변화협의체는 태양 복사량에 의한 복사 강제력은 단지 $0.12W/m^2$이며, CO_2의 복사 강제력은 이보다 열배 이상 더 클 것이라고($1.6W/m^2$) 결론짓고 있다.[7] 더 나아가 정부간기후변화협의체는 구름양에 대한 우주선 강도의 영향을 조사하면서 "우주선의 시계열(時系列, 시간 경과에 따른 관측값)은 1991년 이후의 전 지구 총 구름양 또는 1994년 이후의 전 지구 저층 구름양과 일치하지 않는 것으로 보인다"라고 결론짓고 있다.(24) 따라서 지구온난화가 CO_2보다 태양 복사량에 의한 것이라는 싱어의 가설은 성립하지 않는다.

정부간기후변화협의체는 "20세기 중반 이후 전 세계적으로 관찰되는 평균 온도 상승은 인위적인 온실가스의 증가로 초래되었을 가능성이(90% 이상의 확률) 매우 높다"라고 결론짓고 있다.(1) 계속해서 위 결론들을 뒷받침하는 방향으로 자료들이 쌓이고 있기 때문에 4개의 정부간기후변화협의체 보고서들 모두 인간이 지구온난화를 일으키고 있다는 가능성에 대해 강하게 서술하고 있다.

회의론자들은 일부 지역의 기온이 상대적으로 높은 '도시의 열섬 효과' 때문에 온도가 정확하지 않다는 등 주의를 다른 곳으로 돌리려하거나 혼란을 유도해서 상대를 속이기 위한 주장을 하면서 온도 자료를 왜곡한다.

그러나 공식적인 지구 온도에서(역자 주: 육지 온도와 해수 온도를 모두 고려하여 산출함) 사용되는 육상 기반의 온도 기록에 이미 이 점이 고려되어 있으며, 0.01℃(36)의 매우 작은 교정만 필요로 한다. 또한 도시의 열섬 효과는 육지 온도와 매우 유사하게 증가하는 해수 온도에는 전혀 영향을 미치지 않는다.(24)

빙하의 용융과 해수면 상승

실제로 여기에서 주장하는 것처럼 지구의 기온이 증가하고, 조지 월이나 프래드 싱어와 같은 기후변화 회의론자가 주장하는 것과 다르다면 빙하가 녹고 상승하는 바다와 같이 다른 현상들이 있어야 한다.

사실 이 현상들은 확실히 존재한다. 해수면은 1880년 이래 천천히 상승하다가 1940년 이후로 훨씬 더 빠르게 상승하고 있다<그림 1.7>. 지난 100년간 상승률은 1.7밀리미터인 반면, 삽입된 그림에서 보듯이 1993년부터 2009년까지는 약 3.5밀리미터(10년당 약 1.4인치)였다.(31) 이 해수면 상승의 50% 이상은 온난한 기온에 의한 해양의

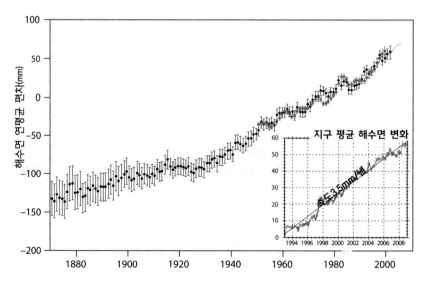

〈그림 1.7〉 세계 해수면의 연평균 평균치. 1950~2000년의 어두운 기호는 조수 계측 데이터이며, 검은색 선은 위성 측정 결과이다. 1993년 이후 상승세를 보여주고 있다. ⓒ 미국 글로벌변화연구프로그램

열팽창으로 인한 것이다. 나머지는 빙하(glacier) 및 빙원(ice cap)과 (용융시 해수면 상승의 약 30% 기여) 그린란드 및 남극 빙상(ice sheet, 대륙위의 고정된 얼음층, 용융으로 해수면 상승의 15% 기여)의 용융에서 온 것이다.(24)

그린란드 얼음은 1963년에서 1993년까지 50~100Gt/yr[8]로 감소했으며, 2003년에서 2005년까지는 더 높은 속도로 감소했다.(37) 얼음 손실을 측정하는 몇 가지 다른 방법에 대한 최근의 분석은 그린란드가 2005년과 2010년 사이에 263±30Gt/yr의 속도로 얼음을 잃고 있음을 보여준다.(38)

남극에는 1980년대 후반부터 주로 남극 반도와 서남극 대륙에서 멀어지고 있는 수많은 빙붕들(ice shelves, 남극 대륙에서 빙하를 타고 흘

러 내려와 바다 위에 떠 있는 거대한 얼음 덩어리)이 있다.(39)

남극 반도는 남극 대륙보다 훨씬 더 빠르게 온난화되어 왔지만, 최근의 남극 기온 분석에 의하면, 1957년과 2006년 사이에 남극 대륙은 $0.17\pm0.06°C/decade$ 온난화되었고, 남극 반도는 $0.11\pm0.04°C/decade$, 대륙 전체는 $0.12\pm0.07°C/decade$였다.(40) 남극 반도와 서남극 대륙이 얼음을 잃었을 때 동남극 대륙은 강수량이 많아 실제로 얼음이 증가되었다.

2005~2010년 사이에 남극 빙상 순손실은 $81\pm37Gt/yr$였으며, 그린란드 및 남극 빙상 순손실을 합하면 연간 $344\pm48Gt/yr$이다.(38)

빙상의 동역학은 그린란드와 남극 대륙의 얼음 손실에 결정적인 역할을 한다. 그린란드의 얼음은 중앙이 약 3킬로미터 두께이며 가장자리로 갈수록 가늘어진다. 표면의 얼음이 녹으면 표면에 큰 호수가 형성된다. 때로는 엄청난 양의 빙하 구혈(moulins) 또는 구멍이 얼음에 형성되어 물이 얼음시트 바닥으로 사라져 바다로 흘러간다.(41)

이러한 물의 흐름은 얼음 바닥을 매끄럽게 만들어 얼음이 바다 속으로 흘러가는 속도를 증가시킬 수 있지만, 세부 사항은 잘 이해되지 않고 있다. 남극대륙은 평균 두께가 약 2.4킬로미터이지만, 최대 두께는 4킬로미터이고, 그린란드 얼음의 약 10배이다. 이 빙상의 압력은 천천히 바다로 흘러가는 빙하 또는 얼음의 강을 형성한다. 로스(Ross) 및 라센(Larsen)의 빙붕들처럼 바다에 떠다니는 빙붕들은 빙하 얼음이 바다로 들어가는 곳에 형성된다. 이 빙붕들은 빙하를 받쳐서 빙하 얼음이 바다로 쏟아지는 것을 막아준다.

최근 몇 년 동안 라센과 윌킨스(Wilkins) 빙붕들의 엄청난 부분들이 붕괴되었으며, 빙하들에 대한 압력이 제거되어 빙하들이 바다로 더 빨리 흘러가게 되었다.

그린란드와 남극 모두에서 이러한 빙상의 움직임은 정부간기후
변화협의체가 예측한 것(18, 42)보다 훨씬 더 빠르게 얼음 용융을 초
래하여 해수면 상승의 추정치가 커질 수 있다.

북극의 얼음은 이미 바다에 떠 있기 때문에 북극의 얼음이 녹아
서 해수면이 상승하는 것은 아니다. 그러나 그것은 지구온난화의
지표이다. 국립설빙데이터센터(The National Snow and Ice Data Center,
NSIDC)에 의하면, 겨울 북극해 얼음은 3월에 최대량이 되며 (위성
측정이 시작된)1979년 이후에 2.6%/decade의 비율로 감소했다.

현재 여름 북극해 빙상의 용융 기간은 1980년대에 비해 거의 한
달 정도 더 오래 지속된다. 여름 북극해 얼음은 9월 중순에 최저치
가 되는데, 이 값이 1979~2000년 평균치와 비교하여 13%/decade 감
소하고 있다. 1979년 이후 북극해 얼음은 2012년 9월에 최저치를

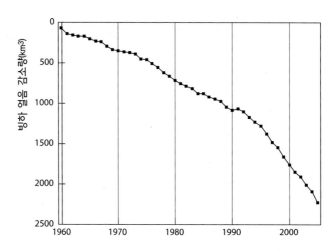

〈그림 1.8〉 1960년 이후 전 세계 세제곱킬로미터당 빙하의 총 누적 감소량
© 미국 글로벌변화연구소

기록했으며, 이전 최저치인 2007년 보다 16% 낮았다.(43) 어두운 색을 지닌 바다는 태양광을 흡수하는 한편, 얼음은 태양광을 반사하기 때문에 바다 얼음의 손실은 지구온난화에 정궤환(正軌還) 효과를 가져온다. 따라서 여름 바다 얼음의 손실은 이 반사율(albedo) 효과로 인해 더 큰 온난화를 유발한다.

앨 고어(44)가 인상적으로 설명하고, <그림 1.8>에 나타난 것처럼 지난 세기의 대부분 빙하들은 전 세계적으로 녹아 내렸다. 하지만 모든 빙하들이 녹고 있는 것은 아니며 일부 지역에서는 강수량이 증가하여 빙하들이 실제로 증가했다. 하지만 전 세계적으로 녹는 추세는 분명하며 가속화되고 있다. 이것은 해수면의 장기적인 상승에 대한 걱정일 뿐만 아니라 아시아 주요 하천들의 물이 히말라야 산맥에서 흘러오고 있기 때문에 더 큰 걱정 요인이다.

왜냐하면 전 세계 빙하 감소 현상의 일부로서 히말라야의 빙하들도 녹고 있기 때문이다. 아시아 국가 중 12개국 이상의 약 20억 인구가 히말라야 산맥과 티베트 고원의 빙하와 눈이 유입되는 강들에 의존하여 살고 있다. 티베트 고원은 지구 평균보다 두 배 빨리 가열되고 있으며, 중국 과학자들은 2050년까지 이 빙하의 40%가 사라질 것이라고 믿고 있다.(45)

온도 계산 모델들

전문가(pundit), 정치인 및 일부 과학자들은 지구온난화의 예측은 기후 시스템의 복잡성을 정확히 반영하지 못하는 계산 모델을 기반으로 하고 있다고 말하고 싶어 한다. 그러나 1990년 첫 번째 평

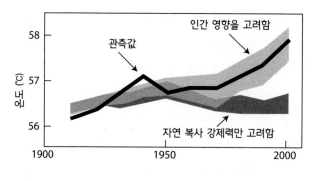

〈그림 1.9〉 자연 및 인간에 의한 복사 강제력을 사용하는 모델에 의해 시뮬레이션 된 결과와
관측된 지구(육지와 바다) 온도의 비교
노트: 하단(짙은 회색) 구역은 자연 복사 강제력만을 사용하는 5개 기후 모델로 19가지 시뮬레
이션을 한 결과의 5-95% 범위이다. 상단(밝은 회색) 구역은 자연 및 인간에 의한 복사 강
제력을 모두 사용하는 14개 기후 모델의 58가지 시뮬레이션을 한 결과의 5-95% 범위이
다. *Climate Change 2007: Physical Science Basis*, 그림 SPM.4(캠브리지: 캠브리지 대학 출
판사, 2007) © IPCC의 「4차 평가 보고서」

가 보고서조차 연간 지구 평균 표면 온도에 대한 계산 예측치는 오
차 범위 내에서 상당히 정확하였다.

물론 아직도 발전 단계이긴 하나 그 당시보다 컴퓨터 계산 기술
이 크게 발전하여 에어로졸, 눈 덮임에서의 반사율(albedo), 그리고
구름층에 의한 일부 제한된 효과들을 포함하여 더 많은 요소가 고
려될 수 있다. 따라서 온실가스를 생산하는 인간의 영향을 고려한
전산 모델과 이런 영향을 고려하지 않고 일사량과 같은 자연적 효
과만을 고려한 전산 모델에 의한 예측들을 살펴보자.

모델들에 대한 실제 계산 결과들을 보면, 대략 1970년 이후의 관
측된 지구온도는 온실가스로 인한 복사 강제력을 고려하지 않고는

계산할 수 없다는 것을 보여준다<그림 1.9>. 자연적 요인에만 기초한 모델은 우리가 완만한 냉각 추세에 있어야 한다는 것을 보여주지만, 사실 이 장에서 분명히 밝혔듯이, 지구 기온은 계속 상승하여 왔다. 관측된 결과들은 인간 영향을 포함하는 모델에 의한 예측치들의 오차 범위의 중간에 정확히 위치한다. 이로 인해 모델이 실제로 지구온난화로 이어지는 중요한 요소들을 정확하게 밝혀내고 있으며, 가장 중요한 요소는 온실가스에 의한 인간의 영향이라는 점에 대해 충분히 확신할 수 있다.

싱어와 에버리에 대한 답변

온실가스 이론이 설명하지 못하는 것들의 목록을 제시했던 과학적인 지구온난화 회의론자들을 대표하는 싱어와 에버리의 비판들을(이탤릭체) 재고해 보자.

- *CO_2 변화는 지난 2,000년 동안 매우 급변했던 기후를 설명하지 못한다.*
  :이것은 사실이지만 과학자들은 온실가스가 기후에 영향을 미치는 유일한 요인이라고 말하지 않는다.
- *온실가스 이론은 20세기의 최근 온도 변화를 설명하지 못한다.*
  :인간 활동으로 인한 온실가스의 생산 증가는 사실 지난 50년간의 온도 변화를 설명하는 유일한 방법이다.
- *CO_2 증가는 지구의 과열로 이어지지 않았다.*
  :여기에 제시된 결과들은 실제로 지구가 과열되고 온난화가 꾸준히 증가하고 있음을 보여준다.
- *극지방은 온난화가 가장 심해야 하지만 그렇지는 않다.*
  :북반구의 고위도 특히 북극은 지구상의 어느 곳보다 더 빠른 속도로

온난화되고 있다.(24) 서남극 대륙은 지구의 다른 지역들과 비슷한 속도로 온난해지고 있다.

• *우리는 도시 열섬 효과를 감안하여, '공식적인' 온도를 더 낮게 평가해야 한다.*

:과학자들은 이것을 잘 알고 있으며, 이 현상을 감안해 온도 기록을 수정하였다. 뿐만 아니라 해수 온도도 증가하고 있다.

• *지구의 표면은 10킬로미터까지의 저층 대기보다 더 온난해졌지만, 이론에 의하면 저층 대기가 먼저 따뜻해진다고 한다.*

:실제로 기상관측 풍선(radiosonde)들과 위성으로 측정한 온도는 중간 대류권(1.5~9.1킬로미터)에서 1958~2000년 동안 지표면 온도와 매우 유사하게 증가했다(지표면의 경우 0.12°C/decade, 중간 대류권의 경우 0.15°C/decade). 그리고 1976년(중간 대류권에서 0.17°C/decade) 이후에는 지표면보다 더 높은 비율로 나타났다.(24, 46)

• *CO_2는 지난 25만 년 동안 지구온도에 비해 400~800년 뒤쳐져 나타나는 지표였다.*

:이것은 과거에는 사실일지 모르지만, 이 책에서 설명한 바와 같이 지난 50년 동안 온도 변화와 밀접하게 관련되어 있다. 화석연료 사용과 삼림벌채로 인해 우리는 전례없는 속도로 CO_2를 대기에 추가하고 있기 때문이다.

• *온실가스에 의한 온난화는 수증기량을 증가시켜야 하지만 증가했다는 증거가 없다.*

:1988년부터 2004년까지 바다에서 수증기는 실제로 1.2%/decade의 비율로 증가했다.(24)

지구온난화의 아주 미세한 문제들과 관련하여 과학적 쟁점들이 있을 수 있지만, 여기에 제시된 광범위한 조망은 동료들의 심사를 거친 과학 간행물들에 의해 매우 잘 뒷받침 되고 있으며 과학적 합의에 이른 내용들이다.

이 논의의 최종 요점은 대기 속의 온실가스가 지구로부터 방출되는 적외선을 흡수한다는 물리법칙은 잘 정립되어 있다고 말할 수 있다.[9] 그것이 지구가 달처럼 차갑지 않은 이유이다. 또한 온실가스가 급격히 증가하고 있다는 것은 명백한 사실이다. 따라서 이것이 온난화로 이어지지는 않는다고 설명하는 일은 전적으로 회의론자들의 책임이다.

미래의 지구온난화 및 그 영향에 대한 예측

정부간기후변화협의체는 온실가스 및 지구 기후변화에 관한 과학적 자료를 비판적으로 분석할 뿐만 아니라, 다양한 배출 시나리오들(scenarios, 각본)에 따라 미래 변화에 대한 시뮬레이션을 기반으로 예측을 한다.[10] 온실가스가 2000년 수준으로 유지되면 1980~1999년에 비해 2090~2099년의 예상 온도는 0.6°C(가능한[11] 범위는 0.3~0.9°C) 증가한다. 저 배출 시나리오의 경우, 1.8°C(1.1~2.9°C) 증가한다. 고 배출 시나리오(기본적인 온실가스 배출량 전망치)에서는 4.0°C(2.4~6.4°C) 증가한다.(1) 다양한 배출 시나리오를 종합하면 향후 20년간 약 0.2°C/decade의 온난화가 예상된다. 만일 모든 연간 온실가스 및 에어로졸이 2000년 수준으로 일정하게 유지된다고 하더라도 약 0.1°C/decade의 온난화가 있을 것이다.(1) 이것은 바다의 느린 온난화 반응과 CO_2가 대기에 매우 오랜 시간 머물기 때문이다.

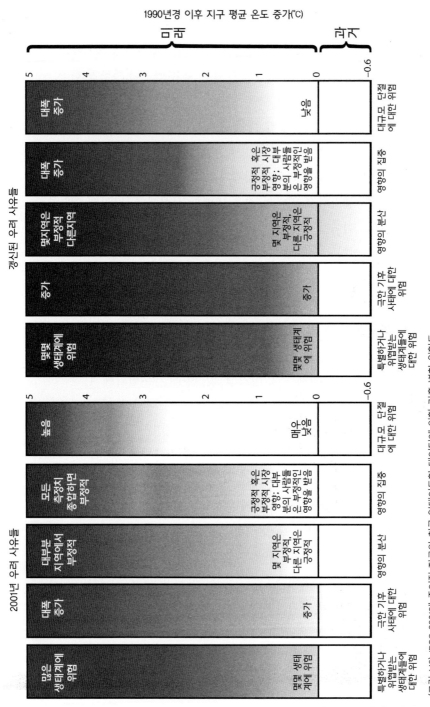

〈그림 1.10〉 IPCC 2001에 주어진 자료와 최근 업데이트한 데이터에 의한 기후 변화 위험도
노트 : 기후 변화의 결과를 1990년 이후 지구 평균 온도 증가량(°C)에 대해 표시하였다. 외색 음영은 위험 수준이 점차 증가함을 나타낸다. Climate Change, 2001.
그림 SPM-2, 캠브리지: 캠브리지대학 출판사 , 2001. © IPCC 3차 평가 보고서

이러한 온도 변화는 매우 크지 않은 것처럼 보이더라도 중요한 영향을 미칠 수 있다. 2001년 제3차 정부간기후변화협의체 보고서에서 기후변화의 위험은 아래의 다양한 '우려되는 이유들(reasons for concern)'을 토대로 평가 되었다.

- 산호초(coral reefs), 열대 빙하, 멸종 위기 종, 독특한 생태계, 생물 다양성 핫스팟(biodiversity hotspot), 소규모 섬 국가 및 원주민 공동체와 같은 독특하고 위협받는 시스템들에 대한 위험.
- 장기간의 폭서(heat wave), 홍수, 가뭄 및 열대성 저기압과 같은 극한 기후 사건들.
- 실제로 혜택을 볼 수 있는 지역과 비교하여 광범위한 가뭄이나 해수면 증가와 같은 큰 피해로 고통 받을 수 있는 다양한 지역이 받을 영향의 불평등성 문제.
- 금전적 피해 및 부상자와 사망자와 같은 총체적 영향.
- 그린란드 또는 서남극 빙상의 부분적 또는 완전 용융과 같은 대규모 파괴의 위험성.

현재의 발간물에 기반하여 재고해보면, 이러한 모든 위험은 2001년에 처음으로 추정된 것보다 더 낮은 온도에서도 매우 크다는 것을 보여준다.(47) 이것은 유명한 '타고 있는 막대그래프' <그림 1.10>에서 극적으로 보여준다. 온도가 2℃ 상승하면 이전에 생각했던 것보다 훨씬 심각한 결과가 예상된다.

해수면 및 산성화

지구온난화에 대한 주된 관심사 중 하나는 앨 고어가 예상한 6

미터까지는 아니더라도, 해수면이 증가할 것으로 예상된다는 점이다.(44) 정부간기후변화협의체는 다양한 시나리오에 의해 21세기 말까지 바다가 약 0.2~0.6미터 상승할 것으로 예상하고 있다. 그러나 이것은 과소평가일 수 있다.

왜냐하면 '팁핑 지역들(tipping elements, 급작스런 기후변화를 겪고 있는 지역)'로 알려진 것들이 곧 결정적인 임계치에 도달할 수 있으며, 정궤환성으로 인해 짧은 시간 내 시스템에 매우 큰 변화를 초래할 수 있기 때문이다.

다양한 팁핑 지역들이 최근 미국 국립과학아카데미(US National Academy of Sciences, NAS) 특별호에 기재된 바 있다.(48) 가장 우려가 큰 팁핑 지역은 그린란드와 서남극으로서 빙상이 녹아 내릴 것이며, 정부간기후변화협의체가 예측한 것보다 훨씬 더 큰 해수면 상승을 초래할 수 있다는 것이다.(49)

21세기의 온난화에 대한 전반적인 예측의 최저치인 2℃ 상승만으로도 그린란드 빙상이 서서히 녹아서 수 미터의 해수면 상승을 초래할 수 있다고 추정된다.

또 하나의 주요 관심사는 이미 발생하고 있는 해양의 산성화이다. 바다의 산성도(PH)는 일반적인 크기인 8.2에서 약 0.1 떨어졌다. 이 수치는 의미있게 보이진 않겠지만, 수소 이온 농도의 약 30% 증가를 의미한다. 현재의 추세가 계속된다면 산성도(pH)는 7.8로 떨어질 수 있는데, 이 경우 1800년보다 150%나 더 산성화되는 것이다. 산성화의 원인은 CO_2가 물에 녹아 탄산이 형성되는 것이다. 탄산으로부터 여분의 수소이온이 탄산이온과 결합하여 탄산이온을 중탄산이온으로 전환시킨다. 이것은 탄산칼슘의 가용성을 감소시킨다. 암초를 만드는 산호충(coral polyps), 성게, 플랑크톤을 포함하여 껍질을 만들기 위해 탄산칼슘에 의존하는 많은 해양 생물들에게 해양 먹이 사슬에 대한 불확실한 결말과 함께 극적인 변화를 야기할 수 있다. 엘리자베드 콜버트(Elizabeth Kolbert)가 쓴 것처럼 "… 값싼 화석연료를 기반으로 하는 세계 경제에 맞서 산호(corals)들과 익족류들(pteropods, 유영성, 遊泳性, 연체동물의 유해가 침전하여 된 무른 흙)이 줄지어 있다. 이것은 공정한 싸움이 아니다."(50)

기후과학자이자 온실가스로 인한 지구온난화의 위험에 대해 가장 거침없이 주장하고 있는 제임스 한센(James Hansen)은 마지막 빙하기 말에 해수면이 세기당 4~5미터 상승했으며, 만일 그린란드와 서남극 대륙 빙하가 녹으면 비슷한 변화가 일어날 것이라고 주장한다.(30) 과거에 그는 대기 중에 CO_2 농도를 450ppm 이하로 유지하면 심각한 환경 재앙을 방지할 수 있을 것이라고 주장했다. 2008년 논문(51)과 그의 최근 저서인 『나의 손자들의 폭풍』*Storms of My Grandchildren*(30)에서 그는 3,400만 년 전 CO_2가 450(±100)ppm 이상이었을 때는 남극대륙과 그린란드에 빙상들이 존재하지 않았었다며 지난 6,500만 년 동안의 고기후 자료를 통해 설득력 있게 주장한다.

우리가 현재와 같이 화석연료를 계속 연소하면 CO_2를 연간 2ppm씩 증가시키게 된다.

우리는 분명히 끔찍한 결과와 함께 수십 년 안에 심각한 한계를 넘어갈 가능성이 크다. 그는 이러한 결과를 피하기 위해 대기 중 CO_2를 350ppm으로 줄이는 것을 목표로 삼아야 한다고 권고한다. 이 권고안은 CO_2를 350ppm으로 줄이기 위한 노력을 적극적으로 추진하고 있는 빌 맥키븐(Bill McKibben)이 웹사이트 www.350.org를 개발한 동기가 되었다. 대기 중의 CO_2는 이미 390ppm 이상임을 상기하라.

지구의 이상기후

2009~2010년 겨울에 이 장의 첫 번째 초안을 쓰는 동안, 워싱턴 DC에는 두 차례 기록적인 눈보라가 몰아쳤고, 달라스의 30센티미터를 포함하여, 49개 주에는 일시에 눈이 내렸는데, 이러한 일들은 기상관측을 하기 전에는 한 번도 일어난 적이 없었다. 한편 2010년 동계 올림픽이 열린 밴쿠버에는 눈이 거의 내리지 않고, 기온이 너무 높아서 있던 눈도 녹고 있었기 때문에 스키 경기가 수일간 지연되기도 했었다. 2010년에 들어서 러시아는 여름에 극심한 폭염을 겪었으며, 이로 인해 엄청난 산불들이 발생했다.(52) (역자 주: 2019년 5개월 이상 지속된 호주 산불로 우리나라 면적 크기인 10만 제곱킬로미터가 불에 타고 10억 마리 이상의 야생동물이 불에 타 죽었다).

또한 미국과 북유럽의 많은 지역은 2010~2011년 겨울 기록적인 폭설과 추위를 겪었으며, 또 한 번 미국의 49개 주에 동시에 눈이 내렸다.(53) 예상대로 이처럼 춥고 눈이 많이 내리는 기간에 지구온난화가 어떻게 일어날 수 있을까 하고 많은 사람들이 궁금해 한다. 사실 톰 프리드만(Tom Friedman)이 우리는 지구온난화보다는 '지구의 이상기후(global weirding)'에 대해 생각해야 한다고 말했듯이 이것은 전혀 놀라운 일이 아니다.(54) 지구의 기온이 상승함에 따라 극단적인 이상기후가 더 자주 발생하며(1, 31), 지리적으로 매우 다양한 곳에서 일어날 수 있다.

2012년 여름과 가을은 좋은 예이다. 미국 중서부와 서부의 대부분은 극단적인 가뭄과 기록적인 폭염이 있었고, 이어서 슈퍼태풍인 '허리케인 샌디(Hurricane Sandy)'가 10월 하순 미국 동북부에 상륙했다. 허리케인 샌디는 뉴저지, 뉴욕 및 코네티컷에 대규모 피해를 입혔는데 이는 전례 없이 폭풍 해일로 인한 뉴욕시의 지하철과 터널 범람 및 뉴저지 해안의 파괴를 가져왔다. 예상 피해액은 최대 600억 달러이다(역자 주: 2012년 11월 30일까지 피해 규모는 미국 630억 달러, 쿠바 20억 달러, 총합 약 655억 달러로 집계되었다).(55) 이 기록적인 기상 이변들에 대해서 지구온난화를 주목해서 손가락질하는 것은 불가능하지만, 전산 모델에서 정확하게 예측하였던 이상기후 현상들이었다.

최근 2개의 과학보고서에서 처음으로 미국과 영국의 극심한 홍수가 지구온난화와 관련이 있다고 지적되었다.(56)

우리는 온실가스로 인해 심해지는 지구온난화가 지구, 인간 및 생태계에 미치는 다양한 영향들의 정확한 규모에 대해 논쟁을 벌일 수 있다.(57) 하지만 지구온난화가 치명적인 악영향은 주지 않을 것이지만, 중대한 영향을 끼칠 가능성은 있다는 식으로 주장을 할 수는 없다. 재레드 다이아몬드(Jared Diamond)는 여러 공동체들이 직면하고 있는 환경문제들을 다루는 방법에 따라서 여러 요인들 중 기후변화가 어떻게 공동체들을 붕괴시키는지를 자세히 기술했다.(58) 그러므로 문제는 우리 손주들과 우리를 위협하고 있는 생태계를 위해 하나의 사회로, 또 세계 공동체로, 우리가 스스로 야기한 환경 문제를 기꺼이 해결할 수 있는지 여부이다.

지구온난화의 가장 큰 요인은 화석연료를 연소함에 따른 CO_2 배출(75%)이며, 삼림벌채와 같은 토지 이용 변화는 CO_2 배출량의 약 25%를 차지한다.(1) 화석연료 배출의 상당 부분은 석탄을 연소시켜 전기를 생산하는데 있다. 이 책의 나머지 부분에서는 전기를 생산하는 에너지원으로서의 석탄을 대체하기 위해 대체 에너지원을 사용하고 원자력 사용을 크게 늘려 화석연료로 인한 CO_2 배출량을 어떻게 줄일 수 있는지에 대해 다룬다. 자, 이제부터 여행을 시작해보자.

노트

1. 지구의 에너지 균형에 대한 더 자세한 정보는 부록 A를 참조하라.
2. 이에 대한 흥미로운 토론은 www.realclimate.org/index.php/archives /2005/01/ the global cooling myth/를 보라.
3. 고대온도는 대리물(proxy)로서 남극 빙상에서의 중수소(deuterium or heavy, 중수소의 원자핵을 중양자(deuteron)라 하며 하나의 양성자와 중성자로 구성됨)의 농도를 측정한다. 얼음 중 중수소의 양은 얼음이 형성될 때의 해수면 온도에 따라 달라진다. 기본적으로 중수소는 보통 수소보다 무겁기 때문에 중수 (heavy water, 중수소로 형성됨; DHO, D_2O)는 보통 물처럼 바다에서 쉽게 증발하지 않는다. 더 높은 해수 및 기온에서는 더 잘 증발하기 때문에 강설 때 중수소의 농도는 낮은 온도에서 더 높다. 따라서 빙하 코어에서 중수소 농도를 측정함으로써 얼음 형성시 해양의 온도를 결정할 수 있다.
4. 이것들은 대략적인 날짜이다. 싱어는 중세 최적기를 AD900~AD1300 및 소빙하기를 AD1300~AD1850으로 설정한다.
5. 권계면(tropopause)은 대류권(troposphere)과 성층권(stratosphere) 사이의 경계이며 약 11킬로미터에서 약 17킬로미터 사이에서 결정된다. 대류권에서 날씨가 결정된다.
6. 여기에 표시된 온도는 이전의 그래프에서 사용된 것과 같이 해양 표면 온도와 지표 온도를 결합한 것이 아니라 지구 전체 표면 온도이다. 따라서 그것들은 서로 정확히 동일하지 않다.
7. 여러 가지 요인에 의한 복사 강제력에 대한 자세한 내용은 부록 A를 참조하라.
8. Gt는 기가톤(gigaton) 또는 10억 메트릭톤(metric tonnes, 영국) 또는 11억 2천만 유에스톤(US tons)을 나타낸다.
9. 푸리에(Fourier)는 1827년에 대기에 의한 적외선복사의 흡수를 최초로 밝혀냈다.

WHY 원자력이 필요한가   76

10. 배출시나리오는 배출시나리오에 관한 정부간기후변화협의체 특별보고서 (SRES)에서 발췌한 것이며, 정부간기후변화협의체 제3차 및 제4차 평가 보고서에 사용되었다. 관심 있는 독자를 위해 부록 A에 다양한 시나리오 를 포함시켰다.
11. '가능성 있음'은 66% 이상이라는 뜻이다.

참고 문헌

1. Alley R, Bernsten T, Bindoff NI, Chen Z, et al. Summary for Policymakers.In: Solomon S, Qin D, Manning M, et al. eds. *Climate Change 2007: The Physical Science Basis. Contribution of Working Group I to the Fourth Assessment Report of the Intergovernmental Panel on Climate Change*, Cambridge, United Kingdom and New York, NY: Cambridge University Press, 2007; 1–21.
2. Yergin D. *The Quest: Energy, Security, and the Remaking of the Modern World.* New York: Penguin Press, 2011.
3. Summary for Policymakers. *Climate Change: The IPCC Scientific Assessment.* World Meteorological Organization/United Nations Environment Programme, 1990.
4. Summary for Policymakers. *Climate Change 1995: The Science of Climate Change. Contribution of Working Group I to the Second Assessment Report of the Intergovernmental Panel on Climate Change.* Cambridge, United Kingdom and New York, NY: Cambridge University Press, 1995.
5. Gore A. *Earth in the Balance: Ecology and the Human Spirit.* Boston, New York, London: Houghton Mifflin Company, 1992.
6. A Summary of the Kyoto Protocol, United Nations. 2012. http://unfccc.int/kyoto_ protocol/background/items/2879.php.
7. IPCC 2001: *Climate Change 2001: The Scientific Basis. Contribution of Working Group I to the Third Assessment Report of the Intergovernmental Panel on Climate Change.* Houghton JT, Ding Y, Griggs DJ, Noguer M, van der Linden PJ, Dai X, Maskell K, and Johnson CA(eds.), Cambridge: Cambridge University Press, 2001.
8. Vidal J, Stratton A, Goldenberg S. Low targets, goal dropped: Copenhagen ends in failure. *Guardian,* 12-19-2009.
9. Gray L. Cancun Climate Change Conference agrees plan to cut carbon emissions. *Telegraph,* 12-23-2010.
10. Wolfson R. *Energy, Environment, and Climate.* 2nd ed. New York: W. W. Norton, 2012.
11. Hansen J, Sato M, Kharecha P, von Schuckmann K. Earth's energy imbalance and implications. *Atmos Chem Phys* 2011; 11:13421–13449.
12. Will GF. Everyone out of the water! Damn the pesky models! Full steam ahead. *Newsweek* 11-16-2009; 32.
13. Inhofe JM. Climate Change Update: Senate Floor Statement by U.S. Sen. James M. Inhofe(R-Okla), 1-4-2005. http://inhofe.senate.gov/pressreleases/climateupdate.htm.
14. Lawson N. *An Appeal to Reason: A Cool Look at Global Warming.* New York: Overlook

Duckworth, 2008.

15. LeTreut H, Somerville R, Cubasch U, et al. Historical overview of climate change.In: Solomon S, Qin D, Manning M, et al. eds. *Climate Change 2007: The Physical Science Basis. Contribution of Working Group I to the Fourth Assessment Report of the Intergovern -mental Panel on Climate Change.* Cambridge: Cambridge University Press, 2007.

16. Singer SF, Avery DT. *Unstoppable Global Warming Every 1,500 Years.* Updated and expanded ed. Lantham, MD: Rowman & Littlefield Publishers, 2008.

17. Climate change reconsidered: The website of the Nongovernmental International Panel on Climate Change, 2012. http://www.nipccreport.org/about/about.html.

18. Pollack H.*A World Without Ice.* New York: Penguin Group, 2009.

19. Bond G, Kromer B, Beer J, et al. Persistent solar influence on North Atlantic climate during the Holocene.*Science* 2001; 294:2130–2136.

20. Dansgaard W, Oeschger H. North Atlantic climatic oscillations revealed by deep Greenland ice cores. In: Hansen JE, Takahashi T eds. *Climate Processes and Climate Sensitivity.* Geophysical Monograph #29, 1984; 288–290.

21. Hansen J.*Storms of My Grandchildren: The Truth about the Coming Climate Catastrophe and Our Last Chance to Save Humanity.* New York: Bloomsbury, 2009.

22. Gillis J. Clouds' effect on climate change last bastion for dissenters.*New York Times,* 4-30-2012.

23. Folger, T. Climate science's big chill. Discover 1-1-2011; 23–24.

24. Solomon S, Chen AD, Manning M, et al. *Technical Summary. Climate Change 2007: The Physical Science Basis. Contribution of Working Group I to the Fourth Assessment Report of the Intergovernmental Report on Climate Change.* Cambridge: Cambridge University Press, 2007.

25. Shakun JD, Clark PU, He F, et al. Global warming preceded by increasing carbon dioxide concentrations during the last deglaciation.*Nature* 2012; 484:49–54.

26. CO₂Now.org, 2012. http://CO2now.org/.

27. Archer D. *The Long Thaw: How Humans Are Changing the Next 10,000 Years of Earth's Climate.* Princeton, NJ: Princeton University Press, 2009.

28. Huybers P. Combined obliquity and precession pacing of late Pleistocene deglaciations. *Nature* 2011; 480:229–232.

29. Gillis J. A scientist, his work and a climate reckoning.*New York Times,* 12-21-2010.

30. Hansen,*Storms of My Grandchildren.*

31. Global climate change indicators. National Oceanic and Atmospheric Administration; National Climatic Data Center, 12-11-2009.

32. Etheridge DM, Steele LP, Langelfelds RL, Francey RJ, Barnola JM, JMorgan,VI. *Law Dome Atmospheric CO₂ record, IGPG PAGES.* World Data Center for Paleoclimatology, 2001. ftp://ftp.ncdc.noaa.gov/pub/data/paleo/icecore/antarctica/ law/law_CO₂.txt.

33. Hansen J, Sato M, Ruedy R. Global temperature update through 2012. 2013. http:// www.columbia.edu/~jeh1/mailings/2013/20130115_Temperature2012.pdf.

34. Balmaseda MA, Trenberth KE, Källen E. Distinctive climate signals in reanalysis of global ocean heat content.*Geophys Res Lett* 2013; 2013GL055587.

35. Hansen J, Sato M, Kharecha P, et al. Target atmospheric CO₂: Where should humanity aim? *The Open Atmospheric Science Journal* 2009; 2:217–231.

36. Hansen J, Ruedy R, Sato M, Lo K. Global surface temperature change.*Rev Geophys*2010; 48:1–29.

37. Lemke P, Ren J, Alley RB, et al. Observations: Changes in snow, ice and frozen ground. In: Solomon S, Qin D, Manning M, et al. eds. *Climate Change 2007: The Physical*

Science Basis. Contribution of Working Group I to the Fourth Assessment Report of the Intergovernmental Panel on Climate Change. Cambridge: Cambridge University Press, 2007.

38. Shepherd A, Ivins ER, A G, et al. A reconciled estimate of ice-sheet mass balance. *Science* 2012; 338:1183–1189.
39. State of the Cryosphere: Ice Shelves. National Snow and Ice Data Center, 11-14-2008. http://nsidc.org/sotc/iceshelves.html.
40. Steig EJ, Schneider DP, Rutherford SD, Mann ME, Comiso JC, Shindell DT. Warming of the Antarctic ice-sheet surface since the 1957 International Geophysical Year. *Nature* 2009; 457:459–462.
41. Jenkins M. True colors: The changing face of Greenland. *National Geographic* 2010; 217:34–47.
42. Archer D. *The Long Thaw: How Humans Are Changing the Next 100,000 Years of Earth's Climate.* Princeton, NJ: Princeton University Press, 2009.
43. Arctic Sea Ice News and Analysis, National Snow and Ice Data Center. 11-5-2012. www.nsidc.org/arcticseaicenews/.
44. Gore A. *An Inconvenient Truth: The Planetary Emergency of Global Warming and What We Can Do about It.* Emmaus, PA: Rodale Press, 2006.
45. Larmer B. The big melt. National *Geographic* 2010; 217:60–79.
46. *State of the Climate: Global Analysis Annual 2009.* National Oceanic and Atmospheric Administration; National Climatic Data Center, 1-15-2010.
47. Smith JB, Schneider SH, Oppenheimer M, et al. Assessing dangerous climate change through an update of the Intergovernmental Panel on Climate Change(IPCC) "reasons for concern." *Proc Natl Acad Sci U S A* 2009; 106:4133–4137.
48. Lenton TM, Held H, Kriegler E, et al. Tipping elements in the Earth's climate system. *Proc Natl Acad Sci U S A* 2008; 105:1786–1793.
49. Notz D. Tipping elements in earth systems special feature: The future of ice sheets and sea ice: Between reversible retreat and unstoppable loss. *Proc Natl Acad Sci U S A* 2009; 106:20590–20595.
50. Kolbert E, Littschwager D. The acid sea. *National Geographic* 2011; 219:100–121.
51. Hansen J, Sato M, Kharecha P, et al. Target atmospheric CO_2: Where should humanity aim? *The Open Atmospheric Science Journal* 2008; 2:217–231.
52. Belton C, Gorst I. In Moscow, death rate nearly doubles as forest fires rage on. *Washington Post,* 8-9-2010.
53. Pappas, S. Snow now in 49 states. *Christian Science Monitor,* 1-12-2011.
54. Friedman TL. Global weirding is here. *New York Times,* 2-17-2010.
55. Gillis J. It's official: 2012 was hottest year ever in *US. New York Times,* 1-8-2013.
56. Biello D. Are greenhouse gases upping the risks of flooding too? *Sci Am* 2011.
57. Lomborg B. *Cool It: The Skeptical Environmentalist's Guide to Global Warming.* New York: Alfred A Knopf, 2007.
58. Diamond J. *Collapse: How Societies Choose to Fail or Succeed.* New York: Penguin Books, 2005.

제2장 에너지: 어디에서 가져왔나?

에너지의 간략한 역사

석탄

에너지와 인류 역사는 늘 함께 해왔다. 인간이 지구상에 존재했던 대부분의 시간 동안 에너지 사용량은 매우 낮은 수준이었는데, 주로 요리와 보온을 위해 나무를 태우는 정도였다. 그러나 지구상의 많은 지역, 특히 아프리카 대부분과 아시아 및 남미 일부 지역에서는 아직도 여전하다. 인구가 증가함에 따라 연료를 얻기 위해 삼림들이 심하게 훼손되었고, 그 결과 다수의 사회가 붕괴되었다.(1) 영국에서 석탄은 13세기에 발견되었고, 1,500년대 초부터 널리 사용되기 시작했다. 엘리자베스 1세의 통치기간인 1570~1603년 사이에 석탄은 영국의 주요 연료원이 되었다.(2) 이 시기가 체온을 따뜻하게 유지하기 위해 연료가 꼭 필요했던 소 빙하기(Little Ice Age, AD1300~1850)였다는 것은 우연이 아니다.

석탄은 영국을 더 좋게도 또 나쁘게도 변화시켰다. 1712년 토마스 뉴커먼(Thomas Newcomen)이 발명한 증기기관은 석탄이 주 에너지원이었고, 제임스 와트(James Watt)와 매튜 볼턴(Matthew Boulton)

에 의해 효율이 높아져서 1780년에 시작한 산업혁명을 이끌게 되었다. 석탄은 19세기에 영국을 세계에서 가장 강력한 국가로 만들었다. 동시에 엄청난 공해로 인해 수명이 크게 줄고, 아이들은 공장과 광산 등에서 노예처럼 일하게 되었다.

사실, 석탄은 영국보다 중국에서 더 먼저 발견되어, 11세기에 철 생산에 사용되고 있었으며,(2) 18세기 중반 애팔래치아(뉴욕주에서 앨라배마주로 뻗어 있는 고원지대)에서 석탄이 발견되어, 미국의 가장 풍부한 에너지원이 되었다. 이로 인해 석탄 운송을 위한 운하 건설 그리고 먼 곳까지 연결하기 위한 철도 건설 및 미국의 각종 산업의 발전이 이루어졌다. 대량의 석탄이 발견되는 곳마다 사회가 변화하였다.

석탄은 증기기관을 가동하고 요리하거나 보온을 유지하는데는 편리했지만, 사람들이 절실히 원했던 것은 (밤에)집과 일터를 밝힐 수 있는 더 좋은 광원(source of light)이었다.

향유고래 기름(Sperm whale oil)은 수백 년 동안 조명용 램프를 밝혀왔지만, 고래 개체수가 대폭 줄어들어 고래 기름은 상당히 비쌌다. 동물성 및 식물성 지방은 밝지도 않고 깨끗하게 타지도 않기 때문에 최선이 아닌 차선(두 번째)의 선택이었다. 또한 '도시가스(Town gas, 주로 메탄)'는 석탄에서 추출할 수도 있었지만, 일상적으로 사용하기에는 너무 비쌌다. 1854년 몇몇 투자자들이 펜실베니아의 지반에서 흘러나오는 '암석 기름(rock oil)'의 성질을 연구하기 위해 예일 대학의 벤자민 실리만(Benjamin Silliman, Jr.) 교수를 고용했다. 그의 연구는 '석유'가 빛의 좋은 원천이 될 수 있음을 증명했다.(3) 문제는 바로 사용할 수 있는 충분한 양이 있는지 여부였다.

석유 및 천연가스

초기 투자자들이 설립한 펜실베니아석유회사(Pennsylvania Rock Oil Company)에서 고용한 드레이크 대령(Colonel Edwin L. Drake)은 중국인이 발명한 소금 시추 방법(methods of salt drilling)을 이용해 석유를 시추할 수 있는 해답을 찾아냈다.

1859년 8월 27일, 투자자들의 자금이 완전히 바닥나고 시추를 중단하라는 명령을 내려야 할 정도로 어려운 상황 속에서, 마침내 1861년에 시추 작업자들이 하루에 3,000배럴이라는 엄청난 양을 뽑아내는 첫 번째 유정(flowing well)을 찾아냈다. 그 유정에서 나온 석유가 공중으로 솟구칠 때, 무언가로 인해 뿜어져 나오는 기체에 불이 붙었다. 큰 폭발이 일어나고 19명이 사망했으며, 3일 동안 활활 타올랐다.(3)[1]

석유는 램프용 등유로 정제되었고, 석유와 함께 유정에서 나오는 천연가스도 조명용으로 사용되었다. 이 두 발견은 인간의 삶 방식을 변화시켰다. 사람들은 이제 어두워진 후에도 책을 읽거나 일하기에 더 좋은 오래 가는 조명을 가지게 되었고, 가로등이 도시의 밤을 밝혔다. 물론 조명은 석유 사용의 시작일 뿐이었다. 19세기 후반과 20세기 초반에 내연기관과 자동차가 개발됨에 따라 새로운 석유자원을 찾기 위한 경쟁이 시작되었고, 잘 알다시피 그 나머지는 역사가 되었다. 마침내 석탄 왕은 그 짝(왕비 석유)을 만난 것이다.

뛰어난 미국의 발명가 토머스 알바 에디슨(Thomas Alva Edison)은 등유(kerosene)와 천연가스의 대안으로 새로운 조명 방법을 찾고자 했다. 에디슨은 19세기 중반 제임스 맥스웰(James Clerk Maxwell)이 종합한 전기 및 자기력에 대한 근본적인 이론을 잘 알고 있었기 때문에 1877년 전기 조명(electric illumination) 연구를 시작했다. 2년 만에 백열전구(incandescent light bulb)를 개발한 에디슨은 발명가이자 사업가였기 때문에 전구를 상품화하고자 했다. 그 과정에서 그는 전력산업(electrical generation industry)을 창시하였다.

"1882년 거래은행인 제이피 모건의 사무실에 서서, 에디슨은 발전소를 가동하고 새로운 산업뿐만 아니라 세계를 변화시킬 혁신의 문을 여는 스위치를 눌렀다."(3) 석탄은 전기를 생산하는 주요 에너지원이 되었다.

선진국 국민들이 의존하고 있는 전동기와 모든 현대적인 가전제품 및 전자제품의 개발로 인해 전기는 20세기에 조명 이상의 용도로 사용하게 되었다. 인간 사회에 기여한 중요성을 인지하여 2003년 국립공학아카데미(National Academy of Engineering)는 20세기의 가장 중요한 공학적 성취를 '전력화(electrification)'라 선포했다.(4) 그러나 이 유연하고 강력한 형태의 에너지는 그 생산을 위해 석탄에 크게 의존하고 있기에 석탄이 곧 사라지지 않을 것을 보장해야 했다.

에너지 개발에 관한 이 짧은 서술의 요점은 근본적으로 보다 더 농축 가능하고 이송 가능한 에너지의 발견과 사용에 관한 이야기라는 것이다. 연료의 '에너지 밀도(energy density)'란 1kWh의 전기와 같이 일정한 양의 에너지를 생산하는데 사용되는 연료의 양이다.[2] 장작 1kg(2.2lb)을 태우면 1kWh, 무연탄(hard coal) 1kg은 3kWh, 원유(crud oil) 1kg은 4kWh, 천연가스 1kg은 5kWh의 전기를 생산한다.(5, 6) (장작에 비해) 석탄을 운반하고 저장하는 것이 훨씬 쉽다(에너지 함량이 세 배).

이 이야기의 또 다른 중요한 부분은 목재, 석탄, 석유 및 천연가스가 광합성 과정에서 태양의 에너지를 탄화수소로 전환하여 원천

에너지를 얻기 때문에, 이러한 모든 에너지원이 궁극적으로 태양에너지라는 것이다(역자 주: 더 본질적으로는 태양에서 일어나는 핵융합 반응에 의한 핵에너지이자, 강력과 약력 에너지이다).

석탄과 석유는 공룡시대 이전 대략 3억 6천만 년 전에서 3억 년 전까지의 석탄기(Carboniferous period)에 지구의 대부분을 덮고 있던 현저하게 무성했던 식물로부터 만들어진 것이다.(7) CO_2 농도는 석탄기 이전 데본기(Devonian period)에 훨씬 더 높았고, CO_2의 대부분이 나무와 식물의 성장에 사용되었다. 이 기간 동안 세계가 낮은 늪지대였기 때문에 나무와 식물이 죽었을 때, 정상적인 부패과정(decay process)에서 탄소를 재활용할 수 없는 무산소 조건하에 묻혔다.(2) 수백만 년에 걸쳐 엄청난 양의 탄소가 매장되고, 지질시대를 거치면서 새로운 암석층 아래로 압축되어 결국 석탄 또는 석유가 되었다. 현대 사회가 이러한 탄소 저장고를 파내고 퍼올려 점점 더 많이 태움으로써, 제1장에서 설명한 것처럼 우리는 CO_2를 대기로 되돌려 보냄으로써 지구 기후변화를 일으키고 있다.

우라늄

우리의 이야기를 16세기로 거슬러 올라가 다시 한번 세상을 변화시킨 완전히 새로운 종류의 에너지로 돌아가보자. 현재 체코 보헤미아 지역에서 독일과의 국경 근처에 가혹한 겨울 폭풍 때문에 '크루얼 산(Krusne Hory, Cruel Mountains)'으로 알려진 산이 있다. 이 산으로 둘러싸인 숲에서 은이 발견되었다.

광부들이 은을 파는 동안, 단단한 땅을 채광하기 위해 그들의 써레(picks)에 종종 피치브랜드(pitchblende)라 불리는 검은 색의 타르

물질(tarry substances)을 발라 사용한 후 쓰레기로 버리곤 했다.(8) 거의 1세기 후 독일의 화학자인 마틴 클라프로쓰(Martin Klaproth)는 피치브랜드를 연구하기 시작하였다. 그는 이것을 가열하면 이상한 형태의 반금속(半金屬, half metal) 물질이 생성되는데, 이 물질을 유리에 첨가하면 생생한 염료가 된다는 것을 발견했다. 그는 이 새로운 원소를 같은 국적인 프레더릭 허셜(Frederick William Herschel)이 천왕성(Uranus)을 막 발견한 사실을 기념하여(1781년) 우라늄(Uranium)이라 명명했다.(8,9)

그 후 이 사실들은 1896년 앙리 베크렐(Henri Becquerel)이 우라늄염에서 나오는 자연방사능을 우연히 발견할 때까지 100년 이상 묻혀 있었다. 마리와 피에르 퀴리(Marie and Pierre Curie) 부부는 우라늄과 관련된 다른 방사성원소가 있을 수 있다고 생각하고, 크루얼 산의 성 조아킴스탈 광산(St. Joachimstal mine)에 피치브랜드를 요청하여 그것을 분석하기 시작했다. 분별 결정법(fractional crystallization)으로 알려진 매우 힘든 과정을 통해 그들은 방사능을 가진 하위 분획물들을 체계적으로 정제하였고, 마침내 피치브랜드 1톤으로부터 새로운 방사성원소인 라듐(radium) 약 5분의 1그램을 분리해냈다. 이로써 당시까지 알려지지 않았던 다수의 방사성원소들을 찾아내는 경주가 시작되었다.

20세기 초, 닐스 보어(Niels Bohr), 앨버트 아인슈타인(Albert Einstein), 어니스트 러더퍼드(Ernest Rutherford), 엔리코 페르미(Enrico Fermi), 어윈 슈뢰딩거(Erwin Schroedinger), 막스 플랑크(Max Planck), 베르너 하이젠베르크(Werner Heisenberg) 및 제임스 채드윅(James Chadwick) 등과 같은 물리학계의 거인들은 양자역학으로 알려진 완전히 새로운 종류의 물리학에 기반하여 원자에 대해 상세하게 밝혀내기 시작했다. 이 매력적인 이야기는 리처드 로즈(Richard Rhodes)가 그의 저서 『원자폭탄 만들기』*Making of the Atomic Bomb*(10)에서 아주 자세하게 설명하고 있으며, 이 책의 뒷부분(제6장)에서 논의하겠다. 이 지적 숙성(intellectual ferment)으로부터 1942년 12월 시카고에 최초의 원자로가 개발되고, 후에 원자폭탄을 만들 수 있는 원자구조와 원자핵붕괴 이론이 탄생했다. 우라늄과 플루토늄은 핵분열 과정을 이해하고 핵을 분열시키는 탐구 과정에서 중심적인 역할을 했다. 이제는 전기를 생산하는데 완전히 다른 에너지원을 사용하는 것이 가능하다는 것이 이 이야기의 핵심이다.

우라늄은 두 가지 근본적인 방식에서 지금까지 인간이 사용해 왔던 탄소 기반의 에너지원과는 본질적으로 다르다. 그것은 태양으로부터 유래된 것이 아니라 오히려 초신성(supernova)으로 알려진 별들의 대격변적 폭발(cataclysmic stellar explosion) 과정에서 탄생하였으며, 인류가 알고 있는 다른 어떤 에너지원보다도 훨씬 높은 에너지 밀도를 가지고 있다.[3] 석탄과 석유가 1kg당 3~4kWh의 전기를 생산하는 에너지 밀도를 갖는 것과 달리 우라늄 1kg은 50,000kWh의 에너지 밀도를 갖고 있다.(6) 이것이 원자로를 효율적인 전기 공급원으로 만드는 핵심적 특성이다. 근본적으로 원자로는 석탄발전소와 동일한 방식으로 작동한다. 단 석탄을 태우는 대신 핵분열을 이용하여 증기를 생성하고, 이것이 발전기에 연결된 터빈을 돌려 전기를 생산한다. 그리고 물론 원자력은 전기를 생산하는 과정에서 CO_2를 생성하지 않는다. 그것이 어떻게 작동하는지는 제5장에서 자세하게 설명하게 될 것이다.

석탄, 석유, 천연가스와 원자력 등 이러한 에너지원은 세계가 소비하는 에너지의 대부분을 제공한다. 주요 추가 에너지원들은 한 가지 예외를 제외하고 모두 궁극적으로 태양으로부터 도출된다. 여기에는 태양에너지의 전기 또는 열로의 직접적인 변환과 바람(태양열에 의해 의함), 바이오매스(땔감 또는 에탄올을 제공하기 위해 재배하는 식물) 및 수력 발전(바다에서 물의 증발로 인해 생성된 강우로부터)이 포함된다. 유일하게 태양에너지를 쓰지 않는 에너지원은 지열(geothermal)이며, 이는 지구 중심핵(core)를 가열하는 핵반응에서 유래한다. 그래서 궁극적으로 우리의 모든 에너지는 태양이나 원자로부터 발생한다. 그러나 나는 이러한 것들에 대해 엄격하게 다루어야 하는 물리학자이므로, 태양에너지도 원자의 융합(분열이 아닌)에서 나오기 때문에 실제로 모든 에너지는 원자에서 비롯된다고 생각한다.

우리는 얼마나 많은 에너지를 사용하며 이들을 어디서 구하는가?

나는 이 장이 숫자와 통계로 가득 차 있다는 것을 미리 경고한다. 간단히 말하자면, 근본적으로 에너지를 생산하기 위해 우리는 너무나 많은 화석연료를 사용하고 있으며, 상황은 갈수록 더 악화될 것이라는 점이다. 그 결과 우리는 지구온난화에 심각한 영향을 초래할 CO_2를 아주 많이 배출하고 있다. 재생에너지원은 지금이나 미래에도 화석연료 사용을 크게 줄여줄 만큼 충분하지가 않다. 이제 숫자를 보자(여러분은 다음 장으로 건너 뛸 수도 있지만 그러지 않길 바란다).

미국 에너지관리청(Energy Information Administration, EIA)에 의하면, 미국의 연간 총 에너지 수요는 현재 약 9경 5천 조 BTU(British thermal units, 영국 열량 단위, 1파운드의 물을 화씨 1도 올리는데 필요한 열량)이다(9.5쿼드, quads).[4] 이 에너지의 대부분(82%)은 석유, 천연가스 및 석탄이라는 세 가지 다른 화석연료에서 비롯된다. 원자력은 약 8.5%를 기여하고, 재생에너지는 9.3%를 기여한다<그림 2.1>.(12)

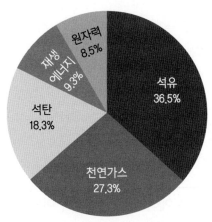

〈그림 2.1〉 2012년 미국의 에너지원
에너지 총량은 100쿼드 정도였으므로, 각 비율 또한 대략 쿼드 값과 같다. © EIA(2013. 5.)

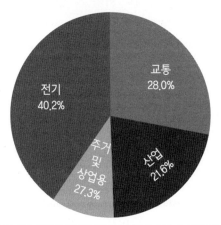

〈그림 2.2〉 2012년 미국의 에너지 용도의 종류 © EIA(2013. 5.)

대부분의 사람들은 재생에너지를 풍력 및 태양광으로 생각하기 때문에 재생에너지 구성 요소는 오해의 소지가 있다. 실제로 미국 재생에너지 구성 요소는 바이오매스(나무 및 옥수수에서 추출한 에탄올)가 가장 많은 4.6%이며, 수력(2.8%), 풍력(1.4%), 태양광(0.25%), 지열(0.24%) 순이다.

여기에서 우리가 고려해야 할 점은 에너지를 사용하는 방법이다. 이러한 다양한 에너지원은 운송, 산업 운영, 거주지 및 상업용 건물의 난방 및 냉방, 전력생산 등에 사용된다<그림 2.2>.

석유의 최대 사용은 운송을 위한 것이며, 약 1/4은 산업용으로, 5%는 주거 및 상업용으로, 약 1%만이 전력생산에 사용된다.

천연가스는 전력생산, 산업용 그리고 가정과 상업용 난방에 거의 동일한 1/3 비율씩으로 사용되며 운송에 약 3%가 사용된다.

석탄의 90% 이상은 전력생산에, 산업용으로는 약 8%가 사용된다. 원자로는 전적으로 발전용으로 사용되는 반면, 재생에너지는 4가지 용도 모두에 사용되고 절반은 전력으로 사용된다.(13)

에너지원과 용도에 관한 이 정보를 통해 우리는 어떤 통찰력을 얻을 수 있을까? 한 가지 중요한 것은 석유가 미국 에너지의 약 36%를 차지하는데, 45%가 수입을 한다는 점이다. 따라서 미국 에너지의 약 15%가 수입되고 있다. 이것은 불과 몇 년 전 석유의 60% 이상이 수입된 것에 비해 극적인 변화이다.(14) 수입량의 감소는 생산 증가와 석유 사용 감소 때문이다.

또 다른 점은 에너지의 84%가 화석연료이고, 모든 화석연료는 CO_2를 발생한다는 것이다. 탄화수소 원료를 태우는 과정이 얼마나 '깨끗하다거나' 또는 '효율적이다거나'와 상관없이 궁극적으로 CO_2와 물을 생성한다.

천연가스는 석유나 석탄보다 더 깨끗하게 연소되지만 에너지 밀도의 차이 때문에 석탄 연소 시 생성되는 CO_2의 절반 정도를 생성한다. 같은 양의 에너지를 생산하기 위해 석유를 태우는 경우, 중간 정도의 CO_2가 생성된다.[5] 따라서 '깨끗한 화석연료'의 개념은 모순이다. 왜냐하면 1장에서 설명했듯 지구 기후변화를 일으키는 CO_2 생성에서 벗어날 수 없기 때문이다.

또 다른 빤하지만 중요한 점은, 서로 다른 에너지원들은 서로 다른 적용 분야에 중요하다는 것이다. 대부분의 석유 제품은 운송에 사용되므로 석유 사용을 줄이려면 자동차의 효율성이 훨씬 높아져야 한다. 석유는 미국에서 생산하기보다 대량 수입하는 유일한 에너지원이므로 주요 지정학적 영향을 초래할 수도 있다. 그러므로 석유 의존도를 줄여야할 이유가 많다.

반면 석탄은 전력생산에만 거의 독점적으로 사용되기 때문에 절약하거나 원자력 발전과 재생에너지원을 사용하여 전기를 생산함으로써 그 사용량을 줄일 수 있다. 그러나 운송과 전력, 이 두 요소는 상호 관련성이 존재한다.

전력망(grid)에 꽂을 수 있는 전기자동차를 생산함으로써 자동차의 효율성 향상은 부분적으로 이루어질 것으로 예상된다. 그러나 전기자동차의 배터리를 충전하기 위한 전력은 어디에서 오는가? 석탄에서 나온 것이라면 문제는 똑같이 나쁘거나 더 나빠질 수도 있으며 좋아질 수는 없다. 미국 에너지부(US Department of Energy, DOE)에 의하면, 모든 전기자동차 및 플러그인 하이브리드(plugin hybrid)는 중서부 및 동부의 일반적인 하이브리드보다 더 많은 CO_2를 발생시킨다. 왜냐하면 자동차를 충전하는 전력의 석탄에 대한 의존도가 높기 때문이다.(15) (역자 주: 전기 자동차로 인해 더 많은 전기

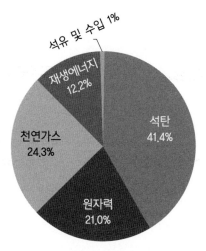

재생에너지
12.2%

석유 및 수입 1%

천연가스
24.3%

석탄
41.4%

원자력
21.0%

〈그림 2.3〉 2012년 다양한 에너지원별 전력 생산 © EIA(2013. 5.)

가 필요하며, 멀리서 전기를 끌어와야 하므로 효율이 떨어지기 때문이다).

더우기 미래 미국 자동차의 상당 부분이 전기자동차일 경우 매우 많은 추가적인 전기에너지 수요가 부과될 것이며, 이 때문에 더 많은 발전소가 필요할 것이다.

이제부터 우리가 전력을 어디에서 얻을 수 있는지 자세히 살펴보자. 미국의 전체 에너지 사용량의 40% 이상이 전기 생산에 사용되며 전기 생산은 대부분 화석연료를 사용한다. 석탄은 전기를 생산하기 위한 에너지의 41%를, 천연가스는 24%를, 석유는 1%를 제공하므로 우리 전기의 66%는 CO_2를 발생하는 화석연료에서 생산된다〈그림 2.3〉.

원자력은 우리 전력의 21%를 공급하며, 재생에너지는 12%를 공급한다. 이 12%의 57%는 수력발전소에서 발생하며 풍력과 태양광은 각각 29와 0.9%에 불과하다. 따라서 2012년 말 현재 풍력은 3.6%, 태양광은 0.11%의 전력을 공급하고 있다.(12) 이러한 재생에너지원은 총 에너지 포트폴리오 중 상당 부분을 차지하기에는 갈 길이 매우 멀다.

우리는 미래에 무엇을 기대할 수 있을까. 풍력과 태양광은 전기를 생산하는데 사용되고 있는 석탄의 양을 줄일 수 있는 대안이 될 수 있을까?

에너지관리청은 현재 에너지 수요 및 장래에 예상되는 수요 및 공급원을 평가하는 보고서를 매년 발간한다. 2013년 보고서(Annual Energy Outlook)는 2040년까지의 전망치를 제시했는데,(14) 이 보고서들을 참조하자면 총 에너지 소비는 2011년의 98쿼드(quad)에서 2040년까지 108쿼드로 10% 증가할 것이다(참조 보고서들은 현행법들을 고려하고 있지만, 미래의 정책들이 바뀔 수도 있음은 고려하지 않고 있다). (역자 주: 2019년 보고서에 2018년 미국의 총 에너지 소비는 101.3쿼드였다).

전체 에너지 중 78%가 석탄, 석유, 천연가스 등 화석연료가 제공할 것이며, 화석연료 사용량은 실제로 약 5쿼드 증가할 것이다.

이 증가의 대부분은 늘어나는 천연가스 생산에 기인한다. 전기 사용량은 총 에너지 사용량보다 훨씬 빠르게 증가하여 2040년에는 31% 증가할 것이다. 에너지 절약 및 효율성으로 인해 이러한 일이 발생하지 않을 수도 있다. 그러나 이러한 전망에는 이미 2011년 대비 46%의 '에너지 강도(energy intensity, GDP가 에너지에 사용되는 정도)'[6] 감소가 포함되어 있다. 재생에너지가 미국 발전량의 10%에서 14%로 꽤 증가할 것임에도 불구하고 석탄 사용량이 2011년에서 2040년까지 약 5%정도 계속 증가할 것이다. 하지만 아직 희망은 있다. 천연가스 사용 증가와 효율성 증가로 인해 에너지 관련 CO_2 배출량은 2005년에 비해 2040년에는 5% 감소할 것으로 예상된다.

많은 주에서 소위 재생 포트폴리오 표준(renewable portfolio standa

-rd)을 통해 전력생산을 위한 재생에너지를 크게 증가할 것을 요구하고 있다. 콜로라도 주는 2020년까지 전기의 30%를 재생에너지로 생산해야 한다고 규정해 놓고, 2020년까지 전기의 33%를 재생에너지로 생산하도록 요구하고 있다. 그렇지만 법을 만드는 것과 실제로 집행하는 것은 전혀 다른 일이다.

이 목표들을 달성하는 것이 왜 어려운 지는 제 4장에서 논의하게 될 것이다.

세계 에너지 사용량

미국은 전통적으로 세계 최대의 에너지 소비국이면서 2009년 에너지 관련 세계 CO_2 배출량의 18%를 차지하고 있을 만큼 세계 최대의 CO_2 배출국이기도 하다(전 세계 30.3Gt과 비교하여 미국은 5.4GT).(16)

더 심각한 것은 전 세계 CO_2 누적치(과거에 생산되었고 여전히 대부분 대기 중에 머무르고 있음)의 미국 점유율이 28%라는 사실이다.(17) 그러나 이 상황은 빠르게 변화하고 있다. 왜냐하면 중국과 인도가 훨씬 더 많은 에너지를 소비하는 시점에 접어들었기 때문이다.

중국은 2006년에 에너지 관련 CO_2 생산량과 2009년 총 에너지 소비량에서 미국을 앞질렀다. 그러나 1인당 기준으로 미국은 중국에 비해 3배의 CO_2를 생산한다(미국 17.7톤, 중국 5.8톤). OECD(경제협력개발기구)[7] 32개국에 대한 전망에 의하면, 에너지 사용량이 매년 0.6%씩 증가할 것이다. 중국과 인도가 중심인 비 OECD 국가의 에너지 사용량은 향후 4반세기 동안 2.3%씩 증가할 것이라고 한다. 세계에너지전망(The World Energy Outlook, WEO)의 2011년 「신 정책 시나리오」*New Policy Scenario*(18)에 의하면, 세계 총 에너지 수요는 2035년까지 2010년보다 3분의 1이 더 증가할 것으로 예상된다(역자 주: 2018년 WEO에 의하면, 2018년 세계 에너지 사용량은 14,300Mtoe이며, 2040년 18,000Mtoe로 증가할 것으로 예상하고 있다). 이 중 비 OECD 국가가 증가분의 90%를 차지할 것으로 예상된다. 화석연료는 세계 에너지 수요 증가의 대부분을 차지하고 있다.

전력 수요는 2008년부터 2035년까지 84% 증가할 것으로 예상된다. 재생에너지 공급 또한 급격히 증가하겠지만, 수요 증가분의 대부분을 석탄 및 천연가스가 감당할 것으로 보인다<그림 2.4>.(19)

재생에너지 부분의 절반 이상이 비 OECD 국가의 수력 발전으로 인해 발생할 것으로 예상되는 반면, 약 1/4은 풍력 발전으로 인

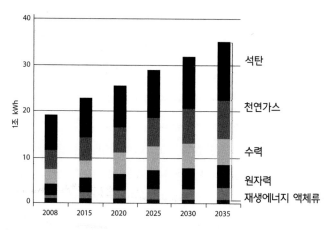

〈그림 2.4〉 에너지원별 세계 전력 생산량(역자 주: EIA자료에 의하면 2018년 세계 전력 생산량은 26,589 TWh였음). © 미국 에너지정보청, 국제에너지전망, 2011.

해 발생할 수 있다. 불행히도 총 CO_2 배출량은 2008년 30.2Gt에서 2035년 43.2Gt로 증가할 것이다.[19]

실제로 이러한 현상이 발생하면 지구온도가 6°C[20] 상승하여 대재앙이 올 수도 있다. 이런 종류의 예측은 정확도를 추론할 좋은 기록이 없다는 점을 인정해야 하지만,[21] 에너지 사용 증가에는 다음 두 가지 요인이 있다. 하나는 세계 인구가 2012년 70억에서 2050년까지 90억으로 증가할 것으로 예상된다는 것이다.[22] 다른 하나는 비 OECD 국가들, 특히 중국과 인도뿐만 아니라 러시아와 브라질(소위 BRIC 국가들)이 급속하게 발전하고 있으며, 1인당 에너지 사용은 OECD 국가들과 비슷하게 증가할 것이라는 점이다.

탄소 중심 에너지 경제를 줄이기 위해 우리는 무엇을 할 수 있을까?

CO_2의 급격한 증가를 막기 위해 무엇을 할 수 있을까? 「세계에너지전망 2009년 보고서」는 위에서 설명한 참조 시나리오를 대체할 시나리오를 제시한다. 이 대안은 CO_2 배출량을 26.3Gt으로 줄이기 위한 것이며, 성공 시 2030년까지 대기 중 CO_2 농도가 450ppm이 될 것이다.

이 야심찬 시나리오는 2008년 수준 이하로 석탄 사용량이 줄어들고, 석유는 약간 증가하고, 천연가스가 상당히 증가하는 것을 가정한다. 이것은 바이오매스, 원자력 및 기타 재생에너지의 큰 증가로 보완된다<그림 2.5>.

그러나 CO_2의 가장 큰 감소는 에너지를 생산하고 사용하는 방법

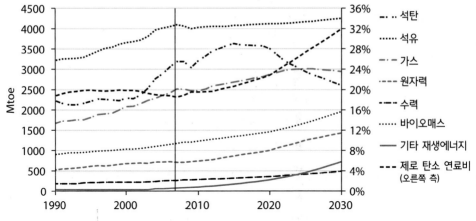

〈그림 2.5〉 450가지 시나리오의 연료별 세계 주요 에너지 수요 © OECD/IEA, 세계에너지전망 2009

의 효율성 증대로 인한 것이며,(17) 이 시나리오는 수조 달러의 비용이 들 것으로 예상된다. CO_2 농도가 450ppm이라면 너무 높은 수치일 수 있음을 명심하라. 제1장에서 설명한 것처럼 한센 등은 CO_2 농도를 350ppm으로 목표를 삼아야 한다고 주장하고 있다.

2008년 3월 국립과학아카데미는 지구온난화 문제와 CO_2 배출량을 줄이기 위해 무엇을 할 수 있는지에 대한 광범위한 토론과 미국의 에너지 미래에 관한 고위층 회담을 개최했다.(4) 2030년까지 CO_2 배출량을 1990년 이전 수준으로 줄이기 위한 하나의 접근법은 미국 전력연구소(EPRI)가 발표한 분석을 근거로 하고 있다. 전력연구소는 발전, 송전 및 전기사용에 관한 연구를 수행하는 독립적인 연구소이다. 이용 효율을 높이면 에너지관리청이 2008년 제시한 기준 시나리오인 〈그림 2.6〉으로부터 예상한 연간 전력소비 1% 증가 대신 연간 0.75%로 제한할 수 있다.

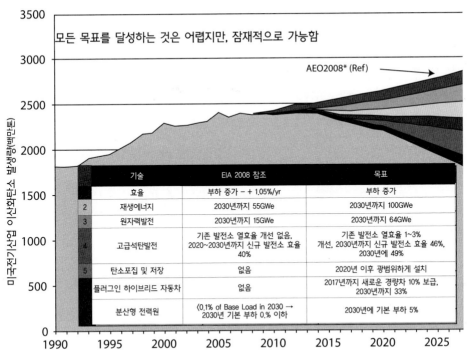

〈그림 2.6〉 전기 생산으로 인한 CO₂ 배출량 저감을 위한 다양한 선택 분석
　　CCS(탄소포집 및 저장), PHEV(플러그인 하이브리드 자동차), DER(분산형 에너지원, 예: 태양열 집).
　　CO₂ 배출 감축권: 전체 포트폴리오, 〈그림 2.2〉, 2008년 업데이트
노트: 이 곡선은 각 레버가 공격적으로 추진되는 경우 모든 기술 온실가스 감축 조치의 최대
　　잠재력을 tCO₂e당 €80 이하로 추정한다. 이것은 다양한 저감 대책과 기술이 수행할 역
　　할에 대한 예측이 아니다. ⓒ 맥킨지: 금융 위기가 탄소 경제에 미치는 영향– 전 세계
　　온실가스 감축 비용 곡선 버전 2.1 ⓒ EPRI

　　원자력 발전은 현재 100GWe에서 64GWe가 추가적으로 늘어
나는 한편 재생에너지는 100GWe로 증가할 것이다. 석탄은 여전
히 에너지원의 대부분을 차지하겠지만, 기존 및 신규 석탄발전소
의 효율 향상은 석탄에 대한 수요를 감소시키고, 탄소포집 및 저장
(Carbon Capture and Storage, CCS) 기술은 널리 도입될 것이다. 플러그
인 하이브리드 전기자동차들(2030년까지 신차의 3분의 1)과 주택의 태

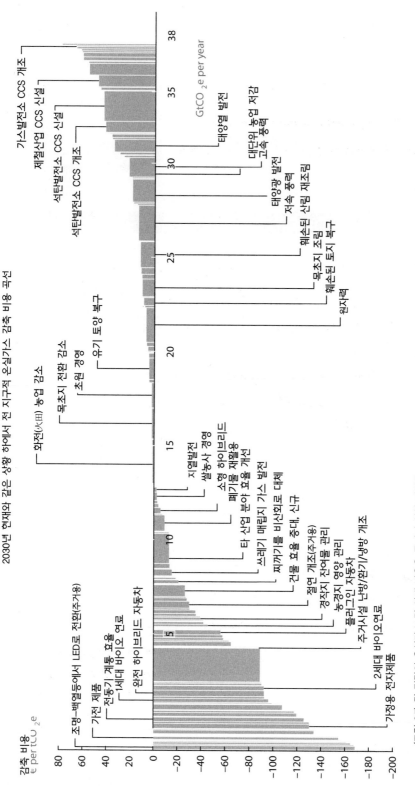

I (v2.1) – 2030

2030년 현재와 같은 상황 하에서 전 지구적 온실가스 감축 비용 곡선

감축 비용
€ per tCO₂e

GtCO₂e per year

조명-백열등에서 LED로 전환(주거용)
가전 제품
전동기 계통 효율
1세대 바이오연료
완전 하이브리드 자동차
2세대 바이오연료
가정용 전자제품
주거시설 난방/환기/냉방 개조
플러그인 자동차
농경지 영양 관리
경작지 전여물 관리
절연 개조(주거용)
건물 효율 증대, 신규
쓰레기 매립지 가스 발전
타 산업 분야 효율 개선
폐기물 재활용
소형 하이브리드
쌀농사 경영
지열발전

화전(火田) 농업 감소
목초지 전환 감소
초원 경영
유기 토양 복구

석탄발전소 CCS 개조
석탄발전소 CCS 신설
제철산업 CCS 신설
가스발전소 CCS 개조

태양열 발전
대단위 농업 저감
고축 풍력
태양광 발전
지속 풍력
웨손된 산림 재조림
목초지 조림
웨손된 토지 복구
원자력

〈그림 2.7〉 각 전략의 온실가스 및 상대 비용을 줄이기 위한 전략들
노트: 각 막대의 너비는 온실가스 감축량을 나타내며 세로 높이는 CO₂ 환산 톤당 비용이다. 맥킨지(McKinsey & Company) 2010금융 위기가 탄소 경제에 미치는 영향: 전 세계 온실가스 저감 비용 곡선 버전 2.1)

양전지패널 등 같은 분산형 에너지원들이 기본 전기부하의 5%를 차지하게 될 것이다.(23)

전 세계 온실가스 배출량 저감에 관한 대안 분석은 다양한 문제에 대한 비판적인 분석을 제공하는 비즈니스 컨설팅 회사인 매킨지(McKinsey & Company)사가 수행했다. 그들은 2009년 보고서에서 온실가스를 감축하기 위해 취할 수 있는 여러 단계들을 강조하였고, 그 감축 단계의 각 부분을 이행하기 위한 비용을 추정하였다.(24)

전 세계 경기 침체로 인한 에너지 수요 감소를 설명하기 위한 보고서가 2010년에 발간되었는데,(25) 저자들은 온실가스 감축을 위한 10개 부문에서 200가지 이상의 다양한 선택들과 세계 21개 지역을 조사했으며, 잠재적 온실가스 저감량 및 각 범주의 비용들을 계산하였다. 그 결과는 온실가스 저감 방법의 다양한 선택과 각각의 톤당 비용 효율성을 보여주는 한 차트로 요약되었고, 이는 널리 재인용되고 있다<그림 2.7>. 이 분석은 (세계가) 평상시와 다름없이 유지되더라도(BAU, business as usual), 2030년까지 온실가스를 1990년 수준보다 35% 감축하거나 혹은 2030년의 예상 수준보다 70% 낮게 저감할 수 있다는 가능성을 보여준다. 잠재적 저감량을 완전히 달성하면 지구 온도상승을 임계 온도인 2℃로 이하로 유지할 수 있다<제1장 참조>.

가장 큰 비용이 발생하는 범주는 무엇일까? 2030년까지 세계가 정상적으로 발전하면 전 세계 연간 총 온실가스 배출량은 66Gt CO_2e(CO_2 환산)가 될 것으로 예상된다.

이 값이 위에서 언급한 수치보다 더 큰 이유는 메탄 및 아산화질소와 같은 다른 온실가스 효과를 포함하고 있으며, 농업에 의한 온실가스 발생 및 삼림과 초원의 손실도 포함하고 있기 때문이다.

효율성 개선 방법은 상대적으로 저렴하지만, 개별적으로 적은 감축 효과만을 제공하는데 모두 합하여 온실가스 배출량 14Gt을 감축시킨다.

에너지 생산은 온실가스 배출 총량의 약 1/4을 차지하며, 거의 CO_2이다. 탄소 집약 에너지원에서 재생에너지 및 원자력으로 전환하여 에너지 생산을 하면 12Gt CO_2가 감소한다. 비록 풍력이나 태양광이 중요한 역할을 하지만 원자력은 이들보다 CO_2를 줄이는데 비용 대비 효과가 더 크다.

보고서는 탄소포집 및 저장기술이 존재할 것이고, 석탄에서 배출되는 CO_2를 줄이는데 큰 영향을 미칠 것이라고 말하고 있다. 보고서의 다른 감축안들은 농업 및 삼림 벌채와 관련이 있으며, 이 책에서는 더 이상 논의하지 않을 것이다.

전력생산을 위한 이 시나리오의 가장 큰 문제점은 다음 장에서 논의될 탄소포집 및 저장기술에 있다고 생각한다. 미국전력연구소 분석에서 이것은 CO_2를 감소시키는데 있어서 가장 큰 요인이다. 이 기술을 발전시키지 못하면 전력 수요가 40년 동안 근본적으로 증가하지 못하고 크게 감소하여야 할 것이며, 단계적으로 감소할 석탄을 천연가스가 대체하게 될 것이다.

이것의 대안책으로 원자력 발전의 사용을 더욱 확대하여 석탄을 단계적으로 폐기할 수 있도록 하는 것이다. 산업화된 국가에서 이것이 가능한가? 프랑스는 전력의 75%를 원자력에서 얻고 있으며, 서유럽 국가 중(스웨덴과 스위스 다음) 세 번째로 가장 낮은 1인당 CO_2 배출량을 보여주고 있다.(16) 스웨덴과 스위스는 약간 더 낮은데, 전력의 40%를 원자력으로, 나머지는 수력 발전으로 얻고 있기 때문이다.(26, 27) 3개국 모두 1인당 CO_2 배출량이 중국과 동일하거나 미국의 3분의 1 정도로 배출한다.

우리의 논의는 지금까지 몇 가지 배경 지식들을 다루었다. 즉 우리의 에너지가 어디서 비롯되는가, 무엇에 사용되는가, 에너지 생산과 사용에 중대한 변화를 가져오지 못하면 미래의 전망은 어찌 되는가, 지구 기후변화를 최소화하기 위한 CO_2 생산을 줄일 가능성은 있는가 등이다. 다음 장에서 우리는 주요 에너지원, 특히 석탄, 천연가스, 풍력, 태양광 및 원자력과 관련된 다양한 문제점들을 탐구할 것이다.

노트

1. 놀랍게도, 최근의 사건들은 역사를 따라가는 것처럼 보인다. 2010년 4월 20일 멕시코만의 1.6킬로미터 깊이의 유정에서 가스폭발과 화재로 11명의 남성이 사망하고 환경 재앙으로 이어졌다.
2. 전력은 와트, 킬로와트(kW), 메가와트(MW), 기가와트(GW) 단위로 표시된다. 에너지는 생성되는 전력에 생산한 시간을 곱한 값이다. 예를 들어, 전력은 kW이며 에너지는 킬로와트시(kWh)이다. 정해진 양의 석탄 또는 다른 에너지원들은 전력으로 전환될 수 있는 정해진 양의 에너지들을 가지고 있다. 석탄 에너지의 약 1/3만이 전력으로 변환될 수 있고, 나머지는 열로 소모된다. 발전소는 MWe 또는 GWe로 (전기용) 표시되는 일정한 전력에 의해 등급화 된다. 자세한 내용은 부록 B를 참조하라.
3. 핵융합은 훨씬 더 큰 에너지 밀도의 잠재력을 지니고 있지만, 현재 이용 가능하지 않으며 앞으로 50~100년 내에 가용한 에너지원이 될 것 같지는 않다.(11)
4. BTU(British thermal units)는 에너지 단위이다. 1쿼드(십진급수로는 10^{15}, 1경BTU)

는 10^{15}BTU이며, 이는 2.93×10^8(2억 9천3백만) MWh와 같다. 에너지 단위에 대한 더 자세한 정보는 부록 B를 참조하라.

5. CO_2는 각 탄소 원자 1개에 2개의 산소 원자가 추가되기 때문에 생성된 CO_2의 양은 연소된 탄소의 양의 3.7배이다. 발전소에서 사용되는 석탄(역청탄 및 아역청탄, bituminous and sub-bituminous coal)은 탄소 35~85%에 불과하므로, 1톤의 석탄에서 생성된 CO_2는 1.3~3.1톤의 범위를 갖는다.

6. 에너지 강도(energy intensity)란 국내 총생산(gross domestic product, GDP) 1달러당 에너지 사용량이다. 이것은 본질적으로 에너지 효율의 척도이다. 에너지가 보다 더 효율적으로 사용될수록 에너지 강도는 더 낮아진다.

7. 경제협력개발기구(OECD)는 민주주의와 자유시장경제 체제를 갖는 34개국으로 구성되어 있으며, 대부분의 서유럽 국가들을 포함할 뿐만 아니라 미국, 캐나다, 호주, 뉴질랜드, 일본, 한국, 칠레, 멕시코가 포함된다.

참고 문헌

1. Diamond J. *Collapse: How Societies Choose to Fail or Succeed. New York*: Penguin Books, 2005.
2. Freese B. *Coal: A Human History.* New York: Perseus Publishing, 2003.
3. Yergin D. *The Prize: The Epic Quest for Oil, Money and Power.* New York: Simon & Schuster, 1991.
4. *The National Academies Summit on America's Energy Future: Summary of a Meeting.* New York: The National Academies Press, 2008.
5. Energy density. Wikipedia, 5-11-2010. http://en.wikipedia.org/wiki/Energy_ density.
6. *Sustainable Development & Nuclear Power.* International Atomic Energy Agency, 1997. http://www.iaea.org/Publications/Booklets/Development/devnine.html.
7. Carboniferous. Wikipedia, 3-5-2010. http://en.wikipedia.org/wiki/Carboniferous.
8. Zoellner T. *Uranium: War, Energy and the Rock That Shaped the World.* New York: Viking(The Penguin Group), 2009.
9. Bernstein J. *Plutonium: A History of the World's Most Dangerous Element.* Ithaca, NY: Cornell University Press, 2009.
10. Rhodes R. *The Making of the Atomic Bomb.* New York: Simon & Schuster, 1986.
11. Moyer M. Fusion's false dream. *Sci Am* 2010; 302:50–57.
12. EIA. *Monthly Energy Review May 2013.* US Energy Information Administration, 5-28-2013. http://www.eia.gov/totalenergy/data/monthly/pdf/mer.pdf.
13. EIA. *Annual Energy Review* 2011. US Energy Information Administration, 2012.

14. EIA. *AEO2013 Early Release Overview*. US Energy Information Administration, 2013. http://www.eia.gov/forecasts/aeo/er/index.cfm.

15. Moyer M. The dirty truth about plug-in hybrids. *Sci Am* 2010; 303:54–55.

16. EIA. *International Energy Statistics: Total Carbon Dioxide Emissions from the Consumption of Energy*, US Energy Information Administration. 2012. http://www. eia. gov/cfapps/ipdbproject/IEDIndex3.cfm.

17. *How the Energy Sector Can Deliver on a Climate Agreement in Copenhagen: Special Early Excerpt of the World Energy Outlook 2009 for the Bangkok UNFCCC Meeting*. Organisation for Economic Co-operation and Development(OECD) and International Energy Agency(IAE), 10-1-2009.

18. *World Energy Outlook 2011 Factsheet*. International Energy Agency, 2011. http:// www. worldener gyoutlook.org/.

19. EIA. *International Energy Outlook* 2011. US Energy Information Administration, 9-19-2011. http://www.eia.gov/forecasts/ieo/world.cfm.

20. *World Energy Outlook 2009 Fact Sheet*. International Energy Agency, 2010. www. worldenerg -youtlook.org/docs/weo2009/fact_sheets_WEO_2009.pdf.

21. Smil V. *Energy at the Crossroads: Global Perspectives and Uncertainties*. Cambridge, MA: The MIT Press, 2003.

22. Kunzig R. Seven billion. *National Geographic* 2010; 219:32–69.

23. *The Power to Reduce CO₂ Emissions: The Full Portfolio: 2008 Economic Sensitivity Studies*. Palo Alto, CA: Electric Power Research Institute, 2008.

24. *Pathways to a Low-Carbon Economy: Version 2 of the Global Greenhouse Gas Abatement Cost Curve*. New York: McKinsey & Company, 2009.

25. *Impact of the Financial Crisis on Carbon Economics: Version 2.1 of the Global Greenhouse Gas Abatement Cost Curve*. New York: McKinsey & Company, 2010.

26. WNA. *Nuclear Power in Switzerland*. World Nuclear Association. 2011. http://www. world nuclear.org/info/inf86.html.

27. WNA. *Nuclear Power in Sweden*. World Nuclear Association. 2012. http://www. world nuclear.org/info/inf42.html.

제3장　석탄과 천연가스: 좋고, 나쁘고, 추한

석탄

　내가 살고 있는 콜로라도 북부에 북쪽으로 약 16킬로미터 떨어진 곳에 계단식 건물과 함께 하늘로 150미터 솟아 있는 굴뚝이 하나 있다. 귀신들린 유물처럼 보이며, 여름철에는 아무것도 굴뚝에서 나오지 않는다. 그러나 겨울에는 흰 연기가 피어오른다. 더 가까이 가보면 앞쪽에 오리, 거위, 펠리컨 그리고 다른 많은 물새들이 호수에서 노닐고 있는 모습들이 보인다.

　굴뚝을 둘러싼 16제곱미터의 초원에는 들소(bison roam) 무리가 돌아다닌다. 로우하이드 발전소(Rawhide Energy Station)라고 불리는 이 평범해 보이는 발전소는 실제로 280MWe 석탄화력발전소로서 포트콜린스(Fort Collins), 러브랜드(Loveland), 롱몬트(Longmont), 에스테파크(Estes Park) 등 인근 4개의 발전소와 함께 지역 사회에 필요한 전력의 약 1/4을 공급한다. 로우하이드 발전소는 4개 발전소가 공동으로 소유하고 있는 공공시설이며, 최첨단 석탄화력발전소이다. 미국 서부에서 가장 효율적인 발전소이며, 또한 CO_2를 가장 적게 배출하는 상위 10위에 속하는 발전소 중의 하나이다.[1]

석탄화력발전소 분석

로우하이드 발전소까지 차를 몰고 가서 경비실에 있는 인터콤으로 전화를 하고 신분을 밝히자 경비원이 보안 게이트를 열어 주었다. 호수의 가장자리를 가로질러가자 무장한 경비원이 방문객 접견실로 안내했다.

그곳에서 환경에 관심이 많은 한 양조장 대표와 함께 발전소 견학을 시작했다. 견학 가이드인 리틀 존(John Little)의 도움을 받아 라디오 세트가 달린 헤드폰과 안전모를 착용했다.

첫 번째로 방문한 가장 큰 건물에는 보일러와 발전기가 있었다. 기차에 실려 10~20센티미터 덩어리 상태로 석탄이 도착하면, 수 센티미터 크기로 쪼개진 후 컨베이어 벨트를 통해 안면용 파우더보다 더 미세한 분말로 만드는 파쇄기로 보내진다. 이 석탄가루들은 공기와 섞인 후 16층으로 구성된 보일러의 네 방향에서 주입되어, 지옥같이 뜨거운 온도인 1,500°C에서 연소된다.

분당 1,000리터의 정제수(purified water)가 튜브 안에서 순환하다가 보일러로 주입되면, 540°C 온도와 130atm(~13MPa) 압력 하에 증기로 변환된 후 터빈을 구동하게 된다. 호수에서 유입한 물을 응축기의 2차 측에 주입하여 이 정제수 증기를 다시 물로 되돌린다.

충분한 열이 냉각수에 흡수된 후 호수로 배출되기 때문에 2조 리터의 호수가 겨울에도 21°C로 유지되며, 그래서 오리와 기러기들이 좋아한다.

터빈은 24,000볼트(24kV)의 전기를 생산하는 발전기를 구동한다. 터빈과 발전기실이 매우 시끄러워서 존의 설명을 똑똑히 듣기 위해서는 라디오 세트가 달린 헤드폰이 필요했다. 발전기에서 생산된 전기는 변압기를 통하여 235kV로 승압된 후 사람들이 조명을 켜고 에어컨을 가동하고 식사를 조리할 수 있도록 송전선을 통해 전송된다.

깨끗한 터빈실을 나온 후, 우리는 세정실(scrubber room)로 갔다. 소음 수준은 훨씬 더 견딜 수 있었지만, 더 많은 석탄 먼지가 가득 차 있었다. 보일러로부터 가스와 비산재(fly ash)가 이 방으로 날아 들었다. 여기서는 거대한 원뿔형 세정탱크에서 주요 오염 물질인 황산화물들(sulfer oxides)이 제거된다. 석회(lime)와 물의 혼합물을 세정탱크에 주입하고, 가열된 공기와 혼합한 후 황과 화학적으로 반응시켜, 황산칼슘과 황산염을 침전시키는 방법으로 황을 제거한다. 이 공정이 매우 효율적이어서 로우하이드 발전소는 평균적인 석탄발전소에 비해 배출가스 내 이산화황이 약 1/10정도만 들어있다.

마지막으로 공기는 필터실(bag room)로 들어간다. 거대한 포대 필터(bag filter)들로 채워져 있는 이 건물에서 비산재가 제거된 뒤 굴뚝 위로 올라간다. 배출되는 공기의 오염도는 지속적으로 점검 및 감시되는데, 주 정부 및 연방정부 법률에서 허용하는 범위의 1/10 이하이다. 따라서 겨울철을 제외하고는 굴뚝을 볼 때 연기나 다른 것이 보이지 않는 것이다. 겨울철 하얀 연기는 석탄이 타면서 생성되는 수증기가 찬 공기를 만나 응축된 것이다.

이산화탄소 배출 및 기타 오염물질
그러나 현대적이고 효율적인 석탄화력발전소의 이 그림에서 무엇이 빠져 있을까, 이 발전소가 바로 산업계가 얘기하기 좋아하는 소위 '청정석탄(clean coal)'일까? 플래트리버 전력공사(Platte River Po

-wer Authority, PRPA)는 청정에너지로 만들려고 하는 이 석탄화력발전소의 노력을 자랑스럽게 여기지만, 불행히도 이 발전소는 청정과는 거리가 멀다. 이 발전소 역시 모든 석탄발전소가 갖고 있는 문제점, 즉 우리 눈에는 보이지 않지만 굴뚝을 통해 나오는 CO_2를 배출한다. 순수한 탄화수소(hydrocarbon, 화석연료 속 탄소의 한 유형)가 연소되면 이산화탄소(CO_2)와 물(H_2O)이 되지만, 석탄이 타게 되면 CO_2와 물 외 다른 여러 오염물질도 같이 생성된다.

석탄은 와이오밍 주 질레트 남쪽 파우더강 분지(Powder River Basin)의 안텔롭광산(Antelope mine)에서 채취된 후, 80량(80car)짜리 석탄기차로 날마다 로우하이드 발전소로 운송된다. 파우더강 분지는 미국의 석탄화력발전소에서 사용하는 석탄의 약 1/3을 생산한다.

그 이유는 황과 재의 함량이 낮아 배출가스를 줄일 수 있고, 지표면 가까이 매장되어 있는 노천광산으로 엄청나게 거대한 장비로 쉽게 계단식 채광을 할 수 있기 때문이다. 이 석탄을 광산에서 전국의 여러 석탄발전소로 운송하려면 매일 약 80대의 기차(1대당 보통 1.6킬로미터 길이)가 필요하다.

이러한 막대한 양의 석탄을 운송하는 일만으로도 많은 양의 CO_2가 배출된다. 파우더강 분지의 석탄은 아역청탄(sub-bituminous coal)이기 때문에 에너지 밀도는 애팔래치아와 일리노이에서 주로 생산되는 역청탄(bituminous coal)보다 낮다.

아역청탄은 35~45%의 탄소를 함유하고 있고, 역청탄은 45~86%의 탄소를 함유하고 있다.(2) 이 말은 같은 양의 전기를 공급하기 위해서는 더 많은 양을 태워야 한다는 것을 의미한다. 해마다 로우하이드 발전소에서는 약 백만 톤의 석탄을 연소한다.

플래트리버 전력공사의 환경분야 담당자인 데이브 유서리(Dave Ussery)에게 발전소에서 배출되는 오염물질에 대해 알아보았다.

감시해야 하는 기준 오염물질은 산성비를 유발하는 황산화물, 산성비, 오존 및 스모그의 원인인 질산화물, 에어로졸을 유발하는 미립자들이다.(3)

로우하이드는 이 오염물질 배출량이 주정부 및 에너지관리청의 기준에 비해 훨씬 낮고, 가장 적게 배출하는 석탄발전소들 중 하나 이지만, 수은과 같이 독하고 유해한 대기오염물질의 배출량을 줄이기 위한 기술 개발에 매진하고 있다. 하지만 문제는 CO_2이다.

이 발전소는 매년 200만 톤 이상의 CO_2를 배출하지만,(4) 이 정도는 로우하이드처럼 비교적 작은 발전소들의 배출량이다.

전형적인 석탄화력발전소들은 약 1,000MWe 혹은 로우하이드의 4배 전력을 생산하기 때문에 CO_2 배출량(약 800만 톤)도 비례해서 많아진다. 가장 큰 석탄화력발전소인 조지아 주의 쉐러 발전소(Plant Scherer)는 3,000MWe 이상을 생산하며 매년 약 2,300만 톤의 CO_2를 배출한다.(4) 이 수치에 미국의 석탄발전소 약 600개를 곱하면 CO_2 문제의 규모를 알 수 있다. 미국의 석탄화력발전소는 연간 20억 톤 (2Gt)의 CO_2를 대기에 뿜어대고 있으며, 이는 미국의 총 CO_2 배출량 약 1/3에 해당한다.(5)

로우하이드 발전소는 오염 물질을 줄이기 위해 최고 기술을 사용하지만, 많은 다른 발전소에서는 그렇지 못하다. 새로운 석탄화력발전소에 세정기를 요구함으로써 황산화물로 인한 산성비 문제를 줄이기 위해 1970년 청정대기법(Clean Air Act)이 의회에서 통과되었다. 그러나 석탄을 많이 생산하는 주(state)들의 로비에 의해 1973년 이전에 석탄화력발전소가 설치되었거나 허가를 받았다면 옛날

법을 적용받게(grandfathered in) 됨으로써 새로 추진되는 법을 적용받지 않을 수 있게 되었다.

청정대기법에 의하면, 위 주들도 기존의 발전소를 변경하려면 새 표준조건을 충족시켜야 한다. 그러나 많은 발전소들이 옛 설비를 유지하기 때문에 세정기를 추가할 필요가 없어진다. 에너지관리청에 의한 2005년 '청정대기주간규정(Clean Air Interstate Rule)'과 같은 법규는 2015년까지 이산화황(sulfer dioxide) 배출량을 57% 줄이기를 요구하고 있기 때문에, 일부 오래된 발전소들은 단계적으로 폐쇄하거나 세정기를 추가하고 있다. 하지만 아직도 석탄발전소의 약 60%는 여전히 세정기를 설치하지 않고 있다.(6, 7)

수은

황산화물이 석탄화력발전소에서 배출되는 유일한 문제는 아니다. 에너지관리청은 1990년 청정대기법개정안(Clean Air Act Amend-ments)에서 189개의 '유해대기오염물질(hazardous air pollutants, HAPs)'을 열거했다. "이들 중 안티몬(antimony), 비소(arsenic), 베릴륨(beryllium), 카드뮴(cadmium), 염소(chloride), 크롬(chrome), 코발트(cobalt), 불소(fluorine), 납(lead), 망간(manganese), 수은(mercury), 니켈(nickel), 셀레늄(selenium), 토륨(thorium) 및 우라늄(uranium)과 같은 15개 물질이 석탄에서 발생한다."

모든 석탄이 이들 모두를 함유하고 있지는 않지만, 수은은 주요한 건강 유해 물질이다. 수은의 가장 큰 공급원은 미국 수은 배출량의 약 1/3을 차지하는 석탄발전소들이며, 연간 약 48톤을 배출한다. 수은은 원소 수은(elemental mercury) 형태로도 방출되는데, 이 자체로는 위험하지 않지만, 대기로부터 침강하여 하천과 호수에 퇴적되면 가장 위험한 메틸수은으로 변환되어 강력한 신경독소를 함유하게 된다.

이것은 하천과 호수에서 식물, 조류(말), 작은 유기체에 의해 흡수되는데, 작은 물고기는 이들을 먹고, 큰 물고기는 작은 물고기를 잡아 먹는다. 마지막으로 인간이 수은을 먹은 물고기를 먹음으로써 인간의 체내에도 수은이 축적된다.

시베리아와 그린란드의 이뉴이트족(Inuit people, 에스키모의 한 부족)은 발전소가 없는데도 세계에서 가장 높은 혈중 수은을 지니고 있다. 그 이유는 이러한 생물축적성(bioaccumulation) 때문이다.(8) 에너지관리청은 2005년에 청정대기수은규정을 제정했다. 2010년까지 38톤, 2018년까지 15톤의 수은 발생량 한계치를 설정함으로써 수은 문제를 줄이는데, 도움이 되겠지만, 석탄발전소에 큰 비용 부담을 추가하게 될 것이다.(3)

2011년 12월 21일 에너지관리청은 석탄 혹은 석유화력발전소는 90%까지 수은 배출을 줄여야 한다고 제정했다. 발전소들의 약 40%가 아직 이행을 못하고 있다. 약 1%는 요구 사항을 충족시키기보다는 폐쇄할 것으로 예상된다.(9)

비산재

석탄화력발전소에서 배출되는 기체 외에도 유해대기오염물질을 포함하는 엄청난 양의 비산재(연소 과정이나 파쇄 과정에서 날리게 되는 회분)가 연소된 석탄에서 생성된다. 로우하이드는 연간 7만 톤의 비산재를 생산하며 이는 포대 필터에 포집되어 폐기되어야 한다.

이 중 일부는 콘크리트 블록과 판석(板石)을 만드는데 사용되지만, 대다수는 건식 폐기물로 땅에 묻은 후 60센티미터의 흙으로 덮고 야생 잔디를 심는데 사용된다.

이것은 비교적 안전한 방법이지만, 모든 석탄발전소가 재를 처리하는 방식은 아니다. 대부분 발전소는 누출되거나 유출될 수 있는 대형 축양지(holding pond, 蓄養池)에서 젖은 슬러지(침전된 폐기물, wet sludge) 상태로 재를 저장한다. 미국에서 매년 약 1억 톤의 재와 슬러지가 석탄발전소에서 생산된다.(10) 2008년 테네시 주의 0.16제곱킬로미터의 규모의 축양지를 뚫고 나온 독성 석탄재 슬러지가 1.6제곱킬로미터에 걸쳐 2미터 깊이까지 덮었다. 강이 오염되고 십여 채의 주택이 피해를 입었다.(11) 하지만 이 예는 작은 연못 규모에 불과하다.

조지아 주 몬로 카운티의 쉐러 발전소(미국 최대 석탄발전소)는 매일 1,000톤 이상의 석탄재가 쌓이는(테네시에서 생산하는 양보다 약 19배나 더 큰) 비산재 연못을 보유하고 있다.(12) 1972년 웨스트버지니아 주 로간 카운티에서 인공 댐이 무너져 버팔로 크리크에 5억 리터의 유독성 슬러지가 흘러들어 125명이 사망하고 1,000명이 부상당했으며 4,000명이 집을 잃었다.(13)

나아가 포대 필터와 정전 필터는 비산재에서 가장 작은 입자들을 제거할 수 없다. 미립자는 마이크론(백만 분의 1미터) 단위의 직경으로 분류된다. PM10 입자(미세먼지)는 직경이 10마이크론 이하(우리 몸의 세포 크기와 비슷하다)이고, PM2.5 입자(초미세먼지)는 인간 머리카락 너비의 일부분 정도인 2.5마이크론 이하의 지름을 가진다. 이 PM2.5 입자는 석탄화력발전소의 배기가스에서 쉽게 제거되지 않으며 가장 위험하다. 폐의 가장 깊은 곳에서 축적되어 폐기종 및 폐암과 같은 호흡기 질환을 유발할 수 있다.

청정대기프로젝트팀(Clean Air Task Force)은 2000년 미국에서 석탄발전소 미립자 배출로 인해 조기 사망자가 3만 명이 넘는 것으로 추정된다는 연구결과를 발표했다.(14) 최근의 청정대기프로젝트팀은 2010년에 13,200명의 사망자가 발생할 것으로 추정했다.(15) 미립자에 대한 연간 사망자 수를 추정할 때 비록 연구 결과가 상당히 다양하긴 하지만, 그 숫자가 수천 또는 수만 명에 달하는 것은 확실한 것으로 보인다. 또한 국립과학아카데미는 석탄으로부터의 대기오염으로 인한 연간 피해액이 2005년에 620억 달러였다는 연구결과를 발표했다.(16)

채광 및 건강위험

석탄 채굴은 인간과 환경 모두에게 위험한 사업이다. 지하 광산은 동굴 작업과 메탄가스 폭발 가능성 때문에 매우 위험하다. 석탄 채굴로 인한 미국의 사망자는 1930년대와 1940년대에 평균 약 1,000명이었고, 1950년대 매년 450명, 1970년대 140명, 1990년대 45명으로 계속 감소하였으며, 2005년에는 23명으로 최저치를 기록하였다.(17)

최근에는 2006년에 47명, 2010년에 48명으로 사망자가 늘어났으며, 21세기의 첫 10년을 평균하면 연간 35명이 사망했다. 이 사상자 수는 광산 사고에서 발생한 것만이지만, 이것은 이야기의 일부일 뿐이다. 석탄 먼지를 호흡함으로써 발생하는 진폐증(pneumoconiosis)으로 인해 1970년에서 1990년까지 매년 2,000명의 석탄 광부가 사망했다. 그 이후로 사망자 수는 2000년에 약 1,000

명, 2005년에 700명으로 감소했다.(18)

최근 보고서에 의하면, 진폐증이 1968년과 2007년 사이에 75,000명의 탄광 사망자를 발생시킨 바 있다. 1969년 연방법에 따라 탄광회사들에게 광산에서 석탄 먼지를 관리하도록 요구한 후 진폐증이 크게 줄어들었다.

1990년대 후반 이후 이 비율은 계속 올라갔고, 가장 심각한 형태의 질병 비율은 1970년대 수준으로 되돌아왔다. 또한 이 병은 젊은 광부들에게서 발병하고 있다. 이것은 먼지를 줄여야 하는 법률을 지키지 않는 기업들 때문이기도 하지만, 현대 광산에서 발생하는 실리카 먼지(silica dust)의 증가 문제일 수도 있다.(19)

미국에서는 어떤 산업이든지 이 정도의 사망률이 대중의 분노없이 조용히 지나가리라고는 상상하기 쉽지 않은 일이다. 그러나 광부들은 여전히 이 직업을 선택하며(그들에게 다른 직업 선택이 많지 않을 수도 있지만), 우리는 석탄이 우리의 가정에 가져다주는 전기로 인해 안락함을 즐기기 때문에 반대하지 않는다.

그러나 석탄 채굴의 대부분은 지하에서만 이뤄지는 것이 아니다. 미국에서 저유황 석탄의 주요 공급원인 와이오밍 주 동부의 파우더강 분지의 경우에는, 지표면 근처에 30미터 두께의 석탄층이 있다. 지표면을 제거한 후 석탄은 괴물 같은 기계에 의해 굴착되어 거대한 열린 구덩이(open pit)가 만들어진다<그림 3.1>.

이러한 광산들은 뚜렷한 시각적 측면의 부정적 영향 외에도 지하수에 미치는 영향 때문에 중요한 환경문제를 불러 일으키고 있다. 많은 서부 주에서는 석탄이 얕은 대수층(帶水層, aquifer, 지하수가 있는 지층)에 존재하기 때문에 채굴이 가능하도록 물을 퍼내야 한다. 그러면 인근 우물에서 지하수가 감소할 수 있다. 그러나 물론

〈그림 3.1〉 와이오밍의 노천광산 ⓒ 데일리빌의 도리스 럽(Doris Rupp, Dailyville)

〈그림 3.2〉 웨스트 버지니아의 산꼭대기 제거 및 계곡 채우기 ⓒ 켄트 케싱어 애팔래치안 보이스 사우쓰윙

이 지역에 살면서 조망, 먼지 또는 물 문제에 대해 불평하는 사람은 그리 많지 않으며 좋은 돈벌이가 된다.

석탄의 또 다른 주요 공급원인 애팔래치아 분지(Appalachian Basin)에서는 산 정상을 제거하여 골짜기를 메꾸는 채광법이 선택되었다. 산 정상에 있는 막대한 숲을 깔끔하게 제거하고 산을 발파한다. 덤프트럭 등을 이용하여 파편을 제거한 후 남는 파편들로 골짜기가 채워진다<그림 3.2>. 결국 석탄층이 제거됨에 따라 산이 평지로 변모한다.(13)

이곳의 훼손으로 인한 영향은 와이오밍 탄광보다 훨씬 심각하다. 또한 동부 광산에서 산성(acidic) 오염수 누출에 의한 심각한 수질 문제가 발생한다. 에너지관리청은 산성 오염수가 애팔래치아에서 약 18,000킬로미터의 강물을 오염시켰다고 추정한다.(3)

광산 회사는 토지가 개간되었다고 주장할 수 있지만, 훼손된 산과 계곡을 대체할 수는 없다. 게다가 매립지는 수목의 재성장이 거의 안 되고, 상류 강줄기가 손실되어 생물의 다양성이 감소한다.(20)

또한 이 석탄을 모두 수송하는데도 위험이 따른다. 2007년 석탄 운송은 운송 물류 무게의 44%와 기차 화물량의 24%를 차지했다. 기차 운행은 많은 연료를 소모하므로 CO_2를 배출할 뿐만 아니라 열차 사고로 인한 직접적인 사망자와 부상자도 발생한다. 2008년에는 기차 사고로 578명의 사망자가 발생하였고 4,867명이 치명상을 입었다.(16)

얼마나 많이 있을까?

석탄의 이러한 부정적인 건강 및 환경적 영향을 감안할 때, 당연한 질문이 따라 나온다. 왜 우리는 여전히 석탄에 의존하고 있는 것일까? 어떤 '장점'이 있을까? 장점은 석탄이 지구상에서 가장 풍부한 화석연료이며, 상대적으로 높은 에너지 밀도를 가지고 있다는 점이다.

미국은 세계 매장량의 약 29%(일명 석탄의 사우디아라비아)를 보유하고 있으며, 그 다음으로 러시아가 19%를 보유하고 있다. 중국, 인도 및 호주도 대량 보유하고 있는 반면, 중동에는 석탄이 거의 없다.(21) 이처럼 석탄 자원의 광범위한 분포 때문에 많은 주요 국가들의 경제가(석탄의 경우) 수입에 의존하지 않고 충분하게 보유하고 있는 자국의 자원을 이용하고 있다.

세계석탄연구소(World Coal Institute, WCI)는 지구의 석탄매장량이 현재 소비율로 120년 이상 지속될 것이라고 추정했다. 석탄은 그 풍부함으로 인해 전기를 생산하는데 있어 가장 값싼 형태의 에너지이다. 우리가 석탄에 많이 의존하고 있는 또 다른 주된 이유는 석탄을 공급하는 주들이 매우 강력한 정치적 이익 때문에 석탄을 선호하는 분위기를 유지하기 위해 수년 동안 의회에서 로비 활동을 해왔기 때문이다.

탄소포집 및 저장기술

석탄 이용과 관련하여, 이 장에서 논의된 모든 문제 중 석탄 소비에 대한 우리의 욕심을 줄이기 위해 진지하게 관심을 기울일 수 있는 문제는 주로 화석연료에서 배출되는 CO_2로 인한 지구온난화이다(제1장 참조). 석탄산업은 '청정석탄'을 광고하고 있으며, 사실 로우하이드와 같은 현대적 석탄발전소는 CO_2 이외의 모든 것의 배출량이 작다. 하지만 석탄은 CO_2 문제를 해결하지 않고는 결코 깨끗해질 수 없다. 요즘의 유행어는 문제 해결을 위한 탄소포집 및 저장이다. 이것은 무엇을 의미하며 실제로 해결책이 될 수 있을까?

탄소포집 및 저장(또는 격리)은 흔히 말하듯 석탄 또는 가스발전소에서 생성된 CO_2를 흡수 또는 포집하여 지질학적 구조물에 영구히 저장하는 공정이다. 발전소에서 생산되는 CO_2를 제거하기 위한 다양한 전략이 있지만, 요긴한 경험이 있는 유일한 방법은 암모니아 또는 모노에틸아민(monoethylamine, MEA)과 같은 아민 수용액으로 CO_2를 흡수하는 것이다. 그런 다음 아민 용액을 150°C에서 몇 시간 동안 가열하여 CO_2를 제거하는 방법인데, 많은 에너지를 필요로 한다.

사실 분리 공정은 발전소에서 생산되는 에너지의 25~40%를 소모한다.(22) 용제(solvent, 용질을 녹이는 액체) 및 공정을 개선한다고 하더라도, 예상되는 최고 수준은 발전소의 20% 손실이다.(23) 만일 이 공정이 실제로 이용 가능하고 기존의 모든 석탄발전소들에 장착된다 하더라도, 석탄발전소들의 전기출력이 약 1/3정도 감소한다. 석탄발전소를 약 200개 신설해야 한다면 모든 것이 제자리걸음이다. 그리고 앞에서도 설명했듯이 에너지 사용은 계속해서 증가하고 있기 때문에, 추가되는 석탄발전소는 내재된 비효율성을 기본 전제로 구축해야 한다. 이 뜻은 황산화물 제거와 비산재 필터링과 같이 현대적인 발전소에 내재되어야 하는 비효율성 비용이 추가된다는 말이다. 이 모든 것은 석탄 채굴이 극적인 속도로 더 증가해야 한다는 것을 의미한다. 이것이 탄소포집 및 저장의 근본적인 문제점이다.

그러나 이것은 정말로 빙산의 일각이다. 연소 후 CO_2를 포집하는데 많은 문제가 있다. "장비는 석탄화력발전소의 규모와 비견할 만큼 크기가 매우 크며, 대량의 용제가 필요하고, 용제를 재생하기 위해 가열하게 되면 유독성 부산물이 생성될 수 있다. 탄소포집 및 저장의 CO_2 회수 칼럼(column, 충전제를 채우거나 내벽에 고정상 액체를 코팅한 관으로서 화학적 물질 분리에 사용됨)에서 배출되는 용제를 세정하고 제거해야 하며, 물의 소비를 줄여야 하고, 만료된 용제를 폐기해야 한다."(23) 그리고 CO_2를 포집하는 것은 첫 걸음에 불과하다. 그것을 포집한 후에 파이프라인을 통해 지질학적 영구 저장소로 이송하기 전에 70기압의 압력으로 압축하여 액화해야 한다.

미국에는 이미 약 3,000킬로미터의 파이프라인이 있어 매년 약 3,000만 톤의 CO_2를 수송하고 있다. 이는 매년 미국의 석탄화력발전소에서 생산되는 20억 톤의 CO_2 중 2%가 안된다. 또한 CO_2를 수송하기 위해 필요한 파이프라인을 만드는 것은 엄청난 환경 피해와 비용을 초래한다.

다음 문제는 CO_2를 어디에 둘 것인가이다. 운송 문제를 최소화하기 위해서는 저장소가 발전소와 가까워야 한다. 사용할 수 있는 선택은 폐기된 석유 및 가스 저장소 또는 깊은 암염층에 저장하거나 석유 회수율을 향상(enhancement of oil recovery, EOR) 시키는데 사용한다.(24) EOR은 텍사스에서 이미 사용되고 있다. 텍사스에서는 매년 30Mt의 CO_2가 유정 속으로 주입되어 뽑아내기 어려운 석유를 회수하는데 이용되고 있다. 그러나 EOR을 위한 큰 용량의 유정들이 거의 없다. 또 다른 선택은 소금물을 내포하고 있는 깊은 암반층(염류 대수층)에 주입하는 것인데 이때는 큰 용량이 가능하다.

CO₂는 소금물에 비교적 잘 녹으며 CO₂의 누출 가능성은 낮지만, 소금물 자체가 이동할 수 있으며, 완전한 용해를 위해서는 수백 년이 걸릴 수도 있다.(24) 더군다나 수백 년의 석탄발전소 운영을 위해 필요한 CO₂의 염분 퇴적물 저장 공간이 미국 내에 충분하게 있음에도 불구하고, 이용 가능한 기공(氣孔, pore) 공간의 일부분만 접근 가능하기 때문에 초기 추정치는 수십 년으로 줄어들었다.(22)

지질학적인 저장소로부터 대량 유출은 치명적일 수 있다. 이것은 이미 1986년 카메룬의 니오스 호수(Nyos lake)에서 자연적으로 일어났다. 지질학적인 천연 원천에서 CO₂가 호수 바닥의 냉수에 용해되어 있다가 갑자기 역전(inversion)을 일으켰다. 결과는 탄산음료 캔을 흔든 후에 여는 것과 비슷했다. 탄산수(Carbonated water)는 공중으로 60미터 이상 뿜어져 오른 후 공기보다(1.5배) 무거운 CO₂를 배출했다. 그리고 CO₂는 천천히 계곡에 가라앉으며(역자 주: 반경 25킬로미터 내) 1,700명의 사람들을 질식시켜 사망케했다.(14)

해저 저장시설의 누출 역시 탄산을 생성하고 인근의 해양 생물을 질식시키는 심각한 문제를 일으킬 수 있다. 이것은 해양의 산성화와 같은 문제인데, 대기 중의 CO₂를 바다가 흡수함으로써 발생한다(제1장 참조).

깊은 해저 저장고로부터의 사고는 일어나지 않을 것이라고 생각한다면, 2010년 여름 멕시코만에서 1억 배럴의 오일이 걸프로 누출된 환경 재앙을 기억하라.

지금부터 진실을 확인해보자. 전 세계적으로 몇 개의 탄소포집 및 저장 프로젝트가 진행되고 있지만, 실험적이고 실제 석탄화력발전소에서 배출되는 배출량 중 일부에 해당하는 작은 규모이다. 희망 사항은 2014년까지 실험 단계에서 시범 발전소로 진행하고,

궁극적으로 2020년까지 상업용 발전소에 적용하는 것이다.(22) 또한 저장 장소들과 파이프라인 노선들이 조사되고 있으며, 특히 유럽에서 북해에 저장하는 것이 고려되어 왔지만, 이 부지는 기껏해야 현재 연간 최대 수 Mt의 CO_2만 저장 가능하다.(22, 25)

전 에너지부 장관인 스티븐 추(Steven Chu)는 매년 전 세계에서 6Gt의 석탄을 연소시켜 18Gt의 CO_2를 배출한다고 지적했다(역자 주: 2019년 미국의 석탄 발전에 의한 CO_2 배출량은 약 1Gt 정도이다). 미국은 실험용 탄소포집 및 저장 프로젝트에 수 십억 달러를 투자하고 있다. 그러나 이것을 현실화하기 위해 필요한 수 조 달러와 비교할 때 양동이에 물 한 방울을 떨어뜨리는 일이다(역자 주: 에너지부는 2011~2018년까지 화석연료 연구에 4억 달러 정도를 지원하고 있으며, 이 중 2천만 달러가 탄소포집 및 저장 연구에 지급되고 있다).

『퀘스트』*The Quest*에서 다니엘 예긴(Daniel Yergin)은 "오늘날 미국의 석탄화력발전소에서 생산되는 CO_2의 60%만 포획하여 액체로 압축하고 운반하여 저장소에 주입한다면, 일일 처리량은 미국이 매일 소비하는 1,900만 배럴의 석유와 동일하다. 기존의 석유 시스템을 구축하는데 150년과 수 조 달러가 필요했었다는 사실을 깨닫는다면 정신이 번쩍 들 것이다."(26)

그리고 발전소의 효율 저하로 지불해야 할 비용도 잊지 말아야 한다. 2020년 목표가 충족될 가능성은 거의 없다(역자 주: 현재 전 세계는 아직도 탄소포집 및 저장 기술개발 단계에 있으며, 세계 최초의 대규모 탄소포집 및 저장 시설인 캐나다 사스크 파워(Sask Power)사의 바운더리 댐 석탄화력발전소 3호기에 설치된 시설(BD3)이 2014년 가동 이후 2019년 11월까지 5년동안 이산화탄소 3Mt을 포집하여 90%는 EOR로 판매하고 10%만 3 킬로미터 지하의 염류 대수층에 저장하였다).

그동안 석탄발전소는 CO_2를 계속 배출할 것이다. 이것이 현실적으로 가능한가? 아니면 우리는 석탄에서 벗어나 다른 에너지원을 찾아야 하는 어려운 선택을 피하고자 그저 꿈만 꾸고 있는가?

이 질문에 대한 매우 흥미로운 대답은 탄소포집 및 저장을 이용하는 CO_2 감축의 비용과 효과를 풍력이나 원자력과 같은 대체에너지원을 개발하기 위해 동일한 자원을 사용하는 것과 비교하는 것이다. 50년 주기 동안 CO_2 배출 증가분의 8분의 1에 해당하는 '안정화 쐐기(stabilization wedges)'라는 개념에 기반하여, 최근 논문에서 위 비교가 수행되었다.(27) (역자 주: 쐐기는 피자의 1/8을 비유하는 말이다).

즉 하나의 쐐기는 이 기간 동안 석탄화력발전소에서 배출되는 CO_2의 8분의 1을 저감한다. 이것은 탄소포집 및 저장 또는 대체에너지원에 의해 수행될 수 있다. 논문의 저자들은 탄소포집 및 저장에 의한 CO_2 쐐기 1개를 삭감하는데 5.1조 달러의 비용이 소요될 것이라고 추정한다.

만약 동일한 자원이 풍력 터빈을 만드는데 투입된다면 1.9개의 CO_2 쐐기가 제거되고 9조 달러의 전기가 생성될 것이다. 더 나아가 원자력발전소에 같은 자원이 투입된다면 4.3개의 쐐기에 해당하는 CO_2 배출을 피할 수 있고 22.3조 달러의 전기가 생성된다.

바로 이것이다. 탄소포집 및 저장의 근본적인 문제점은 실현가능성과 환경영향에 대한 엄청난 불확실성이 존재하며 엄청난 비용을 쓰면서도 전력을 생산하지 못한다는 점, 아니 실제로 전력생산량이 줄어든다는 점이다. 추가 전기를 발생시키지 못하는 자원에 수조 달러가 필요한 것이다. 거의 확실하게, 이 자원들은 대체에너지를 위해 이용될 수 없을 것이다. 그러므로 탄소포집 및 저장에 관해서는 완전히 잊어버리고, 다른 에너지원을 개발하여야 하고, 석탄화력발전소를 폐쇄하기 시작해야 한다.

천연가스

석탄이 문제라면 천연가스(natural gas)가 해결책일까? 천연가스는 이미 석탄화력발전소의 첨두 수요를 위한 백업전원(backup power supply)으로서 중요한 역할을 하고 있다. 예를 들어 로우하이드 발전소에는 5개의 가스터빈이 있어 뜨거운 여름철에 388Mt를 발전하여 에어컨에 전기를 공급할 수 있다(그렇다. 콜로라도에 살고 있는 우리는 에어컨이 필요하다. 최소한 그렇게 생각한다. 이 때문에 지구온난화를 고마워해야 한다).

천연가스는 미국의 에너지 생산량 27%를 차지하고, 전기 생산량의 24%를 차지한다(제2장). 원칙적으로 천연가스를 태우면 동등한 양의 석탄에 비해 절반가량의 CO_2가 발생하므로, 천연가스에 대한 의존도가 높아지면, 적어도 CO_2 배출 문제를 다소 줄일 수 있다. 그러나 미국의 모든 석탄화력발전소를 천연가스를 태우는 발전소로 대체하더라도, 해마다 약 10억 톤의 CO_2가 배출될 것이고, 이것은 여전히 심각하고 중요한 문제이다.

천연가스는 지질시대에 유기물의 무산소성 부패에 의해 생산되었으며, 그 다음에 수억 년을 거쳐 압축되고 가열되었다. 약간씩 다른 조건들이 작용해서 석탄, 석유 및 천연가스가 만들어졌다. 전통적인(conventional) 천연가스는 투과성 암석으로 된 지층의 구멍들을 통해 위로 상승하여 석유 저수지(oil reservoir) 위에 돔(dome)을 형성하는데, 보통 1.6~3.2킬로미터 깊은 곳에 존재한다. 순수한 메탄은 더 깊은 곳에서 발견될 수 있다.(28) 천연가스를 포함하는 돔을 형성하기 위해서는 투과성 저수지 암석이 불침투성 암석층에 의해 밀봉되어야 한다.

최근 몇 년 동안 셰일(Shale, 이판암) 층에서 비전통적인(unconven-tional) 천연가스 공급원을 개발하는 기술은 천연가스의 이용 가능성을 크게 증가시켰다. 가스가 풍부한 셰일은 지구 깊은 곳에 묻혀 있는 두꺼운 암석층이다.

셰일은 매우 작은 기공을 가진 암석의 한 종류이며, 이 성질로 인해 천연가스의 발생원이자 저장고 역할을 한다. 그러나 셰일을 파괴하지 않고서는 셰일로부터 가스가 방출될 수는 없다. 이것은 천연가스에 관한 논란 중 하나인 수리학적 균열법(hydraulic facturing)을 이용하느냐 또는 파쇄법(fracking)를 이용하느냐 하는 것과 관련이 있다.

유정에서 배출되는 천연가스의 약 75%는 메탄으로 구성되어 있으며, 그 자체로 잠재적인 온실가스이다(부록 A 참조). 물론 에탄, 부탄 및 프로판과 같은 고차원 탄화수소를 포함하고 있다.

난방 및 조리를 위해 가정에 공급되거나 전기 생산을 위해 발전소에 공급되는 천연가스는 메탄이 93% 이상이 되도록 공정한다. 메탄은 또한 매립지에서 메탄생성 박테리아(methanogenic bacteria)가 유기물을 분해할 때 생성되며, 소형 발전소에 전력을 공급하기 위해 점점 더 많이 수집되고 있다. 메탄의 다른 주요 공급원은 가축의 음식물 소화과정이다(방귀를 뀌거나 트림을 하는 소 옆에서 담배 피지 말라). 그렇다. 우리 인간도 이것을 생산한다.

얼마나 많이 있나?

천연가스 매장량은 대개 'Tcf(trillion of cubic feet, 조 입방피트)' 단위로 표시된다. 이를 우리가 논의했던 다른 에너지 단위로 변환하자면 28리터의 가스가 1,027BTU를 생산할 수 있으므로 1쿼드(quad)는 약 8조 리터의 가스와 동일하다(에너지 단위 변환에 대한 자세한 내용은 부록 B 참조).

에너지관리청에 의하면, 세계는 17.7경 리터의 검증된 가스매장량(기존 기술 및 경제적 조건으로 복구 가능한 알려진 자원)을 보유하고 있다. 그 중 40% 이상이 중동지역이며, 러시아는 단일 국가 중 가장 많이(5경 리터) 보유하고 있다. 미국은 5번째로 많이 보유하고 있다(6,700조 리터). 또 미국이 2035년까지 매년 약 700조 리터의 천연가스를 사용할 것으로 예측했다.(29)

미국의 입증된 가스 매장량에 대한 추정치는 지난 몇 년 동안 급속히 증가했으며 계속 증가할 것으로 보인다. 그 이유는 파쇄법(fracking)으로 인해 현재 접근 가능한 석탄층의 메탄 및 셰일가스와 같은 비전통적인 천연가스를 공급할 수 있기 때문이다. 석탄층의 메탄 생산량은 주로 로키산맥에서 이루어지며, 셰일가스 생산량은 미국 전역에서 빠르게 증가할 것으로 예상된다. 가장 큰 셰일가스 형성지는 펜실베이니아와 뉴욕 주의 마르첼로(Marcellus)와 유티카(Utica) 지층에 존재한다. 또 다른 큰 셰일가스 형성지역은 텍사스 주 바넷(Barnett), 노스다코타(North Dakot)의 바켄(Bakken), 콜로라도와 와이오밍의 니오브라라(Niobrara)이다.

에너지관리청은 '미국에는 기술적으로 회수 가능한 비전통적인 셰일가스가 약 862Tcf 존재한다.(30) 다른 기관들에 의하면 미국의 잠재적인(증명되지 않은) 천연가스 매장량에 대한 전반적인 추정치

는 1,450Tcf에서 2,590Tcf 범위이다.'라고 발표했다.(28)

또 「석유와 가스 저널」The Oil and Gas Journals은 세계는 기술적으로 회복 가능한 천연가스 16,000Tcf를 보유하고 있으며, 이 양은 셰일가스 대부분을 제외한 양이다.(31) 그래서 미국과 세계는 향후 100~150년간 사용할 충분한 천연가스 자원을 보유하고 있는 것으로 보인다.

종합적으로 천연가스의 '장점'은 양이 풍부하고, 파이프라인을 통해 쉽게 운반 가능하며, 거의 오염되지 않고 깨끗하게 연소된다는 점이다(석탄에 비해 질소 산화물이 1/4 이하이며 황산화물, 미립자 또는 수은은 사실상 없다). 또한 주거용과 상업용 난방, 산업 공정 및 에너지 생산, 운송 부문에서는 적지만 성장하고 있는 것까지 포함해 거의 동일한 비율로 매우 다양하게 사용되고 있다(제2장 참조).

온실가스 배출량

그렇다면 천연가스가 갖고 있는 '단점'은 무엇일까? 천연가스의 최악의 문제는 석탄을 태울 때와 비교하여 CO_2가 거의 절반가량만 배출되지만 여전히 CO_2를 생성한다는 점이다. 그러나 환경보호청은 최근에 천연가스의 온실가스 배출량을 평가하여 파이프라인과 가스 유정으로부터 누출로 인해 천연가스가 실제로 석탄보다 25% 정도만 청결한 것으로 나타났으며 50%가 아닌 것으로 결론지었다.(32)

또 다른 '단점'은 메탄이 온실가스라는 것이다. 사실 온실가스로서의 영향이 CO_2보다 26배나 된다. 하지만 대기에서 CO_2와 물로 빠르게 분해되며 수명은 12년이다. 온실가스들은 지구온난화 지수

(global warming potential, GWP)에 의해 비교된다. 이 상대적인 수치는 특정 기간 동안의 CO_2 영향 대비 효과를 비교한 수치이다.

메탄의 지구온난화 지수는 20년 동안 72배, 100년 동안 25배이다(부록 A 참조). 메탄 배출은 2010년 미국 온실가스 지구온난화 지수의 11.6%를 차지했다.(33) 메탄 배출량의 약 41%는 에너지 생산, 30%는 농업(주로 목축업), 28%는 쓰레기 매립과 폐기물 처리로부터 나온다.(34)

환경보호청은 2009년에 160억 세제곱미터의 메탄이 파이프에서 유실되거나(leaked), 천연가스 유정과 천연가스 배급망에서 누출(vented)될 것이라고 예측했다. 이는 2009년 미국 천연가스 총 생산량의 2.4%에 해당된다.(35) 국립해양대기청과 콜로라도 대학은 최근에 덴버-줄레스버그 분지(Denver-Julesburg Basin)에서 파쇄로 인한 메탄 배출량을 3년간 매일 측정했으며, 천연가스의 약 4%(2.3~7.7% 범위)가 대기로 손실되었다고 결론지었다.(36) 이는 환경보호청이 예측한 것보다 훨씬 더 많은 유실량이며, 파이프라인과 배급망에서 추가적인 손실은 포함하지 않았다.

코넬대학의 로버트 호워스(Robert Howarth)와 동료들은 천연가스 유정 개발에서 메탄의 손실(비산 배출, fugitive emissions)을 분석하고, 유정의 평생 생산의 3.6~7.9%가 비산 배출을 통해 손실된다고 예측했다.(37) 메탄은 온실 효과가 높은 가스이기 때문에 이러한 손실들은 석탄 대비 천연가스의 많은 장점들을 희석시킨다.(38)

저자들은 "석탄에 비해 셰일가스의 영향은 적어도 20% 더 크며, 20년 동안 비교하면 아마도 2배 이상이며, 100년 이상을 비교했을 때(석탄과) 비견할 만하다"고 결론을 내렸다. 이 결론의 사실성은 천연가스의 실제 유실 비율과 생산되는 천연가스의 총량에 크게 의존한다.

라몬 알바레즈(Ramon Alvarez)와 동료 연구원들은 발전소에서 석탄 대신 천연가스를 사용함으로써 지구 기후 측면에서 순 이득을 얻는데, 얼마나 오랜 시간이 걸릴지 분석했다. 그 결과는 천연가스의 누출 비율에 크게 의존한다는 것이다.

3.2%의 유실율(leakage rate)이라면 그들은 석탄에서 천연가스발전소로 전환할 때 즉각적인 지구온난화 혜택이 있다고 계산했다. 그러나 유실율이 5%라면 이익을 얻는데, 40년 이상이 걸릴 것이라고 평가했다.(35)

분명히 천연가스 생산 시스템의 실제 유실에 대한 보다 정확한 정보를 얻는 것이 중요하지만, 가능하면 어디에서나 숨은 유출을 줄이기 위한 조치를 취하는 것이 더욱 중요하다.

수압파쇄법

석유와 관계있는 전통적인 가스유전에 대한 채굴은 깊은 구멍을 뚫기만 하기 때문에 석탄 채굴과 같이 환경에 거의 해를 끼치지 않는다. 그러나 석탄층이나 셰일층에서 가스를 얻는 방법은 심각한 문제가 있다.

이 구조에서 가스는 큰 돔에 존재하지 않지만, 상대적으로 불침투성인 암석 또는 석탄층에 있으며 쉽게 채취할 수 없다.

가스를 용이하게 채취하기 위해 가스회사는 수압균열법(hydraulic fracturing) 혹은 수압파쇄법(fracking)이라는 공법을 이용하여 암석에 균열을 만들어 갇힌 가스를 추출할 수 있다. 수평정 시추법이라고도 불리는 이 방법은 유정을 수백 미터 수직으로 파서 셰일층(shale formation)에 이르고, 셰일층 안에서 수백 미터 수평으로 뚫는다. 구멍 뚫는 총에서 폭발이 파이프를 따라 관통하여 암석을 파쇄한다.

수압파쇄법은 모래, 유기 화학 물질(organic chemicals), 산성 물질(acids)과 다량의 물을 섞어 고압으로 시추관을 통해 분사하여 추출하는 방식이다. 특히 모래는 파쇄 물질 또는 '추진체(proppant)'라고 불리는데, 그 이유는 수압파쇄공법으로 셰일층 안에서 균열을 만들어 주는데, 사용되기 때문이다. 수 백만 리터의 폐수가 유정을 통해 역류(flush backward, flowback)하면서 깊은 매장지로부터 셰일가스를 추출해낸다.(39) 2009년 미국의 493,000개가 넘는 천연가스 유정 중 약 90%가 파쇄법을 사용했다.(40)

파쇄법은 최근 논란이 되고 있다. 왜냐하면 유독성 화학물질이 지하수를 통해 건강상 문제를 일으키고, 물에 들어간 천연가스가 심지어 주택을 폭발하는 일화적 증거(anecdotal evidence)를 제시하는 조시 폭스(저자와는 관련이 없음)의 다큐멘터리 영화 〈가스의 땅(Gasland)〉 때문이다. 가스 시추가 있은 후 근처 유정의 물 샘플에서 매우 높은 독성 및 발암성 화학물질들이 확인되었다. 콜로라도 주의 내가 살고 있는 도시의 동쪽에 위치한 웰드 카운티(Weld County)의 몇몇 주택에서는 수도꼭지에서 나오는 물이 라이터에 불이 붙기도 했다. 영화에 의하면 596가지가 넘는 화학물질이 파쇄 용액에 사용될 수 있다. 주입된 물과 화학물질의 약 절반이 지하에 남아서 대수층에 들어갈 수 있으며, 다른 절반은 지상 저수지에 저장되어 (대수층에) 연결될 수도 그렇지 않을 수도 있다.

파쇄법에 대한 대중의 항의에 대응하여 지하수보호위원회(Grou-nd Water Protection Council)와 주간 석유 및 가스소위원회(Interstate Oil and Gas Compact Commission)는 프랙포커스 웹 사이트(www.fracfocus.

org)에서 파쇄에 대한 정확한 정보를 제공하기 시작했다. 기업은 자발적으로 현장에 기록을 남긴후 기업 비밀인 화학물질들은 공개하지 않더라도 유정 파쇄에 사용하는 화학물질들을 자발적으로 신고할 수는 있다. 파쇄액은 특정 셰일층에 맞는 정확한 유체 순서와 함께 기능에 따라 몇 가지 범주로 분류된다.

마르셀루스 셰일층(Marcellus Shale formation)은 다음과 같은 순서로 파쇄된다: (1) 수천 리터의 묽은 염산 또는 뮤리아트산(muriatic acid)으로 구성되어 유정을 청소하는 산성화 단계. (2) 유정의 마찰을 감소시키기 위해 38만 리터의 미끌거리는 물(slickwater)을 채우는 단계. (3) 틈새를 계속 유지하기 위해 모래 또는 세라믹 재료를 추진체로 사용하여 수백만 리터의 물과 함께 주입하는 파쇄 단계. (4) 유정에 남아 있는 여분의 추진체를 제거하는 세척 단계.

다른 첨가제로 박테리아 성장을 감소시키기 위한 살생물제, 스케일(인산칼슘 침전물) 억제제, 철 화합물의 침전을 방지하기 위한 철 안정화 화합물, 마찰 감소제, 부식 방지제 및 겔화 제제 등이 포함될 수 있다.(41)

가스업계는 동부 콜로라도, 와이오밍, 네브래스카 주에 있는 광대한 니오브라라(Niobrara) 지대에서 셰일 석유와 가스자원에 시추 작업을 시작했다. 콜로라도 주는 최근에 관련 규제법을 개정을 하면서 사전 대책을 강구하여 가스 및 석유 시추 개발자들이 파쇄에 사용하는 화학물질의 농도를 공개하도록 요구했다.

몇몇 주는 화학물질의 공개를 요구했지만, 농도는 요구하지 않았다. 콜로라도 주는 기업들에게 화학물질을 보고하도록 요구했는데, 구체적인 화학물질은 기업 비밀이므로 화학물질이 속한 화학그룹명(chemical family)만을 공개하게 했다.(43) 그리고 또한 콜로라도 주는 시추로 인한 소음과 냄새를 완화하기 위해 유정들은 거주지에서 최소 150미터 떨어져야 하는 접근 금지 거리 규정을 승인했다.(44) 이러한 화학물질 공개, 접근 금지 거리 및 지하수 시험 규정들이 파쇄법에 대한 대중들의 걱정을 완화하는데 다소 시간이 걸릴 수도 있다. 그러나 주정부들이 규정을 수정했음에도 불구하고, 롱몬트와 포트콜린스와 같은 콜로라도 도시들이 도시 경계 내에서 파쇄법 사용을 금지함으로써 주정부에 대항한 사례가 되었다.(45)

뉴욕 주 또한 일시적으로 천연가스에 대한 파쇄를 금지했으며, 수많은 다른 공동체들에서도 천연가스의 사용을 금지했다. 그 중 2가지 금지조치가 법정에서 확정되었다.(46)

수압파쇄 결과로 메탄 및 화학물질의 지하수 침투가 심각한 문제를 일으킨다는 증거가 쌓이기 시작했다.(47, 48) 와이오밍 주 파빌리온(Pavilion) 근처의 (200개가 넘는 가스유정으로 둘러싸여 있음) 지역주민들은 그들의 음용수용 우물들이 기름 같은 물질로 오염되었으며, 알 수 없는 곳에서 악취가 난다고 불평했다. 가스회사들은 오염되었다는 주민들의 주장을 수년간 묵살했었는데, 환경보호청은 마침내 물을 분석하여 지역 우물에서 나온 39개의 물 샘플 중 11개가 비소, 벤젠, 메탄, 톨루엔, 디젤 연료, 금속, 아다만탄(adamantanes, 천연가스에서 발견되는 탄화수소들) 및 비스페놀 에이(bis-phenol A) 등으로 오염되었음을 발견했다. 하지만 그들은 오염물질이 파쇄가 원인이라는 증명을 할 수 없었고, 일부 증거는 유독성 파쇄액이 버려진 유수지에서 유래했을지도 모른다는 점을 시사했다.(49) 가스 업계는 유정이 대수층 아래 수천 미터에 있기 때문에 파쇄법이 우물이나 대수층에 문제를 야기한다는 증거가 없다는 확고한 주장을 하고 있으나 반대되는 증거가 계속 쌓여가고 있다.

가스 업계도 담배가 건강 문제를 야기한다는 것을 부정했던 과거의 담배 회사들처럼 비슷한 주장을 하기 시작했다. 파쇄 그 자체가 대수층에 도달하진 못한다는 가스 업계의 주장은 맞을 수 있지만, 유정 보호벽과 시멘트에서 파쇄액 및 천연가스가 대수층으로 누출될 수도 있다.

펜실베이니아 북동쪽의 마르첼로 형성층에 뚫린 60여 개의 음용수용 우물들에 대한 최근의 과학적 연구에 의하면, 굴착 지역에서 1킬로미터 미만의 우물들에서 메탄 농도가 비굴착 지역의 우물들보다 17배 더 높았으며 폭발 가능성도 있었다.(50) 또한 파이프를 역류하는 폐수(파쇄로 생성된 물)는 라듐 방사능 뿐만 아니라 고농도의 염분을 함유하고 있다. 방사능 수준은 식수에서 허용되는 것보다 수백~수천 배 더 높다. 이 물의 일부는 수질처리 시설에서 처리되지만, 일부는 처리되지 않고 그냥 강에 버려진다. 처리 시설이 있는 하류 하천의 수질 감시는 현재 이루어지지 않고 있으므로, 방사능 수준이 얼마나 위험한지는 실제로 알 수 없다.(40)

북서부 콜로라도의 론 고원(Roan Plateau)에 있는 피션스 분지(Piceance Basin)[1] 가스유전은 천연가스 채굴용 유정을 5,000개 뚫었던 지난 10년간 미국의 가장 유명한 채굴 현장 중 하나이다. 토지관리국에 의해 론 고원을 둘러싼 토지의 95% 이상이 에너지 개발 회사들에 임대되었다. 이 지역은 야생동물 피난처인데 특히 론 고원 자체가 그렇다. 도로 및 축양지의 네트워크는 환경을 파괴하고, 임대된 모든 토지가 실제로 시추되면 야생 생태계와 사냥 및 낚시 경제에 큰 영향을 미칠 것이다.(51) 파쇄법은 가스를 추출하기 위해 사용되며, 여분의 물과 알려지지 않은 유독성 화학물질이 축양지에 남게 된다.

할리버튼 석유회사의(대형 유전관리회사) 전 회장인 딕 체니 전 부통령과 과거에 석유회사를 소유한 적이 있는 조지 부시 전 대통령의 강력한 지지로 인해 2005년 에너지정책법안(Energy Policy Act)에서 의회가 면제를 승인해주었기 때문에 가스개발자들은 안전한 식수법(Safe Drinking Water Act)(51)의 규정을 준수할 필요가 없게 되었다. 결과적으로 환경보호청은 구덩이를 메우게 하거나 주입되는 화학물질의 상세정보를 공개하도록 요구할 권리가 없다. 〈가스의 땅〉이란 영화는 청정대기법과 수질정화법(Clean Water Act)이 출현하기 전인 1960년대에 허용되었던 난개발을 연상시킨다. 깊은 천연가스층의 메탄은 파쇄의 결과로 유정 속으로 스며든다는 과학적인 사실이 알려졌지만,(47, 50) 파쇄와 관련된 환경 문제는 이제 막 탐구되기 시작했다. 환경보호청은 파쇄의 환경적 위험을 연구하고 있지만, 연구의 범위를 좁히고 위험을 최소화하라는 정치적 압력이 가중되고 있다.(52)

파쇄는 유정당 800만~2,000만 리터의 물을 사용한다. 물의 가용성은 셰일가스의 대규모 매장량이 있는 와이오밍, 콜로라도 및 텍사스는 건조한 지역이므로 큰 문제가 될 수 있다.

2012년 콜로라도 주립대학에서 개최한 한 천연가스 심포지엄에서 학계, 규제 기관 및 천연가스 업계는 수질에 관한 문제를 논의했다.(53) 콜로라도 주립대학의 환경 및 토목 전문가이자 콜로라도 물−에너지 컨소시엄의 책임자인 켄 칼슨(Ken Carlson) 박사는 "유정이 파쇄된 후 약 30%의 파쇄액(fracking fluids)이 거기에 주입된 화학물질 중 일부와 함께 역류되어 되돌아온다"고 주장했다.

유정의 수명 기간 동안 '생성된 물'은 천연가스와 함께 유정에서 유출되는데, 모든 용존 고형물, 염분, 탄화수소(메탄 포함) 및 잠재적으로 방사성 물질이 많이 들어있다. 과거에는 이 물이 저장 구덩이에 버려졌고 제대로 처리되지 않았다. 그러나 이러한 관행은 규제가 강화되고, 국민의 관심과 참여가 증가함에 따라 변화하고 있다. 파쇄에 사용되는 방대한 양의 물, 화학 약품 및 모래와 관련한 또 다른 문제는 유정당 1,000번 이상 필요한 트럭 운량이다. 이것은 환경 피해를 초래할 수 있으며, 시추가 도시 가까이에서 진행되면 지역 주민의 항의를 받을 수 있다. 가스나 화학물질이 셰일층에서 대수층으로 이동하지 못하도록 유정을 굴착한 후, 가두는(case) 방법과 물 사용을 최소화하는 방법에 대해 많은 것이 알려져 있고, 많은 기업들이 이러한 문제를 최소화하거나 해결하는 '최고의 공법들(best practices)'을 사용한다.

최고의 운영회사는 유정의 무결성을 시험하고, '역류하거나 생성된' 물을 포집하여 재사용하고, 연못 바닥에 보호막(liners)을 사용하고, 파쇄액을 공개하고, 파쇄로 인한 모든 효과가 과학적으로 분석될 수 있도록 유정을 뚫기 전에 수질 측정 등을 수행한다. 그러나 콜로라도에는 수백 개의 굴착 운영회사들이 있으며 그들 모두가 최고의 공법을 사용하지는 않는다. 그것은 마치 '더러운 차 증후군(dirty car syndrome)'과 같다. 단지 몇 퍼센트만의 자동차가 대부분의 대기 오염을 유발하듯이, 천연가스 파쇄의 경우에도 몇몇 불량한 굴착 운영회사들이 대부분의 문제를 일으킬 수 있다. 따라서 가장 좋은 방법은 콜로라도 석유및가스보전위원회(Colorado Oil and Gas Conservation Commission, COGCC)와 같은 규제 당국이 문제를 해결해야 하지만, 규정이 지켜지는지를 검사하기에는 검사원 수가 너무 적다.

파쇄와 함께 이용되는 새로운 굴착 기술은 하나의 수직 입구 유정을 뚫은 후 20개 이상의 유정을 수평으로 뚫을 수 있어서, 인구가 많거나 민감한 지역 아래로 굴착할 수 있게 해준다. 이를 통해 특정 지역의 입구 유정수를 크게 줄여서 환경영향을 줄일 수 있다.

음용수 우물과 대수층의 오염이 천연가스 파쇄에서 비롯하는 유일한 잠재적 문제는 아니다.

2012년 3월, 오하이오 천연자원부(Ohio Department of Natural Resour-ces)는 파쇄 작업이 추진된 지역에 12건의 작은 지진이 발생했음을 확인했다. 어떻게 발생했을까? 그것들은 파쇄의 직접적인 결과는 아니지만, 유정당 발생하는 수백만 리터의 폐수를 책임지고 다루려는 노력에서 발생했다. 환경보호청은 이 물이 대수층이나 지표수를 오염시키지 않도록 매우 깊은 저장 유정 속으로 퍼 넣도록 허락했다. 물이 주입된 유정은 이전에 알려지지 않은 단층선 영역에 놓여 있어서 파쇄 작업 직후 지진을 일으켰다. 오하이오 주 영스타운 근처에서 규모 4.0의 지진이 발생한 후, 오하이오주 주지사는 해당 지역의 셰일가스 생산 중단을 요청했다.(54)

2010년 9월 10일, 샌프란시스코의 가스 파이프라인 폭발로 8명이 사망하고 38채의 집이 파손되었다.(55, 56) 이것은 지난 수년 동안 사람이 죽거나 심한 상해를 입히고 재산을 파괴한 수많은 가스폭발 가운데 하나이다.

최근 펜실베이니아 주 앨런타운에서 또 다른 가스폭발로 5명이 사망했다.(57) 파이프라인 안전을 담당하는 '연방파이프라인 및 위험물질안전청(National Pipeline and Hazardous Materials Safety Administra-tion, PHMSA)'에 의하면, 미국에서는 지난 10년간 매년 평균 45건의 심각한 사고(사망 또는 중상)가 발생했다. 미국에서는 52만 킬로미터의 포집 및 전송 파이프라인이 유정 입구에서 전국으로 보내기 위해 가스 전송 시스템에 천연가스를 전송한다. 그러면 320만 킬로미터가 넘는 지역 파이프라인이 가정, 사업장 및 발전소에 가스를 제공한다. 따라서 사고가 발생할 수밖에 없고, 전력생산을 위한 천연가스의 사용이 증가함에 따라 그 발생률이 증가할 가능성이 높다.

그래서 천연가스는 실제로 에너지 문제에 대한 해결책이 아니다. 천연가스가 석탄보다 우수하므로 (특히 비산 배출이 통제되는 경우) 석탄발전소가 단계적으로 폐기되고 풍력 발전량이 증가함에 따라 그 사용량이 크게 증가할 것으로 예상되지만, 여전히 지구온난화의 주요 원인이 될 것이다.

시추 및 파쇄와 관련된 문제는 더욱 중요해질 수 있으며, 야생 지역의 도로 건설을 최소화하고 물을 보호하기 위해 절차들을 변경하는 것은 업계의 몫이다. 〈가스의 땅〉 제작자인 조시 폭스는 "우리는 지금 단기간의 에너지 해결책과 미국의 미래 수자원을 위한 비용을 맞바꾸는 위치에 있다"고 과장해서 말한다.(58) 우리는 이것이 파우스트식 거래가 아닌지 확인해야 한다. 석탄과 천연가스의 '장점'은 풍부하다는 점이지만 너무나 많은 '단점'을 가지고 있기 때문에 이런 형태의 에너지에 의존하는 것으로부터 독립하는 것이 반드시 필요하다. 만약 선택이 이루어져야 한다면, 천연가스에 대한 의존도가 더 높아지는 것이 수반되더라도 전기생산을 위한 석탄 사용을 대폭 줄이는 것이 우선 과제이다. 그러나 이것이 이야기의 끝은 아니다. 태양으로부터의 재생에너지는 어떨까? 우리의 에너지 문제와 지구온난화 문제를 해결할 수 있을까? 이것이 다음 장의 주제이다.

노트

1. 피션스(Piceance)는 우테 인디언(Ute Indian) 단어와 유사하게 'pee awnce'로 발음한다.

참고 문헌

1. Peltier R. *Power: Business and Technology for the Global Generation Industry,* Rawhide energy station, Fort Collins, Colorado. 8-15-2008; 1–4. http://www.powermag.com/rawhide-energy-station-fort-collins-colorado/.
2. *Coal Explained.* 2010. www.eia.doe.gov/energyexplained/index.cfm? page=coal_ home.
3. Greb SF, Eble CF, Peters DC, Pappin D. *Coal and the Environment.* Alexandria, VA: American Geological Institute, 2006.
4. EPA. *Explore Greenhouse Gas(GHG) Emissions from Large Facilities.* US Environmental Protection Agency, 12-16-2011. http://ghgdata.epa.gov/ghgp/main. do.
5. *2010 US Greenhouse Gas Inventory Report Executive Summary.* US Environmental Protection Agency, 4-1-2010. www.epa.gov/climatechange/emissions/us inventory report. html.
6. Tucker W. *Terrestrial Energy: How Nuclear Power Will Lead the Green Revolution and End America's Energy Odyssey.* Savage, MD: Bartleby Press, 2008.
7. *Existing U.S. Coal Plants.* 7-5-2010. www.sourcewatch.org/index.php? title=Portal: Coal_ Issues.
8. Diamond J. *Collapse: How Societies Choose to Fail or Succeed.* New York: Penguin Books, 2005.
9. Silverstein K. Obama showers coal with mercury rule. *EnergyBiz.* 1-3-2012. http:// www. energybiz.com/article/12/01/obama-showers-coal-mercury-rule.
10. Cravens G. *Power to Save the World: The Truth about Nuclear Energy.* New York: Alfred A. Knopf, 2007.
11. Dewan, S. Tennessee ash flood larger than initial estimate. *New York Times,* 12-26-2008.
12. Duncan SH. Planned coal ash rules could affect Plant Scherer. *Macon Telegraph,* 5-5-2010.
13. Mitchell JG. The high cost of cheap coal: When mountains move. *National Geographic* 2006; 209:104–123.
14. Freese B. *Coal: A Human History. New York:* Perseus Publishing, 2003.
15. Schneider C, Banks J. *The Toll from Coal: An Updated Assessment of Death and Disease from America's Dirtiest Energy Source.* Clean Air Task Force, 2010. www. catf.us/ resources/publications/files/The_Toll_from_Coal.pdf.
16. Cohon JL, Cropper ML, Cullen MR, et al. *Hidden Costs of Energy: Unpriced Consequences of Energy Production and Use.* Washington, DC: The National Academies Press, 2010.
17. Mine Safety & Health Administration. *Injury Trends in Mining.* US Department of Labor,

7-9-2010. www.msha.gov/MSHAINFO/FactSheets/MSHAFCT2.HTM.

18. National Institute for Occupational Safety and Health. *Work-related lung disease(WoRLD) Surveillance System: Coal workers' pneumoconiosis: Mortality.* Center for Disease Control, 6-23-2008. http://www2a.cdc.gov/drds/WorldReportData/ FigureTableDetails. asp? FigureTableID=509&GroupRefNumber=F02-01.

19. Hamby, C. *Black lung surges back in coal country.* Center for Public Integrity, 7-8- 2012. http://www.publicintegrity.org/2012/07/08/9293/black-lung-surges-back-coal-country.

20. Palmer MA, Bernhardt ES, Schlesinger WH, et al. Science and regulation: Mountaintop mining consequences. *Science* 2010; 327:148–149.

21. *BP Statistical Review of World Energy.* June 2010. BP, 2010. www.bp.com/ statistical -review.

22. Haszeldine RS. Carbon capture and storage: How green can black be? *Science* 2009; 325:1647–1652.

23. Rochelle GT. Amine scrubbing for CO_2 capture. *Science* 2009; 325:1652–1654.

24. Orr FM, Jr. Onshore geologic storage of CO_2. *Science* 2009; 325:1656–1658.

25. Service R. Carbon sequestration. *Science* 2010; 325:1644–1645.

26. Yergin D. *The Quest: Energy, Security, and the Remaking of the Modern World.* New York: The Penguin Press, 2011; 402.

27. Tsouris C, Aaron DS, Williams KA. Is carbon capture and storage really needed? *Environ Sci Technol* 2010; 44:4042–4045.

28. *Natural gas.* 9-10-2010. www.naturalgas.org.

29. *Annual Energy Outlook 2010: Early Release Overview.* US Energy Information Administration, 12-14-2009. www.eia.doe.gov/oiaf/aeo/overview.html.

30. EIA. *Review of Emerging Resources: U.S. Shale Gas and Shale Oil Plays.* US Energy Information Administration, 2011. http://www.eia.gov/analysis/studies/us shale gas/pdf/ usshaleplays.pdf.

31. EIA. *International Energy Outlook* 2011. US Energy Information Administration, 9-19- 2011. http://www.eia.gov/forecasts/ieo/world.cfm.

32. Lustgarten A, ProPublica. Climate benefits of natural gas may be overstated. *Scientific American.* 1-26-2011. http://www.scientificamerican.com/article.cfm? id=climate-benefits-natural-gas-overstated.

33. EPA. Inventory of *U.S. Greenhouse Gas Emissions and Sinks: 1990–2010.* US Environmental Protection Agency, 4-15-2012. http://www.epa.gov/climatechange/ ghgemissions/usinventoryreport.html.

34. EIA. *Emissions of Greenhouse Gases in the US 2009.* US Energy Information Admin- istration, 3-31-2011. http://www.eia.gov/environment/emissions/ghg_report/.

35. Alvarez RA, Pacala SW, Winebrake JJ, Chameides WL, Hamburg SP. Greater focus needed on methane leakage from natural gas infrastructure. *Proc Natl Acad Sci U S A* 2012; 109:6435–6440.

36. Petron G, Frost G, Miller BR, et al. Hydrocarbon emissions characterization in the Colorado Front Range: A pilot study. *J Geophys Res* 2012; 117:1–19.

37. Howarth RW, Santoro R, Ingraffea A. Methane and the greenhouse-gas footprint of natural gas from shale formations. *Climatic Change* 2011; 106:679–690.

38. Tollefson J. Air sampling reveals high emissions from gas field: Methane leaks during production may offset climate benefits of natural gas. *Nature* 2012; 482:139-140.

39. Extracting natural gas from rock. *New York Times,* 2-26-2011.

40. Urbina I. Regulation lax as gas wells' tainted water hits rivers. *New York Times,* 2-26- 2011.

41. *Hydrauling Fracturing: The Process.* FracFocus.org. 4-11-2011. http://fracfocus.org/hydraulic-fracturing-how-it-works/hydraulic-fracturing-process.
42. Banda PS. State requires fracking chemicals disclosure. *Fort Collins Coloradoan,* 12-14-2011.
43. Magill B. Colorado oil and gas regulators approve groundwater testing program. Fort Collins Coloradoan, 1-8-2013.
44. New oil and gas setback rule announced, 2-11-2013. http://coloradoenergynews.com/2013/02/new-oil-gas-setback-rule-announced-colorado/.
45. Duggan K. Fracking ban clears *Fort Collins city council. Fort Collins Coloradoan,* 3-5-2013.
46. Navarro M. Bans and rules muddy prospects for gas drilling. *New York Times,* 1-3-2013.
47. Lustgarten A, ProPublica. Does natural gas drilling make water burn? *Scientific American.* 4-27-2009. http://www.scientificamerican.com/article.cfm? id=natural-gas-make-water-burn.
48. Lustgarten A, ProPublica. EPA: Chemicals found in Wyoming drinking water might be from natural gas drilling. *Scientific American.* 8-26-2009. http:// www.scientificamerican.com/article.cfm? id=chemicals-found-in-drinking-water-from-natural-gas-drilling.
49. Lustgarten A. Hydrofracked? One man's quest for answers about natural gas drilling. *High Country News* 6-27-2011; 10–21.
50. Osborn SG, Vengosh A, Warner NR, Jackson RB. Methane contamination of drinking water accompanying gas-well drilling and hydraulic fracturing. *Proc Natl Acad Sci* U S A 2011; 108:8172-8176.
51. Tolme P. The dirty truth behind clean natural gas. *National Wildlife* 2010; 23–29.
52. Urbina I. Pressure limits efforts to police drilling for gas. *New York Times,* 3-4-2011.
53. Natural Gas Symposium 2012: Doing Energy Right, Colorado State University. 2012. http://naturalgas.colostate.edu/symposium.
54. Silverstein K. Exploring for shale can lead to earthquakes. *EnergyBiz,* 3-13-2012. http://www.energybiz.com/article/12/03/exploring-shale-can-lead-earthquakes.
55. Wood DB. Gas explosion, San Bruno: How authorities will investigate it. *Christian Science Monitor,* 9-10-2010.
56. Berton J. San Bruno's 8th fatality from PG&E blast. *San Francisco Chronicle,* 2011.
57. Cauchon D. Allentown natural gas explosion revives natural gas worries. *USA Today,* 2-11-2011.
58. NOW on PBS. *Gasland.* Interview with Josh Fox. 3-26-2010. www.pbs.org/now/shows/613/index.html.

제4장   재생에너지: 사이렌의 유혹

태양광, 풍력 및 수력에너지를 포함한 태양으로부터의 재생에너지는 우리의 모든 에너지 요구를 충족시킬 수 있으며, 전기 생산을 위한 화석연료에 대한 의존도를 없애준다. 하지만 이는 많은 사람들을 유혹하는 '사이렌의 노래(Siren, 역자 주 : 그리스 신화에 나오는 마녀)'이다.

록키마운틴연구소(Rocky Mountain Institute)의 책임자인 아모리 로빈스(Amory Lovins)는 우리가 재생 자원들로부터 우리의 모든 에너지를 얻을 수 있다고 강력하게 주장하면서 탈원전을 지지한다.(1) 「사이언티픽 아메리카 *Scientific America*의 한 최근 기사는 전 세계의 전력 수요는 바람, 태양, 물로도 충분히 공급할 수 있다고 주장했다.(2)

그렇다면 그들의 주장대로 우리는 공해가 없는 에너지원을 무한히 가질 수 있다는게 현실적으로 실현 가능한 이야기일까? 자, 지금부터 태양광 및 풍력을 둘러싼 문제부터 살펴보도록 하자.

태양광

광전지 태양광 발전

먼저 나는 태양에너지의 지지자임을 분명히 해두겠다. 나는 몇 년 전에 전력망(grid)에 연결이 안 된 산에 오두막을 하나 지었다. 모든 전기는 태양광 광전패널(Solar Photovoltaic(PV) panel)과 배터리 저장장치(battery storage)에서 나온다. 또한 2010년에는 전력망과 연결된 2.5kW 태양광을 포트 콜린스의 내 집에 설치했다. 24볼트 직류는 인버터(inverter)를 통해 교류로 변환되어 기존의 전기 패널에 연결해 전등을 켜고, 96미터 깊은 우물에서 240볼트 3/4마력의 펌프를 가동하고, 커피포트, 토스터 및 진공청소기와 같은 전기제품을 가동하기에 충분한 전력을 공급한다. 그렇다고 해서 태양광으로 모든 것을 해결할 수 없다. 에너지 소비 주범들(주방 레인지, 온수기, 침실의 난로)은 모두 프로판으로 가동된다. 태양광은 이러한 기기에 전원을 공급하기에 적합하지 않다.

해가 떠 있을 때 태양전지 패널의 전기를 사용하고, 생산하는 것보다 적게 사용하면 남은 여분의 전기를 전력망을 통해 다른 사용자에게로 보내게 된다. 만일 내가 필요한 만큼 충분히 생산하지 못하면, 전력망으로부터 전기를 사온다. 내가 사용하는 것 이상을 생산하면, 공기업이 전기를 사간다. 내 집은 난방을 포함하여 많은 전기를 이용하기 때문에 필요한 전기의 약 20%정도만 태양광을 이용하여 생산하고 있다. 나는 태양광을 지지하며 태양광 발전을 사용하는 것이 타당한 지역에 살고 있다.

그러나 태양광에 관한 가장 중요한 사실은 지리적으로나 시간적으로 매우 가변적이고, 분산적이며 간헐(間歇, Intermittent)적인 에너지원이라는 것이다. 미국 남서부와 같이 덥고 햇볕이 잘 드는 곳에 서는 태양광 발전을 많이 할 수 있으며, 북서부 및 동부와 같이 흐린 지역에서는 태양광 발전이 적을 수 밖에 없다는 것은 상식이다.

우리는 기후가 좋은 지역에서도 가끔 구름이 태양을 막기도 하고, 태양의 강도는 새벽부터 황혼까지 변화무쌍하며, 물론 밤에는 빛이 없다는 것도 알고 있다. 햇볕이 잘 드는 곳에서도 (위도에 따라 다르지만) 여름에 약 9~10시간 정도만 태양광 발전을 할 수 있다. 따라서 일반적으로 사람들이 전기를 가장 많이 사용하는 이른 아침과 늦은 오후, 그리고 저녁 시간은 태양광을 이용할 수 없다. 물론 겨울에는 일조 시간이 적고, 낮 시간 동안 태양광의 강도는 여름에 비해 낮다. 사람들은 해가 떠 있지 않을 때도 여전히 전기를 사용하기 때문에, 에너지 저장장치(내가 오두막에 설치한 배터리처럼)가 없거나, 내 집에서 사용하고 있는 전력망 연계시스템(gridtie system)처럼 전통적인 발전소에서 안정적인 기저부하(基底負荷, base load) 전원을 얻는 전력망으로 백업해 두지 않으면, 전적으로 태양광만 믿고 의존할 수가 없다.

콜로라도 주 골든(Golden)에 소재한 국립재생에너지연구소(Natio-nal Renew able Energy Laboratory, NREL)는 미국의 태양광 이용 가능성을 보여주는 태양지도를 작성했다<그림 4.1>. 이 지도에서도 알 수 있듯이 현재까지 최고의 태양광 자원 지역은 남서부, 특히 애리조나, 네바다, 뉴멕시코 및 남부 캘리포니아와 같은 서부 지역이 좋은 편이며, 미국의 절반인 동부에서는 덜 매력적인 선택이다. 남부 캘리포니아를 제외하고 최고의 태양광 자원은 인구 밀도가 낮은 지역들에 풍부하다.

태양에너지의 가장 보편적인 이용법은 태양전지(광전지, photovolt

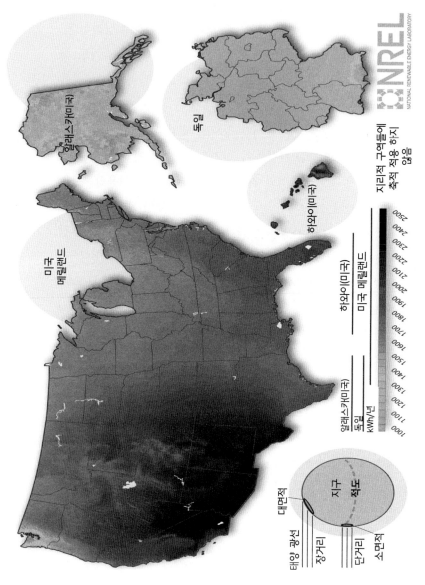

〈그림 4.1〉 미국과 독일의 태양광 자원 지도 ⓒ 국립재생에너지연구소(NREL)

-aic cell)를 사용하여 전기를 생산하는 것이다. 이것은 광전효과[1]로 작동한다. 그러나 방사선과는 달리 태양으로부터의 광자는 원자를 이온화하기에 충분한 에너지를 가지고 있지 않다. 태양전지는 컴퓨터 칩용 반도체에 사용되는 재료와 매우 유사하게 실리콘 칩으로 구성되어 있으며 기타 원소가 첨가되어 있다.

실리콘 내의 전자는 보통 물질 내의 원자와 결합하고 있다가, 광자를 흡수하면 전자가 실리콘 물질의 전도대로 뛰어 오르기에 충분한 에너지를 얻음으로써 전선을 통해 흐르는 전류를 생성한다. 따라서 태양전지는 햇빛 내의 광자를 직접 전기로 변환하지만, 과정은 상당히 비효율적이다. 태양전지는 개별적으로는 작지만, 한 면이 1~2미터인 모듈식 태양전지 패널에 조립할 수 있다. 태양전지는 핵심인 실리콘 외에도 은, 티타늄, 팔라듐 및 실리콘 층으로 구성된 반사방지막(antireflection coating)으로 입혀져 있다.

대부분의 태양전지 패널은 단 15~16%의 효율을 가지고 있으며, 단결정 태양전지의 경우 연구실에서 최고 23% 효율까지 도달 가능하지만 매우 비싸다.(3) 물론 이것은 활발한 연구 주제이며, 새로운 재료 및 공정은 효율성을 어느 정도 증가시킬 수 있다.

상황을 설명하기 위해 숫자들을 통해 살펴보겠다. 먼저 내 전력망 연계시스템부터 시작해보자. 나는 12개의 태양전지 패널을 가지고 있는데, 각각 210W 급이며 1.61제곱미터의 표면적을 가지고 있다. 표준화를 위해 7.67제곱미터 또는 약 패널 5개 분량인 1kW의 전력을 생산할 면적을 생각해 보자.

태양전지 패널에 대한 매우 중요한 개념은 정격 출력인데, 이는 패널이 생산할 수 있는 최대 전력을 의미한다. 현실에서는 구름이 없는 낮 시간에만 이 전력을 제공한다. 내 시스템이 하루 종일 최대 전력을 생성할 수 있다고 가정하자. kWh 단위로 생산되는 에너지의 양은 24kWh가 될 것이며, 이는 평균 콜로라도 주민이 매일 사용하는 양과 같다. 그러나 실제로는 그렇게 할 수 없다. 왜냐하면 때때로 낮에 구름이 끼므로 낮 동안 태양의 강도가 다양하며, 밤에는 햇빛이 없기 때문이다. 그렇다면 어느 정도인지 어떻게 결정할 수 있을까?

국립재생에너지연구소는 태양에너지 분석을 위해 PV Watts라는 탁월한 프로그램을 개발했다.[2] 이 프로그램은 미국과 전 세계의 많은 장소에서 1제곱미터의 평균 일일 태양에너지양을 제공한다. 그런 다음 주어진 크기의 태양광 시스템에서 기대할 수 있는 교류 에너지의 양을 계산한다. 그것은 또한 여러분이 절약할 수 있는 비용을 계산할 것이다.

콜로라도 주 볼더(포트콜린스에 있는 내 집에서 가장 가까운 위치)의 일 년 평균 태양 복사는 제곱미터당 하루에 5.56kWh이다. 물론 겨울철에는 더 적고, 여름에는 더 많다(1월 $4.43kWh/m^2/day$, 8월 $6.24kWh/m^2/day$). 5개의 태양전지 패널은 7.67제곱미터의 면적으로 최대 1kW의 직류 전력을 생산할 수 있으며, 이론적으로 평균 하루 42.6kWh의 전력을 생산할 수 있다. 그러나 실제 2년 사용했을 때 전체적인 효율이 10.7%였기에, 평균 하루 4.57kWh의 전력만 생산했었다. 1년을 놓고 보면, PV Watts 프로그램은 내가 1,459kWh를 생성할 수 있다고 예언했지만, 실제로 156kWh를 생성했다. 예측된 1년 에너지 생산량은 하루의 평균 또는 실제 날씨를 고려하기 때문에 태양광 조도(irradiance)에만 근거한 이론적 수치와 비교하여 작다. 날씨의 예측 불허성 때문에 PV Watts 프로그램의 예측은 연간 예측치의 10%, 월간 예측치의 30% 범위 이내일 것으로 예상된다.

왜 나는 태양에너지의 약 11%만 이용할 수 있을까? 태양광 시스템이 특별히 불량인 것일까? 사실, 내 시스템과 다양한 구성품은 상업적으로 이용 가능한 시스템 가운데 새롭고 효율적인 것들이다. 태양전지 패널의 효율은 15%이지만, 더러워지거나 눈이 덮이면 효율성이 떨어지며 약 5%의 손실이 발생한다. 내 집에서 사용하고 있는 태양전지 패널에서 나오는 직류를 교류로 변환하는 인버터는 약 96%의 효율로서 4%의 추가 손실이 발생한다. 배선 및 기타 전자부품에도 작은 손실들이 있다. 전체적으로, PV Watts 프로그램은 직류 전력을 교류 전력으로 변환할 때 정격감소 계수를 0.77로 산정하기 때문에, 시스템 전체는 약 12%의 효율을 갖는다. 국립재생에너지연구소 및 태양광 패널 보증(warranty)에 의하면, 태양전지 패널의 수명이 다하면 효율이 떨어지는데 연간 효율이 약 1%씩 감소한다. 그렇게 크다고 생각하지 않겠지만, 20년 후에는 새 제품에 비해 80% 정도만 생산할 수 있다. 일반적인 수명(및 보증기간)은 20년이다.

내가 근무하는 콜로라도 주립대학은 태양광을 최고로 많이 사용하는 대학 중 하나이다. 콜로라도 주립대학은 약 12만 제곱미터의 부지에 태양광 패널을 설치했다. 태양광발전소의 약 1/3이 햇빛을 축적하여 전반적인 효율을 향상시킨다. 23,049개의 태양전지 패널은 패널당 230W(최대) 직류를 생산하며, 총 용량은 5.3MW이다. 연간 에너지 생산량은 약 850만kWh로 내 시스템의 효율성보다 약간 우수한 12% 정도이다. 이 에너지양은 연간 평균 약 8,500kWh를 사용하는 콜로라도의 경우 약 1,000가구에 충분히 공급할 수 있다. 콜로라도 가구당 연간 평균 사용량은 미국 연간 평균 10,900kWh보다 매우 적다. 그러나 평균 에너지 출력(the average energy output)이 가장

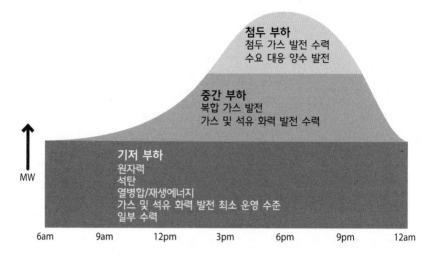

〈그림 4.2〉하루 중 전기 부하가 어떻게 변하는지 보여주는 전형적인 여름 전기 수요 곡선, (『오늘의 전기 사업 이해』, 2012), ⓒ 에너다이낙믹스(Enerdynamics Corp)

중요한 정보는 아니다. 실제로 중요한 것은 사용자가 필요로 할 때 사용할 수 있는 양이고, 이는 시간별, 일별, 월별로 크게 달라진다.

만일 흐리거나 폭풍이 불어 태양전지 패널이 전기를 생성하지 못하면 전력망이 그 차이를 보충할 만큼 충분한 전력을 제공해야 한다. 전력망 시스템(electrical grid system)은 하루 24시간 동안 일정한 요구량을 처리할 수 있는 충분한 기저부하 전력을 공급할 수 있어야 하며, 하루 동안 변화하는 중간 및 첨두부하(peak load)를 충족시키기 위해 켜거나 끌 수 있는 다른 전력 공급원을 가져야만 한다〈그림 4.2〉.

태양광과 같은 간헐적인 전력원은 하루 동안 중간부하에만 기여할 수 있지만, 해가 비치지 않을 때 전력 손실을 보충하기 위해 충분한 용량의 다른 전력원이 있어야 한다. 첨두부하는 빠르게 변화할 수 있으므로 신속하게 증가시키거나 감소시킬 수 있는, 일반적으로 가스발전소와 같은 전력원이 필요하다(역자 주: 부하 추종 운전을 위한 각 전원별 출력 변동 시간은 원자력과 석탄은 30분, 가스 10~20분, 수력 10분 정도임). 여름철의 첨두부하는 늦은 오후와 저녁 시간으로 사람들이 직장에서 돌아와 집에서 에어컨을 켜는 동안 발생하는 경향이 있다.

겨울철 첨두부하는 일반적으로 2개의 최고치가 있는데, 하나는 사람들이 일어나서 조명을 켜고 난방과 요리를 하는 아침 시간이며, 다른 하나는 늦은 오후와 저녁 시간이다.

포트콜린스튼은 태양광 발전에 좋은 위치이지만, 더 좋은 지역도 있고 더 나쁜 지역도 존재한다. <표 4.1>은 미국 및 다른 국가들의 다양한 위치와 태양광 자원을 보여준다. 월간 최대, 최소 및 평균 태양 복사량(kWh/m²/day)과 1kW 직류시스템에서 생산 가능한 월간(및 연간) 최대 및 최소 에너지 예측량(kWh)을 보여준다.

〈표 4.1〉 다양한 지역에서 가용한 태양에너지

장소	태양복사 (kWh/m²/day)			에너지 (kWh/mo)		에너지 (kWh)
	최고	최소	평균	최고	최소	1년 통계
볼더, CO	6.24	4.29	5.56	129	103	1,459
탬파스, FL	6.52	4.24	5.37	136	95	1,364
뉴욕 NY	5.78	2.85	4.56	121	69	1,218
시애틀, WA	5.88	1.26	3.76	127	26	970
로스앤젤레스, CA	6.68	4.44	5.63	146	100	1,470
피닉스, AZ	7.54	4.88	6.57	153	109	1,617
시카고, IL	5.92	2.27	4.42	124	55	1,176
프랑크푸르트, 독일	5.04	0.86	3.13	107	17	802
마드리드, 스페인	6.95	2.35	5.05	143	52	1,285
아스완, 이집트	7.41	5.67	6.82	147	128	1,701

노트: 국립재생에너지연구소(NREL), PVWatts를 이용하여 계산한 데이타

전력회사 규모(utility scale)의 태양광 시설들은 주로 미국 남서부에 위치해 있으며, 뉴잉글랜드, 플로리다 및 다른 몇몇 주에 시설이 산재해 있다. 이 시설들은 비교적 작은 규모이며, 주로 20MW 이하이다.

2012년 말까지 미국의 총 태양광 설치량은 정격 직류값으로 5.9GW이지만,(5) 이 값은 최댓값에 불과하며 실제로 생산한 전력량은 이 값의 15%미만이다. 태양광 발전은 현재 미국에서 생산되는 전기의 0.04%만을 차지하고 있다(제2장 참조). 미국에서 개발 중인 약 125개의 가동 직전 상태의 태양광 시설은 캘리포니아, 네바다, 애리조나 주에 집중되어 있으며, 이 발전소들 중 몇 개는 최대 수백 메가와트이다.(6) 그럼에도 불구하고, 에너지관리청에 의하면 미국의 태양광 발전량은 2035년까지 수력을 제외한 재생에너지 포트폴리오(the non hydropower renewable energy portfolio)의 5%에 불과할 것으로 예상된다.(7)

태양광 발전의 최악의 장소 중의 하나가 독일이지만, 산업 및 사용자에 대한 막대한 보조금 덕분에 세계 태양광 발전의 선두 주자 중 하나이다.(8) <그림 4.1>에서 알 수 있듯이 독일의 태양광 자원은 알라스카보다 못하며 내가 사는 곳의 절반 정도이다. 독일의 태양광 보조금 처리 방식은 공기업이 태양광에 대해 보장된 비용을 지불하는 발전차액지원제도(Feed in Tariff)로서 태양광 패널 설치는 항상 이득이 보장되는데, 전력 소비자가 비싼 전기료를 지불함으로써 가능하다.(9)

독일의 재생에너지는 2000년 6%에서 2009년 16%로 증가했는데 태양광은 단지 그것의 6.2%(총 발전량의 1%)에 불과했지만, 2009년에 kWh당 43유로센트(0.57달러)의 보조금을 받았다. 보조금에 지불된

돈은 전력거래소에서 생산되는 전력비용(2009년 kWh당 4.78유로센트, 0.06달러)의 약 9배이다.

전체적으로 태양광 보조금은 2008년까지 350억 유로(460억 달러)에 달하고 2010년 말까지 530억 유로(700억 달러)가 될 것으로 전망되었다.(10) 독일은 2012년 7월 정부보조금을 30~40% 삭감하기 이전인 상반기에 4,300MW의 태양광 패널을 설치했다. 그래서 총 전력의 5.3%를 태양광이 기여하게 되었다.(11) 전기 생산을 위해 태양에너지를 사용하여 CO_2를 감축하는 비용은 CO_2 감축 톤당 700유로(928달러)를 넘을 것이며 엄청난 비용이다.(10) 보조금은 2012년에 kWh당 약 2센트에 달하며, 독일 소비자들에게는 연간 전기비용으로 50억 달러가 추가로 소요된다.(11) 분명한 것은 독일처럼 태양광에 대한 극도로 높은 보조금은 경제적으로 아무런 의미가 없으며 더 저렴하고 좋은 것을 선택할 수 없게 만들었다. 독일은 태양광 발전을 위해 본받아야 할 모델이 절대 아니다.

집열식 태양열 발전

햇빛을 전기로 직접 변환하는 대신 태양을 집중시켜 열을 생산하는 방법도 있다. 집열식 태양열 발전(Concentrated Solar Power, CSP)은 아이들이 돋보기로 햇빛을 한 곳으로 모아 나무나 종이 등을 태우는 것과 유사한 방식으로 거울을 이용하여 태양열을 집속한다.

이것은 전력회사 규모의 열발전소로서, 원칙적으로는 석탄화력발전소 또는 원자력발전소와 다르지 않지만, 햇빛의 열을 집속하여 고압 증기를 생산하고 이로써 터빈과 발전기를 구동시켜 전기를 생산한다. 이 때문에 같은 양의 전기를 만들기 위해 석탄화력발전소가 사용하는 양의 두 배에 달하는 물을 사용한다.(12) 이 점은 태양열 발전을 위한 최적의 위치가 사막이기 때문에 심각한 문제가 될 수 있다. 태양열을 집속시키기 위해 여러 가지 유형이 존재한다.

포물선 말구유 모양의 반사경(parabolic through mirror, PTM)은 길이가 90~140미터이고, 높이가 4.5~6미터인 고가의 포물선 거울을 사용한다. 370°C까지 가열되는 고온의 열전달용 냉각수가 흐르는 중앙부의 수신관(receiver tube)에 태양열을 집속시킨다. 뜨거워진 냉각수는 열교환기(heat exchanger)를 통과하면서 증기를 생성한다. 평행하게 줄지어 있는 많은 포물선 반사경들이 발전소의 기본 구성 요소이다. 소형 선형 프레넬반사경(Compact Linear Reflector)으로 알려진 저가의 변형 제품은 기다랗고 평평한 거울을 일렬로 사용하여, 물이 들어있는 수신관에 태양열을 집속시켜 직접 증기를 생성한다.(13, 14)

캘리포니아 주 크레머 분기점(Kramer Junction)의 모하비 사막에 위치한 세계 최대 교류 용량 350MW의 포물선 반사경 태양열발전소가 20년 이상 운영되고 있으며, 2007년 네바다에는 64MW 포물선 반사경 태양열발전소가 건설되었다.(15) 캘리포니아 주 블리드(Blythe)에 각 500MW 2기의 세계 최대 규모의 포물선 반사경 태양열발전소가 계획되었지만, 이 발전소의 높은 비용으로 인해 개발자가 태양광발전소로 전환한 바 있다.(16)

접시형 집광기(solar dish)는 직경 약 12미터의 오목 거울을 사용하여 태양열을 작은 면적에 집속시킨다. 태양열의 농도를 통상 2,000배 이상 올려 냉각수를 약 700°C까지 가열한다. 이러한 시스템에는 냉각수의 열을 기계적 에너지로 변환하는 스털링 엔진(Stirling engine)이 달려있어, 발전기를 구동한다. 시스템에 따라 접시형 집광기는 한 개가 5~30kW를 생성한다.(14)

이 기술은 접시형 집광기를 만드는데 드는 높은 비용 때문에 다른 태양열 발전 방식보다 뒤떨어져 있다. 이 글을 쓰는 시점에 대규모의 접시형 스털링 발전소(Dish Stirling projects)는 존재하지 않으며, 있더라도 파이프라인에 물려 있는 경우는 거의 없다.(17) 이 기술은 아직 황금기가 오지 않았다.

가장 효율적인 태양열발전소는 원형으로 배열된 평면형 거울들을 사용하는데, 이 거울들이 햇빛을 쫓아가며, 중심부에 위치한 전력탑(Power Tower)에 에너지를 집속시킨다. 냉각수는 430~540°C의 온도로 가열되고, 생성된 증기가 터빈을 구동한다.(14)

미국에는 운영 중인 5MW 용량의 전력탑이 캘리포니아 주 안텔롭 골짜기에 단 하나 있다. 2개의 실험용 10MW 전력탑이 폐쇄되기 이전 수 개월 동안 모하비 사막의 샌디아국립연구소(Sandia Na-tional Laboratory, SNL)에 의해 운영되었다.(18) 스페인도 독일과 비슷한 발전차액지원제도로 인해 태양에너지 기술의 세계적인 선두 주자이다. 적어도 스페인은 플로리다와 비슷한 훌륭한 태양광 자원을 보유하고 있다<표 4.1>. 스페인 세비야 근처의 제마솔라 발전소(Gemasolar Plant)는 17MW 용량을 가지고 있다. 열 저장장치(thermal storage)를 이용하여 낮 동안 태양 강도 변화를 균일하게 하고 태양이 진 후에도 전력을 생성한다. 집속된 태양에너지는 용융염(molten salt)을 565°C의 온도로 가열한 다음 열교환기를 통해 물을 증기로 변환시켜 터빈과 발전기를 가동시킨다. 뜨거운 소금은 최대 16시간 동안 열을 저장할 수 있다.(19) 그렇지만 라스베가스에서 남서쪽 약 64킬로미터 떨어진 캘리포니아의 모하비 사막 가장자리에 위치한 아이반파 발전소(Ivanpah plant) 한 곳의 용량을 2배로 올리기만 해도, 미국은 바로 집열식 태양열 발전의 주도권을 쥐게 된다. 세계에서 가장 거대한 이 태양열발전소(solar power tower)는 2014년에 완공되었으며, 377MW의 순수 발전 용량을 공급한다. 이것은 약 14 제곱킬로미터 면적에 깔린 채로 태양을 따라 회전하는 수 많은 반사거울들과 중심부에 위치한 150미터 높이의 3개의 탑으로 구성되어 있다. 거울들은 탑 꼭대기에 있는 열교환기(solar receiver)에 태양열을 집속시켜 증기를 만들고, 전기를 생성하는 터빈을 가동시킨다.(20, 21) 이 발전소는 공기 냉각을 이용하여 증기를 응축시키므로, 습식 냉각 태양열 설비(21)보다 95% 더 효율적이다. 전력 생산에 대한 전체 효율은 약 29%로 태양광 전력 생산보다 훨씬 높다.(22)

또 다른 대규모 태양열발전소인 네바다 주 토노파(Tonopah) 근처의 크레센트 듄즈 태양열발전소(Crescent Dunes Solar Energy Project)는 2013년에 완공되어 2015년에 전력망에 전기를 공급했다.

이것은 110MW용량으로 6.5제곱킬로미터의 사막 지대를 차지하고 있다. 165미터 높이의 중앙 전력탑은 아이반파의 탑보다 30미터가 더 높다. 스페인의 제마솔라 발전소와 마찬가지로 용융염을 에너지 저장 매체로 사용한다. 이렇게 하면 최대 10시간 동안 태양열을 저장할 수 있다.(23)

태양열 난방

태양열에너지의 가장 효과적인 용도 중 하나는 주택을 난방하고, 가정용 온수를 제공하는 것이다. 햇빛을 전기로 전환할 필요가

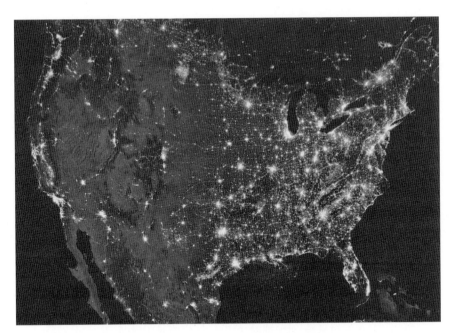

〈그림 4.3〉 미국 대륙의 야간 조명은 인구 밀도를 잘 보여준다. © NASA

없으므로 훨씬 더 효율적이다. 이것은 태양열에너지의 가장 큰 장점이 될 것이며, 물을 가열하는 전기 또는 천연가스에 대한 수요를 줄여줄 수 있다.

태양광 발전의 한계

태양광이 전체 에너지 포트폴리오의 큰 부분을 차지하지 못하는 이유는 무엇인가? 현재 우리 전기의 0.04%만 제공한다는 사실과 2035년까지 현재 최대 규모인 수력 발전을 제외한 재생에너지 믹

PART 01
에너지와 지구온난화

스의 5%에 불과할 거라는 점을 기억하라. 가장 큰 제약은 위치, 간헐성, 설치 면적 및 고비용이다.

위치 및 전송

남서부 지역은 태양광 노출량이 가장 크지만, 인구가 적고, 동북부 지역은 노출량은 좋지 않지만, 인구 밀도가 높기 때문에 발전소 위치가 문제가 된다. 이 문제를 살펴보는 좋은 방법은 태양광 노출에 관한 지도인 <그림 4.1>과 인구 밀도를 대표하는 야간 조명 지도인<그림 4.3>을 비교하는 것이다.

태양에너지가 미국의 전력 수요를 충족시키는데, 중요한 역할을 하기 위해서는 남서부에서 인구 밀집 지역으로 전기를 보내기 위한 대형 송전선로를 건설해야 한다. 수천 킬로미터에 걸쳐 전기를 전송할 때, 송전선에서 열로 인해 많은 손실이 발생하므로, 전기를 장거리 전송하는 것은 비효율적이다. 손실량은 송전선의 지름, 전압, 심지어는 송전선 주변 공기의 이온화에 영향을 주는 날씨 등에 달려 있다. 765kV 고전압 편복 송전선(high tension braided power lines)의 경우 천 km당 6~7%의 손실이 발생할 수 있다.(24) 수천 킬로미터를 가로 질러 전기를 수송하는데 20%정도의 손실이 발생되기 때문에, 이미 비효율적인 태양 전력을 최종 사용자가 이용할 때는 더욱 감소한다. 이러한 손실은 고전압 직류 송전선을 사용하여 최소화할 수 있지만, 가격이 비싸고 현재 미국에서는 거의 사용하지 않는다.

장거리 또는 비교적 짧은 거리라도 고전압 전기를 전송하는데 필요한 거대한 송전탑과 복잡한 전선망은 이것들로부터 영향을 받는 땅의 지주들로부터 거센 반대에 자주 부딪힌다. 콜로라도에서 가장 우수한 태양광 자원이 있는 루이스 계곡에서 인구 밀집 지역인 프런트 레인지 지역까지, 235킬로미터 거리를 46미터 높이의 송전탑들을 통해, 235kV 송전선을 건설하려는 엑셀에너지(EXcel Energy)사의 계획에 대해 큰 논쟁이 일어나고 있다.

송전선로는 환경에 대한 우려 때문에 70제곱킬로미터 면적의 목장을 소유한 한 목장주가 반대하고 있다.(25) 대규모 송전선이 제안될 때마다 비슷한 우려가 제기된다.

간헐성

간헐성은 전력사업자가 고객에게 제공해야 하는 기저부하에 사용할 수 없기 때문에 발생하는 문제이다. 흐리고 비가 오거나 눈이 내리면 우리 집 태양광 발전 시스템은 전기를 생산하지 못하고 전력망에 의존한다. 게다가 여름보다 낮이 더 짧은 겨울에는 상대적으로 거의 태양광 발전을 하지 못한다. 전력사업자는 기저부하 전력 생산에 의존할 수 있어야 하므로 석탄, 원자력 및 수력 발전에 주로 의존하고 있다<그림 4.2>. 주거용 수요는 사람들이 일어나서 하루를 준비하는 아침에 많아졌다가 줄어들고, 오후에 점점 증가하다가 저녁 시간에는 최고치에 이른다.(26)

태양에너지는 이른 아침과 저녁에 매우 제한적이므로, 그 시간대의 수요를 충족시킬 수 없다. 그러나 사람들이 일을 하면서 많은 전력을 사용하는 낮 동안 상업적 수요가 증가하기 때문에 태양에너지가 도움이 될 수 있다. 도시는 특히 야간에도 많은 수요를 충족시키기 위한 신뢰할 수 있는 전력이 필요하다. 태양광 발전은 낮

동안 중간 규모의 부하를 충족시키는데 도움을 줄 수 있으며, 특히 남서부의 경우 에어컨이 큰 수요 요인이다.

남부 캘리포니아는 뛰어난 태양광 자원을 보유하고 있어서, 다른 지역보다 태양광으로부터 더 높은 비중의 에너지를 얻을 수 있다. 사람들이 많이 모여 사는 동부와 남동부 지역은 그다지 운이 좋지 않다. 태양에너지가 의미가 있는지 여부는 주로 여러분이 어디에 사느냐에 달려 있다.

소요면적

태양광 발전에 넓은 면적이 필요한 것은 태양에너지가 매우 분산적이고 우리가 어떻게 노력하든 전기로의 전환이 매우 비효율적이라는 사실에 기인한다. 태양광 발전 시설은 1GW 원자력발전소와 동일한 양의 전기를 생성하기 위해 약 150제곱킬로미터의 패널 또는 거울을 필요로 하지만, 원자력발전소는 1제곱킬로미터 정도를 필요로 한다. 이 거대한 태양열 발전 시설 면적은 환경을 해친다. 태양열 발전 시설을 건설하기 위해 넓은 사막지역을 파헤치고, 그 과정에서 취약한 생태계를 파괴하기 때문에 사막 거북 및 기타 동식물을 위험에 처하게 하는 것에 대해 환경 보호론자들은 이미 들고 일어날 태세이다.(27, 28)

아이반파 태양열발전소를 추진하면서 약 5,000만 달러(20) 이상의 비용으로 약 150마리의 멸종 위기에 처한 사막 거북을 이주시켜야 했다. 그리고 걱정스러운 것은 환경 피해만이 아니다. 아메리카 인디언들은 신성하고 문화적으로 중요한 장소들을 손상시킬 것이 두려워, 서부 사막에 거대한 태양열 시설들을 건설하는 것을 중지하라고 소송을 제기했다.(29) 옥상의 태양광은 물론 추가 공간을 차지하지 않지만, 그리고 일부 시간에는 조금 기여할 수 있을지라도 필요한 전력 수요를 충족시킬 수는 없다.

비용

태양광 발전은 고가이며, 태양광 발전의 사용을 장려하기 위해 많은 보조금을 주고 있다. 균등화비용(levelized cost)은 전기를 생산하는 다양한 기술들의 전반적인 경쟁력을 평가하는 지표이다. 이 지표는 수명 또는 사용주기를 가정하여 자본비용, 운영비용 및 송전선 투자비를 고려한다. 에너지관리청의 2012년 연례에너지전망에 의하면, 설비 이용률(capacity factor)을 25%라고 매우 낙관적으로 가정하였을 때, 태양전지 패널을 이용하는 태양광 발전의 균등화 발전비용은 MWh^{3}당 153달러(범위는 119~248달러/MWh)이고, 집열식 태양열 발전은 MWh당 242달러(범위는 176~386 달러/MWh)이다. 기존 석탄 발전의 경우 MWh당 98달러, 천연가스는 MWh당 66달러, 최신 원자력 발전은 MWh당 111달러이다.(30) (역자 주: 2018 세계에너지전망(WEO)에 의하면 2012년에서 2017년까지 전 세계 태양광 발전의 균등화비용은 약 65% 감소했다.)

아이반파 태양열발전소는 연방정부 보증대출 80%(16억 달러)를 포함하여 총 22억 달러의 비용으로 건설되었고, 명목상 377MW를 생산한다. 그리고 투자자들은 캘리포니아 전력회사들로부터 생산될 전기에 대해 웃돈을 받도록 계약을 통해 보증 받았다.(20) 90% 이용률로 운용하는 원자력 발전소에 비해 효율이 1/3이 조금 넘는다. 1GW 원자력발전소 규모로 확장한다면 160억 달러가 든다. 비숫한 규모의 원자력발전소 비용은 약 70억 달러이다(제5장 참조).

내 전력망 시스템은 16,000달러이었지만, 전력회사와 콜로라도 주는 와트당 3달러로 계산하여 총 7,500달러를 직접 환불해주었다. 왜 전력회사는 이렇게 해줄까? 콜로라도 주는 전력회사가 2020년까지 재생에너지원으로부터 전력의 30%를 생산하도록 요구하고 있다. 그래서 전력회사는 주의 요구사항을 충족하기 위해 내가 대신해서 생산해준 재생에너지에 대해 주로부터 보조금(Renewable Energy Credit)을 받는다.

비용의 거의 절반을 직접 지원받는 것 외에 나는 국세청으로부터 30%의 세액 공제도 받는다. 이 혜택을 받음으로써, 나의 총 지출은 6,000달러에 약간 못 미친다. 전체적으로 내가 받은 보조금은 시스템 비용의 63%에 달한다. 나쁘지 않다. 그리고 이것이 끝이 아니다. 내가 생산하는 전기의 100%에 대해 발전차액지원제도(feed-in-tariff)의 도움을 받는다. 그러나 결국 이것도 사회 구성원이 지불해주는 것이다.

유사한 보조금이 캘리포니아 주와 태양에너지를 확대하고 있는 다른 주에서도 발생하고 있다. 샌디에이고 가스및전력회사(San Diego Gas and Electricity Utility)가 태양광 고객들로부터 태양광 전기를 구입할 때, 이 고객들에게 전력망 사용료를 청구할 수 있도록 캘리포니아 공공전력회사위원회에 요청하자, 일대 소동이 일어났다.(31) 이 전력회사는 자신의 태양광 고객들이 다른 전력회사들로부터 평균 연 1,100달러의 보조금을 받고 있다고 주장했다. 250MW 규모의 태양광 프로젝트인 캘리포니아 밸리 솔라랜치는 연방정부와 주 정부로부터 많은 지원을 받고 있는데, 16억 달러의 비용이 총 보조금 14억 달러로 거의 완벽하게 처리되었다. 보조금에는 연방 대출보증, 현금으로 비용의 30% 보조, 통상 이자율의 절반에 해당하는 유리한 이자율, 재산세 면제, 감가상각세 감면, 생산한 전기에 대해 요율 보장 즉 가스 발전에 비해 50% 높은 요율 보장 등이 있다.(32)

여러분은 화석연료와 원자력뿐만 아니라 재생에너지를 포함하여 모든 형태의 에너지가 보조금을 받는다고 주장할 수 있다. 나는 그것을 부정하지 않는다. 그러나 태양에너지가 독립적으로 지탱할 수 있다고 믿는 척하지 말자. 이러한 큰 보조금이 없다면 태양에너지는 다른 대안들에 비해 너무 비싸기 때문에, 전체 에너지 믹스의 아주 작은 요소로만 남아 있을 가능성이 높다.

이 장을 쓰면서 태양에너지 보조금에 영향을 줄 수 있는 정치 스캔들이 발생했다. 1,100명을 고용하고 있는 캘리포니아의 한 회사 솔딘드라(Solyndra)사는 대부분의 태양광 패널이 사용하는 실리콘 웨이퍼에 의존하지 않는 새로운 태양전지 패널 기술을 개발했다. 에너지관리청은 이 태양전지 패널들을 생산하는 공장을 건설하기 위해 53,500만 달러의 대출 보증을 제공했다. 공장은 2009년 9월 4일에 폐업했으며, 2011년 9월 6일에 파산하여, 납세자에게 5억 달러의 손실을 안겨주었다. 내가 사는 곳 가까이에도 콜로라도 주립대학의 연구를 기반으로 탄생한 어바운드 솔라(Abound Solar)사는 박막형 태양전지 기술을 개발했지만, 2012년에 파산했다.(33) 이러한 태양광 기술들은 2010년에만 태양광 산업에 300억 달러를 투자한 중국과 경쟁이 되지 못했으며, 중국은 미국의 태양광 패널 제조업체들보다 저가로 팔았다.(34, 35)

〈그림 4.4〉 캔자스의 풍력발전소 – 구형 및 신형 ⓒ MICHAEL H. FOX

풍력

　나는 캔자스에 있는 한 농장에서 자랐다. 내가 가장 좋아하는 추억 중 하나는 낡고 무너질듯한 사다리를 타고, 풍차 탑의 기어박스와 풍향계 바로 아래에 있는 플랫폼까지 올라가서, 커다란 바둑판처럼 사방으로 펼쳐져있는 들판을 바라보는 것이었다. 바람과 풍차는 우리가 양육하는 젖소들과 양들에게 물을 줄 수 있도록 지하에서 물을 퍼내고 저장 탱크를 채워 준다. 실제로 바람이 물을 공급할 수 있어서, 캔자스 및 다른 주들에서 사람이 정착 생활을 할 수 있고 농장을 운영할 수 있다.

　바람은 수천 년 동안 사람의 노동을 대신하는데 이용되어 왔다.

밀을 갈아서 가루로 만들고, 또 다른 작업들도 해주는 옛 네덜란드 풍차에 매료되지 않을 사람이 있겠는가? 이러한 바람은 경제에 필요한 깨끗한 전기를 제공할 수 있을까?

일 년에 한두 번, 아내와 나는 콜로라도에서 캔자스로 돌아가 친척들을 만나고 처가의 농장을 방문한다. 대초원에서 솟아나는 것은 오래된 풍차를 초라하게 보이도록 만드는 거대한 풍력 발전탑들이다<그림 4.4>. 이들 중 가장 눈에 띄고 커다란 것은 스모키힐 풍력발전소(Smoky Hills Wind Farm)이며, 70번 고속도로 북쪽의 살리나(Salina)에서 서쪽으로 약 32킬로미터 떨어진 곳에 있다. 이 풍력 발전소는 105제곱킬로미터의 면적에 155개의 터빈이 설치되어 있으며, 최고 용량 250MW를 생산할 수 있다.(36) 풍력터빈의 거대한 블레이드 길이는 통상 38~46미터이며, 탑의 높이가 69~107미터이므로 총 높이가 152미터에 이른다.(37)

풍력에너지는 궁극적으로 태양에서 온다. 왜냐하면 그것은 태양이 육지와 바다를 비출 때, 이 둘 사이의 온도와 압력의 차이에 의해 발생하기 때문이다. 바람은 전기를 생산하는 발전기를 가동하기 위해 기어 박스를 움직이는 바람개비를 돌린다. 기어 박스와 발전기는 탑 꼭대기에 위치한 버스 크기의 엔진실에 있다. 바람의 에너지는 풍속의 세제곱 비율로 달라지므로 바람의 속도가 증가하면 전기출력은 급속히 증가한다. 하지만 풍속이 터빈의 정격풍속(rated wind speed) 일반적으로 초당 11~14m/sec(25~31mph)를 넘어서면 차단속도(cut-out speed, 약 27m/sec 혹은 60mph)에 이를 때까지 전기출력은 일정하다.

예를 들어 풍속이 4.5m/sec(10mph)에서 9.0m/sec(20mph)로 두 배로 증가하면 전기출력이 8배 증가한다. 물론 바람이 정격풍속 아

161

PART 01
에너지와 지구온난화

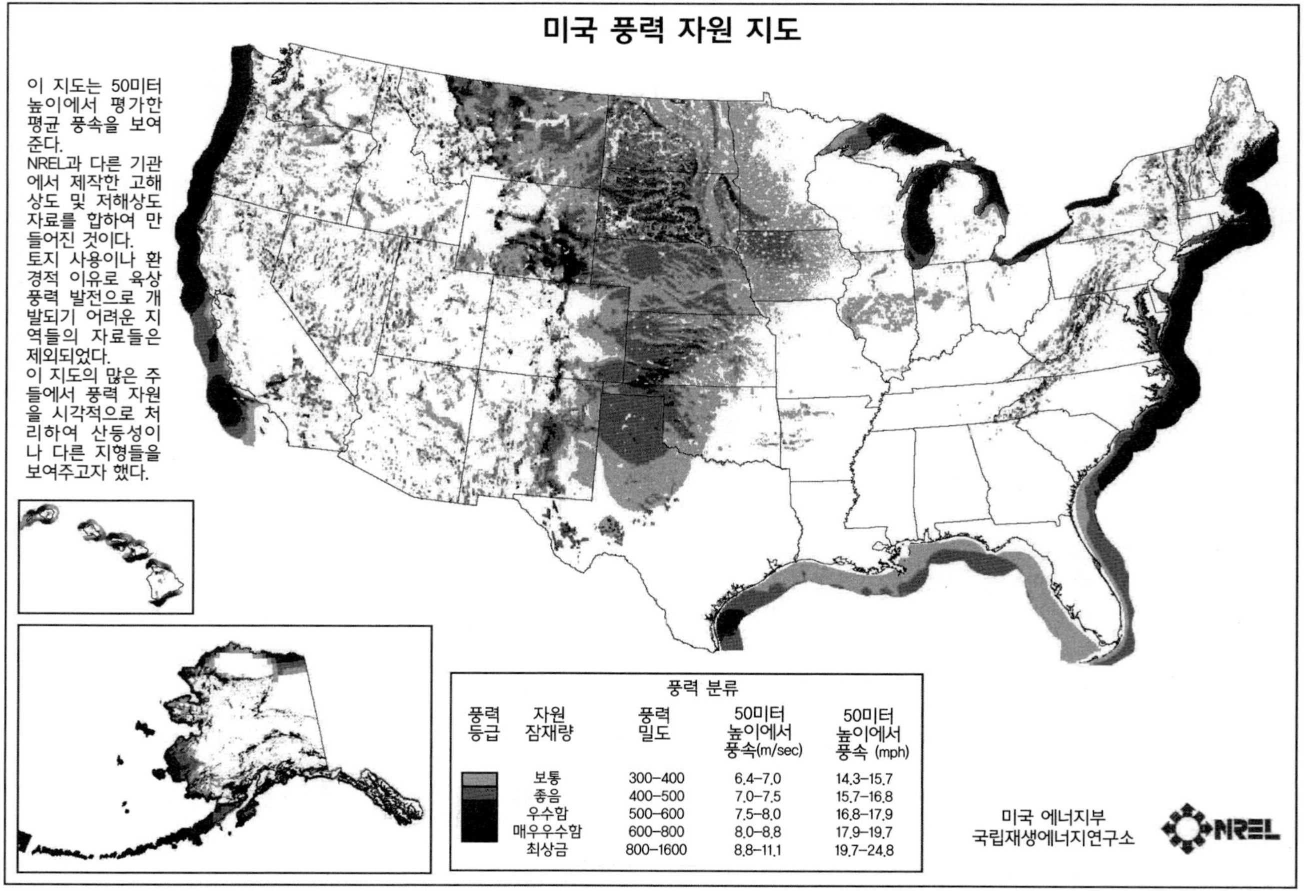

〈그림 4.5〉 미국의 풍력 자원 © 국립재생에너지연구소

래로 떨어지면 출력도 급속히 떨어진다. 이로 인해 풍속이 느리게 변하더라도 발전량은 급격히 변화한다. 바람은 아주 강하게 불수도 있다. 풍속이 차단속도를 초과하면 영구적인 손상을 피하기 위해 터빈이 정지한다. 대부분의 풍력터빈의 정격출력(rated output)은 1.5~2.5MW이며 정격풍속에서 규정된다.(38)

태양에너지와 마찬가지로 풍력에너지도 미국이나 세계 어디에도 지리적으로 균등하게 분포하지는 않는다. 바람은 지구 표면에서 높이 올라갈수록 안정적이며 강해지므로, 풍력 지도는 대개 지면에서 50미터 높이의 풍속을 기준으로 한다. 더 좋은 풍력 자원은 75미터 또는 100미터 높이에 있는데, 이 높이는 바람개비가 도달하는 높이이며, 특히 신형 탑들의 바람개비 높이다.

국립재생에너지연구소는 풍력을 풍속의 범위에 근거하여 1에서 7까지 등급으로 분류한다. 풍력 등급이 4이상인 지역에서는 풍력에너지를 사용하여 전기를 생산하는 것이 타당해진다.

가장 좋은 미국의 풍력 자원은 미국 중부 평야와 와이오밍 그리고 몬태나 등에 걸친 넓은 영역(large band)에 존재한다<그림 4.5>. 예상대로 총 전력 포트폴리오에서 풍력에너지 비중이 높은 상위 10개 주 중 9개 주가 이 지역에 속하며, 오리건 주는 유일하게 예외이다.(39)

이곳 산들의 능선 특히 북동부 지역의 능선은 풍력 발전에 좋은 위치이다. 서부와 동부의 육상은 풍력 자원이 부족하다. 하지만 이두 지역의 해안은 우수한 해상풍력자원(offshore wind power resources, 근해풍력)을 보유하고 있다. 그러나 서부 해안은 대륙붕(continental shelf)의 급격한 감소로 풍력터빈을 설치하기에 수심이 너무 깊어 개발하기가 쉽지 않다. 육상풍력자원(onshore wind resources)이 좋은

163

지역은 인구밀도가 낮은 곳이기 때문에 풍력지도(the wind map)와 야간조명지도(the map of night lights)를 비교해보면 태양광 발전과 마찬가지로 장거리 송전이라는 문제가 존재한다. 해상에 존재하는 풍부한 풍력 자원은 고유의 문제점을 가지고 있는데, 뒤에서 논의하겠다.

최근에 미국과 세계에서 풍력에너지의 설치 용량이 빠르게 증가하고 있다. 2009년 미국에 약 10GW가 설치되었지만, 2010년에는 절반 이하로 줄었으며 2012년에 다시 증가했다. 2012년 중반의 총 설치 용량은 미국의 경우 49.8GW였고, 풍력에너지 분야 선두 국가인 중국의 경우 67.8GW이었으며, 세계 3위인 독일은 30GW였다.(40) 그럼에도 불구하고 2012년 중반 미국의 경우 풍력에 의해 생성된 전력비율은 3.6%이고(제2장 참조), 독일은 9.2%에 불과했다.(11) 현재 덴마크가 풍력 전기의 비율이 가장 높아 약 19%이지만 실제 전기 수요의 약 10%만을 충족한다.(41)

풍력 발전의 한계

바람도 태양광처럼 설치 위치, 간헐성, 상대적으로 높은 비용 및 소요면적과 같은 많은 한계를 가지고 있다. 풍력 자원의 선정 위치는 태양광 자원의 위치와 다르다. 이것은 두 종류의 에너지가 잠재적으로 상호 보완적이라는 것을 의미한다. 아마 이것의 가장 좋은 예는 양질의 태양력과 풍력자원을 모두 갖춘 캘리포니아이다. 그러나 인구 밀도가 높은 대부분의 지역에서 풍력 자원은 태양광 자원과 유사하게 사람들이 가장 많이 거주하는 곳에 있지 않다. 그래서 중서부 지역에서 인구 밀집 지역으로 전력 전송을 위해 광범위한 대규모 고전압 송전선이 필요하다.

해상풍력자원은 매우 우수하고 바람의 변화가 작은 경향이 있지만, 수년간 보스턴의 케이프 코드(Cape Cod)의 전망을 망치는 것에 대한 우려 때문에 첫 해상풍력발전소로 지정된 케이프 코드 풍력발전소(Cape Cod Wind Project)가 개발되지 못했다. 하지만 정치인들과 많은 환경론자들의 합의에 의해 내무부(US Department of Interior, DOI)가 2010년에 이 풍력발전소를 승인했다. 468MW의 첨두전력을 공급하는데, 최소한 20억 달러의 비용이 소요되며, 매사추세츠 주의 케이프 코드 연안에 있는 마서즈 빈야드(Martha's Vineyard)와 난터켓(Nantucket) 섬 지역의 전기 사용량의 최대 75%를 감당할 수 있다. 반대자들은 전력망을 개선하고 송전선을 건설하려면 최대 100억 달러가 소요될 수 있다고 주장한다.(42, 43)

간헐성

간헐(間歇)성은 풍력에 있어서 큰 문제이며, 바람이 항상 불지는 않으므로 부족분을 보완하기 위해 백업 전원이 있어야 한다. 풍력의 설비 이용률은 설치 용량 대비 필요할 때 전력망에서 실제로 사용할 수 있는 용량의 비율이다. 풍력은 시간별, 일별, 월별로 쓸 수 있는 시간이 변화하며, 2010년 미국의 풍력 발전 이용률 평균치는 27%였다.(44) 다시 말해 미국의 경우 50GW 설치 용량 중에서 풍력 발전 용량은 평균 1/4을 약간 상회하는 즉 약 13.5GW에 불과한 것이다. 실제 설비 이용률은 풍력 등급 분류에 따라 달라지는데 3등급 지역의 풍력 발전 단지는 10%의 이용률을 갖지만, 7등급 지역의 풍력 발전 단지 경우는 40%에 가까울 수 있다(<그림 4.5>의 풍력지도 참조).

최대의 풍력 발전 단지의 개발이 완료되면 필연적으로 설비 이용률은 낮아질 것이다. 에너지관리청에 의하면, 2016년에 건설된 풍력 터빈 이용률은 평균 34%이다.(45)

바람은 하루 종일 변화하지만, 대부분의 지역에서 첨두 전력 수요(peak electrical demand)가 발생하는 낮보다 밤에 더 강하게 분다. 따라서 수요 곡선과 잘 맞지 않는다. 이로 인해 더운 날, 에어컨 수요가 크고 바람이 충분히 강하지 않을 때 특히 문제가 될 수 있다.

예를 들어 텍사스의 전력망 운영자의 말에 의하면, 더운 날 최대 수요가 발생할 때는 풍력 설치 용량 100MW당 생산 용량은 8.7MW 정도이므로 설비 이용률은 8.7%에 불과하다고 한다.(46) 이런 때는 하루 중 태양광 발전이 가장 높아지므로 부분적으로 수요 공급이 균형을 이루지만, 대부분의 주에서는 풍력과 태양광 둘 다 좋을 수는 없다.

콜로라도 주의 포트콜린스에 에너지를 공급하는 로우하이드 발전소는 제3장에서 언급한 바와 같이 석탄에 크게 의존하고 있다. 그러나 와이오밍 주의 메디슨보우(Medicine Bow) 산맥은 8.3MW 규모의 풍력 발전 단지가 조성되어 있다. 이곳은 바람이 가장 강한 곳 중의 하나인데, 의심의 여지가 있다면 트레일러를 달고 와이오밍을 가로 질러 운전해보기 바란다(또는 풍력 지도를 보라).

이곳은 풍력 등급이 7로 평가되는 지역인 만큼 우수한 풍력 발전이 가능하다. 만일 풍력 터빈이 24시간 내내 가동되는 경우, 풍력 발전 단지는 한 달에 6백만kWh를 생산하여야 한다. 그러나 실제로 얼마나 생산할 수 있을까?

매달 실제 생산하는 에너지의 5년간 변화량을 <그림 4.6>에 그

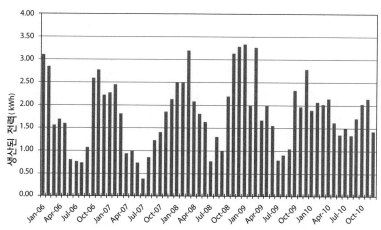

〈그림 4.6〉 와이오밍 주 메디슨보우에 있는 풍력 발전 단지의 월간 발전량 © 플래트리버 전력청

려 보았다. 겨울철에는 여름철보다 바람이 훨씬 강하게 불기 때문에 겨울이 여름에 비해 약 3배의 에너지를 생산한다는 것을 바로 알 수 있다. 이것은 풍력 자원의 전형적인 특성이며, 또한 추가 에너지 요구량의 상당 부분이 여름철 에어컨 사용을 위한 것이므로 문제가 됐다. 그래프는 월별로 평균치를 낸 경우인데, 풍력 에너지가 얼마나 가변적인지를 보여준다.

최대 발전 용량이 한 달에 600만kWh라고 가정하면 실제 생산량(설비 이용률)이 이것의 절반이 되는 기간은 5년 동안 6개월에 불과했다. 여름에는 설비 이용률이 약 15%인 반면 겨울에는 평균 40%에 가깝다. 5년간 평균 총 출력은 180만kWh이며 설비 이용률은 30%로 미국 전체 평균보다도 약간 낮다.

시간 당 또는 일일 당 생산량은 훨씬 가변적이고, 실제 전력 수요와 전혀 일치하지 않는다. 미네소타에 설치된 1,500MW 설치 용

PART 01
에너지와 지구온난화

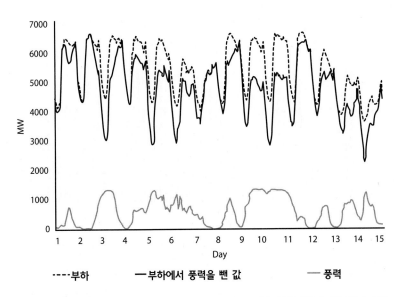

----부하　　　——부하에서 풍력을 뺀 값　　　—— 풍력

〈그림 4.7〉미네소타의 2010년 봄 풍력 발전량. 하단 옅은 곡선은 풍력 출력을 보여주고, 상단 곡선은 부하를 나타낸다. 중간 짙은 색 곡선은 부하에서 풍력을 뺀 값을 나타낸다. ⓒ 미국 에너지부

량의 2주 동안 실제 출력은 가변적인 풍력 출력이 부하 수요와 비교하여 어떠한지 잘 보여준다〈그림 4.7〉. 풍력 출력 곡선의 피크는 종종 수요가 없을 때 일어난다. 왜냐하면 바람은 낮 시간보다 전력이 필요치 않는 밤에 더 강하게 불기 때문이다.(44)

　이러한 간헐성 때문에 전력 사용량을 제한하는 것은 바람의 총 가용 용량이 아니다. 바람이 불고 있는지 여부와 상관없이 전력망은 전기를 공급해야 하기 때문에 전력사용량을 제한하는 것은 전력망이 얼마나 (풍력을) 효율적으로 사용할 수 있는지 여부이다. 대규모 전기는 쉽게 저장할 수 없으므로 공급은 주어진 시간의 수요와 일치해야 한다.

공급과잉이란 일정하게 유지해야 하는 전압과 주파수가 증가함을 의미한다. 공급이 부족하면 전압강하(a voltage dip) 혹은 브라운-아웃(brown-out, 부분적 정전)이 발생하고 주파수가 감소한다. 전기 기기들은 일정한 전압과 주파수를 유지해야하기 때문에 이 두 경우 모두 전기 기기들을 오작동을유발하는 등 혼란에 빠뜨린다.(41)

큰 폭풍우가 불어올 때면 보니빌 전력청(Bonneville Power Authori-ty)은 태평양 북서부의 풍력발전소에서 발생하는 공급과잉 문제들에 부딪히곤 한다. 전력의 대부분은 수력발전소에서 생산하므로, 수력 터빈에 사용하던 물을 방수로로 버려서 수력 발전을 줄이는데, 버릴 수 있는 물의 양에 엄격한 제한이 있다. 왜냐하면 이 물이 질소를 함유하고 있어서 물고기들을 죽이기 때문이다. 그들은 여분의 에너지를 빼내기 위해 자원 봉사자들 주택에서 온수기 온도를 높이고, 세라믹 덩어리를 가열케 함으로써 과잉 에너지를 흡수하여 문제를 해결하려고 노력하고 있다.(47) 그러나 여러분은 공급과잉일 때 왜 풍력 발전량을 줄이지 못할까 이렇게 묻고 싶을 것이다. 그렇게 할 수는 있지만, 풍력발전회사로서는 비경제적이다. 그들은 풍력터빈에 많은 돈을 투자했으므로 가능한 한, 최대로 가동하고 싶어 한다. 풍력은 너무나 불안정하기 때문에, 전력회사가 풍력에서 너무 많은 전력을 얻게 된다면, 이런 종류의 문제가 점점 더 일반화될 것이다.

재생에너지 광고들로부터 태양력, 풍력, 수력 발전으로 미국의 전력을, 심지어는 전 세계의 전력을 모두 공급할 수 있다는 인상을 받기 쉽다.(2) 보다 현실적인 추정은 풍력 발전의 비율을 최대 약 20%로 가정하는 것이다. 하지만 이는 실제로 어느 국가에서도 달성된 적이 없다.(38, 48~50) 전국에서 가장 우수한 풍력 자원을 보유하고 있는 사우스다코타 주에서 2011년 풍력 발전으로 전기의 22.3%를 생산했다. 아이오와 주는 풍력 발전 비율 18.8%로 2위를 차지했었다.(39) 수요를 충족시키기 위한 대량의 전기는 기저전원(주로 석탄 및 원자력)으로 해결하고, 풍력 발전의 급격한 변동을 해결하기 위해서는 천연가스 및 수력 발전과 같은 가변적인 공급원을 보조로 사용한다.

국립재생에너지연구소는 서부 지역에서 전력망 운영 시 최대 30%의 풍력과 5%의 태양광의 효과를 2개월 동안 시뮬레이션 해 보았다.

바람이 많이 부는 4월은 바람의 변동이 심하기 때문에, 전력망 운영자가 순 부하(net load) 요구를 충족시키는 것이 매우 어려웠다. 바람이 적어 풍력이 전력의 10~15%에 불과한 7월에는 태양광이 훨씬 부하에 잘 맞기 때문에 전력망 운영자가 부하 요구를 훨씬 쉽게 맞출 수 있었다. 전반적으로 태양광과 풍력을 합쳐 23%까지는 가능했지만, 35%까지 증가시키면 풍력 발전의 큰 변동성 때문에 부하를 맞추는데, 심각한 문제가 발생했다. 더욱이 풍력 및 태양에너지의 주 효과는 CO_2 및 기타 배출물들로 인해 가장 큰 문제인 석탄 화력발전소를 줄인다기보다 가장 효율적이고 가장 탄소를 적게 배출하는 화석연료 발전원 즉 천연가스 및 복합화력 발전을 감소시키는 것이었다. 그럼에도 불구하고 여전히 여름 수요를 맞추기 위해 천연가스발전소 용량의 대부분을 보유하고 있어야만 한다.(51)

덴마크는 1980년대 후반에 풍력 에너지를 시작하기로 선언했으며 전 세계에서 가장 높은 풍력 발전 비율을 보유하고 있다. 현재 550만 국민들의 전력 수요 19%를 제공하는 5,500개의 풍력 터빈을 보유하고 있다. 전기 사용에 대한 상세한 분석에 의하면, 덴마크는 바람이 강하게 불 때는 노르웨이와 스웨덴에 실제로 많은 전기를 팔아야만 한다. 그 이유는 복잡하고 다소 독특하다. 덴마크는 전기뿐만 아니라 가정 난방을 위해서도 화석연료를 사용한다. 바람이 강하게 불 때, 할 수 있는 가장 좋은 일은 화석연료 발전소를 잠그는 것이지만, 화력 발전으로 난방열을 공급할 필요가 있고 강한 바람에 의해 생산된 모든 전기를 사용할 수도 없기 때문에 그렇게 할 수 없다. 결과적으로 덴마크는 공급과잉일 때 매우 비싼 풍력(보조금을 받는)을 저렴한 가격에 노르웨이와 스웨덴에 팔아야만 한다.

왜냐하면 노르웨이와 스웨덴은 신속히 차단할 수 있는 전력원인 저렴한 수력발전소를 많이 가지고 있어서, 덴마크의 넘쳐나는 풍력 전기를 사용해줄 수 있기 때문이다. 그리고 덴마크는 바람이 약해져서 충분한 전력을 공급하지 못하면, 노르웨이와 스웨덴으로부터 전기를 비싸게 사와야 한다. 결과적으로 덴마크는 풍력 발전의 가변성을 조절할 수 있는 수력발전소를 노르웨이와 스웨덴에 보유하고 있는 셈이다. 그래서 결국 덴마크 사람들이 실제로 사용하는 것은 덴마크 풍력에 의해 생산되는 전기 총량의 약 10%이다. 그리고 이를 위해 덴마크 사람들은 유럽에서 가장 높은 전기비용을 지불하고 있다.[41]

독일은 풍력뿐만 아니라 태양광 발전에도 주력하였다. 2010년 말까지 독일은 21,607대의 풍력 터빈에서 공급되는 27GW의 풍력 발전소를 설치했다. 이것은 몬태나 주보다 약간 작은 지역에 설치되어 있다. 이 많은 수의 터빈과 설치 용량에도 불구하고, 풍력은 독일 전기의 6.2%만 생산한다.[52] 독일의 문제는 태양광 자원과 같이 풍력 자원도 매우 좋지 않아서 평균 설비 이용률이 15%에 불과하다는 점이다. 덴마크의 경우 25%, 영국의 경우 30%, 미국의 경우

27%와 비교해서 낮은 편이다.(53)

풍력 발전의 간헐성 문제를 양수(揚水, pumped storage) 발전[4]이 해결할 수 있을까? 현실성이 없다. 주요한 문제는 필요한 물의 양과 중력에 반하여 물을 퍼올려야 하는(pumping) 높은 에너지 비용이다. 펌프로 물을 푸고 터빈을 발전시켜 전력을 생산하는데, 전체 효율을 75%로 가정하면, 1kWh의 전력을 저장하기 위해서는 5.4톤의 물을 100미터 높이로 퍼내야한다.

일주일 동안 800MW 발전소의 출력을 저장하려면 10미터 높이로 출렁거리는 65제곱킬로미터의 저수지를 필요로 한다.(54) 물론 아래쪽에 물을 보유하기 위한 또 다른 저수지가 필요하다. 저수지는 환경운동가들에게도 호응도가 낮으며, 이 크기의 저수지가 대중에게 받아들여질 수 있다고 상상하기도 어렵다.

미국의 가장 좋은 풍력 자원의 대부분은 중서부 지역에 위치하고 있지만, 이 지역은 비교적 편평한 곳이어서 위치가 좋은 저수지를 만들기 위한 장소를 찾아 내기가 어렵다. 바나듐 배터리(Vanadium battery) 또는 압축공기를 이용한 에너지 저장 장치와 같은 다른 유형의 저장 장치에도 심각한 제약들이 있다.(54) 일반적으로 에너지 저장 시스템의 추가 비용은 전력회사를 비경제적으로 만들기 때문에 재생에너지 사용에 크게 기여하지는 못할 것으로 보인다.(53)

비용

현재의 27%보다 상당히 높은 33%의 이용율을 가정하여 에너지관리청은 2017년 새로운 풍력 발전의 균등화비용을 MWh당 96달러로, 그 범위를 77에서 112달러 사이로 산정하고 있다. 이것은 천연가스발전소의 전기보다는 약 50% 비싸지만 재생에너지원 중에서는 가장 저렴한 비용이다.(30)

태양광 발전의 균등화비용은 MWh당 153달러임을 기억하라. 실제 비용은 바람이 좋은 위치에서 전기가 필요한 인구밀집지역으로 전기를 공급하기 위한 대형 송전선을 건설해야 할 필요성 유무에 크게 좌우될 것이다.

풍력 발전은 유지 보수 비용이 상대적으로 작고 바람이 무료이기 때문에, 풍력발전소 건설 비용 및 풍력 터빈 비용 등이 비용의 전부이다. 그러나 풍력 터빈 수명이 15년에서 20년에 불과하기 때문에, 터빈이나 심지어 탑 전체를 교체하고 폐기물을 처리하기 위한 거액의 자본 투입이 필요하다.(38, 48) 태양에너지에 지원되었던 여러 보조금들은 풍력에너지의 기술 경쟁력을 확보하는데 필요하다. 과거 연방세 보조금 혜택을 주지 않았던 해에 신규 풍력 발전 용량이 감소한 적이 있으며, 향후에도 발생할 수 있다.(48)

1992년부터 kWh당 2.2센트의 연방 생산세액공제(Production Tax Credit)가가 풍력발전업체들에 제공되었지만, 2012년 말에 만료되었다. 풍력 터빈의 주요 제작기업인 베스타스(Vestas, 포트콜린스 근처에 공장을 가지고 있는)사는 연방 생산세액공제가 연장되지 않으면 풍력 터빈 시장은 "절벽에서 떨어질 수 있다"고 말한 바 있다.(55) 2013년 최종 2차 예산심의에서 연방 생산세액공제가 1년 더 연장되었다.

미의회연구청(Congress Research Service)은 재생에너지원은 생산세액공제 및 직접 교부금(direct grants)을 통해 2010년 연방 보조금 67억 달러를 지원받았다.(56) 풍력발전업체들은 의회가 생산세액공제를 연장하지 않았다면 2013년에 풍력발전소는 거의 추가로 짓지 못했을 것이다. 2009년 미국 경기부양법(American Recovery and Reinvestment Act)은 풍력 및 태양광을 이용하는 재생에너지에 21억 달러를 지원했다.(58)

2008년에 에너지부는 2030년까지 미국 전력의 20%를 풍력발전으로 감당하는 계획을 담은 연구보고서를 발표하면서, 풍력 발전량 300GW가 필요하다고 예측했다.(48) 그러나 풍력은 현재 설치되어 있는 약 60GW로부터 미국 전력의 3.6%만을 공급하고 있다(제2장 참조). 이것을 현재의 전기 사용량의 20%로 늘리려면 333GW가 필요하지만, 에너지관리청은 전력 수요가 매년 0.9%씩 증가할 것으로 예상되므로 2030년까지 395GW가 필요할 것것이라고 예측했다. 즉 345GW가 추가 설치할 용량이다. 이 보고서는 50GW를 육상발전소에서 생산할 것으로 예상했다.

에너지관리청은 육상풍력 발전 비용은 MW당 243만 달러, 해상풍력 발전은 MW당 597만 달러인 것으로 추정했다.(59) 그러므로 육상풍력 발전에 7,170억 달러, 해상풍력 발전에 3천 억 달러가 소요될 것이다. 따라서 총 비용은 1조 달러를 초과하며, 백업전력의 필요성 때문에 가스발전소와 석탄발전소를 거의 대체하지 못한다. 게다가 이 분석은 필요한 추가 송전 용량의 비용을 고려하지 않았으며, 최소한 600억 달러가 추가될 것이다.(48)

수년간의 논쟁 끝에 내무부는 2010년에 케이프 코드 해안에 미국 최초의 해상풍력발전소인 케이프 풍력발전소(the Cape Wind pro-ject)를 승인했지만,(42) 결코 값싼 에너지가 아니다. 에너지관리청은 해상풍력의 균등화비용을 MWh당 244달러로, 비용의 범위를 MWh당 187에서 350달러로 추정했는데, 가장 비싼 에너지 중의 하나이다.(45)

해상풍력 자원은 충분하지만, 드는 비용은 극도로 비싸며 납세자들로부터 많은 세금을 받아야 하기 때문에 매우 비싸게 공급되는 에너지이다. 2013년에 케이프 풍력발전소는 현재 가격인 kWh당 9센트의 두 배가 넘는 kWh당 20센트 가격으로 내셔널그리드(National Grid)사와 계약을 체결했다. 또한 향후 15년 동안 3.5%씩 증액할 것이며, 계약 종료 시 kWh당 34.7센트에 이를 것이다. 풍력발전소 건설에 약 20억 달러가 소요될 것이며(이것도 저평가로 예상되지만), 납세자들에게는 연방 세금 공제를 통해 케이프 풍력발전소에 지원될 약 6억 달러의 비용이 발생한다.(60) 풍력에너지는 결코 값싼 에너지가 아니다.

소요면적

풍력발전소는 거대하다. 각 터빈은 최고 풍속에서 1.5~2.5MW만을 생성할 수 있기 때문에 그렇다. 내가 가끔 지나가는 캔자스 주 스모키힐 풍력발전소는 250MW의 정격 용량을 위해 100제곱킬로미터를 필요로 하며, 103.6제곱킬로미터가 약간 넘는다. 평균 원자력발전소 최고 출력 1GW를 생산하려면 (풍력발전소는) 410제곱킬로미터 이상 필요하다. 그러나 설비 이용률이 약 30%이기 때문에 1GW의 평균 출력을 얻으려면 약 1,400제곱킬로미터가 필요하다. 1GW로 확대된 미국의 70개가 넘는 풍력발전소의 평균 크기는 374제곱킬로미터이지만 설비 이용률이 평균 30%라면 약 1,240제곱킬로미터이다.(61) 에너지부는 미국에서 전기의 20%를 (풍력으로) 실제 생산하기 위해 6만 제곱킬로미터의 풍력발전소를 필요로 한다고 추정했다.(48)

그러나 이것은 풍력발전소의 실제 상황과 다른 큰 차이가 있다. 풍력으로 평균 300GW를 얻으려면 GW당 1,240제곱킬로미터에 300을 곱한, 즉 6만이 아닌 37만 제곱킬로미터가 필요하다. 이것은 몬태나 주 크기의 면적이며, 이 지역에는 향후 약 15만 대의 풍력 터빈이 설치될 것이다.

아모리 로빈스와 다른 사람들이 지적했듯이, 이 모든 면적이 다른 용도로는 사용되지 않는다고 가정하는 것이라면 오해의 소지가 있다.(62) 소는 캔자스의 스모키힐(Smoky Hills) 풍력 농장을 둘러싸고 있는 초원에서 풀을 뜯어 먹으며, 아이오와의 농부들은 풍력 터빈 근처에 옥수수를 심는다. 풍력탑을 위한 실제 면적은 작지만,[5] 풍력발전소 전체에 걸쳐 터빈을 설치하고 터빈 및 블레이드의 유지 보수를 위해 상호 연결되는 도로가 필요하다.

에너지부는 "실제 면적은 풍력발전 단지의 약 2~5%이다. 그렇더라도 약 7,800~18,000제곱킬로미터 정도로 델라웨어나 코네티컷 크기이다. 일부 지역의 경우 소요면적은 문제가 되지 않지만, 바람이 좋은 산등성을 따라 동쪽지역에서는 45미터 길이의 블레이드와 탑 부분품들을 실어 나를 수 있는 광폭의 도로가 건설되어야 하며, 이러한 도로는 유지 보수를 위해 계속 남아 있어야 하므로 환경 문제가 제기될 수 있다"고 발표했다.(63)

환경 영향

풍력 발전의 핵심 요지는 환경에 최소한 영향을 끼치고, 깨끗하며 CO_2가 없는 에너지를 제공하므로 환경 친화적이라고 가정한다는 점이다.

미국에서 초기의 풍력발전소 중 하나이며 한때는 세계에서 가장 큰 규모였던 풍력발전소는 샌프란시스코와 캘리포니아 중앙 계곡 사이의 디아블로 산맥(Diablo Mountains)에 있다. 이 발전소는 황금 독수리, 붉은 꼬리 매, 굴 올빼미들을 포함한 맹금(육식조, raptor)들의 살해자로 명성을 떨치고 있다. 매년 4,700마리의 맹금이 사망하는 것으로 추정된다.(64)

알타몬트 패스(Altamont Pass) 풍력발전소는 국제 철새 도래지에 설치되어 있으며, 이곳에는 세계에서 황금 독수리가 가장 많이 서식하고 있다. 또 다른 문제는 알타몬트 발전소는 새들의 죽음을 초래하는 약 5,000개의 고속 회전하는 소형 터빈을 보유하고 있다는 점이다. 이 중 많은 터빈이 2015년까지 맹금들에 덜 치명적인 대형의 새로운 터빈으로 교체 되었다.(65)

알타몬트 패스는 이례적일 수 있지만, 이것이 조류에 대한 유일한 위협은 아니다. 와이오밍과 몬태나의 산쑥(sagebrush) 평원은 풍력에 탁월한 지역지만, 멸종 위기에 놓인 산쑥들꿩(sage grouse, 뇌조, 雷鳥)의 서식지이기도 하다. 산쑥들꿩의 주요 문제는 로터(rotors, 터빈의 회전 날개)에 치여 죽는 것이 아니라, 높은 탑의 존재 그 자체이다. 산쑥들꿩의 자연 포식자는 높은 구조물에 앉아서 저녁 먹거리를 감시하기를 좋아하는 맹금이므로, 산쑥들꿩은 본능적으로 풍력 터빈이 설치된 지역을 피한다.

한편 와이오밍 주는 산쑥들꿩의 서식지를 파악하고 이 지역에서의 활동을 제한함으로써 자발적인 산쑥들꿩 보호구역을 설정하고 있다. 이 지역은 풍력 산업이 아니라 주로 석유 및 가스 산업을 독려하도록 특정되었다. 결과적으로 4등급 이상인 바람의 23%, 6과 7등급인 바람의 절반이 풍력 개발에서 제외되었다.

이것은 석유 및 가스 회사들이 풍력회사들과 불화를 일으키게 했지만, 석유 및 가스 회사들이 주정부에 더 많은 세금을 지불하고 더 큰 영향력을 행사하고 있다.(66) 이 싸움의 결과는 불확실하지만, 풍력 발전이 직면하고 있는 문제들의 전형적인 경우이다.

몬태나 주도 비슷한 문제에 직면해 있다. 국제자연보호협회(the Nature Conservancy)는 산쑥들꿩 및 다른 조류종(bird species)과 풍력 발전의 충돌이 비교적 없는 서식지를 확인하기 위한 연구를 시작했다.(67) 그들은 풍력 에너지 잠재력이 높은 곳이 7만 제곱킬로미터에 달하는 것으로 추정하며, 약 3만 제곱킬로미터가 산쑥들꿩, 여러 초원 고유종, 피리 물떼새 및 작은 제비갈매기, 물새 및 박쥐를 포함한 조류종의 번식 및 거주에 대한 위험 가능성이 높다고 추정했다. 그들은 몬태나 주는 토착종을 위험에 빠뜨리지 않고 풍력 발전을 지속할 수 있는 약 3만 7천 제곱킬로미터의 땅을 보유하고 있다고 결론지었다.

풍력에 의해 얼마나 많은 새들이 죽을까? 그것은 대답하기 어려운 질문이며, 연구들은 확실한 결과를 내지 못했다. 국립과학아카데미의 환경영향평가(68)는 풍력 발전에 기인한 맹금류의 연평균 살상률(death rate)은 정격출력 MW당 0.03이라고 결론지었다. 알라몬트 패스에서는 맹금류 살상률이 MW당 1.94이다.(69) 그러나 사망한 조류의 약 80%는 맹금류가 아니고 연작류(燕雀類, passerines)이며, 대부분은 2005년 철새조약개혁법(Migratory Bird Treaty Reform Act)에 의해 보호되는 명금(鳴禽, songbirds)들이다. 살상률은 연구마다 크게 다르지만, 대다수의 연구 결과는 MW당 연간 2~4마리가 살상되며 어떤 연구에서는 12마리까지 살상된다고 보고한다.

현재의 풍력 발전 용량 50GW로 연간 10만에서 20만 마리의 조류가 살상되며, 보고된 최고의 살상율로는 연간 50만 마리이다. 2009년에 미국 어류및야생생물보호국(Fish and Wildlife Service, FWS)은 매년 풍력 터빈에 의해 44만 마리의 조류가 죽임을 당한다고 예측했다.(70) 물론 조류를 보호하기 위한 풍력 발전 위치를 설정하지 않는 한, 풍력 발전을 확대함에 따라 살상되는 조류의 수가 비례하여 증가할 것이다. 풍력으로부터 미국의 전력량의 20%을 충당한다는 에너지부 시나리오에 대한 어류및야생생물보호국의 예측치를 확대하면, 연간 300만 마리 이상의 조류가 살상될 수도 있는 가능성을 의미한다.

박쥐는 풍력 발전의 또 다른 문제이다. 이유가 명확하지 않지만 박쥐는 조류보다 빠른 속도로 살상 당하는 것 같다. 하나의 가설은 높고 하얀 탑이 곤충과 박쥐를 끌기 위한 시각적 신호등으로 작용한다는 것이다. 또 다른 가능성은 풍력 터빈의 가청 음파 및 초음파가 박쥐를 끌어들이거나 그들의 메아리를 이용한 위치 결정 과정을 혼란시킬 수 있다는 것이다.(68)

박쥐는 숲이 우거진 미국 동부의 산등성이 풍력발전소를 따라 높은 속도로 살상되며, 연간 MW당 15에서 41마리 살상된다. 일반적으로 서부 및 중서부 지역의 비율은 MW당 0.8에서 8.6마리 정도로 낮지만, 캐나다 앨버타 주 남서부 지역에 대한 연구에서는 동부 능선 정상과 비슷한 높은 살상률을 보였다.(68) 백색코 증후군(white nose syndrome)이 이미 수백만 마리의 박쥐가 사망하는 위협의 원인이 되고 있기 때문에 박쥐는 특별한 관심사이다.(71)

풍력 터빈에서 추가적으로 살상되는 요인은 박쥐의 등뼈를 부러뜨리는 막대일 수 있다. 펜실베니아의 한 풍력 단지는 박쥐가 이주하는 계절에 한 달 반 동안 문을 닫았다. 주정부와 연방정부가 보호하는 인디애나 박쥐(Indiana bat)가 살상되기 때문이다. 웨스트 버지니아에 있는 또 다른 풍력 단지는 박쥐가 동면하는 11월 중순부터 4월 1일까지만 하루 24시간 운영할 수 있게 하는 법원 합의에 도달했다. 다른 기간에는 발전소를 야간에 운영할 수 없다.(72) 박쥐는 많은 양의 곤충을 잡아먹고, 많은 식물에게 수분(受粉, pollination)을 제공한다. 따라서 풍력 터빈이 박쥐를 살상하는 것을 최소화하는 것이 매우 중요하다.

그러나 우리는 긴 안목에서 이러한 생각을 유지해야 한다. 국립과학아카데미는 "건물과의 충돌로 매년 9,700만에서 97,600만 마리의 조류가 죽는다. 고압선과의 충돌로 최소 1억 3,000만에서 아마도 10억 마리의 조류가 죽는다. 통신탑과의 충돌은 '보수적 예측'에 근거하여도 400만에서 500만 마리가 죽지만 5,000만 마리에 달할 수도 있다. 자동차는 연간 8,000만 마리의 조류를 살상할 수 있다. 풍력 터빈과의 충돌로 인해 2003년에 연간 20,000에서 37,000마리의 조류가 사망했고, 그 중 9,200건이 캘리포니아에서 발생했다. 살충제를 포함한 독성 화학물질은 해마다 7,200만 마리의 조류를 살상하는 반면, 집고양이는 매년 수억 마리의 명금과 다른 종을 죽이는 것으로 추정된다."(68)고 발표했다.

이 수치들이 불확실하다 하더라도 풍력 발전이 조류의 주요 사망원인이 아니라는 것은 분명하다. 그러나 풍력발전소 건설 시 조류의 살상을 무시해도 된다는 것을 의미하는 것은 아니다. 네브래스카, 캔자스 및 텍사스의 좁고 길게 뻗어있는 지역(panhandle)에 있는 철새들의 주요 비행경로는 주요 풍력발전소 개발 지역이다. 불필요한 조류 살상을 피하기 위해, 와이오밍과 몬태나에서 사용된 접근금지법에 따라 생태학적으로 중요한 지역은 풍력발전소를 배제하여야 한다. 내무부는 환경단체와 협력하여 최근에 야생 생물과 그 서식지에 미치는 영향을 평가하고, 최소화하기 위한 풍력탑 배치에 관한 지침을 발표했다. 이는 올바른 방향으로 나아갈 수 있는 좋은 방법이다.(73)

풍력과 관련된 다른 환경 문제가 또 있다. 풍력 터빈을 설치하고, 생성된 전력을 수집하는 전선을 묻는 도랑(trench)을 설치하기 위해 넓은 도로망이 필요하다. 특히 북동부 산악지역에서 자연 파괴가 심각하다. 산능선들(ridgelines)의 나무는 각 탑 주위의 수 제곱킬로미터의 지역에서 바람을 막지 않도록 제거되어야 한다. 이 도로와 개간된 지역은 서식지 분할을 유발하고, 침입 종의 확산을 증가시킨다. 이러한 환경 훼손은 분명히 파괴적이다.(68)

사람들은 전국에서 버섯처럼 솟아나는 높은 탑들에 대해 다르게 반응한다. 일부 사람들은 좋아하거나 최소한 그것들에 반대하지 않으며, 몇몇 풍력터빈을 위해 자신들의 토지를 임대하는 농부와 목장주는 자신들의 토지에서 얻을 수 있는 경제적 이득을 특히 좋아한다. 와이오밍 주 목축업자는 그들의 토지 위에 풍력 터빈을 설치하기 위해 연간 4,000달러를 받을 수 있으며, 보다 일반적으로 메가와트(MW) 설치 용량(66, 74) 당 4,000~6,000달러의 이윤을 낼 수 있다. 그러나 나 자신을 포함한 다른 사람들은 이 거대한 산업용 풍력발전소들과 부수적인 송전선들이 아름다운 지역에서 설치되는 것에 대해 우려하고 있다. 산등성이는 높은 풍속 때문에 풍력 터빈 설치에 중요한 지역이다. 산등성이 또는 통행로나 미개발된 자연지역에 풍력 터빈을 설치하는 일은 평화와 고요, 인간 영혼의 향유인 자연과의 일체감 등 때 묻지 않은 자연의 가장 중요한 것들의 본질을 파괴한다.

나는 이 장소들의 조망을 파괴하는 풍력 터빈을 환영하지 않으며, 이러한 사람은 나 혼자만은 아닐 것이다. 콜로라도 주립대학은 콜로라도 주와 이오밍 국경 근처에 있는 한 목장에 최대 200MW를 생산할 수 있는 풍력 단지를 건설하고자 했다. 이 프로젝트는 과거에는 산을 온전히 볼 수 있었지만, 현재는 풍력 터빈을 바라봐야 하는 이 지역 주민들의 강력한 반대에 부딪혔다.

버몬트에서는 대규모 풍력발전소가 계획되고 있으며, 환경 및 조망에 미치는 영향 때문에 반대하는 사람들이 많다.(63) 캔자스의 플린트 힐스(Flint Hills)에 계획되고 있는 풍력 단지는 철새와 미적 조망을 해칠 위험이 있기 때문에 플린트 힐스 톨그라스 프레리 헤리티지 재단과 캔자스 오두본 사회단체에 의해 법적 소송이 걸려 있다.(75)

2011년 캔자스 주지사는 플린트 힐스의 약 28,600제곱킬로미터를 풍력발전소를 지을 수 없는 보호 구역으로 지정했다.(76) 몇 년 동안 케이프 코드에서 풍력 발전에 대한 반대가 있었다. 잠깐 구글 검색을 해보면 풍력발전소 또는 태양광발전소에 대한 반대가 각각 600만 건이 넘는다. 그리고 지금도 여전히 계속되고 있다.

요약

풍력과 태양광 발전은 미국과 세계의 에너지 포트폴리오에서 어느 정도 자리를 차지하고 있으며, 나는 환경과 경제적으로 의미가 있는 경우 이를 지지한다. 이들은 재생가능하며 생산 및 설치 과정에서 CO_2 배출량이 적고, 운영 과정에서 CO_2 배출이 없다. 그러나 이들은 에너지 문제를 해결하지 못한다. 상대적으로 소수의 사람들이 살고 있는 지역에서는 기여할 수 있지만, 전력을 시장에 공급하기 위해서는 엄청나고 고가인 새로운 송전망이 필요하다. 이들은 비싸고, 경쟁력을 갖추려면 많은 보조금을 필요로 한다. 소요면적이 매우 넓어서 환경에 영향을 미치기 때문에, 여러 지역에서 제한되고 있다. 이 전원들은 유효수명이 약 20년으로 오래 사용하지 못한다. 그리고 이들의 간헐적인 특성 때문에 전력망이 반드시 필요한 기저부하 전기를 제공하기 위한 화석연료의 필요성을 줄이지 못한다. 전국적으로 수십만 개의 풍력발전소를 건설하는데에 막대한 투자를 하더라도 위치에 따라 다소 차이가 있지만 기껏해야 이 나라의 전기필요량의 약 1/5수준을 제공할 수 있을 뿐이다.

따라서 풍력과 태양광 에너지가 전기 생산을 위한 석탄과 천연가스에 대한 중독에서 벗어나게 할 수 없다면, 다른 환경 친화적인 자원이 있을까? 이것이 다음 장의 주제이자 이 책의 주제이다.

노트

1. 광전 효과에 대한 자세한 내용은 제5장을 참조하라.
2. http://rredc.nrel.gov/solar에서 PV Watts 에 액세스할 수 있다.
3. MWh(메가와트 시간 에너지)는 1,000kWh를 나타낸다.
4. 펌프 저장은 바람이 강하게 불 때 바람을 이용하여 높은 곳에 있는 저수조로 물을 퍼 올려 저장했다가 바람이 약하게 부는 상황 동안에 터빈을 돌릴 수 있게 한다.
5. 예를 들어, 아이오와 주에 있는 위스퍼링 윌로우 풍력단지(Whispering Willow Wind Farm)는 약 30대의 트럭 분량의 콘크리트를 사용하여 15미터 × 15미터 × 2미터 깊이의 바닥을 가지고 있다.

참고 문헌

1. Lovins A. *Soft Energy Paths: Toward a Durable Peace.* New York: Harper & Row, 1977.
2. Jacobson MZ, Delucci MA. A path to sustainable energy by 2030. *Sci Am* 2009; 301:58–65.
3. Green MA, Emery K, Hishikawa Y, Warta W. Solar cell efficiency tables(version 36) *Progress in Photovoltaics: Research and Applications* 2010; 18:346–352.
4. Cordaro M. *Understanding base load power: What it is and why it matters.* New York Affordable Reliable Electricity Alliance. 10-7-2008. www.area alliance.org/documents/base%20load%20power.pdf.
5. Kann S, Mehta S, Shiao MJ, Krulewitz A, et al. *U.S. Solar Market Insight Report: Q3 2012 Executive Summary.* Solar Energy Industries Association, 2012. http://www. seia.org/research-resources/solar-market-insight-report-2012-q3.
6. *Utility scale PV map: US and Canada 2011.* PV-insider.com, 2011.
7. Conti JJ, Holtberg PD, Beamon JA, Schaal AM, Ayoub JC, Turnure JT. *Annual Energy Outlook 2011 with Projections to 2035.* US Energy Information Administration, 2011. http://www.eia.gov/forecasts/aeo/pdf/0383%282011%29.pdf.
8. Silverstein K. Germany's example. *EnergyBiz Insider*, 4-30-2011.
9. Growing pains. *The Economist*, 4-15-2010.
10. Frondel M, Ritter N, Schmidt CM, Vance C. *Economic Impacts from the Promotion of Renewable Energy Technologies: The German Experience.* Bochum, Germany: Ruhr-Universität Bochum, 2009.
11. Palmen A. *Germany installs record 4, 300 MW solar in first half-agency.* Reuters, 8-2-2012.
12. Goodwin S, Douglas C, Carlson K. *Lifecycle Analysis of Water Use and Intensity of Noble Energy Oil and Gas Recovery in the Wattenberg Field of Northern Colorado.* Denver: Noble Energy, Inc., and Colorado State University, 2012.
13. *Solar Explained: Solar Thermal Power Plants.* US Energy Information Administration, 5-20-2011. http://www.eia.gov/energyexplained/index.cfm? page= solar_thermal_power_plants.
14. SEIA. *Concentrating Solar Power: Utility-Scale Solutions for Pollution-Free Electricity.* Solar Energy Industries Association, 3-18-2010.
15. SEIA. *Utility-Scale Solar Projects in the United States Operating, Under Construction, or Under Development.* Solar Energy Industries Association, 7-29-2011.
16. Stancich R. PV, not CSP for STA's 1 GW Blythe project. *CSP Today*, 8-19-2011. http://social.csptoday.com/markets/pv-not-csp-sta%E2%80%99s-1gw-blythe-project.
17. Dish Stirling: down but not out. *CSP Today*, 9-30-2011. http://social.csptoday.com/technology/dish-stirling-down-not-out.
18. Tucker W. *Terrestrial Energy: How Nuclear Power Will Lead the Green Revolution and End America's Energy Odyssey.* Savage, MD: Bartleby Press, 2008.
19. Arias S. CSP Yield optimisation. *CSP Today*, 6-1-2011.
20. Walsh B. Tower of power. *Time*, 6-24-2013; Business 1-Business 4.
21. *Ivanpah project facts.* BrightSource Limitless, 2012. http://www.brightsourceenergy. com/ivanpah-solar-project.
22. *Ivanpah Solar Electric Generating System.* National Renewable Energy Laboratory, 1-28-0013. http://www.nrel.gov/csp/solarpaces/project_detail.cfm/projectID=62.
23. *Crescent Dunes Solar Energy Project.* National Renewable Energy Laboratory, 2-26-2013.
24. Harting C. *AC transmission line losses*, 2010. http://large.stanford.edu/courses/2010/ ph240/harting1/.
25. Jaffe M. Battle lines drawn over San Luis Valley electric-transmission plans. *Denver Post*, 12-13-2009.
26. Shively B, Ferrare J. *Understanding Today's Electricity Business.* 5thed. Laporte, CO:

Enerdynamics, 2010.

27. Hughes WG. Environmentalists, green industries at odds over San Bernardino County desert development. San *Bernardino County Sun*, 4-23-2011.

28. Mernit JL. Here comes the sun. *Audubon*, 10-1-2011; 70–76.

29. Schwartz N, Dearen J. *Native American groups sue to stop solar projects*, 2-28-2011. http://www.businessweek.com/ap/financialnews/D9LLPP380.htm.

30. *Levelized Cost of New Generation Sources in the Annual Energy Outlook 2012*. US Energy Information Administration, 7-12-2012. http://www.eia.gov/forecasts/aeo/ electricity_generation.cfm.

31. Wolff E. Solar customers furious with utility over proposed rate change. *North County Times*, San Diego, CA, 10-8-2011.

32. Lipton E, Krauss C. A gold rush of subsidies in the search for clean energy. *New York Times*, 11-11-2011.

33. Hughes T. Local issues hinted to Abound Collapse. *Fort Collins Coloradoan*, 11-18-2012.

34. Scherer M. The Solyndra Syndrome. *Time*, 10-10-2011; 42–45.

35. Biello D. *How Solyndra's failure promises a brighter future for solar power, 2011*. http://www.scientificamerican.com/article.cfm? id=how-solyndras-failure-he lps-future-of-solar-power.

36. *Kansas Wind Energy*, Kansas Energy Information Network, 11-2-2011. http://www. kansas energy.org/wind_projects.htm.

37. *Size specifications of common industrial wind turbines, 2011*. http://www.aweo.org/ wind models.html.

38. Wiser R, Yang Z, Hand M, et al. Wind Energy. In: Edenhofer O, Pichs-Madruga R, Sokona Y, et al. eds. *IPCC Special Report on Renewable Energy Sources and Climate Change Mitiga tion*. Cambridge, UK, and New York: Cambridge University Press, 2011; 535–607.

39. Opalka B. *Getting a second wind: Wind energy recovering. Energy Central*, 4-16- 2012. http://www.energybiz.com/article/12/04/getting-second-wind.

40. *World Wind Energy Association 2012 Half-year Report*. World Wind Energy Association, 2012. www.wwindea.org.

41. Sharman H, Meyer H. *Wind Energy: The Case for Denmark*. Copenhagen: CEPOS(Center for Politiske Studier), 2009.

42. Silverstein, K. Cape Wind gets off the ground. *EnergyBiz Insider*, 5-3-2010.

43. Seelye KQ. Regulators approve first offshore wind farm in U.S. *New York Times*, 4-28-2010.

44. *Wind Power. Online Training Module*. Laporte, CO: Enerdynamics, 2011.

45. *Levelized Cost of New Generation Resources in the Annual Energy Outlook 2011*. US Energy Information Administration, 4-26-2011. http://www.eia.gov/forecasts/aeo/ electricity_generation.cfm.

46. Wald ML. Is wind worth it? *New York Times*, 10-19-2011.

47. Wald ML. Taming unruly wind power. *New York Times*, 11-4-2011.

48. *20% Wind Energy by 2030: Increasing Wind Energy's* Contribution to U S Electricity Supply. DOE/GO-102008-2578, US DOE, 2008. http://www.nrel.gov/docs/fy08osti/41869. pdf.

49. Lenzen M. *Current state of development of electricity-generating technologies - a lit- erature review*. Melbourne: Australian Uranium Association, 2009.

50. Ferguson ARB. The meaning and implication of capacity factors. *Optimum Population Trust Journal* 2004; 4:18–25.

51. Lew D, Piwko R, Miller N, et al. *How do wind and solar affect grid operations: The Western wind and solar integration study*. Technical Report NREL/TP-5500-50057, Golden, CO: National Renewable Energy Laboratory, 2009.

52. *Wind Energy International 2011/2012: Country Report-Germany.* Bonn: World Wind Energy Association, 2011; 217.

53. Milborrow D. Wind power and similar renewable sources: Why variability doesn't matter. In: Elliott D, ed. *Sustainable Energy: Opportunities and Limitations.* Basingstoke, UK: Palgrave Macmillan, 2007.

54. Ferguson ARB. Wind power: Benefits and limitations. In: Pimental Ded. *Biofuels, Solar and Wind as Renewable Energy Systems: Benefits and Risks.* New York: Springer, 2008; 133–151.

55. Magill B. Vestas worried about tax credit. *Fort Collins Coloradoan*, 11-15-2011.

56. Energy production by source and energy tax incentives. *Congressional Research* Service, 5-16-2011.

57. Galbraith K. Future of solar and wind power may hinge on federal aid. *New York Times*, 10-26-2011.

58. *Recovery Act Fourth Quarterly Report: The Public Investment Provisions of the Recovery Act.* Council of Economic Advisors, 7-14-2010. http://www.white- house.gov/adminis tration/eop/cea/factsheets-reports/economic-impact-a rra-4th-quarterly-report/section-4.

59. *Updated Capital Cost Estimates for Electricity Generation Plants.* US EIA, 2010. http:// www.eia.gov/oiaf/beck_plantcosts/index.html.

60. Fitzgerald J. Cape Wind rate shock: Electricity will cost twice as much as power plants. *Boston Herald*, 5-8-2010.

61. Rosenbloom E. *Areas of industrial wind facilities*, 2011. http://www.aweo.org/ windarea. html.

62. Lovins A. Renewable energy's "footprint" myth. *The Electricity Journal* 2011; 24:40–47.

63. Rosenbloom, E. *A problem with wind power.* 9-5-2006. www.aweo.org.

64. Ritter J. Wind turbines taking toll on birds of prey. *USA Today*, 1-4-2005.

65. Altamont Pass Wind Farm. Wikipedia, 10-11-2011. http://en.wikipedia.org/wiki/ Altamont_ Pass_Wind_Farm.

66. Thompson J. Wind resistance. *High Country News*, 1-4-2010; 10–21.

67. Martin B, Pearson A, Bauer B. An *Ecological Risk Assessment of Wind Energy Develop ment in Montana*. Helena, MT: The Nature Conservancy, 2009.

68. Risser P, Burke I, Clark C, English M, et al. *Environmental Impacts of Wind-Energy Projects*. Washington, D.C.: The National Academies Press, 2007.

69. Drewitt AL, Langston RH. Collision effects of wind-power generators and other obstacles on birds. *Ann N Y Acad Sci* 2008; 1134:233–266.

70. Opalka B. Are birds interfering with wind power? *EnergyBiz*, 11-1-2011. http:// www. energybiz.com/article/11/11/are-birds-interfering-wind-energy.

71. Handwerk B. *Bats may be wiped out by fungus in U.S. Northeast*, 8-5-2010. http:// news. nationalgeographic.com/news/2010/08/100805-bats-white-nose-fungus- extinction-science- environment/.

72. Opalka B. Bats endanger wind. *EnergyBiz*, 12-1-2011.

73. Silverstein K. Bird deaths haunt wind energy: Interior Dept puts forth plan. *EnergyBiz*, 4-2-2012. http://www.energybiz.com/article/12/04/bird-deaths-ha unt-wind-energy.

74. Aakre D, Haugen R. *Wind turbine lease considerations for landowners*. North Dakota State University Extension Service. 2009. http://www.ag.ndsu.edu/pubs/ agecon/market/ec1394. htm.

75. Hegeman R. Lawsuit seeks to block Flint Hills wind farm. *Topeka Capital-Journal*, 1-27-2005.

76. Plumlee R. Deal limits Flint Hills wind farm expansion. *Wichita Eagle*, 5-7-2011.

제5장   원자력: 미래로 되돌아가기

가장 많이 아는 사람들이 가장 두려워하는 기후변화.
가장 많이 아는 사람들이 가장 두려워하지 않는 원자력.

많은 사람들이 원자력은 과거에 묶여 있는 옛날 기술이며, 태양과 바람이 미래라고 말한다. 1951년 러시아가 최초로 민간 원자력 발전소를 건설한 후 상업용 원자력 발전은 1956년 영국, 1957년 미국에서 시작되었다.[1] 1960년대와 1970년대에는 원자력발전소가 전 세계적으로 꽃을 피웠다. 1973년 미국에는 42기의 원자로가 있었으며, 1990년에는 112기가 되었다. 이들 중 일부는 폐쇄되고, 1998년에는 104기의 원자로가 운영되어 약 100GWe를 전력망에 공급했다(2012년 말까지 동일한 대수의 원자로가 가동되었음). 2013년 중반에는 전 세계적으로 432기의 원자로가 운영되고 있었다.

원자로는 20년 이상 미국 전기의 약 20%를 공급해 왔으며 CO_2를 배출하지 않는다.[2] 프랑스는 원자력에서 전기의 75%를 얻고 있다. 국가 차원에서 가장 높은 비율이다. 독일은 원자로의 약 절반을 폐쇄했고, 일본은 2011년 후쿠시마 사고 직후 모든 원자로를 일시적으로 폐쇄하면서 영구적으로 폐쇄할 것을 고려했었지만, 사고가 있기 전인 2010년까지 독일과 일본은 여전히 전력의 25% 이상을 원자력 발전으로 공급하고 있었다(역자 주: 독일은 원자력을 서서히 퇴출시킬 계획이지만, 일본은 25기의 원자로를 재가동하고 신규 원전을 증설하고 있다).(3) 이처럼 원자력은 50년 넘게 전기를 생산해 왔으며, 여러 나라의 에너지 믹스(energy mix)에서 중요한 역할을 담당해 왔다.

그러나 이 뿐만이 아니라 원자력은 온실가스가 거의 발생하지 않기 때문에, 미래 에너지 수요를 충족시키면서도 환경에 나쁜 영향을 주지 않는 매우 중요한 에너지원이다.

온실가스 배출과 지구온난화를 막으려는 노력을 진지하게 원한다면, 우리는 원자력으로 돌아가야 한다. 원자력이 미래에 왜 중요한지 알아보기 위해 원자력발전소 견학이라는 여정을 시작하고자 한다.

원자로 알아보기

울프크리크 원자력발전소(Wolf Creek nuclear power plant)는 토피카에서 약 100킬로미터 남쪽에 있는 캔자스 평원에 위치해 있는데, 내가 어렸을 때 농사짓던 옥수수 밭에서 동쪽으로 약 320킬로미터 떨어진 벌링턴에서 6.4킬로미터 떨어진 곳이다. 원자로에 냉각수를 제공하고 있는 21제곱킬로미터의 호수는 크래피(crappie), 웰아이(walleye), 농어(smallmouth bass) 및 각종 물고기들이 가득한 낚시의 중심지이기도 하다.

원자력 단지와 호수를 포함한 42.5제곱킬로미터 규모의 부지에는 약 6제곱킬로미터의 야생 생물 서식지(wildlife habitat)가 있으며 약 3분의 1을 농부와 목축업자에게 임대하고 있다. 발전소 자체는 1.3제곱킬로미터 미만을 차지한다. 호수는 대머리독수리와 물수리 뿐만 아니라 물새들의 서식지이다. 농지와 자연보호구역이 있는 녹지대에서 80만 명을 위한 전기가 생산되고 있다고 상상하기란 어렵다.

내가 발전소를 방문했을 때는 보안이 철저했다. 보안 검색 구역에서 차 밑을 거울로 비추어 조사하고 또 위험한 것을 가져오거나 않았는지 스캐너를 가지고 검사를 했다. 그러자 차량 방벽(active vehicle barrier)을 경비원이 열어주어 보안 건물로 운전해 들어갔다.

해군 원자력잠수함에서 방사선 전문가 훈련을 받은 톰 모로(Tom Moreau)의 안내를 받아 신분증을 제출했다. 공항처럼 폭발물 등 화학물질 잔해를 감지하는 공기 주입 검사기를 통과한 후에야 내 방문자 뱃지를 집어 들고 잠겨있던 보안 게이트를 통과했다. 발전소 내에서는 반드시 가이드의 안내대로 움직여야 했으며, 이곳은 철조망으로 둘러싸여 있으며, 감시 카메라와 기관총을 든 경비원이 감시탑에서 감시하고 있는 보안구역이었다.

우리가 터빈 건물에 들어가기 전에 귀마개가 지급되었는데, 곧 그 이유를 알게 되었다. 이 건물은 거대한 급수 펌프(feedwater pumps), 응축기(condensers), 고압 및 저압 터빈들, 그리고 감압변압기(stepdown transformers)를 통해 전력망과 연결되는 1,200MW, 25,000볼트 전기를 생성하는 주 발전기가 있었다. 내부는 깨끗했지만, 소리가 매우 컸기 때문에 귀마개가 필요한 것이었다. 이 건물은 석탄화력발전소, 가스화력발전소와 본질적으로 동일하다(제3장 참조). 다만 근본적인 차이점은 터빈과 발전기를 구동하기 위해 증기를 발생시키는 열원이 다르다는 점이다.

방사선 통제 구역에 들어가려면 내 뱃지와 톰의 뱃지 2개를 사용하여 문을 열어야 했다. 이 구역은 원자력발전소의 심장이며, 방문하고자 하는 사람들은 문서를 통해 사전 허락을 받아야 한다. 이 구역의 컴퓨터 화면에는 원자로 격납건물과 보조건물(auxiliary building) 전체의 방사선 감시기 수치들이 표시된다. 우리는 귀마개를 빼고 방사선 뱃지를 받아 안전문을 통해 격납건물로 들어갔다. 격납건물은 약 1미터 두께의 철근 콘크리트로 이루어져 있으며, 누설 방지를 위하여 안쪽 벽에 탄소강 철판이 설치되어 있다<그림 5.1>. 높이 63미터, 지름 43미터인 이 격납건물에는 높이 13미터, 지름 4미터인 원자로 용기(reactor vessel)가 설치되어 있다. 원자로 용기는 특수 합금강으로 제작되어 있고 두께가 5~17센티미터이다.

원자로 용기 내부에는 핵연료(fuel elements)와 제어봉(control rod)이 있는 실제 원자로가 있다. 핵연료는 연필 지우개 크기의 우라늄 연료 펠릿들(uranium fuel pellets)을 360센티미터 길이로 쌓아 연료봉(fuel rod)을 만들고, 다시 연료봉 264개를 모아 놓은 연료집합체(fuel assembly)로 만든 것이다. 한 원자로는 193개의 연료집합체를 포함하고 있다. 원자로를 순환하는 물은 150기압의 고압에서 300°C로 가열된다. 고압으로 인해 물이 끓는 것을 방지하므로 이 노형의 원자로는 가압경수형 원자로(PWR, pressurized water reactor)로 알려져 있으며, 미국 및 세계에서 가장 일반적인 형태의 원자로이다. 1차 계통(the primary loop)의 이 물은 4개의 증기발생기(steam generators)를 통과하며 격납건물 내에서만 순환한다. 증기발생기는 2차 계통(the secondary loop)을 형성한다. 1차 계통의 물은 2차 계통의 물과 직접

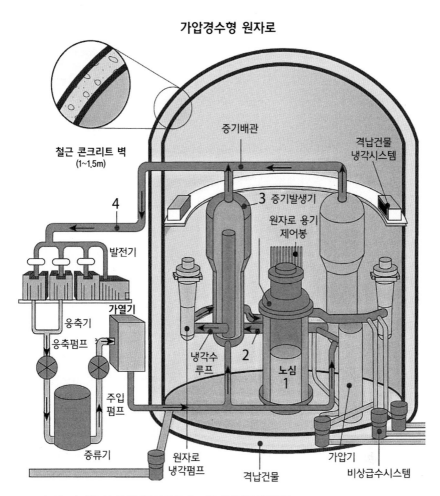

가압경수형 원자로

철근 콘크리트 벽
(1~1.5m)

증기배관

격납건물
냉각시스템

4

3 증기발생기

발전기

원자로 용기
제어봉

가열기

응축기

응축펌프

냉각수
루프

2

노심
1

주입
펌프

증류기

원자로
냉각펌프

격납건물

가압기

비상급수시스템

〈그림 5.1〉가압경수형 원자로의 구조 ⓒ 미국 원자력규제위원회

접촉하지 않으므로 터빈을 구동하는 2차 계통 속 증기에 방사능이
포착될 수는 없다. 증기발생기에서 생성된 2차 계통의 증기는 전기
를 생성하는 터빈 건물(turbine building)로 전송된다.[2] 터빈 건물과는

달리 이 격납건물 내부는 정말 조용하다.

원자로는 내가 도착하기 약 1개월 전에 연료를 재충전했다고 했다. 나는 방사능이 많고 물리적으로 매우 뜨겁다는 '사용후핵연료 집합체'가 보고 싶었다. 또다른 보안 문을 통과한 후 우리는 사용후핵연료 '냉각저장조(cooling pool)' 구역으로 들어갔다. 콘크리트로 만들어진 물탱크이며, 중성자를 흡수하기 위해 붕소가 채워져 있었다. 저장조는 놀랍게도 매우 작아서 목장 건물만한 크기였다. 파란 물이 매우 투명해 보였다. 사용후핵연료에서 방사되는 방사선을 감지하는 것은 불가능하다. 운이 좋다면, 물 속에서 빛의 속도보다 빠르게 움직이는 전자에 의해 방출되는 푸르스름한 체렌코프(Cherenkov) 방사선을 볼 수는 있다지만, 우리는 운이 없었다. 물 속에 잠겨있는 가늘고 긴 연료집합체 배열만 볼 수 있었다.

'사용후핵연료 저장조'를 나온 후, 톰과 나는 이 견학에서 옷에 묻을 수도 있는 방사선을 확인해야 했다. 방사선 모니터에 손을 넣고 서 있으니 빨간불이 깜박이며, 내가 아주 많은 방사선을 받았다고 경고하였다. 알고 보니 예상대로 플라스틱 안전모가 정전기를 일으켜, 사용후핵연료 저장고에서 방사되는 라돈 자핵종 원자들을 끌어 모은 것이었다. 안전모를 벗고 재보니 방사선이 없음을 표시하는 녹색 불빛이 들어 왔다. 내 방사선 뱃지는 원자력발전소를 견학한 직후 0밀리렘을 표시했다.

원자력발전소 내에 있는 것이 다른 발전소 예를 들어 석탄화력발전소 내에 있는 것 보다 더 안전했다. 발전소의 작업자는 최대 5밀리시버트(500밀리렘)까지 피폭이 허용될 수 있지만, 작업자가 이 수준까지 피폭되는 경우는 극히 드물다. 측정 가능한 방사선량(radiation dose)을 받은 원자력발전소 작업자들의 평균 피폭선량은 단지 1밀리시버트(100밀리렘) 정도로 평균 자연배경방사선량(natural background radiation dose)의 1/3미만이다.(4)

원자력 발전의 장점

기저전력

울프크리크(Wolf Creek)와 같은 원자력 발전과 태양광 발전, 풍력 발전의 차이는 극명하다. 원자력은 임의의 전력망에 꼭 필요하고 일정한 기저부하 전력(Baseload Power)을 제공한다. 원자로는 바람이 불 때나 비가 올 때, 그 어느 때라도 상관없이 가동이 가능하다. 하루 24시간, 주 7일 운용하므로 태양광 25% 또는 풍력 33%와는 달리 평균 설비 이용률이 90%이상이다.(5) 울프크리크 원자로가 1,200MWe로 평가되기 때문에 장기간 평균 출력은 실제로 약 1,100MWe이다. 연료를 교체하기 위해 매 12개월에서 18개월마다 원자로를 멈출 필요가 없다면 설비 이용률은 더 높아질 수 있는데, 교체기간은 한 달 이상 걸린다. 이 가동 중지 기간(down time)은 미리 계획되므로 전력회사는 태양이나 바람의 간헐성과는 다르게 효과적인 계획을 세울 수 있다. 연료 교체를 제외하고, 원자로는 일반적으로 100% 용량으로 작동된다. 원자력 발전은 실제로 태양이나 풍력과 경쟁하지 않는다. 대신 기저부하 전력을 제공하기 위해 석탄이나 천연가스의 필요성을 줄여준다. CO_2가 발생하지 않는 여러 에너지원(재생 및 원자력) 중에서 원자력은 기저부하 전력을 위한 막대한 석탄 의존도를 대체할 만큼 충분히 확대될 수 있다.

온실가스 배출

여러분은 원자력도 실제로 CO_2 발생이 전혀 없다고 말할 순 없지 않느냐? 라고 주장할 수 있으며, 여러분의 말도 맞는 말이다. 그러나 그것은 풍력과 태양광에 대해서도 마찬가지이다. 에너지원들의 전체 수명 주기(life cycle)를 고려한다면, 원자력 발전은 우라늄 채광, 농축 및 연료펠릿 제조 과정에서 CO_2가 발생한다. 그런점에서는 태양광과 풍력도 유사하다.

태양전지는 태양광 패널을 만드는데, 많은 에너지와 자원을 필요로 한다. 풍력 발전 단지는 지반을 위해 막대한 양의 콘크리트와 발전탑용 강철, 그리고 플라스틱용 석유 제품들을 필요로 하며, 거대한 풍력발전소를 건설할 때 역시 많은 화석연료를 사용한다. 이러한 활동들에 대한 수치들은 상당히 다양하지만, 에너지 1kWh당 생성되는 'CO_2기준 온실가스(CO_2 equivalent greenhouse gas)'는 원자력의 경우 9~21g, 풍력의 경우 10~48g, 태양광의 경우 100~280g이다. 석탄은 960~1,300g을 천연가스는 350~850g을 배출한다.(6) 보수적 계산으로 원자력은 석탄 CO_2 배출량의 약 2%를 배출한다는 것인데, 정확한 수치는 논쟁의 여지가 있지만 일반적으로 원자력과 풍력은 CO_2 배출량이 비슷하다. 태양광은 훨씬 높지만, 이 모두 석탄이나 천연가스보다는 훨씬 낮다. 가장 많은 에너지를 사용하고 대부분의 CO_2를 배출하는 단계는 우라늄 농축인데, 이를 위한 새로운 기술 개발로 인해 핵연료주기의 CO_2 배출량은 앞으로 크게 감소할 것이고, 원자력 발전은 지구온난화를 완화하는데 더욱 중요해질 것이다<제11장 참조>.

위치 및 소요면적

무엇이 부동산 개발에 바람직한가라는 질문은 원자력에도 해당된다. 그것은 '위치'이다. 미국의 원자로 분포도는 <그림 5.2>와 같이 미국의 야간 조명 지도와 겹쳐질 수 있다<그림 4.3>. 원자로들이 대부분의 사람들이 살고 있는 곳, 즉 미국의 동부에 존재한다는 것은 명백하다. 그래서 비용이 들고 환경적으로도 유해한 송전선의 필요성을 크게 줄여준다. 이 지역은 또한 상대적으로 태양광 및 풍력 자원이 열악한 지역이다.

원자로란 에너지의 가장 농축된 형태를 이용한다. 그것은 우라늄 원자핵이 분열할 때 방출하는 에너지이며, 단일 발전소가 엄청난 양의 전력을 제공한다.[4] 1GW 혹은 그 이상의 전기를 생산하기 위해 원자력발전소의 소요면적은 1.3제곱킬로미터 미만이다. 이 작은 면적에서 약 130제곱킬로미터의 태양광 패널 또는 거의 1,300제곱킬로미터의 풍력 터빈과 비슷한 평균 전력량을 제공한다<제4장

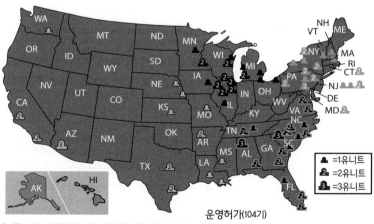

<그림 5.2> 가동중인 미국 상업용 원자로 © 미국 원자력규제위원회

참조>. 따라서 원자로는 전력이 필요한 도시 근처에 위치할 수 있으며, 조망이나 환경에 영향을 주지 않을 수 있다.

단일 부지에 2기 이상의 원자로를 설치하여 소요면적을 크게 늘리지 않고도 전력량을 두 배 또는 세 배로 늘릴 수 있다. 2012년에 가동 중인 104기의 원자로들은 미국 전역의 65개 부지에 위치해 있으며, 부지 절반이 2기의 원자로가 설치된 부지이고 3기가 설치된 부지들도 여럿 있다<그림 5.2>.(4)

원자로는 오랜 기간 동안 운용된다. 미국의 원자로들은 원래 40년 운영 허가를 취득했었으며, 원자로들의 절반이 설계 수명(design lifetime)에 접근하고 있다. 일부는 퇴역하게 될 것이지만, 71기는 총 60년 동안 운용하기 위해 수명연장을 받았고, 나머지 원자로들도 40년이라는 운영 허가의 종료시점에 이르면 수명을 연장하게 될 것이다. 이를 위해 발전소 소유주는 원자로의 안전을 보장하는 기관인 미국원자력규제위원회(US Nuclear Regulatory Commission, NRC)를 통해 광범위한 분야에서 인허가 절차들을 거쳐야 한다. 에너지부는 장기간의 방사선 조사 및 열이 원자로 물질에 미치는 영향에 대한 주의 깊은 연구 끝에 기존 원자로의 수명을 80년으로 연장했다.(7)

반면 태양전지 패널의 일반적인 보증 수명은 20년이며, 효율이 연간 1%씩 감소하므로, 20년 후에는 생산량의 20%를 잃을 것이다.

또 풍력 터빈의 수명은 15~20년이다. 풍력 및 태양광발전소는 원자로의 유효 수명 기간(60~80년) 동안 2~3번 재설치를 해야 하는데, 이 사실은 풍력 및 태양광발전소에 대한 논의에서는 거의 고려하지 않고 있다.

비용

원자로의 유효 수명이 매우 길기 때문에 원자로에서 전기 생산은 석탄, 풍력 및 태양광에 비해 비용 측면에서 경쟁력이 있다. 원자력에너지연구소(Nuclear Energy Institute, NEI)에 의하면, 원자력발전소에서 전기를 생산하는 비용 대부분이 원자로 건설에 소요되는 매우 큰 초기자본비용(initial capital cost, 6~80억 달러)과 부채금융비용(cost of financing the debt)이다. 그러나 원자로가 일단 건설되면, '운영 및 관리비용(operations and manage -ment(O&M) cost)'은 낮고, 비록 크게 원가가 변할 수도 있지만 '핵연료비용(cost of nuclear fuel)'이 전체에서 차지하는 비율이 매우 작다. 2011년 '평균전기생산비용(운영 및 관리비용과 연료비용)'이 석탄의 경우 3.23¢/kWh, 천연가스의 경우 4.51¢/kWh이었던 것에 비해 원자력은 2.19¢/kWh였다.(8)

원자력과 석탄, 천연가스에 대해 다양한 상대적인 비용들이 산정되었다.(9) MIT는 원자력의 미래에 대한 2003년 보고서를 2009년에 갱신하여 발표했다.(10, 11) 이 보고서는 원자력, 석탄, 천연가스의 건설비용과 연료비용을 비교했다. 세 종류의 에너지원에 대해 kWh당 '균등화발전비용(levelized cost of electricity, LCOE)'을 2007년 기준 달러로 계산하였다. 기본적인 경우로서 원자력에 대한 융자에 위험할증(위험을 감수한 대가로 지불되는 보상)이 있는(원자력의 경우 10%, 석탄 또는 가스발전소의 경우 7.8% 이자율을 적용함) 경우이며, 두 번째는 CO_2 톤당 25달러의 탄소세를 포함하는 경우, 세 번째는 세 가지 전원 모두에 대해 동일한 융자비용을 적용한 경우 <표 5.1>이다. 원자력발전소를 예정대로 건설하고 예산을 책정하는 것에 불확실성이 있어서 위험할증이 발생하는 경우, 원자력 발전은 석탄과 가스 발전보다 이자율이 약 1/3 더 비싸다. 그러나 탄소세가 화석연료에 부과된다면 원자력은 훨씬 더 경쟁력이 있다. 발전소가 예정대로 건설되고 위험할증이 없도록 예산을 책정한다면, 원자력은 탄소세가 없더라도 석탄이나 가스 비용과 거의 같으며, 탄소세가 있는 경우는 실질적으로 더 경제적이다.

또한 에너지관리청은 원자력, 풍력, 태양열, 석탄 및 천연가스를 포함한 다양한 에너지원들의 균등화비용을 비교하는 연례 보고서(연례 에너지 전망)를 발행했다.(12) 균등화비용은 자본비용, 금융비용, 고정된 운영 및 관리비용과 연료비용을 포함한다. 나는 제4장에서 태양과 풍력의 비용을 언급했다. 2017년에 가동 시작하는 다양한 유형의 발전소에 대한 균등화비용이 <표 5.2>에 주어져 있다. 천연가스복합화력은 천연가스를 태울 때 나오는 온풍이 터빈을 직접 구동하고 그리고 남는 열로 증기를 생산하여 증기 터빈을 가동함으로써 효율을 높인 발전소 유형이다. CCS는 탄소포집 및 저장을 의미한다<제3장 참조>. 고급 석탄이란 제3장에서 논의한 로우하이드 발전소와 같이 분쇄된 석탄 가루를 연료로 사용하는 현대식 발전소를 가리킨다. 에너지관리청은 비용을 MWh당 달러로 계산하지만, 나는 비교를 위해 <표 5.1>에서 kWh로 변환했다.

<표 5.1>과 <표 5.2>의 석탄, 천연가스 및 원자력에 관한 수치가 왜 서로 다른지 여러분은 그 이유가 궁금할 것이다. 특정 기술에 대한 시뮬레이션은 서로 다를 수 있으며, 또 각 시뮬레이션들은 서로 다른 기간들을 내포하고 있다. 에너지관리청의 예측은 비용회수 기간을 30년 기준으로 선택한 반면, MIT 수치는 40년을 기준으로 한다. 이는 15년 융자(mortgage)와 30년 융자의 차이와 비슷하다. 장기 융자에 대해서는 더 높은 이자율을 지불하지만, 매월 지불액은 더 적다. 현재 대부분의 원자력발전소는 40년이 아니라 실

〈표 5.1〉 다양한 전원 전력원 비용

전력원	건설단가 $/mmBTU	연료비 $/mmBTU*	(1) 기본원가 ¢/kWh	(2) 탄소세포함 원가¢/kWh	(3) 위험할증 없는 원가¢/kWh
원자력	4,000	0.67	8.4	8.4	6.6
석탄	2,300	2.60	6.2	8.3	–
가스	850	7.00	6.5	7.4	–

* 백만 BTU ⓒ MIT 원자력 발전 비용 업데이트, 2009. 비용은 2007달러이다. 건설 단가는 발전소를 하루 만에 건설한다고 가정했을 때 필요한 비용으로서 여러 발전소를 비교하는 일반적인 방법이다. 역자 주: 무위험 할증(no risk premium)은 위험 비용이라고 보면 된다.

〈표 5.2〉 각종 전원의 균등화 비용

발전소 유형	설비이용률(%)	균등화 비용	평균범위
천연가스 고급복합(CCS)	87	6.61	5.95–8.10
천연가스 천연가스(CC)	87	9.01	8.01–10.9
고급석탄	85	11.1	10.3–12.4
고급석탄(CCS)	85	13.9	12.8–15.8
육상풍력	33	9.60	7.70–11.2
해상풍력*	34	24.3	18.7–34.9
태양광 PV	25	15.3	11.9–23.9
태양열 CSP	20	24.2	17.6–38.6
선진원자력	90	11.4	10.7–11.9

* CCS는 탄소포집 및 격리를 의미한다. 2012년 연례 에너지 전망에서 제공한 것이 아니라 이 수치들은 2011년 판에서 가져왔다. ⓒ 2012 연례 에너지 전망 자료, 비용은 2017년 기준으로 산정.

제로 60년 동안 면허가 승인되기 때문에 장기적인 비용은 훨씬 적다.

원자력의 비용은 고급석탄기술과 비교할만하며, 석탄화력발전소에 탄소포집 및 저장장치가 사용되어야 한다면 훨씬 나은 편이다. 가스발전소는 석탄발전소가 필요로 하는 모든 오염 통제를 필요로 하지 않으며, 셰일가스 사용이 늘어남에 따라 가스 비용이 급격히 떨어지기 때문에 천연가스가 비용 측면에서 확실한 승자이다 (역자 주: 우리나라는 액화천연가스를 사와야 하기 때문에 가격이 비싸다).

그러나 천연가스발전소의 많은 비용이 연료비이기 때문에 전 세계 가스경쟁이 치열해짐에 따라 미래에 극적으로 비용이 상승할 수 있다. 원자력 비용은 육상풍력 비용 범위의 상한치 이내에 속하며 해상풍력이나 모든 유형의 태양력보다 훨씬 적다. 그리고 이 비용 예측은 단지 30년 동안인 점을 기억하라.

그 이후(심지어 그 이전이라도) 풍력과 태양광 발전은 새로 대체되어야 할 것이다. 원자력은 다음 30년 동안 추가 자본비용을 거의 들이지 않고 가동된다. 그래서 원자력은 실제로 매우 경쟁력이 있다. 원자력에 대한 강한 반박 중 하나는 비용 대비 효과적이지 않다는 주장인데, 이는 실제로 사실이 아니다. 여러분은 기간을 생각해 봐야 한다.

원자력 및 재생에너지 보조금

새로운 원자력발전소 건설지급보증의 가장 큰 문제점은 초기에 각 원자로당 60~80억 달러의 비용이 드는 점이며, 전력회사들은 비싼 발전소에 투자하기를 주저한다. 2005년 에너지정책법(Energy Policy Act)은 원자력 발전소 건설지급보증(construction loan guarantee)으로 185억 달러를 제공했으므로 좋은 이자율로 자금을 조달할 수 있었다. 조지아의 기존 원자력발전소에 2기의 원자로를 추가로 건설하기 위하여 2011년 서던 사(Southern Company)에 83억 달러에 대한 지급보증 중 첫 번째 보증이 이루어졌다. 지급보증은 원자로 비용의 70%로 전력회사가 상당한 금전적 투자(skin in the game)를 하게

끔 되었다.(13) 에너지부 지급보증은 재생에너지 지급보증과 유사하며 프로젝트 비용의 80%를 초과할 수 없다. 또한 원자력 개발업자는 지급보증비용(cost of the loan guarantee)과 에너지부의 재정지원 프로그램(DOE loan program) 운영에 드는 전체 비용을 지불해야 한다. 이는 풍력 및 태양광 보조금 경우와 다르다.(14)

새로운 원자로들은 60년 수명으로(그리고 심지어는 100년 수명으로) 설계되기 때문에 막대한 초기 투자에 대한 좋은 비유는 고가 주택에 대한 장기 융자이다. 100년 이상 사용할 매우 좋은 주택은 2~3번 재건축해야 하는 저렴한 주택보다 초기 비용이 더 많이 든다. 물론 더 튼튼한 집은 더 많은 비용을 지불하게 될 것이다. 초기에 더 많은 융자가 필요하더라도 장기적으로 볼 때 더 나은 거래이다. 30년이 지난 후에는 융자가 상환되고 나머지 기간 동안 운영비용은 유지비(upkeep) 및 세금뿐이므로 최소 비용으로 유지된다. 이 점은 태양광과 풍력발전소에 비해 초기 비용이 많이 드는 원자로의 경우와 비슷하다. 하지만 원자로는 태양광과 풍력 등 대체에너지들 보다 더 오래 지속될 것이다.

솔직히 말하자면 원자력 개발자는 비싼 발전소를 짓기 위해 이러한 지급보증을 필요로 한다. 특히 몇 기를 주어진 가격으로 제 기간 내에 구축할 수 있음을 증명해 보일 때까지 그렇다. 이것이 아모리 로빈스의 원자력에 대한 커다란 불만족 중 하나이다. 그는 태양광이나 풍력과는 달리 원자력은 민간 자본을 유치할 수 없다고 말한다.(15) 그러나 이것은 솔직하지 못한 것이다. 태양광 및 풍력 발전은 보조금이 없으면 민간 자본을 유치하지 못한다. 2012년 말 '생산세액공제'의 최종 종료에 직면한 풍력발전소 업체의 우는 모습을 목격한 바 있다. 매우 비싸기 때문에 시장만으로는 재생에너지 또는 원자력 발전은 수행할 수 없다. 그러나 원자력만이 기저 부하 전력으로 사용되는 석탄에서 방출되는 CO_2 배출량을 크게 줄일 수 있는 잠재력이 있다. 태양광이나 풍력은 할 수 없다.

그리고 내가 제2장에서 지적했듯이 원자력이 다른 모든 대안 에너지원들보다도 줄일 수 있는 CO_2 톤당 비용효과가 가장 크다. 나에게 이것은 아주 좋은 거래(trade off)처럼 느껴진다. 그리고 물론 지급보증이란 말이 돈을 잃어버리는 것을 의미하지는 않는다. 일단 발전소가 정해진 기간과 비용으로 구축이 되면, 더 이상 위험에 처해지지 않는다. 많은 원자력발전소들은 대기업보다는 공공기관이(울프크리크 원자로의 경우) 소유하고 있으며, 주로 주주를 책임지는 민간 기업이 운영하는 것보다 공공의 이익에 보다 잘 부합한다.

내 생각에 정부가 미래의 수요에 투자하는 것은 좋은 일이다. 이것은 고속도로, 교량, 심지어 우주 계획에 대한 장기간의 투자와 같다.

한 사람의 보조금(subsidy)은 다른 사람의 장려금(incentive)이다. 1950년부터 2010년까지의 연방정부 장려책을 종합적으로 검토한 결과 장려금은 세금성 장려금(tax incentive), 규제, 연구개발(research and development, R&D), 시장 활동, 인프라와 같은 정부 서비스 및 직접 지출과 같은 다양한 형태로 나타남을 보여준다. 60년 동안의 에너지 관련 장려금 총액은 8,370억 달러이다. 신용(credit), 면제(exemption), 공제(deduction)와 같은 세금성 장려금이 가장 큰 범주이며 모든 장려금의 47%를 차지한다. 화석연료는 대부분 세금성 장려금이 전체 장려금의 70%를 차지하지만, 석탄 역시 연구개발에 상당한 금액을 지원받았다.

수력 발전은 주로 전력 시장 규제를 통해 총 장려금의 11%를 차지한다. 원자력 및 재생에너지(대부분 풍력 및 태양광)는 총 장려금의 각각 9%를 차지하고 나머지 1%는 지열이다. 원자력에 대한 장려금의 대부분은 연구개발이었고, 규제기관(NRC 등) 및 기타 정부기관을 통한 디자인 규제에 대해서는 매우 작았다. 재생에너지에 대한 대부분의 장려금은 세금성 장려금이었고 연구개발에 대한 장려금은 약 3분의 1이었다.(16) 수십 년 동안 미국 정부의 정책은 다양한 형태의 에너지를 장려하는(incentivize) 것이었다. CO_2 배출량을 줄이는 것이 국가 및 전 세계적 관심사이므로, 원자력 및 재생에너지에 대한 장려금 혜택은 이를 달성하는데 도움이 되는 유용한 수단이다.

선진 원자로 기술

최초의 원자로(1세대 원자로, Generation I reactor라고도 함)는 1950년대와 1960년대에 기술을 증명하기 위해 만들어진 출력이 낮은 원형로(low-power prototypes) 중 어느 것도 오늘날 미국에서 운영되지 않는다. 1970년대와 1980년대에 건설된 원자로는 가압경수형 원자로(PWR)와 비등수형 원자로(BWR)의 두 가지 주요 유형으로 구성되며 제10장에서 보다 자세히 논의할 예정이다. 이들 원자로는 2세대 원자로(Generation II reactor)라고 알려져 있다.(17) 가압경수형 원자로(PWR)의 기본 설계는 미 해군 원자로-구동 잠수함용으로, 릭오버 제독(Admiral Rickover)에 의해 개발되었다. 울프크리크 원자력발전소는 PWR 원자로이며, 2012년 말까지 운영되는 104기의 원자로 중 69기와 같은 원자로이다. 다른 35기의 원자로는 국립알곤연구소(Argonne National Laboratory)가 처음 설계한 비등수형 경수로이다. 이러한 유형들의 원자로들은 완벽하게 작동하고 있고, 노형 선택은 발전소를 건설한 기업에 달렸다. 웨스팅하우스 사는 PWR을 건설하고 제너럴 일렉트릭 사는 비등수형 경수로를 건설했다. 1890년대에 시작된 토머스 에디슨(제너럴 일렉트릭사의 설립자)과 조지 웨스팅하우스(웨스팅하우스사의 설립자) 간의 경쟁을 지속한 것이다. 에디슨은 전구를 개발해 직류(DC) 전기시스템을 만들었다. 웨스팅하우스는 화려하고도 괴상한 세르비아계 미국인 전기기술자이자 발명가인 니콜라 테슬라(Nikola Tesla)의 특허를 바탕으로 교류(AC)에 대해 돈과 명예를 걸었다. 웨스팅하우스는 전기네트워크를 두고 벌인 이 전투에서 궁극적으로 승리했다. 교류는 더 높은 전압으로 승압하면, 전력 손실이 거의 없이 장거리 전송이 가능했기 때문이다.(18)

그러나 단지 두 가지 주요 노형의 원자로가 있음에도 불구하고 구체적인 원자로들에 대해 실제로 80가지의 다른 설계가 있었기 때문에 표준화가 이루어지지 못했다.(4) 이것은 원자로 건설에 소요되는 비용의 초과 및 기간의 지연을 가져 오는 주요 요인 중 하나이다. 또 다른 요인은 원자력 발전소의 건설 및 운영을 위해 각각 별도의 면허가 발급된다는 점이다.

결론적으로 공사는 완공될 수 있지만, 운영이 중단될 수 있어서 (때때로 중단됨) 매우 값비싼 원자로가 되어 전체 과정에 오명이 부여되기도 했다. 지연의 상당 부분은 원자력에 결사적으로 반대하는 반핵주의자와 환경단체들에 의해 발생하며, 특히 TMI 원자력 사고 이후에 더욱 심하였다.(19)

1980년대의 높은 물가 상승률은 일부 원자로를 오래 지연시켜

90억 달러까지 비용이 발생하게 만들었다.(20) 그러나 원자로 설계는 계속되었다.

차세대 III 및 III+ 원자로는 운영 허가를 신속히 처리하고 건설 기간과 비용을 줄이고, 간단하고 안정적인 운영을 위해 보다 단순하고 표준화된 설계를 채택했다. 그것들은 제2세대 원자로의 설계 수명이 40년이 아니라 60년이라는 더 긴 기본수명(initial lifetime)을 갖도록 설계되었다. 또한 전 세계에 세 번 발생했던 노심용융 사고들을 교훈으로 방사선 방출에 대한 저항력을 높이기 위해 피동 안전장치들이 설계되었다(이러한 사고에 대한 자세한 내용은 제10장 참조). 미국에서 새로운 원자력발전소를 위해 2기의 표준 원자로 설계가 원자력규제위원회에 의해 승인되었으며, 28기의 원자로에 대해 18개의 통합면허(Combined License, COL) 신청이 원자력규제위원회에 접수되었다. 통합면허는 특정 부지의 원자력발전소를 건설하고 운영하는 것을 면허사용자에게 동시에 허가하기 때문에 2세대 원자로와 비교하여 원자로 건설에 소요되는 시간과 비용을 대폭 절감하게 해준다.(21)

원자력규제위원회는 1,150MWe PWR 원자로에 대해 웨스팅하우스 AP1000 Generation III+ 설계를 승인했으며, 이 중 2기는 현재 조지아 보틀레(Vogtle) 발전소와 사우스캐롤라이나의 브이씨섬머 발전소(VC summer plant)에 건설 중이다(역자 주: 현재 계속 공기 지연 중이며, 좋지 않은 사례로 남을 가능성이 크다). 이들 중 첫 번째 AP1000은 2017년까지 전력라인에 접속된다. AP는 '선진 피동형(advanced passive)'의 약자이다. 이 원자로는 전기가 완전히 나가더라도 3일 간 수동으로 비상 냉각을 할 수 있도록 원자로 격납용기 바로 위에 300만 리터의 물탱크를 갖추고 있다. 이 3일은 원자로의 열출력이

처음 며칠 동안 매우 빠르게 떨어지기 때문에 냉각에 가장 중요한 시간이다.

또한 이것은 모듈식으로 설계되는데, 1모듈은 현재 비등수형 경수로 크기의 약 1/4이며 기존 비등수형 경수로의 밸브 개수의 절반과 펌프 개수의 1/3, 강철 및 콘크리트 양의 1/5정도만을 사용한다 (17, 20, 22).

미쯔비시 사는 미국 버전이 US-APWR로 알려진 또 다른 선진 PWR노형을 설계했고 이 노형은 1,629MWe를 생산할 수 있지만, 아직 원자력규제위원회의 승인을 받지 못했다.(17)

또한 제너럴일렉트릭(GE)사는 히타치 및 도시바 사와 공동으로 선진 비등수형 원자로(ABWR) 설계 작업을 추진했다. 일본에 2기의 GE-Hitachi 원자로와 2기의 GE-Toshiba 원자로가 건설되어 가동 중이며, 현재 일본에 2기, 대만에서 2기가 더 건설 중이다. 4기의 운영 중인 원자로는 39개월 만에 건설되었으며, 미국의 기존 원자로들에 비해 건설 기간이 크게 단축되었다. 현재 2기가 미국에도 건설될 예정이다(역자 주: 남 텍사스에 건설 예정이었으나 현재 중단되어 있다). ABWR은 현재 원자로보다 훨씬 출력이 커서 약 1,400MWe를 생산할 수 있다. 이 원자로는 60년 수명을 갖도록 설계되었다. AP1000과 같은 피동 안전기능들(passive safety features)이 포함되어 있고 원자력규제위원회의 승인을 받았다. 더욱 새롭고 경제적인 GE-Hitachi의 ESBWR(Economic Simplified BWR, 경제적 측면에서 단순화된 비등수형 원자로)은 더 적은 개수의 펌프 및 밸브를 가지고 자연순환냉각(natural circulation for cooling)을 이용하여, 전기 없이 6일 동안 작동할 수 있다.(17) 보안을 향상시키기 위해 제어실 및 사용후핵연료 냉각저장조(20)와 같이 중요한 구성 요소는 지하에 둔다.

프랑스 국내외 원자력을 전문으로 하는 공기업인 아레바(Areva)는 1,750MWe를 생산하도록 설계한 European PWR 또는 EPR로 알려진 3세대+ 가압 경수로를 건설하고 있다. 미국 버전은 US-EPR이지만, 'E'는 '유러피언(European)'에서 '진화한(Evolutionary)'으로 변경되었다. 현재 1기가 기간과 비용을 초과하여 핀란드에 건설 중이고, 프랑스에 1기, 중국에 2기가 건설 중이다(역자 주 : 현재는 2018, 2019년에 건설을 완료하여 상업 운전 중, "Taishan Nuclear Power Plant" EPR 2기). 사고의 위험을 최소화하기 위해 4개의 독립적이고 중복적인 안전시스템(independent and redundant safety system)을 가지고 있다.(17, 20) 그리고 이것으로 새 구상이 끝난 것이 아니다.

현재 원자력을 사용하는 13개국으로 구성된 '국제 그룹'은 기존 설계의 진화적 개선뿐만 아니라 새로운 기술을 포함하는 제4세대 (Gen IV) 원자로를 공동으로 설계하고 있다. 이러한 기술은 높은 열 효율을 허용하고, 다른 원자로 물리를 사용하여 사용후핵연료를 태우고, 수백 년 동안 전기 공급을 연장할 수 있도록 우라늄을 훨씬 효율적으로 사용한다. 그러나 아마도 이 기술을 상업적으로 구현하기까지는 수십 년은 걸릴 수 있다.(23, 24) 이것은 제11장에서 더 자세히 논의할 것이다.

중요하고 새로운 진보는 발전소에서 모듈 단위로 구축할 수 있는 소형 원자로(소형 모듈형 원자로 또는 SMR) 설계이다. 이들은 본질적으로 안전하며 기존의 원자로보다 훨씬 작은 50~300MWe급이다. 이들은 몇 기가 함께 클러스터를 이룰 수도 있다. 새로운 특성을 갖는 다양한 소형 원자로들이 미국, 러시아, 중국, 한국, 일본 및 프랑스에 의해 설계되었다. 이 원자로들 중 어느 것도 원자력규제위원회에 인허가를 신청하지 않았다(역자 주: 현재 미국 뉴스케일사만 2017년에 NRC에 설계승인을 신청하였다. 러시아의 경우는 부유식 소형 원자로를 운영 중에 있으며, 중국과 아르헨티나는 건설 중에 있다. 우리나라 SMART는 2012년에 표준설계 인가를 받았다. 그 외 미국의 nPower사, B&H사, Holtec사 및 프랑스, 일본 등은 아직 개발 중에 있다). 아마 조만간 몇 기는 신청될 것으로 예상된다.(25) 뉴스케일 전력(NuScale Power)사는 공장에서 제작한 후 부지에서 12기를 그룹으로 묶어 일반 원자로 크기의 약 절반 규모인 총 540MWe급이 될 수 있는 45MWe급 모듈형 원자로를 설계했다. 소규모 도시의 경우 이 노형이 유용할 수 있다. 뉴스케일 사는 대규모 원자로보다 비용면에서 효율성이 높다고 주장하며, 540MW의 경우 22~25억 달러 정도의 비용으로 제작 가능하므로 자금 조달이 상당히 용이하다고 한다. 그렇지만 이 점은 아직 확실하지 않다. 엔알지 에너지(NRG Energy) 사의 대표인 데이비드 크레인(David Crane)은 공학 및 안전 비용이 수년에 걸쳐 분산되기 때문에 대규모 원자력발전소가 보다 경제적이라고 주장한다.(26, 27) SMR(소형 모듈형 원자로)의 경제성에 대한 예비연구는 발전소에 건설하는 모듈 개수가 증가함에 따라 원자로 비용이 현저히 떨어질 것이라는 것을 보여 준다.(28) 단지 시간이 말해 줄 것이다.

에너지부는 SMR의 개발 및 허가를 용이하게 하기 위해 '비용 분담프로그램(cost-sharing grant program)'을 시작했다. 2012년 밥콕 엔윌콕스(Babcock & Wilcox), 테네시강유역개발공사(Tennessee Valley Authority) 및 벡텔 인터내셔널(Bechtel International) 컨소시엄에 첫 번째 보조금을 지급했다.(29) 밥콕 엔 윌콕스는 단일 부지에서 1~10기 혹은 더 많은 원자로를 확장 건설할 수 있고 연료 재보급 전에 4년간 가동할 수 있는 180MW급 원자로를 개발했다. 2013년에는 다

른 혁신적인 SMR 구상을 위한 두 번째 자금 분할 발행이 가능하다.(30)

원자력이 석탄을 대체할 수 있을까?

제4장에서 나는 풍력과 태양광 재생에너지는 기저부하 전력을 담당하는 석탄에 대한 의존도를 줄이기에 충분하지 않다고 주장했다. 그렇다면 원자력은 과연 석탄을 대체할 수 있을까? 몇 개의 수치를 비교해 보자. 석탄은 현재 미국 전기의 약 41%를 생산한다. 에너지관리청은 2011년 약 600개의 석탄화력발전소가 18쿼드(quad)를 생산했으며, 104개의 원자력발전소는 약 100GWe의 설치 용량으로 8쿼드를 생산했다(제2장 참조). 단순한 계산으로는 새로운 원자로들이 현재와 동일한 평균 전력을 가진다면, 석탄을 대체하기 위해 약 230기의 새로운 원자로가 필요할 것이다. 3세대 원자로는 일반적으로 30~60% 더 크므로, 이 수는 150~175 정도로 크게 줄어들 수 있다. 게다가 현재의 원자로의 대부분은 향후 20년 안에 수명이 끝나고, 새 원자로들이 다시 건설되어야 할 것이다. 이 원자로들의 대부분은 현재 원자로가 있는 현장에 건설되어 비용과 건설 기간을 최소화할 것이다. 원칙적으로 이것은 가능하다고 말할 수 있지만, 그렇게 되려면 많은 노력이 필요하다.

새로운 발전소들을 위한 가장 중요한 시기는 20~40년 후일 것이다. 왜냐하면 많은 석탄발전소가 그때 폐기될 것이기 때문이다. 문제는 무엇으로 대체할 것인가?이다. 175기 정도의 원자로가 미국 내에 건설될 수 있을까? 이 문제를 생각해 보는 한 가지 방법은 현재의 104기의 원자로가 20세기 후반에 약 30년 만에 건설되었다는 것을 인식해야 되는 것이다. 그러나 그 건설들이 공기지연과 비효율적이었기 때문에 이 원자로들은 확실히 좋은 모델이 아니다. 예를 들어 ABWR 원자로의 경우 일본에서 이미 입증된 것처럼 더 표준화된 설계와 모듈식 부품으로 건설될 새로운 세대 원자로는 건설 기간을 절반으로 줄여야 한다. 그렇다. 가능한 일이지만, 엄청난 국가적 노력이 필요하다.

위에서 언급한 2003년 MIT 연구는 금세기 중반까지 전 세계적으로 1,000~1,500기의 원자로가 세워질 거라는 원자력 성장 시나리오를 예측했었다. 이 연구는 나의 위 주장과 비슷하게 미국의 경우 300GWe 용량 또는 200기의 신규 원자로가 건설되리라 예상했다(역자 주: WNA(World Nuclear Association)에 의하면, 2020년 2월 현재 전 세계는 444기의 원자로가 운영 중이며, 52기가 건설 중이다. 또한 계획 중인 원자로는 109기이며, 제안되고 있는 것은 330기이다). 전 세계적으로 1,000기 이상의 원자로가 천연가스발전소를 대체한다면 연간 8억 톤의 CO_2 배출량을 줄일 수 있다. 석탄화력발전소를 대체할 경우 감축량은 16억 톤(1.6Gt)이 될 것이다.(10)

실제로 미국의 석탄화력발전소는 현재 약 20억 톤(2Gt)의 CO_2를 생산하므로 모든 석탄발전소가 제거되면 총 감축량은 미국에서 20억 톤(2Gt)이 될 것이다(제2장 참조). 흥미롭게도 300GWe는 제4장에서 논의한 바와 같이 20%의 전기를 풍력으로부터 얻으려고 에너지부가 제안한 것과 거의 동일한 용량이다. 물론 큰 차이는 원자력이 석탄 소비를 사실상 중단시킬 수 있지만, 풍력은 석탄의 소비를 줄이지 못한다는 것이다.

또 다른 시각은 중국이 원자력에 대해 계획하고 있는 것을 살펴

보는 것이다. 중국은 현재 14기의 원자로를 보유하고 있으며 28기
는 건설 중이고 53기는 계획 중이다(역자주: 2020년 1월 기준 48기를
운전 중이며, 10기를 건설 중에 있다).

중국은 미국보다 석탄 의존도가 높고(약 80%의 전기가 석탄에서 생
산됨) CO_2 발생 측면에서 미국을 능가하고 있기 때문에 대단히 많
은 수의 원자력발전소 건설을 계획하고 있다. 2020년까지는 약
60GWe, 2030년에는 200GWe, 2050년에는 400GWe가 될 것으로 예
상된다(역자주: 중국 자체 디자인 원자로를 주력으로 건설하고 있음). 계
획된 원자로는 대부분 웨스팅하우스 AP1000이 될 것이다.(31) 만일
중국이 할 수 있다면 미국도 할 수 있지 않을까? 물론 가능하지만,
국가의 의지에 달려 있다.

주요한 문제는 철강으로 압력 용기를 만들 수 있는 세계의 유일
한 장소가 일본, 중국, 러시아에 있다는 것이다(32) (역자 주: 한국도
제작 가능함). 새 원자로 건설에 야심차게 노력하겠다면, 미국은 자
체적으로 원자로를 건설할 능력이 필요하다. 그렇게 하기 위해서
는 많은 수의 원자로 주문이 필요한데, 이것은 석탄에 탄소세를 부
과하여 원자로를 건설하는 것이 경제적으로 합리적일 경우에만 가
능하다.

모든 석탄발전소를 퇴출하고 원자로로 대체할 가능성은 희박하
다. 아마도 천연가스발전소와 원자력발전소로 양분될 것이며, 물
론 재생에너지가 어느 정도 에너지 믹스에 기여할 것이다. 2장에서
다양한 시나리오들이 논의되었지만, 이 모두 원자력을 약간 증가
하는 것을 가정하고 있다. 나는 원자력이 훨씬 더 많이 증가되어야
한다고 믿는다.

여러분은 아마 가장 저렴한 에너지는 에너지를 사용하지 않는

것이라고 말할 수도 있다. 즉 절약(conservation)이 가성비 갑(bang for the buck)이라고 말이다. 분명히 나는 이 점에 반대하지 않지만, 절약으로 문제를 해결할 수 있고, 새로운 발전소는 필요하지 않을 것이라고 생각하는 것은 순진한 생각이다. 석탄발전소 교체에 관한 앞에서의 논의는 총 전기에너지 수요의 증가 없이 단지 현재의 석탄발전소를 교체하는 것에 관한 이야기였다. 비록 현재의 효율이 개선될지라도, 총 전력 수요는 인구증가와 전기기기 및 전기자동차의 증가로 인해 더욱 증가할 것으로 예상된다(제2장 참조). 절약과 효율이 전력 수요를 어느 정도 줄일 수 있고, CO_2 감량 문제는 더 쉽게 풀 수 있다. 하지만 솔직해지자. 쉬운 해결책이란 없다.

우리는 석탄에 대한 의존도를 줄이기 위해 가능한 모든 것을 추진할 필요가 있다 – 에너지 절약, 더 많은 원자력발전소, 더 많은 풍력 및 태양광발전소, 그리고 천연가스발전소까지.

원자력 반대 주장들

헬렌 칼디코트(33, 34)와 아모리 로빈스(15, 35, 36)와 같은 수많은 반핵운동가들뿐만 아니라, 시에라클럽(Sierra Club), 지구의 벗(Friends of the Earth, FOE), 천연자원보호협회(Natural Resources Defense Council, NRDC), 그리고 참여과학자연대(Union of Concerned Scientists, UCS)와 같은 단체들은 원자력이 환경 및 인간에게 나쁜 것이며, 대재앙이 가까이 있다는 메시지를 수십 년 동안 설파하고 있다. 그러나 아직까지 그들의 끔찍한 예언은 이루어지지 않았다.

지구백과(Whole Earth Catalogue)의 창립자인 스튜어트 브랜드

(Stewart Brand)와 그린피스의 창시자였던 패트릭 무어(Patrick Moore)와 가이아 이론(Gaia theory)의 창시자인 제임스 러브록(James Love-lock)은 마음을 바꿔 원자력이 안전하고 필요하다고 결론지었다. 왜냐하면 화석연료를 태움으로써 발생하는 CO_2 생성을 줄이고 지구온난화를 최소화하기 때문이라는 주장이다.(37~39) 그럼 누가 옳은가?

원자력에 대해 가장 자주 제기되는 논쟁들은 다음과 같다. 너무 비싸고, 너무 위험하며, 수십억 년 동안 우리와 함께 있을 치명적인 폐기물을 만들어내며 환경 파괴를 일으킨다는 점이다. 또 우라늄 채광은 너무 위험하고, CO_2가 너무 많이 발생하기 때문에 지구온난화를 해결하는데, 도움이 되지 않으며, 테러리스트의 목표물이라는 주장 등이다. 그러나 이러한 우려들의 대부분은 발생했던 사고들과 사용후핵연료 저장에 대한 방사선 위험성에 관한 괴담들에 근거하고 있다. 나는 이 장에서 이미 원자력 비용(cost of nuclear power)에 대해 언급했다. 이 책의 나머지 부분은 다른 주제들에 대해 계속 논의하게 될 것이다.

원자력에 대한 여러 가지 질문들이 있다. 방사선이란 무엇인가, 방사선의 생물학적 영향은 무엇일까, 방사선이 암을 어떻게 유발할까, 그리고 실제로 그것이 얼마나 위험할까, 우리는 얼마나 많은 양의 방사선에 늘 노출되어 있는가, TMI, 체르노빌, 후쿠시마에서 무슨 일이 있었으며, 그 결과는 무엇일까, 방사성폐기물은 무엇이며 우리는 안전하게 처리할 수 있을까, 원자력을 극적으로 확장할 수 있는 충분한 양의 우라늄이 있는가, 안전하게 채광할 수 있는가?

자, 지금부터 우리의 이야기는 방사선부터 시작해보자. 방사선이란 무엇이며 어디에서 오는 것일까? 환상적인 과학적 발견으로 가득한 흥미진진한 이야기들이다.

노트

1. 원자로의 전력 생산은 생성하는 전력의 양에 대해 일반적으로 GWe로 명시되어 있다. 원자로에서도 석탄과 천연가스발전소처럼 총 에너지의 대부분이 열로 소산되기 때문이다. 전기적 구성 요소는 전체 전력의 약 1/3이므로, 1GWe의 발전소는 실질적으로 3GW 총 출력을 생산하는데, 이는 종종 열출력(GWt, thermal)으로 표현된다.
2. 원자로에 대한 자세한 내용은 제10장을 참조하라.
3. 밀리렘(mrem)과 밀리시버트(mSv)는 방사선량의 척도이다. 선량에 대한 자세한 내용은 제7장을 참조하라.
4. 핵융합은 훨씬 더 농축된 에너지이지만, 현재 사용 가능한 에너지원이 아니다.

참고 문헌

1. Mahaffey J. *Atomic Awakening: A New Look at the History and Future of Nuclear Power*. New York: Pegasus Books, 2009.
2. EIA. *Monthly Energy Review August 2011: Nuclear Energy Overview.* Washington, D.C.: US Energy Information Administration, 2011.
3. WNA. *World Nuclear Power Reactors & Uranium Requirements*, World Nuclear Association, 07-01-2013. http://www.world-nuclear.org/info/reactors.html.
4. *NRC. US NRC Information Digest 2011–2012.* Washington, D.C.: Nuclear Regulatory Commission, 2011.
5. NEI. U.S. Nuclear Industry Capacity Factors(1970–2011) Nuclear Energy Institute. 2012. http://www.nei.org/resourcesandstats/Documentlibrary/ reliableandaffordableenergy/ graphicsandcharts/usnuclearindustrycapacityfactors.
6. WNA. *Comparative carbon dioxide emissions from power sources*. London: World Nuclear

Association, 8-1-2009. http://www.world-nuclear.org/info/Energy-and-Environment/Energy-Analysis-of-Power-Systems.

7. DOE. *Light Water Reactor Sustainability.* Washington, D.C.: US Department of Energy, 2-15-2011.

8. NEI. U.S. *Electricity Production Costs and Components 1995–2011.* Washington, D.C.: Nuclear Energy Institute, 2012. http://www.nei.org/Knowledge-Center/ Nuclear-Statistics/ C osts-Fuel, -Operation, -Waste-Disposal-Life-Cycle/ US-Electricity-Production-Costs-and-Components.

9. NEI. *The Cost of New Generating Capacity in Perspective.* Washington, D.C.: Nuclear Energy Institute, 2011.

10. Ansolabehere S, Deutch JM, Driscoll M, Gray PE, Holdren JP, Joskow PL, Lester RK, Moniz EJ, Todreas NE. *The Future of Nuclear Power: An Interdisciplinary MIT Study.* Cambridge, MA: Massachusetts Institute of Technology, 2003.

11. Deutch JM, Forsberg CW, Kadak AC, Kazimi MS, Moniz EJ, Parsons JE. *Update of the MIT 2003 Future of Nuclear Power.* Cambridge, MA: Massachusetts Institute of Technology, 2009.

12. EIA. L*evelized Cost of New Generation Sources in the Annual Energy Outlook* 2012. US Energy Information Administration, 7-12-2012. http://www.eia.gov/forecasts/ aeo/ electricity_generation.cfm.

13. Wald ML. *In bid to revive nuclear power, U.S. is backing new reactors. New York Times,* 2-16-2011.

14. NEI. *Policy Brief: Financing New Nuclear Power Plants.* Washington, D.C.: Nuclear Energy Institute, 2010.

15. Lovins AB, Sheikh I, Markevich A. *Nuclear Power: Climate Fix or Folly?* Snowmass, CO: Rocky Mountain Institute, 12-30-2008.

16. 60 *Years of Energy Incentives: Analysis of Federal Expenditures for Energy Development.* Washington, D.C.: Management Information Services, 2011.

17. WNA. *Advanced Nuclear Power Reactors.* World Nuclear Association. 2011. http:// world-nuclear.org/info/inf08.html.

18. Yergin D. T*he Quest: Energy, Security, and the Remaking of the Modern World.* New York: The Penguin Press, 2011.

19. Antinuclear movement in the United States. Wikipedia, 11-18-2011. http:// en.wikipedia. org/wiki/Anti-nuclear_movement_in_the_United_States.

20. Herbst AM, Hopley GW. *Nuclear Energy Now: Why the Time Has Come for the World's Most Misunderstood Energy Source.* Hoboken, NJ: John Wiley & Sons, 2007.

21. NRC. Combined license applications for new reactors. US Nuclear Regulatory Commission. 3-10-2011. http://www.nrc.gov/reactors/new-reactors/col.html.

22. Thompson K. Next-gen nukes. *Popular Science* 2011; 58–59.

23. WNA. *Generation IV Nuclear Reactors.* World Nuclear Association, 2010. http:// www. world-nuclear.org/info/inf77.html.

24. Goldberg SM, Rosner R. *Nuclear Reactors: Generation to Generation.* Cambridge, MA: American Academy of Arts and Sciences, 2011.

25. WNA. Small nuclear power reactors. World Nuclear Association, 11-21-2011. http://www. world-nuclear.org/info/inf33.html.

26. Rosenberg M. Small nuclear ready for big splash. *EnergyBiz,* 2-11-2011;

27. Silverstein K. Taking a bite out of nuclear reactors: Are smaller units the way to go? *EnergyBiz,* 10-19-2011.

28. Rosner R, Goldberg S. *Small Modular Reactors: Key to Future Nuclear Power Generation*

in the U.S. Chicago: Energy Policy Institute at Chicago, The University of Chicago, 2011.
29. Wald ML. *Help for small nuclear reactors. New York Times,* 11-21-2012.
30. NEI. *Nuclear Energy Overview: DOE issues second funding opportunity for inno- vative SMRs.* Nuclear Energy Institute, 3-12-2013. http://resources.nei.org/docu- ments/NEO.pdf.
31. WNA. *Nuclear power in China.* World Nuclear Association, 11-30-2011. http:// www.world-nuclear.org/info/inf63.html.
32. WNA. Heavy manufacturing of power plants. *World Nuclear Association,* 10-25-2011. http://www.world-nuclear.org/info/inf122_heavy_manufacturing_of_power_plants.html.
33. Caldicott H. *Nuclear Madness: What You Can Do!* Brookline, MA: Bantam Books, 1978.
34. Caldicott H. *Nuclear Power Is Not the Answer.* New York: The New Press, 2006.
35. Lovins A. *Soft Energy Paths: Toward a Durable Peace.* New York: Harper & Row, 1977.
36. Lovins AB. *Learning from Japan's nuclear disaster.* Snowmass, CO: Rocky Mountain Institute, 3-17-2011. http://blog.rmi.org/Learning From Japans Nuclear Disaster.
37. Brand S. *Whole Earth Discipline: Why Dense Cities, Nuclear Power, Transgenic Crops, Restored Wildlands, and Geoengineering Are Necessary.* New York: Penguin Group, 2009.
38. Moore P. Going nuclear: A Green makes the case. *Washington Post,* 4-16-2006.
39. Lovelock J. *Nuclear Energy: The Safe Choice for Now,* 2005. http://www.ecolo.org/lovelock/nuclear-safe-choice-05.htm.

PART 02

방사선

제6장 원자: 과학이 밝혀낸 미지의 세계

방사선이란 무엇인가?

방사선 이야기는 원자와 아원자(亞元子) 입자의 이야기이다. 나는 이 이야기가 과학사에서 가장 매력적이고 설득력 있는 이야기 중 하나이기 때문에 이 이야기를 매우 좋아한다고 미리 말해두겠다. 이것은 뛰어난 과학자들의 업적들이며, 그들은 이 세상을 바꾸어 놓았다.

그래서 열정이 지나치리만큼 자세히 얘기하겠다. 최소한 내가 가르쳤던 학생들은 이 이야기들을 실제로 이해하기 위해서는 복잡하고 쉽게 이해 안 되는 물리학의 개념들을 배워야 했다. 기술적인 부분을 최소화하려고 노력할 것이지만, 여러분이 방사선이 무엇이고 어디에서 오는 것인지 정말로 알고 싶다면 이야기를 진행하는 동안 집중해 주기 바란다. 나는 여러분이 이 이야기에 푹 빠져주기를 간절히 희망한다.

이야기의 시작은 우주(universe)가 더 복잡한 물질을 형성하기 위해 결합은 가능하지만 불가분의 입자들(particles)과 공간(space)으로 구성되었다고 가정한 인도와 그리스의 철학자들로부터다.

입자 중에 '원자(atom)'는 자를 수 없거나 쪼갤 수 없는 것을 의미하며, 기원전 4세기 그리스 철학자 데모크리토스(Democritos)에 의해 처음으로 쓰여졌다. 이것은 순전히 철학적 추측이었지만 놀랄 만한 직관이었다. 수천 년이 지난 후, 과학과 실험은 이것이 의미하는 바를 밝혀내기 시작했다.

존 돌턴(John Dalton)은 화학에서 현대적인 원자이론의 아버지로 인정받고 있다. 1803년에 그는 원소들(elements)이 원자들로 구성되고, 다른 원자들은 다른 무게를 가지며, 특정 원소의 원자들은 모두 똑같지만, 다른 원소들의 원자들과는 다르다는 개념을 발전시켰다. 그는 또한 원자들이 특정 비율로 결합하여 화합물들(compounds)이나 분자들(molecules)을 구성할 수 있다고 주장했다.(1)

그러나 원자는 정말로 나눌 수 없는가. 나눌 수 있다면 그것들은 무엇으로 만들어져 있는가? 돌턴 이후 거의 백년이 지난 후, 이 질문은 19세기 말과 20세기 초, 방사선의 발견으로 시작이 된 일련의 실험과 통찰력에서 답이 나오기 시작했다. 1895년 독일의 물리학자 윌리엄 콘래드 뢴트겐(Wilhelm Conrad Röntgen)은 소량의 기체(gas)를 포함하고 음극과 양극 사이에 전압이 가해진 유리 진공관으로부터의 빛의 방출을 연구하고 있었다. 그는 검은색 판지로 만든 상자로 튜브를 덮고 튜브 전체에 고전압을 가했을 때 특별한 물질로 코팅된 근처의 판지 스크린에 형광을 유발하는 알려지지 않은 광선이 튜브에서 방출하고 있음을 발견했다. 검은 판지는 어떤 빛이라도 막을 거라고 생각했기 때문에 이것은 놀라운 일이었다. 그는 형광을 일으키는 신비한 광선이 존재한다고 결론을 내리고 엑스선(X-ray)이라고 명명했다. 또한 튜브와 스크린 사이에 종이와 알루미늄과 같은 다양한 물질을 넣어 보고 물질이 다르면 엑스선을 흡수하는 정도가 달라지는 것을 발견했다.(2) 그는 아내의 손 사진을 찍었다. 그녀의 손가락뼈와 그녀가 착용하고 있던 반지를 분명히 보여 주었다. 1896년 1월 한 공개강연에서 그는 동료의 손 사진을 찍어 발표했으며, 이로써 방사

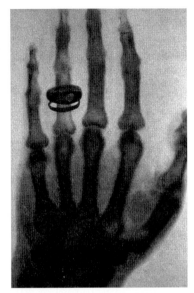

〈그림 6.1〉 뢴트겐이 찍은 엑스선 사진(1896)

선학(radiology) 분야를 창시했다<그림 6.1>. 뢴트겐은 엑스선의 발견으로 최초의 노벨 물리학상을 수상했다.[1]

이것은 물리학에서 매우 많은 발견이 이루어질 혁명의 시작일 뿐이었다. 이전의 물리학자들은 물리학에 대해 알아야 할 모든 것을 거의 다 알고 있다고 생각했기 때문에 더욱 더 놀랄만한 일이었다. 그들은 역학, 중력, 전자기학, 광학, 열역학 및 기체의 통계적 특성을 이해했거나 이해하고 있다고 생각했었다. 아일랜드에서 태어난 스코틀랜드의 유명한 수학자이자 물리학자인 켈빈 경(Lord Kelvin)은 1900년에 "물리학에서 새롭게 발견될 것은 없다. 남아 있는 것은 점점 더 정확한 측정뿐이다"라고 말했다.(3) 그러나 아이러니하게도 그와 다른 물리학자들 모두 틀렸다.

프랑스 물리학자 앙리 베크렐(Henri Becquerel)은 뢴트겐이 엑스선을 발견한 지 몇 달 만에 자연방사능(natural radioactivity)을 발견했다. 그는 몇몇 미네랄은 햇빛에 노출되면 빛을 낸다는 것을 알고, 실제로 특정 미네랄의 인광(phosphorescence, 푸른 빛)을 연구하고 있었다. 그는 뢴른에서 보고된 방사선에 관심이 있었다. 이미 우라늄 염 결정(우라닐 황산 칼륨, potassium uranyl sulfate)을 햇빛에 몇 시간 동안 노출시킨(exposed) 후 두꺼운 검은 색 종이에 쌓인 사진용 건판(photographic plate) 위에 놓으면 속에 있는 건판이 노출된다는 결론을 내렸다. 처음에 그는 태양 노출에 의한 우라늄 염의 인광 때문이라고 추정했다. 그래서 더 많은 실험을 하려고 했으나 흐린 날씨 때문에 우라늄 염을 종이에 싸서 포장한 후 사진 건판 위에 놓고 서랍에 넣었다. 며칠 후 건판을 꺼냈다. 종종 큰 발견을 가져오는 그 우연한 순간 중 하나처럼 건판을 현상시켜 보기로 생각했다. 놀랍게도 우라늄 결정체가 전혀 태양에 노출되지 않았음에도 불구하고 사진 건판이 노출되었다는 것을 발견했는데, 우라늄이 종이를 통과하여 건판을 노출시킬 수 있는 일종의 자연방사선(natural radiation)을 방출하고 있다고 결론지었다. 그는 또한 이 방사선이 엑스선과는 다르다는 것을 알았다. 그러나 그는 그것이 무엇인지 정확히는 알지 못했다.(4, 5)

뢴트겐과 베크렐의 이 새로운 발견에 이어 1898년 마리와 피에르 퀴리부부가 두 가지 새로운 방사성원소인 폴로늄(Polonium, Po)과 라듐(radium, Ra)을 발견했다. 그들은 독일과 체코공화국의 국경 지역인 크루얼 산에 위치한 성 조아킴스탈 광산에서 피치브랜드 몇 톤을 구했다<제2장 참조>. 이것으로부터 우라늄보다 훨씬 더 방사성을 띠고 있는 방사성 물질 소량을 아주 힘들게 추출해냈다. 그들은 첫 번째 추출 원소를 마리의 출신 국가인 폴란드 이름을 따서 폴로늄이라 명명했으며, 두 번째 원소는 라듐이라고 명명했다. 그들의 이야기는 과학사에서 가장 주목받는 이야기이다. 그들은 지붕에서 물이 떨어지고 겨울에는 거의 열기라곤 없는 외풍 심한 헛간에서 피치브렌드 수 톤으로부터 방사성 물질 수 그램을 화학적으로 분리해 냈다.(6~8) 베크렐과 퀴리 부부는 자연 방사능의 발견으로 1903년에 노벨 물리학상을 공동 수상했다.

베크렐과 퀴리 부부의 발견 사이에 샌드위치처럼 1897년 영국 물리학자 톰슨(J.J. Thomson)이 또 다른 중요한 발견을 했다. 그는 엑스선을 생성하기 위해 뢴트겐이 사용했던 튜브와 같은 종류의 진공관에서 음극선(cathode rays)으로 알려진 것을 연구하고 있었다. 그는 음극선이 전기와 자기장에 의해 편향되는(deflected) 것을 밝혔냈으며, 마침내 음극선이 음전하(negative charge)를 띠고 있는 원자보다 훨씬 가벼운 입자들로 구성되어 있다는 것을 알아냈다.[2] 그 역시 뢴트겐이 발견한 엑스선이 공기 중에서 이러한 입자들을 생성한다는 것을 발견하였다.(4) 그는 처음에 이 작은 입자를 '음의 소체(negative corpuscles)'라고 명명했으나 운 좋게도 최종적으로 그 입자들을 '전자(electron)'라고 부르기로 하였다.

당시는 엑스선과 자연방사능의 발견을 설명할 수 있는 이론이 없었기 때문에 고전 물리학에 대한 전반적인 이해를 뒤집을 수 있는 무대가 마련된 셈이었다. 정확히 어디에서 방사선이 왔을까? 이 질문의 답을 찾는 과정에서 원자와 원자핵(nucleus)의 구조(structure)를 설명하고 원자폭탄과 원자로의 개발을 이끌어낸 양자역학(quantum mechanics)이라 알려진 물리학의 혁명적인 새로운 분야가 발달하게 되었다.

흑체복사: 양자

막스 플랑크는 자신이 발견한 결과를 결코 믿지 않았으며, 실제로 원자를 직접 연구하지는 않았지만 그는 혁명을 시작하였다. 그는 흑체복사(Black body radiation)로 알려진 문제에 관심이 있었다.

19세기 말, 물리학의 중요한 미해결 과제 중 하나였다. 이 문제는 가열된 물체에서 방출되는 빛의 스펙트럼(spectrum of light, atomic spectrum과 동일)과 관련이 있다. 우리 모두 뜨거운 물체가 온도에 따라 다른 색의 빛을 내는 것을 잘 알고 있다. 여러분이 석탄을 태우는 캠프파이어를 넋을 놓고 바라본 적이 있다면, 노란색에서 빨간색을 거쳐 검은색으로 변화하는 불빛(glowing ember)을 기억할 것이다. 불타는 석탄이 들어있는 흑단난로(black wood stove)는 흑체의 한 예이다. 제1장의 지구온난화 부분에서 설명한 것처럼, 지구 역시 대략 흑체라고 할 수 있다.

물리학자들을 위한 질문들은 다음과 같다. 특정 온도가 유지될 때 그 흑체로부터 방출되는 빛의 스펙트럼은 무엇인가? 특정 주파수(frequency) 또는 특정 색깔(color)에서 얼마나 많은 빛이 방출될까?

스코틀랜드의 물리학자인 제임스 클러크 맥스웰(James Clerk Maxwell)이 유도한 고전 방정식들에 의하면, 빛은 특정한 파장(wavelength, 파동에서 두 피크 사이의 거리), 주파수(초당 진동수) 및 속도를 갖는 전자기파이다. 빛의 색깔은 그것의 주파수(ν)와 파장(λ)에 달려 있지만, 하나의 상수(constant) 즉 빛의 속도(c)와의 관계에 의해 연결되어 있다. 주파수와 파장의 곱은 항상 초당 3.0×10^8 (300,000,000)미터 또는 초당 30만 킬로미터인 빛의 속도와 같다. 방정식 형태로는 다음과 같이 표현된다.

$$\nu \times \lambda = c$$

주파수와 파장 사이에는 역의 관계(inverse relationship)가 있다. 예를 들어 푸른빛은 붉은빛보다 더 높은 주파수와 짧은 파장을 가지고 있다. 스펙트럼은 각 주파수 또는 파장에서 방출되는 빛의 양이다. 물리학자들은 이미 측정을 통해 흑체의 광 스펙트럼이 크기나 모양과 무관하다는 것을 알고 있었다. 그것은 단지 흑체의 온도에만 의존한다.

고전물리학(classical physics)에 의하면, 흑체에서 방출되는 특정 주파수대의 빛의 양은(강도, intensity) 저주파수에서는 점점 작아지고, 고주파수에서는 무한대에 접근하는 소위 '자외선 대참사(ultraviolet catastrophe)'에 이르게 된다.(2) 흑체는 무한한 양의 에너지를 방출해야 함을 의미하는데, 분명히 터무니없다. 이 이론이 사실이라면, 여러분이 흑체인 나무 난로 앞에 서 있다고 가정해 보자. 여러분은 튀겨질 것이다.

막스 플랑크는 1900년 12월 14일 이론물리학자로서는 많은 나이인 42세에 베를린의 독일물리학회(German Physical Society) 강연에서 폭탄 발언을 했다. 그는 흑체 진동자들(oscillators, 우리가 원자라고 부르는 것)의 에너지의 통계 열역학적 분포(statistical thermodynamic distribution)에 기초하여 흑체에서 방출되는 광 스펙트럼을 완벽하게 기술하는 방정식을 유도했다. 그러나 그는 아주 도약적인 개념을 사용하여 자외선 대참사 문제를 피하기 위해 진동자가 고전 물리학에서 허용하는 무한대의 가능한 에너지 값을 가질 수는 없다고 가정했다. 대신에 에너지는 h로 정의된 새로운 상수의 배수여야만 하며, 이는 현재 플랑크 상수(Planck's constant)로 알려져 있다. 특히 진동자의 에너지는 h와 ν를 곱한 값 즉 $h\nu$의 배수들(multiples)만 가질 수 있다. 여기서 h는 플랑크 상수, ν는 주파수이다. 이 에너지 값이 에너지 양자(quantum of energy)이다.

아마도 이 이론은 혁명적인 것처럼 보이지 않겠지만, 사실 이 이론은 세상의 모든 것이 대부분의 사람들이 알고 있다고 생각하는 것과는 다르다는 것이다. 줄의 끝 부분에 공을 매달고 한쪽으로 당긴 다음 공을 놓아 진자(pendulum)를 만들었다면, 특정 주파수(공진 주파수라고도 함)로 앞뒤로 움직일 것이라고 예상할 수 있다. 공을 더 많이 당긴다면 더 크게 스윙할 것이지만 여전히 같은 주파수이다. 공을 당겨서 위로 움직이게 하면, 사실 중력 에너지를 주고 있는 것이다. 중력 에너지는 진자가 흔들릴 때 운동 에너지로 변환된다. 여러분은 여러분이 그것을 놓기 전에는 여러분이 원하는 어느 위치로나 이동할 수 있다고 생각한다. 그러나 플랑크 이론에 의하면 그것은 사실이 아니다. $h\nu$의 배수인 에너지만 가질 수 있다. 우리가 살고 있는 거시적 세계(macroscopic world)에서는 이 값이 매우 작기 때문에 양자 효과를 느낄 수 없다. h의 값은 6.626×10^{-34} J-sec이다. J(Joule, 줄)은 에너지의 단위이다.[3] 그러나 원자 세계에서 플랑크 상수는 어떤 일이 일어날 수 있는지 없는지를 규정한다.

동료이자 독일 과학자인 앨버트 아인슈타인은 원자 세계에서 양자 효과의 실재를 증명하는 중요한 연결 고리를 찾아냈다. 아인슈타인은 26세 때인 1905년, 기적의 해에 물리학의 세계를 변화시킨 다섯 편의 논문을 발표했다. 논문 중 하나는 액체에서 매우 작은 입자의 브라운 운동에 기초하여 원자와 분자의 존재를 증명하는 것이었다. 또 다른 논문에서는 분자의 크기를 계산했다. 다른 하나에서는 공간과 시간에 관한 특수상대성이론(the theory of special relativity)을 제시했다. 상대성이론에 대한 후속 논문에서 질량은 단지 또 다른 형태의 에너지라고 가정함으로써 그의 가장 유명한 방정식 $E=mc^2$를 제시했다. 마지막 하나는 빛의 양자적 성질(quantum nature of light)을 제안한 것인데, 이로 인해 그는 노벨상을 받았다.(3) 이 논문이 그가 가장 혁명적이라고 여겼던 것이며, 플랑크의 연구와 직접 관련이 있다.

아인슈타인은 물질의 세계와 빛의 세계 사이에 왜 명백한 차이가 있는지에 대한 질문을 제기했다. 물질의 세계는 불연속적인 원자와 분자로 구성되는 것으로 간주되지만, 빛은 특정 주파수의 연속파로 간주되었고 파장은 무한하게 나눌 수 있다. 아인슈타인은 자연계의 근본적인 아름다움을 강하게 믿었으며, 이산적인 원자와 연속적인 빛 사이에 이러한 차이가 없어야 한다고 생각했다. 그는 흑체복사에 관한 플랑크의 연구를 알고 있었으며, 흑체복사의 광자 에너지 스펙트럼에 대해 비슷한 방정식을 도출했다. 그러나 그는 흑체의 빛이 입자들로 구성된 기체와 비슷하다고 생각하고, 수학적으로는 동일한 열역학적 규칙을 따르고 있음을 보여줌으로써 개념적으로 한 걸음 더 나아갔다. 그는 빛이 $h\nu$의 에너지를 가진 양자입자(quantum particle)의 집합체로 간주될 수 있다고 결론지었다.(9)

아인슈타인은 알려진 실험 결과들에 대해 자신의 결론들을 시험해 봄으로써 한걸음 더 나아갔다. 헝가리의 물리학자인 필립 레너드(Philip Lenard)는 광전효과(photoelectric effect)라고 불리는 아주 이상한 현상을 발견했다. 그는 금속 위에 자외선을 비추면 전자들이 방출된다는 것을 발견했다. 이것은 실제로 빛의 파동적 성질에 의해 설명될 수 있어야 했다. 하지만 이상한 점은 빛이 파동처럼 작용한다면 그가 빛의 강도를 증가시킬 때 방출되는 전자의 에너지가 증가해야 하지만 실제로는 증가하지 않는다는 점이었다. 그러나 빛의 주파수를 증가시키면 방출되는 전자의 에너지가 증가했다. 아인슈타인은 빛이 파동이 아니라 에너지 hv를 가진 양자입자들(quantum particles, 후에 광자, photons라고 함)로 구성되었다고 가정함으로써 이 결과를 설명했다. 광자가 금속 원자의 전자와 충돌할 때 광자의 에너지가 전자에게 전달되는 것 같았다. 빛의 강도를 높이면 동일한 에너지의 전자가 더 많이 생성될 뿐이지만, 더 높은 주파수의 광자만이 더 높은 에너지의 전자를 발생시킨다. 이는 레너드의 실험과도 일치한다. 이로써 아인슈타인은 빛이 잘 알려진 파동적 특성뿐만 아니라 입자적인 특성도 가지고 있다는 것을 보여주었다. 사실 빛은 때로는 입자처럼 때로는 연속적인 파동처럼 작용하지만, 동시에 두 가지로 작용하지는 않는다. 그리고 더 신비하게도 우리가 전자와 같은 순수한 물질로 생각하는 것들이 가끔 파동처럼 작용한다. 이것은 '파동 – 입자 이중성(wave-particle duality)'으로 알려져 왔다. 여러분이 이 놀라움으로 가득한 이상한 나라의 엘리스(Alice in Wonderland) 즉 양자세계(quantum world)에 온 것을 환영한다. 방사선이 어떻게 세포를 손상시키는지를 고려할 때 광전효과로 돌아올 것이다.

플랑크와 아인슈타인의 통찰력은 어느 물리학자들도 지금까지 생각해보지 못한 양자역학(quantum mechanics)이라고 불리는 물리학의 한 분야의 발전을 이끌었다. 플랑크는 양자라는 개념을 발견했지만, 물리적 실체성(physical reality)을 받아들이지 않았다. 하지만 양자라는 개념은 문제를 푸는 수학적 편리성 그 이상이었다. 아인슈타인은 이 개념을 받아들이고 양자가 물리적 실체성을 가지고 있는데, 소위 빛 그 자체가 양자입자라는 것을 보여주었다. 그러나 플랑크도 아인슈타인도 그들이 시작한 물리학의 혁명을 완전히 받아들이지 못했다.(3) 양자역학이 대두되었을 때, 그것은 하나의 물리적 세계를 묘사하고 있었지만 아인슈타인은 결코 받아들일 수 없었다. 그래서 양자적 원자의 개념을 완전하게 개발하는 것은 다른 사람들에게 맡겨지게 되었다.

핵이 있는 원자 모델

영국의 케임브리지에 있는 유명한 캐번디시 연구소(Cavendish Laboratory)의 톰슨(J.J. Thomson) 박사는 1897년에 전자를 발견했다. 당시 원자의 구조에 대한 명확한 이해는 없었지만, 원자들에는 총 전하(net charge)가 없으므로, 만일 원자가 음전하(negative charge)를 띤 전자들을 가지고 있다면 전기의 법칙에 의해 중성화에 필요한 양의 전하(positive charge)도 가지고 있어야 한다. 톰슨은 '플럼 푸딩(plum pudding)' 모델이라고 불리는 원자의 모델을 가정했다. 이 모델은 전자들(건포도, the raisins)이 양전하(푸딩)의 바다에 흩어져 있는 구조이며 그래서 모든 전하량이 상쇄될 수 있다.

어니스트 러더퍼드는 뉴질랜드의 거친 국경에서 자랐으며, 뉴질랜드 대학에서 전파(radio wave)라는 새로운 과학분야를 연구하기 시작했다. 1895년에 캐번디시 연구소의 톰슨 밑에서 일할 수 있는 장학금을 받아 캐번디시 연구소에서 전파에 관한 그의 연구를 상업화하고자 했다. 그러나 뢴트겐의 엑스선 발견과 베크렐 및 퀴리의 방사능 발견으로 인해 톰슨의 연구실은 이 이상하고 새로운 방사선에 집중하기 시작했다. 톰슨은 나중에 전자를 발견했고, 러더퍼드는 1899년 캐번디시 연구소를 떠나 캐나다의 맥길대학(McGill University)에 자신의 연구실을 설립해 그곳에서 원자 핵을 이해하게 만들어 준 정교한 발견들에 관한 연구를 시작했다.(9, 10)

러더퍼드는 방사성원소(radioactive element)인 우라늄, 라듐 및 토륨에서 방출되는 방사선을 분석하여, 두 종류의 방사선 입자가 존재함을 발견하고 알파(a) 및 베타(β)라고 명명하였다. 알파선(alpha radiation)은 종이 한 장에도 쉽게 흡수되지만, 베타선(beta radiation)은 딱딱한 물체를 통과할 수 있다. 후에 알파입자는 헬륨(Helium) 원자핵과 동일하며, 양전하를 띠는 반면, 베타입자는 톰슨이 발견한 음전하를 띠는 전자와 동일하다는 결론을 얻었다. 프랑스의 물리학자 폴 빌라드(Paul Villard)는 후에 뢴트겐에 의해 발견된 엑스선과 유사한 세 번째 유형의 방사선인 감마선(γ)을 발견했다.(10)

토륨이 가지고 있는 방사능을 연구하는 동안, 러더퍼드는 방사성 기체가 형성되는 것을 발견했다. 그는 맥길대학의 화학자이자 동료인 프레더릭 소디(Frederick Soddy)에게 이 기체를 분석할 수 있도록 도움을 요청했고, 그들은 이 기체가 라돈이라고 결론 내렸다.(11) 유일하게 가능성 있는 결론은 방사성원소 토륨이 알파입자를 방출하면서 서서히 라돈으로 바뀐다는 것이었으며, 그들은 이를 핵변환(transmutation)이라고 불렀다. 연구진은 수많은 방사성원소들을 연구하였으며 여러 다른 원소들이 알파와 베타 입자를 방출함으로써 서로 다른 속도로 새로운 원소들로 붕괴하는 것을 확인했다. 각 방사성원소들은 특정한 시간 동안 방사능의 절반을 잃어 버리며, 이 특정한 시간은 각 원소들간에 큰 차이가 있었다. 그들은 이것을 방사성원소의 반감기(half life)라고 불렀으며, 여러 방사성 붕괴(radioactive decay)들을 구별하는 방법이 되었다. 같은 방사성원소에도 다른 반감기를 갖는 다양한 변형들이 존재함을 알게 되었고, 그들은 이 다른 변형을 동위원소라 불렀다.(10) 정확히 동위원소가 무엇인지는 뒤에서 분명해질 것이다.

1907년 봄, 러더퍼드는 영국으로 돌아와 맨체스터 대학에 자리를 잡았다. 그는 알파입자 방사능에 매료되었고, 독일 물리학자 한스 가이거(Hans Geiger)와 협력하여 단일 알파입자를 측정할 수 있는 검출기를 개발했다.

이후 가이거는 현재의 가이거 계수기(Geiger counter)를 개발했는데, 이는 방사선 검출에 매우 유용하다. 러더퍼드는 토륨과 같은 방사성 물질에서 방출되는 알파입자를 원자에 포격함으로써 원자의 구조를 연구할 수 있다고 생각했다. 그는 금과 같은 무거운 원소로 얇은 호일을 만들고 알파 입자가 호일을 통과할 때 알파 입자의 산란(편향, deflection)을 측정했다. 어느날 갑자기 충동적으로 그는 학부생 어니스트 마스덴(Ernest Marsden)에게 역방향으로 알파입자 산란을 측정해보라고 지시했다. 러더퍼드는 마스덴에게 이 '바보 같은 실험'을 왜 지시했는지 확신이 없었지만, 이것은 과학사의 여러 우연한 순간들 중의 또 다른 하나가 되었다.(7) 마스덴은 실제로 금박에 튕겨서 뒤쪽으로 산란하는 알파입자를 측정할 수 있었다. 러더퍼드와 많은 사람들은 매우 놀랐다. "그것은 내 인생에서 일어났던 일들 중 가장 놀라운 사건이었다. 그것은 마치 휴지에 15인치 포탄(shell)을 발사하자 포탄이 휴지에 튕겨 되돌아와서 여러분을 향하는 것만큼이나 믿을 수 없는 일이었다."(10)

그는 원자의 양전하들이 아주 작은 부피에 조밀하게 모여 있고 전자들은 흩어져 주위를 돌고 있는데, 알파입자가 때로는 거의 정면으로 원자핵에 부딪히면 마치 탁구공이 볼링공에 부딪히는 것처럼 알파입자가 원자핵에 튕겨서 되돌아온다고 결론지었다. 1911년에 그가 이 발견을 발표했을 때, 그것은 원자에 대한 '푸딩' 모델의 개념을 종결시켰고, 작은 핵 속에 원자의 질량이 모여 있고 그 주위로 전자들이 회전하는 현대적인 핵 원자(nuclear atom)의 개념을 이끌었다.(9)

그러나 원자의 핵 모델에는 몇 가지 큰 문제가 있었다. 고전물리학에 의하면, 모든 양전하가 핵에 집중되어 있고 전자들은 원자핵 주위의 궤도를 돌기 때문에 전자들은 전자기 방사선을 방출하고 에너지를 잃게 되면서, (지구를 돌고 있는 위성이 천천히 지구로 떨어지듯이) 결국은 핵으로 떨어져야 한다. 더욱이 러더퍼드가 증명한 핵의 양전하는 양성자라고 불리는 입자들로 구성되어 있다. 러더퍼드가 후에 보여주었듯이 어떻게 안정된 원자가 핵에 있는 모든 전하를 가지고 존재할 수 있었을까? 양성자에 존재하는 양전하는 양성자들을 서로 밀어 내고, 음전하는 핵으로 떨어지게 된다. 양자라는 개념은 다시 한번 고전 물리학과 충돌하였다.

양자론적 원자 모델

닐스 보어는 1905년 아인슈타인이 기적의 해를 맞이했을 때 19세였다. 이 덴마크 과학자는 20세기 과학적 기여도로는 아인슈타인 다음으로 타의 추종을 불허하는 과학자이자 정치인이었다. 그는 코펜하겐에 이론물리학연구소(Institute of Theoretical Physics, ITP)를 설립했는데, 이곳은 양자역학이라는 새로운 물리학을 탄생시킨 대부분의 아이디어를 육성하는 장이었다. 많은 과학도들이 보어의 생각을 듣기 위해 자신의 아이디어를 보어에게 가져왔다. 보어는 1911년 톰슨 밑에서 공부하기 위해 캠브리지에 갔지만 그곳에서 진행되는 작업에 곧 흥미를 잃게 되었고, 톰슨은 그에게 관심이 없었다. 러더퍼드는 그때 맨체스터에 살고 있었는데, 강연을 하기 위해 케임브리지를 방문했었다. 보어는 강연하는 러더퍼드에게서 깊은 인상을 받았으며 그와 함께 연구하기를 원했다.

1912년 봄, 보어는 맨체스터로 이사 갔고 러더퍼드 그룹에서 함께 방사능을 연구하기 시작했다. 또한 러더퍼드가 이제 막 출판한 핵 원자의 문제에 대해 깊이 생각하기 시작했다.(7)

보어는 플랑크와 아인슈타인이 개발한 양자의 개념에 익숙했었으며, 자연이 불연속적이고 단지 어떤 이산적(離散的)인 혹은 양자화된 값만 존재할 수 있다고 믿었다. 그는 원자핵 주위에서 전자의 안정된 궤도가 양자화된 것으로 생각하기 시작했다. 즉 특정한 이산 값을 가지고 있다고 생각하기 시작했는데, 왜 그런지 그 이유를 설명할 이론이 없었다. 그 이후 그는 수십 년 전에 실제로 수행된 원자 스펙트럼에 관한 연구에 대해 알게 되었다.

1800년대 중반 이래 수소, 탄소, 산소와 같은 원소를 가열하면 연속적이지 않고 매우 특정한 개별 주파수로 이루어진 빛이 방출된다는 것이 알려져 있었다. 원자의 스펙트럼(방출된 빛의 특정 주파수)을 측정하여 특정 원소를 확인하는 것이 가능했지만, 스펙트럼의 원인을 이해하지는 못하고 있었다.

1885년 스위스의 물리학자이자 수학자인 요한 발머(Johann Bal

-mer)는 수소기체의 원자 스펙트럼과 정확히 일치하는 공식을 개발했다. 초당 회전수(cycles per second)로 표시되는 방출된 빛의 주파수(v)는 두 정수의 제곱의 역수의 차이에 비례한다. 수학적으로 표시하면 다음과 같다.

$$v = 3.29 \times 10^{15} \left(\frac{1}{n^2} - \frac{1}{m^2} \right)$$

n=2로 설정하고 m에 3, 4 또는 그 이상을 대입함으로써 이 공식은 수소 원자로부터 방출되는 빛의 실제 관측 주파수들과 정확하게 일치한다.(7) 그리고 발머는 n도 임의의 정수가 될 수 있고, m은 n보다 큰 임의의 정수가 될 수 있다고 예측했는데, 이 또한 사실로 밝혀졌다. 그러나 당시에 이 경험적 공식이 왜 효과가 있는지 그 이론을 아무도 몰랐다.

보어는 안정된 원자(stable atom)의 문제(구조)에 대해 생각하는 동안 1912년에 결혼하여 코펜하겐으로 돌아왔다. 한 분광학자가 보어에게 발머공식을 설명해달라고 요청했다. 보어는 그것을 들어보지 못했지만, 공식을 보자마자 "모든 것이 즉시 분명해졌다"라고 했다.(7) 보어는 전자가 핵 주위를 돌때 허용되는 특정 궤도가 있어야 한다고 주장했다. 이 궤도는 정수로 표시된다. 그는 이 궤도가 안정적이며 방사선을 방출할 수 없다고 가정하면(postulate), 궤도 전자가 원자핵으로 빨려들어 가야만 하는 러더퍼드의 핵 원자(nuclear atom)의 모순을 해결할 수 있었다. 수소 원자에 대한 그의 양자적인 견해에 의하면 전자는 n=1인 가장 낮은 궤도에 있을 때 가장 안정적이고, 전자는 n=1, 2, 3등의 궤도에서만 존재할 수 있다 <그림 6.2>.

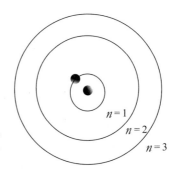

〈그림 6.2〉 중앙에 핵을 가지고 있는 원자 궤도
의 보어 모델과 *n* 이 1, 2, 3 등이 되도록
허용된 궤도

전자가 가장 낮은 궤도에 있을 때, 그것은 가장 강력하게 원자핵
에 묶여있다(bound). 전자는 광자와의 충돌 또는 흡수를 통해 더 높
은 궤도(*n*의 더 높은 값 혹은 *m*)로 이동 또는 '여기(勵起, excited, 들뜸)'
될 수 있다. 그의 결정적인 통찰력은 전자가 높은 궤도 *m*으로 여기
되어 있을 때 전자는 불안정해서 더 낮은 궤도 *n*으로 떨어지게 될
것이라는 것이었다. 이 과정에서 전자는 두 궤도 사이의 에너지 차
이와 같은 크기의 에너지 *hv*를 갖는 광양자(광자)를 방출할 것이다.
이것은 아인슈타인이 그의 광전효과 이론에서 발견한 에너지 공식
과 동일하다.

원자핵 주변 궤도를 돌고 있는 전자에 대한 다른 생각은 전자가
에너지 우물(energy well)에 갇혀있고, 음의 에너지(negative energy)를
갖는다는 것이다<그림 6.3>.

음의 에너지를 가진 전자는 핵에 결합되어 있다. 에너지 우물
은 양자화된 여러 에너지 준위들(energy levels)을 가지고 있다. 즉 전
자는 정수 *n*에 따라 달라지는 특정한 에너지만을 가질 수 있으므
로, 내부 궤도가 가장 큰 음의 에너지를 갖는다. 전자는 일반적으
로 *n*=1인 경우에 가장 낮은(가장 큰 음수의) 에너지 준위에 있으며,

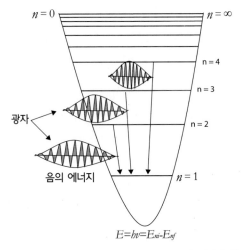

$$E=h\nu=E_{ni}-E_{nf}$$

〈그림 6.3〉 원자핵에 결합된 전자의 양자화된 에너지 준위. 전자가 한 수준에서 낮은 수준으로 점프할 때 광자가 방출된다.

이것은 또한 가장 안쪽의 궤도이고 소위 '기저 상태(基底狀態, ground state, 바닥상태)'라고도 한다. 전자가 광자와의 충돌 또는 광자 흡수에 의해 에너지를 받으면 n이 2 또는 3 이상인 다른 이산 에너지 준위로 올라간다. 전자들은 인접한 두 에너지 준위 사이에는 존재할 수 없으며 준위들 중 하나 또는 다른 하나에만 존재 가능하다.

전자가 높은 준위로 여기한 후에는 낮은 준위로 다시 뛰어내리면서 〈그림 6.3〉에 보이는 웨이브 패킷(the wave packet)의 형태로 광자를 방출한다. 양자화된 이 광자의 에너지는 정확히 두 에너지 준위의 차이에 해당하며 그 크기가 $h\nu$와 같다. 점프가 더 크면(예를 들어 n=3에서 n=1로) 광자의 주파수가 높아지고 에너지가 증가한다. 이것이 사실 엑스선이 발생하는 한 가지 기원이다. 전자가 충분한 에너지를 받으면 에너지 우물을 완전히 떠날 수 있고, 그러면 그것은 양의 에너지를 가진 자유전자(free electron)가 된다. 이 경우 원자는 이온화된다.

보어 원자의 이 두 가지 특성(two pictures)은 발머가 제시한 광 스펙트럼 공식을 완벽하게 설명해준다. 여기에서 n 및 m값은 전자의 에너지 준위에 대한 초기 및 최종 정수 값이다. 보어의 모델은 그 당시까지 아직 관찰되지 않았지만, 나중에 정확하게 측정된 여러 원자 스펙트럼들을 예측하게 해주었다. 또한 광자가 원자에서 전자를 떼어낼 수 있다는 아인슈타인의 광전효과 이론과 정확히 부합한다. 이것은 <그림 6.3>에 표시된 것과 반대 상황인데, 광전효과에서 에너지 hv를 가진 빛의 광자는 자신의 에너지를 전자에게 줄 수 있어서 높은 궤도로 전자를 걷어차 올리거나(excitation) 전자를 에너지 우물에서 완전히 밖으로 걷어차 빼낼(ionization) 수 있다.

보어는 고전 물리학을 명백히 위반하는 몇 가지 현상을 가정해야만 한다는 것을 이해했다. 즉 전자는 에너지를 방출하지 않는 안정적이고 양자화한 궤도를 가질 수 있고, 하나의 에너지 준위에서 더 낮은 에너지 준위로 점프했을 때 에너지 hv를 가진 광자를 방출한다. 이러한 가정은 관찰 결과를 설명하고 예측할 수 있게 해주지만, 그는 이것이 왜 그래야 하는지에 대한 근본적인 이론을 제시하지 못했었다. 더 기다려야 했다.

원자 스펙트럼 이론에 대해 노벨상을 수상한 1922년에 보어는 또 다른 훌륭한 이론을 정립했다. 그는 주기율표에서 원소의 화학적 성질을 설명하는 보다 일반적인 '원자이론(theory of atoms)'을 개발했다. 그전에 러더퍼드가 원자핵이 양전하를 가진 양성자(proton, 수소 원자의 핵)로 이루어져 있다는 것을 밝혀냈었다. 보어는 <그림

6.2>에서와 같이 원자의 전자들이 동심원 형태의 껍질(shell, 궤도)에 배열되어 있으며, 각 껍질은 일정한 수의 전자만 허용한다고 제안했다. 한 껍질이 채워지면 전자들은 총 전자 수가 핵의 양성자 수와 같아질 때까지 다음 껍질로 들어간다. 모든 껍질의 전자들은 4개의 서로 다른 양자수(quantum numbers: n, l, m, s)와 관련되어 있으며 볼프강 파울리(Wolfgang Fauli)는 임의의 두 전자가 네 개의 양자수 모두에 대해 동일한 값을 가질 수 없다고 가정했다. 이것은 파울리의 배타원리(Pauli Exclusion Principle)로 알려져 있으며, 특정 껍질에 특정한 수의 전자들만 존재할 수 있는 이유를 설명해준다.(2) 보어는 바깥쪽에 위치한 껍질에 있는 전자만이 원소의 화학적 성질을 결정한다는 것을 증명해 보였다. 이것은 멘델레예프(Mendeleev)가 원소의 주기율표(periodic table of elements)에서 처음으로 설명한 화학적 특성의 순서를 설명해준다.(12)

베르너 하이젠베르크는 바이에른 출신의 젊은 독일인으로 수많은 노벨상을 잉태한 유럽의 위대한 과학 연구소 중 하나인 독일 괴팅겐(Gottingen)에서 보어의 강의를 들었을 때 보어의 아이디어에 사로 잡혀 버렸다. 하이젠베르크는 원자에 관해 보어와 함께 일하기 위하여 코펜하겐으로 갔다. 그러나 하이젠베르크는 보어가 구상한 전자 궤도에 관한 반고전적 모델(semi-classical)이 마음에 들지 않았다.

1925년에 괴팅겐으로 돌아온 후, 그는 원자에 대한 물리적 접근보다는 수학적 접근에 전적으로 초점을 맞추었고, 특정 규칙에 의해 함께 곱해지는 수의 배열(array of numbers)을 기반으로 하는 새로운 이론을 개발했다.

이 형태의 수학은 행렬대수(matrix algebra)라고 알려져 있다. 이것을 사용하여 보어 원자를 완전하게 기술하는 일관된 이론을 개발할 수 있었지만, 이와 관련된 물리적 모델은 없다. 1926년 보어의 또 다른 학생인 오스트리아의 어윈 슈뢰딩거는 준위를 뛰어다니는 전자(jumping electron) 모델보다는 확률파동(probability wave)에 기초하여 원자를 기술하는 또 다른 수학적 접근법을 개발했다. 슈뢰딩거의 파동방정식(wave equation)은 전자가 특정 궤도에 있을 확률을 말해준다. 하이젠베르크와 슈뢰딩거의 이 대조적인 수학적 접근법들을 다함께 '양자역학'이라고 부른다. 슈뢰딩거는 행렬대수법과 확률파동법이 수학적으로 동일하다는 것을 증명했다.(9, 10) 보어 이론이 아닌 양자역학이 원자에 대한 일관된 서술을 제공한 것이다.

하이젠베르크는 불확정성 원리(Uncertainty Principle)로 알려진 양자역학의 또 다른 훌륭한 이론적 기여를 했다. 근본적으로 하이젠베르크는 물체의 실체성(reality)을 믿지 않았고, 측정의 실체성만을 믿었다. 뭔가를 측정할 수 없다면 그것은 존재하지 않는다. 뉴턴에 의해 기술된 고전물리학은 어떤 대상이 어디에 있고 어떤 운동량(momentum)이 있는지를 어느 정도 확신할 수 있다고 가정한다. 그러나 하이젠베르크는 이것은 당신이 그것을 측정할 수 있을 때만 진실이라고 말한다. 전자가 어디에 있는지 측정하려고 한다면 빛을 비추려고 시도할 것이다. 관찰하려는 대상보다 사용하는 빛의 파장이 짧아야 관찰이 가능하다. 따라서 전자를 볼 수 있으려면 짧은 파장의 빛을 사용해야 한다. 빛의 주파수는 파장과 반비례 관계에 있으며, 짧은 파장은 높은 주파수를 가지며 높은 에너지를 갖는다(*hv*). 따라서 전자가 어디에 있는지 정확하게 결정하려고 하는 과정에서 여러분은 고주파의 빛을 사용하여만 하므로 전자를 움직이게 하기 때문에 더 이상 운동량(질량 곱하기 속도)을 알 수 없게 된다. 전자가 어디에 있는지를 더 정확하게 밝혀낼수록 움직이는 속도는 더 부정확해질 수밖에 없다.(13) 하이젠베르크에 의하면, 여러분은 단지 물체의 운동량과 위치를 플랑크 상수에 의해 주어진 정확도로만 동시에 결정할 수 있다. 수학적으로 운동량의 불확도(Δp)와 위치의 불확도(Δx)의 곱은 플랑크 상수 h와 같거나 더 크다. 즉 $\Delta p \Delta x \geq h$이며,(9) 철학적으로 불확정성 원리는 우리가 세계의 정확한 세부 사항을 무한 정밀도로 알 수는 없으므로 미래의 사건을 정확하게 예측할 수 없다는 것을 의미한다. 그것은 또한 전자의 궤도가 원자핵 주위에 어디에 위치하는지 정확하게 기술하는 것이 불가능하다는 것을 의미한다. 하이젠베르크의 불확정성 원리는 현실성에 대해 우리가 알 수 있는 것에 관한 사고방식을 변화시켰다.

양자역학은 시각적 용어로 생각하기가 매우 어려운 세계를 묘사하며, 그 세계는 우리의 모든 경험에 반하는 것처럼 보인다. 실제로 전자들은 단단한 핵 주위를 순환하는 경질의 대전된 공들은 아니며, 증폭되거나 서로 간섭할 수 있는 확률파들이다. 양자세계에서 전자는 위치와 에너지가 양자화되어 특정 장소에 존재할 최대 확률을 가지지만, 다른 장소에서는 그렇지 않다. 측정 방법에 따라 물체는 파동적 속성 또는 입자적 속성을 가질 수 있다. 그뿐만 아니라 당신이 무언가를 정확하게 측정할 수 있는지에 대한 근본적인 한계가 존재한다. 쉽게 말해서 뉴턴과 갈릴레오의 세계는 원자의 영역에서는 작동하지 않는다. 다행히도 우리의 거시적인 세계에서는 그것을 염려할 필요는 없다.

보어에 의해 개발된 반고전적, 반양자적 원자 모델은 복잡한 원자들에 대한 정확한 모델이 실제로 아니다. 그러나 양자역학은 진정한 모델을 제공하지만, 수학적으로 복잡하고 생각하기도 어렵다.

그러나 보어의 원자는 개념화하는 것이 쉽다. 그리고 그것은 우리의 목적에 충분하다. 특정 원자는 핵의 양성자 수와 정확하게 일치하는 일정 수의 전자로 특정된다. 모든 화학은 바깥 껍질(outer shell)에 있는 전자들을 기반으로 한다. 하나의 전자를 그 궤도에서 차낼 수도 있고 완전히 원자로부터 떼어낼 수 있다. 이 경우 하나의 자유전자와 순 양의 전하를 갖는 하나의 원자가 된다. 이것을 이온(ion)이라 부르며 그 과정을 이온화라고 한다. 방사선이 세포에 미치는 영향의 대부분은 원자와 분자의 이온화에 의해 결정된다. 이에 대해서는 제7장에서 더 자세히 살펴볼 것이다.

원자핵

원자핵(The Nucleus) 주변의 궤도를 도는 전자를 설명하는 흥미진진한 모든 발견에도 불구하고 원자핵이 잊혀진 것을 의미하지는 않는다. 세 종류의 방사선(알파선, 베타선, 감마선)은 방사성원소의 원자핵에서 방출되는 입자 형태로 발견되었다. 그러나 원자핵에 큰 문제가 있다. 러더퍼드는 핵이 양성자로 채워진 원자의 작은 중심임을 보여 주었다. 양성자는 양전하를 띠고 있어서 서로 가까워지면 서로를 더 강하게 밀어 내기 때문에 무언가가 서로를 붙어있게 하여야 하며 전자기력과 다른 새로운 힘이 있어야 한다.

그뿐만 아니라 수소 이외의 핵의 덩어리는 핵의 양성자 질량의 두 배 이상이다. 예를 들어 러더퍼드가 헬륨 핵이라고 증명해 보인 알파 입자는 2개의 양성자를 가지고 있지만 질량은 4개의 양성자와 동일하다. 사실 러더퍼드는 1920년 강의에서 여분의 질량을 설명하기 위해 원자핵에 양성자와 전자로 구성되어 전기적으로 중성인 중성 입자가 있어야만 한다고 주장했는데, 상세한 것은 틀렸어도 기본적으로는 옳은 생각이었다.(10)

그리고 방사성원소로부터 방출되는 방사선에 대한 새로운 질문이 제기되고 있었다. 마리와 피에르 퀴리의 딸인 이렌 퀴리(Irene Curie)와 그녀의 남편인 프레데릭 졸리오(Frederic Joliot)는 파리의 라듐연구소(Radium Institute)에서 마리 퀴리의 작업을 계속하고 있었다. 그들은 폴로늄의 알파입자를 충돌시키는 방법으로 베릴륨을 연구했으며 베릴륨이 감마선이라고 생각되는 방사선을 방출한다는 것을 발견했다. 러더퍼드의 제자이자 동료였던 제임스 채드윅은 그것들이 감마선이라고 믿지 않았다.

1932년 채드윅은 10일간의 열정적인 연구를 통해 베릴륨으로부터 나오는 방사선을 다른 원소들에 충돌시켰고 원소의 핵에서 양성자가 빠져나오는 것을 발견했다. 사실 그는 양성자의 에너지가 가정된 감마선의 에너지를 초과한다는 것을 발견했다. 그러나 베릴륨 방사선이 실제로 양성자와 거의 동일한 질량을 가진 중성 입자라면, 결과는 설명하기가 간단하다. 이 효과는 포켓볼 게임에서 큐볼(cue ball, 수구)이 모여있는 볼들(pool balls)을 때리고, 그 중 하나를 튕겨내는 것과 비슷하다.

채드윅은 이 입자를 중성자(neutron)라고 명명했고, 원자핵에 관한 이해가 새로이 바뀌게 되었다.(10) 핵의 새로운 모델은 거의 동일한 질량의 양성자와 중성자로 구성되어 있으며, 이들을 결합하는 힘을 지녀야하는데, 나중에 강한 핵력(strong nuclear force, 强力)으로 확인되었다. 강력은 전하에 의존하지 않기 때문에 중성자와 양성자에 똑같이 작용하며, 이들을 종종 핵자(核子, nucleon)라고도 부른다.

방사능: 붕괴 과정

우리는 이제 원자핵(radioactive decay)에 대해 좀 더 정량적인 계산을 할 수가 있고, 어떤 붕괴 과정이 허용되는지 알 수 있다. 방사성 붕괴의 모든 작용은 원자핵 주위를 회전하는 전자가 아니라 원자핵 내부에서 일어난다. 원자핵은 여분의 중성자가 있는 베릴륨을 제외하고는 헬륨에서 산소까지의 원소에 대해 양성자와 중성자가 같은 수로 구성되어 있다. 좀 더 간단하게 방사성 핵에 대해 이야기하기 위해 몇 가지 용어를 차례로 살펴보자.

물리학자는 원소의 원자번호에 대해 이야기한다. 원자번호는 원자의 양성자 수(및 전자 수)를 나타내며 원소를 특정한다. 물리학자들이 전하를 표현하는데 사용하는 기호 Z가 원자번호에 주어진다. 모든 원소는 고유한 Z값을 가지는데 Z값은 원소의 화학적 성질을 전적으로 결정한다.

왜냐하면 이것은 전자의 수를 규정하고 전자는 화학을 결정하기 때문이다. 원자핵을 특정하는 또 다른 중요한 수는 기호 A로 표현되는 원자질량(atomic mass)이다. 원자질량은 단지 양성자들과 중성자들의 수이므로, 중성자 수는 원자질량에서 원자번호를 뺀 값 또는 $N=(A-Z)$이다.

원자번호 Z가 대략 15미만인 가벼운 원소의 경우, 원자질량은 일반적으로 원자번호의 두 배이며, 이는 중성자와 양성자의 수가 동일하다는 것을 의미한다. 그러나 원자번호가 커지면 중성자 수가 빠르게 증가한다(역자 주: 중성자 수가 양성자 수의 1.5배가 된다). 그 이유는 핵이 커질수록 양성자의 양전하에 의한 반발력이 매우 커지며 함께 결합시켜 주는 강력은 아주 짧은 거리 즉 바로 인접한 곳에서만 작용하기 때문이다.[4] 중성자를 추가함으로써 원자핵을 함께 유지하기 위한 강력이 증가된다.

한 가지 원소는 동위원소들(isotopes)로 알려진 몇 가지 버전으로 존재할 수 있으며, 중성자 수는 다르지만, 양성자 수가 동일하다. 동위원소들은 화학적으로 서로 동일하므로, 화학적 수단으로 분리할 수 없다. 일반적으로 원소 중 하나 또는 몇 개의 동위원소가 안정적이며, 다른 동위원소들은 불안정하거나 방사성이다. 불안정한 동위원소는 알파, 베타 또는 감마 방사선을 방출함으로써 방사성 붕괴를 겪는다. 이들은 종종 방사성핵종(radionuclide) 또는 방사성동위원소(radioactive isotope)라 불린다.

물리학자들은 동위원소와 방사선을 설명하기 위해 약식 표기법을 개발했다. 원소는 X로 표시하고 원자번호(양성자의 수)는 Z이며 원자질량(중성자와 양성자의 수)은 A이다. 중성자의 수 N은 A - Z이다. 총칭 원소 X와 특정 원소 및 동위원소들의 일부 예시는 다음과 같다.

$$ _Z^A X \quad _2^4 He \quad _6^{12} C \quad _{92}^{235} U \quad _{92}^{238} U \quad _{94}^{239} Pu $$

헬륨(He, 알파입자)과 탄소(C)는 같은 수의 양성자와 중성자를 가지고 있는 반면(He은 2, C는 각각 6), 두 개의 우라늄 동위원소들은 양성자 수보다 훨씬 많은 수의 중성자를 가지고 있다. 원자번호와 원소이름이 중복되기 때문에 원소기호와 원자질량 A만으로 표기법을 단축하는 것이 편리하며 예를 들면 ^{238}U라 하거나 U^{238}이라고 쓸 수도 있다. 우라늄은 원자번호가 항상 92이므로 92를 명시하지 않아도 된다. 플루토늄의 원자번호는 94이고, 가장 일반적인 동위원소는 원자질량이 239이다.

퀴리, 러더퍼드 그리고 다른 사람들이 밝혀낸 것처럼 동위원소가 방사성 붕괴를 겪고 알파 또는 베타 입자를 방출할 때 새로운 원소가 만들어진다. 이러한 붕괴 과정(decay process)을 지배하는 몇 가지 규칙, 즉 보존 법칙(conservation laws)들이 존재한다. 모든 방사성 붕괴에서 전하 Z가 보존되고, 총 핵자 수(양성자 + 중성자 또는 A)도 보존되며, 에너지도 보존된다. 우리는 에너지와 질량이 동등하고 질량이 에너지로 변환될 수 있다는 아인슈타인의 유명한 법칙($E=mc^2$)을 감안해야 하므로, 보존되는 것은 실제로 질량-에너지이다. 사실, 질량은 순수한 에너지로 바뀌며, 방사선에 에너지를 공급한다.

방사성 붕괴의 과정은 무작위적인 통계 과정이다. 특정 핵이 방사성붕괴를 겪게 될 시간을 예측할 수는 없지만, 어떤 시료에서 방사성 핵종의 절반이 붕괴되는데, 걸리는 시간을 측정하는 것은 가능하다. 이것을 반감기(half-life)라 부르며 특정 방사성핵종의 특징이다. 반감기는 수초에서 수십억 년까지 다양하다.

방사성 붕괴의 예를 보자.[5] 마리와 피에르 퀴리가 분리한 방사성핵종인 라듐은 원자질량이 226, 즉 88개의 양성자와 138개의 중성자를 가지고 있으며, 붕괴 시 알파입자를 방출한다. 알파입자는 헬륨의 원자핵이기 때문에 2개의 양성자와 2개의 중성자를 가지고 있다. 총 전하는 보존되어야 하므로, 붕괴생성물은 라듐보다 양성자가 2개가 작고, 라듐보다 원자질량이 4개가 적어야 한다. 라듐의 붕괴과정(decay scheme)은 다음과 같다.

$$_{88}^{226}\text{Ra} \rightarrow {}_{86}^{222}\text{Rn} + {}_{2}^{4}\alpha + \text{energy}$$

라듐이 라돈으로 붕괴하고 알파입자를 방출하며 그 과정에서 많은 에너지가 방출된다. 이 에너지는 라듐 원자핵의 질량이 라돈과 알파의 질량 합보다 크다는 사실로부터 생성된다. 일반적으로 라듐, 폴로늄, 우라늄, 플루토늄과 같은 매우 무거운 원자들은 알파붕괴를 겪는다. 총 원자질량과 원자번호는 화살표의 양쪽에서 동일하므로 보존법칙이 성립된다. 알파붕괴로부터 생성된 원자핵의 원자번호 Z는 2가 작고, 원자질량 A는 4가 작다. 이제 베타붕괴를 하는 방사성 핵종을 살펴보자.

베타입자는 전자와 동일하며 핵자들과 비교하여 작은 질량을 갖기 때문에 붕괴방정식에서 고려되지 않았다는 것을 상기하자. 베크렐은 우라늄 염(uranium salt)의 우연한 실험에서 방사능을 처음 발견했으며, 당시에는 그 사실을 모르고 있었지만, 실제로 베타붕괴를 측정하고 있었다.

우라늄은 ^{234}Th로 붕괴하는 동위원소 ^{238}U로 주로 구성되어 있다. 그러나 토륨-234 자체는 방사성이며 베타입자라고 불리는 전자를 방출하는 베타붕괴를 겪는다. 즉시 하나의 문제가 머릿속에 떠오른다. 전자는 음전하를 띠며 전하 보존 법칙(conservation of charge rule)에 의하면 베타붕괴는 순 전하(net charge)를 생성할 수 없다. 실제 발생하는 일은 원자핵 내부에서 중성자가 양성자와 전자로 바뀌면서 전하가 보존되고, 이 전자가 베타입자로 방출된다.

정말로 간단해 보인다. 그러나 베타붕괴는 사실 그렇게 단순하지 않은 것으로 밝혀졌다. 엔리코 페르미는 이탈리아의 뛰어난 실험 및 이론물리학자로서 베타입자는 넓은 에너지 분포를 가지고 있다는 것을 알아냈다. 한편 알파 입자는 정확히 정해지는 단일한 에너지(mono energy)를 가지고 있다. 이 사실이 왜 중요할까? 방사성 붕괴에서 방출되는 입자의 에너지는 $E=mc^2$ 공식에 의해 붕괴와 관련되는 원자핵들과 입자들의 질량 변화에 의해 결정된다. 베타입자가 특정한 에너지를 갖지 않고 광범위한 범위의 에너지를 가지고 있기 때문에 베타붕괴의 경우에 에너지 보존의 법칙이 위반되는 것처럼 보인다. 따라서 페르미는 중성미자(neutrino, 이탈리아어로 '작고 중립적인 것')라는 또 다른 미지의 입자가 남은 에너지와 함께 방출되어야 한다고 주장했다. 베타와 중성미자를 합하여 정확히 필요한 에너지가 되어야 한다. 중성미자는 어떤 것과도 거의 상호작용하지 않으며 매우 작은 질량을 가지기 때문에 오랜 시간동안 순전히 이론적으로만 존재했다. 토륨의 베타붕괴는 복잡하기 때문에 베타붕괴의 간단한 예를 포타슘(potassium)-40(또는 K-40, K는 신 라틴어 단어인 칼륨(_Kalium_)에서 왔다)에서 살펴보겠다. K-40은 자연에 존재하지만, 매우 희귀한 동위원소이다. 참고로 이 베타붕괴 반응은 바나나처럼 칼륨(포타슘)이 풍부한 식품을 섭취함으로써 방사선에 노출되는 자연스러운 피폭 경로 중 하나다<제8장 참조>(역자 주: 아래 수식들에서 ν는 주파수(ν)가 아닌 중성미자를 의미함).

$$_{19}^{40}K \rightarrow _{20}^{40}Ca + _{-1}^{0}\beta + \bar{\nu} \text{ (반중성미자)}$$

방정식의 양 변의 전하는 적절하게 더해지고(19=20-1), 베타입자

는 핵자가 아니며 질량이 거의 없기 때문에 질량이 보존되며, 반중
성미자(antineutrino)가 있어야 에너지가 보존된다. 원래 페르미는 이
것을 중성미자(neutrino)라고 불렀지만, 적절한 이론이 개발되었을
때, 이것은 기호 위에 막대로 표시하는 반중성미자임이 밝혀졌다.
베타붕괴에 대한 일반적인 방정식은 다음과 같다.

$$n \rightarrow p^+ + \beta^- + \bar{\nu}$$

상황은 이보다 더 이상하게 흘러갔다. 1928년 폴 디락(Paul Dirac)
은 전자는 반전자(antielectron)라 불리는 반입자(antiparticle)를 가져야
한다고 예측했었다. 반전자는 양전하를 가지는 것을 제외하고 일
반 전자와 동일하다. 모든 기본 입자는 반대 특성을 가진 반입자를
가져야 한다는 것이 나중에 밝혀졌다. 어떤 입자가 그것의 반입자
를 만나면 소멸되면서 순수한 에너지를 방출한다.(13) β^+붕괴로 알
려진 또 다른 유형의 베타붕괴는 전자가 아니라 양전하를 띠는 양
전자(positron)라 불리는 전자의 반입자와 관계되며, 디락의 예측을
증명하고 있다. 이 경우 하나의 양성자가 중성자, 양전자(β^+) 및 중
성미자로 변화한다.

$$p^+ \rightarrow n + \beta^+ + \nu\text{(중성미자)}$$

β^+의 구체적인 예는 질소로 변하는 산소의 동위원소이다.

$$^{15}_{8}O \rightarrow ^{15}_{7}N + ^{0}_{+1}\beta + \nu$$

이제 사물들은 더욱 이상하게 바뀌어 간다. 양성 및 음성의 전자들, 거의 관측이 불가능한 중성미자 및 반중성미자라고 불리는 이상하고 새로운 입자들, 서로 바뀔 수 있는 중성자와 양성자, 그리고 중성자 및 양성자를 구성하는 부분적 전하를 가진 쿼크들(quarks, 양성자, 중성자와 같은 소립자를 구성하고 있다고 여겨지는 기본 입자)이 존재한다. 우리가 이걸 받아들일 수 있을까? 아마도 어려울 것이다. 하지만 이러한 이상한 사건들을 설명하기 위한 이론은 상당히 발달되어 있다. 페르미는 핵에서 극히 작은 거리에서만 작용하는 약한 힘, 즉 약력(weak force, 弱力)이라는 새로운 힘을 가정함으로써 베타붕괴를 설명했다. 그것은 중성자와 양성자를 함께 묶는 강한 힘, 강력에 비해 약하다. 페르미 이론은 중성미자와 반중성미자의 생성을 예측하고 중성자와 양성자가 전자와 중성미자 또는 그들의 반입자들을 만들어 냄으로써 위의 방정식에 따라 붕괴될 수 있음을 보여 주었다. 그러나 완전한 이론은 아니었다. 이것은 양자역학이 개발되기 전 보어의 원자 이론과 같은 종류의 이론이다. 1958년 리처드 파인만(Richard Feynman)과 머레이 겔만(Murray GellMann)은 페르미의 이론을 실질적으로 수정했다. 중성자 또는 양성자의 붕괴과정에서 생성되어 전자와 중성미자로 붕괴되는 W 보존(W boson)이라고 불리는 새로운 입자의 발생을 예측했다. 이 입자는 나중에 고에너지 가속기에서 발견되었다. 1967년 스티븐 와인버그(Steven Weinberg)와 압두스 살람(Abdus Salam)은 하전입자 상호작용을 설명하는 전자기력(electromagnetic force)과 베타붕괴를 설명하는 약력(弱力, weak force)을 결합한 완전한 이론을 독자적으로 제안했다. 이 이론은 전기약이론(electroweak theory)으로 알려져 있으며, 추측해 볼 수 있듯이 이후에 발견된 다른 입자들을 예측하

고 있다.(9)

이제 여러분은 알파선과 베타선의 출처와 방사성 붕괴과정에서 그것들의 생성 방법을 알게 되었을 것이다. 그러나 감마선은 어디서 오는가? 원자핵에 대해서 생각해볼 수 있는 한 가지 방법은 보어 원자의 전자들처럼 에너지 준위를 양자화할 수 있다는 것이다.

원자핵은 일반적으로 가장 낮은 에너지 준위 또는 기저상태(ground state)에 있다. 알파 또는 베타 입자를 방출하여 방사성 붕괴를 겪게 되면, 핵은 종종 더 높은 에너지 준위의 여기상태(excited state, 들뜬상태)로 남는다. 궤도 전자가 어떤 에너지 준위에서 더 낮은 에너지 준위로 점프할 때 광자를 발생하는 것과 마찬가지로 원자핵은 잉여 에너지를 제거하는 감마선을 방출하여 핵을 기저상태로 조정한다. 모든 경우는 아니지만, 방사성 핵종들은 붕괴할 때 알파 또는 베타 입자뿐만 아니라 감마선을 방출한다. 감마선 역시 광자이지만, 정의상 원자핵에서 방출되는 광자이다. 엑스선은 원자에서 전자가 에너지 준위를 점프할 때(특성 엑스선, Characteri -stic X-ray) 발생되거나, 혹은 고속으로 이동하는 전자가 원자들과 충돌할 때 갑자기 굴절되거나 정지하는 과정에서(제동복사선, Bremss -trahlung X-ray) 발생한다. 이것이 뢴트겐이 진공관에서 엑스선을 생성한 방법이다. 감마선과 엑스선 사이에는 근본적인 차이가 없으며 단지 생성되는 방법이 다르다.

핵분열

일단 중성자가 발견되면서 원자핵 연구에 새로운 시대가 시작되었다. 러더퍼드는 원자핵을 발견하기 위해 알파입자로 핵을 포격했다. 졸리오 퀴리는 그의 획기적인 연구에서 알루미늄에 알파입자를 충돌시켰고, 알루미늄이 인(Phosphor) 원자의 방사성 형태로 변환된다는 사실을 발견했다. 이는 인공 핵변환(artificial transmutation, 하나의 원소를 다른 원소로 변환)과 인공 방사능(artificial radioactivity)의 첫 번째 증명이었다. 알파입자는 알루미늄(Z=13) 핵에 흡수되어 인(Z=15)으로 전환되었다.

엔리코 페르미는 중성자를 사용하면 인공 핵변환을 연구하는데, 큰 이점이 있다는 것을 깨달았다. 왜냐하면 중성자는 아무런 전하가 없기 때문에 원자핵의 양성자에 의해 튕겨나가지(repelled) 않기 때문이다. 페르미는 채드윅이 중성자 발견에 사용했던 중성자원, 즉 알파입자를 베릴륨에 조사하는 방식을 이용하여 발생하는 중성자로 모든 원소를 조사하는 일련의 체계적인 실험을 시작했다. 그와 그의 동료들은 60개의 원소를 조사했고 그 중 40개가 방사성이 된다는 것을 발견했다.(10) 알려진 원소 중 가장 무거운 원소인 우라늄을 조사했을 때 중성자가 핵에 의해 흡수되는 것을 발견하였고, 그 결과 음의 베타입자가 13분의 반감기로 방출되었다.

베타붕괴 법칙에 의하면, 이것은 중성자가 양성자로 바뀌면서 원소가 Z가 92인 새로운 우라늄 동위원소에서 Z가 93인 새로운 원소로 바뀌는 것을 의미한다. 사실이라면 이것은 알려지지 않은 완전히 새로운 원소를 생성한 것이다. 왜냐하면 우라늄은 자연적으로 존재하는 가장 높은 원자번호 원소이기 때문이다. 이 인위적으로 만들어진 원소는 초우라늄(transuranic elements, transuranics, TRU) 원소로 알려져 있다. 페르미는 이 실험을 새로운 초우라늄 원소의 생성으로 해석했으나 불행하게도 조금 성급한 결론이었다. 실제로 초우라늄 원소 생성은 아니었다(역자 주: 중성자와 우라늄과의 충돌과는 상관없이 단순히 중성자가 양성자로 베타붕괴하면서 나오는 베타입자였다). 그러나 중성자를 포획함으로써 초우라늄 원소가 실제로 생성될 수 있다.

리자 마이트너(Lise Meitner)와 오토 한(Otto Hahn)은 베를린의 카이저 빌헬름 연구소(Kaiser Wilhelm Institute)에서 중성자로 우라늄을 포격하기 시작했고, 반감기가 10초에서 23분 사이를 갖는 다양한 베타붕괴에 의해 붕괴되는 수많은 방사성 핵종의 동물원이 생성되는 것을 발견했다. 유대인계 오스트리아인(Austrian of Jewish ancestry)인 마이트너는 나치에 체포되는 것을 피하기 위해 1938년에 독일을 떠나야했다. 그녀는 많은 물리학자들이 독일에서 탈출하는 것을 도왔던 닐스 보어의 도움을 받아 덴마크로 탈출할 수 있었고, 이어서 스웨덴의 스톡홀름으로 이주했다. 한편 아마 당시 세계에서 가장 우수했던 방사화학자(radiochemist)였던 오토 한은 프리츠 스트라스만(Fritz Strassman)과 함께 중성자가 우라늄을 포격한 후에 생성된 다양한 수명을 가진 방사성 원소들을 확인하려고 노력했다.

오토 한은 방사성 물질에서 여러 원소들을 석출하였고, 최종적으로 어떤 원소는 바륨(Barium)과 동일한 화학적 성질을 가졌으며 방사능을 띠고 있다고 결론지었다.(9, 10) 그러나 우라늄은 원자번호 Z가 92이고 바륨은 Z가 56이다. 이것은 베타붕괴에 의해 만들어질 가능성이 없었다. 무슨 일이 일어나고 있을까? 한은 물리학자가 아닌 화학자였다. 그래서 그는 물리학이 이러한 결과를 설명할 수 있는지 물어보기 위해 스웨덴의 마이트너에게 편지를 보냈다.

마이트너의 조카인 오토 프리쉬(Otto Frisch)는 코펜하겐에서 보어와 함께 일하고 있었다. 1938년 크리스마스에 마이트너와 프리쉬는 마이트너의 한 친구로부터 스웨덴의 쿤겔프(Kungälv)에 머물도록 함께 초대받았다.

그들은 눈길을 걸으면서 한의 믿을 수 없는 결과에 대해 이야기하다가 갑자기 마이트너에게 영감이 떠올랐다. 그녀는 보어가 물방울을 한 덩어리로 모아주고 있는 표면 장력과 유사하게 작용하는 단거리 강력에 의해 결합된 액체 방울로서 원자핵을 설명했던 일을 회상해냈다. "중성자가 원자핵에 들어갔다면, 한 방울의 물을 교란시키는 것과 같을 것이다. 핵이 출렁이기 때문에 (순간적으로) 길쭉해진다면 양성자의 전하에 의한 반발력은 강력을 극복하고 핵을 아령 형태로 찌그러뜨릴 것이다. 결국 2개의 조각으로 분리할 수 있을 것이고, 이것으로 한의 실험 결과를 설명할 수도 있을 것이다. 이것으로 한의 실험 결과를 설명할 수 있을 것이다. 왜냐하면 바륨(Z=56)은 하나의 조각일 것이고, 다른 조각은 36의 원자번호를 가져야하기 때문에 그것은 크립톤이 될 것이다" 라고 생각했다.

마이트너와 프리쉬는 빠른 계산을 수행하여 큰 핵이 두 조각으로 나뉘는 것이 실제로 가능하다는 결론을 내렸으며, 약 2억 전자볼트(200MeV)의 에너지를 전달할 것이라고 결론지었다.[6] 그들은 $E=mc^2$ (12)라는 아인슈타인의 공식을 이용하여 원래의 우라늄 원자핵 질량에 비해 쪼개진 두 조각의 질량의 합계가 더 작아지면서 에너지가 발생했음을 밝혀냈다.

프리쉬가 코펜하겐으로 돌아와 보어에게 말했을 때, 보어는 즉시 이해하고, "오, 우리가 얼마나 바보였던가. 오, 그렇지! 정말 훌륭해. 이것이 바로 그것(한의 실험)이 그럴 수밖에 없었던 이유야!"

라고 외쳤다.(10)

프리쉬는 생물학자 친구에게 박테리아의 분열을 무엇이라고 부르는지 물었고, 친구는 '이분열(binary fission)'이라고 답했다. 프리쉬는 이것을 '핵분열(fission)'로 축약시켰고, 원자핵의 분열에 대한 새로운 이름이 되었다.

갑자기 모든 것이 분명해졌다. 페르미와 한, 그리고 다른 사람들이 발견한 서로 다른(방사성 원소들의) 여러 수명들은 그들이 중성자로 우라늄을 포격했을 때 핵이 쪼개지면서 만들어진 여러 다른 조각들로부터 나온 것들이었다. 우라늄 핵은 핵자들과 에너지가 보전되는 한 여러 가지 다른 방식으로 분열될 수 있다. 핵분열생성물(fission product)이라고 불리는 여러 조각들은 과도한 중성자를 양성자로 전환시켜 보다 안전한 핵을 만드는 베타붕괴(beta decay)를 거친다. 많은 조각들은 각기 서로 다른 붕괴 반감기를 가질 것이다. 페르미는 결국 초우라늄 원소를 발견하진 못하였고, 핵분열을 발견했지만 그것을 인식하진 못했다.

새로운 세상이 시작되었다. 프리쉬가 핵분열에 대한 소식을 보어에게 전한 직후, 보어는 미국으로 여행을 가게 되어, 이 소식은 물리학자들 사이에서 산불처럼 퍼져 나갔다. 물리학자 중 많은 이들이 전쟁으로 인해 유럽에서 미국으로 이주했다. 헝가리의 물리학자인 레오 질라드(Leo Szilard)는 당시 뉴욕에 있었고, 이 발견에 대해 듣게 되었다. 그는 핵분열생성물에 잉여 중성자들(excess neutrons)이 있을 수 있고, 붕괴하는 각 우라늄 원자핵마다 충분한 개수의 중성자가 방출된다면, 이 중성자들이 다른 우라늄 핵을 핵분열 시켜 연쇄반응(chain reaction)을 일으킬 수 있다는 것을 즉각 깨달았다. 연쇄 반응이 일어날 수 있다면 폭탄을 만들 가능성이 있었다. 그러나 그게 가능한지는 실제로 아무도 몰랐다. 만일 가능하다면 독일이 원자폭탄을 개발할 것이라는 두려움 때문에 미국은 곧바로 원자폭탄을 만들 수 있는지 여부를 알 수 있는 단기 집중 프로그램을 시작했다. 가능하다면 독일보다 앞서서 원자 폭탄을 만들고자 했다. 이 역사적인 맨해튼 프로젝트(Manhattan Project)를 리처드 로즈가 그의 저서 『원자폭탄 제조』*The Making of Atomic Bomb*에서 흥미롭게 얘기하고 있다.(10)

독자 여러분이 읽고 있는 이 책은 원자폭탄이 아니라 원자력 발전에 관한 책이다. 이 두 과정에는 근본적인 차이점이 있지만, 원자폭탄이 만들어 지기 전에 원자력을 위한 물리학이 먼저 발전되었어야 했다.

엔리코 페르미는 히틀러와 동맹을 맺은 무솔리니와 그를 지지하는 파시스트들의 득세를 피해 이탈리아를 떠나 미국에서 시카고 대학의 교수가 되었다. 그곳에서 원자폭탄을 만드는 비밀 프로젝트에 합류했다. 페르미가 이탈리아에 있을 때 중성자로 다양한 원소들을 포격하는 실험에서 중요한 발견을 했다. 그의 실험실에 있는 대리석 테이블과(이탈리아에서만 이것을 만든다) 나무 테이블 위에서 샘플을 조사했을 당시, 두 경우 방사능의 강도가 달라짐을 측정한 바 있었다. 무엇이 이 차이를 일으킬까? 페르미는 시료를 조사하기 전에 우연히 파라핀을 중성자 공급원 앞에 놓았었는데, 이 경우 방사능이 극적으로 증가하는 것을 발견했다. 그는 수소가 풍부하게 포함된 파라핀이 중성자를 느리게 하여 우라늄 핵에 쉽게 포획되게 할 수 있음을 깨달았다. 대리석보다 수소가 많은 나무 테이블도 대리석 테이블보다 중성자를 느리게 만들어 방사능이 더 증가했다. 저속 중성자(slow neutron)는 핵분열을 일으키는데 더 효과적이지만, 그 당시에는 깨닫지 못했다.

천연 우라늄은 실제로 2개의 다른 동위원소의 혼합물이라는 것이 나중에 발견되었다. ^{238}U은 99.3%를 차지하고, ^{235}U는 0.7%를 차지한다.[7] 보어는 다시 한번 통찰력을 보여 주었다. 그는 ^{238}U이 핵분열 없이 약 25eV의 저속 중성자를 단순 포획할 확률, 소위 포획 단면적(capture cross section)이 높다는 것을 발견했다. 이 과정은 새로운 우라늄 동위원소 $^{239}_{92}U$를 만들 것이다. 이것은 베타붕괴하여 초우라늄 원소인 넵투늄-239(Neptunium-239, $^{239}_{94}Np$)가 된다. 이것이 페르미가 중성자의 우라늄 조사 실험에서 일어난다고 생각했던 것이었다. 넵투늄은 다른 초우라늄 원소인 플루토늄-239($^{239}_{92}Pu$)로 빠르게 베타붕괴한다. 한편 ^{235}U는 '열(thermal)' 중성자라고 불리는 매우 느린 중성자(slow neutron)를 포착할 때 핵분열 가능성이 매우 높다. ^{238}U은 핵분열되기 위해 매우 높은 에너지 중성자가 필요하지만, 중성자는 충돌을 통해 에너지를 잃어서 연쇄 반응을 유지할 수 없다. 그래서 핵분열의 첫 번째 요구 사항은 감속재(moderator)라고 불리는 물질로 중성자를 감속시키는 것이다. 연쇄반응을 위한 또 다른 중요한 요구 사항은 하나의 ^{235}U 핵분열 시 평균 하나 이상의 중성자를 생성해야 한다는 것이다. 그래야 이 중성자가 다른 ^{235}U핵에 포획되어 핵분열을 일으킬 수 있다. 따라서 자립(self-sustaining) 및 조절 가능한(controlled) 핵분열 반응을 일으킬 수 있다.

페르미는 연쇄 핵분열 반응(fisison chain reaction)이 실제로 가능한지를 증명할 수 있는 원자로를 만들어야 했다. 원자로는 시카고 대학의 스태그필드 스탠드(Stagg Field stands) 아래에 있는 라켓볼 코트(rackets court)에서 극비로 설치되었다. 첫 번째 결정은 중성자 에너지를 줄이기 위해 무엇을 사용해야 하는지였다. 물은 좋은 감속재이지만, 중성자를 일부 흡수할 수 있다. 그들은 천연우라늄을 사용할 것이었기 때문에 감속재가 중성자를 흡수하지 않는 것이 필수적이었다. 그들은 중성자를 거의 흡수하지 않고 감속시킬 수 있는 탄소를 사용하기로 결정하고, 흑연 블록들로 원자로를 구성하였다. 다음 결정은 흑연감속재 내부에 우라늄을 배치하는 방법이었다. 연쇄반응을 일으키기 위해서는 임계부피(critical volume) 내에 임계질량(critical mass)의 우라늄을 채우는 것이 필요하다. 우라늄이 충분하지 않거나 부피가 너무 크면 생성된 중성자가 자립 핵분열 반응(self-sustaining fission reaction)을 일으키지 못한다. 페르미는 압착된 원통형 우라늄 산화물을 담기 위해 오목한 구조의 흑연 벽돌(block)을 만들기로 결정했다. 연료를 넣은 이 벽돌들은 약간 타원형 더미로 배치한 순수 흑연 벽돌들 내부에 배열되었다. 원자로로서 첫 이름은 '파일(pile)'이었다. 파일은 순수 흑연 벽돌과 우라늄이 내장된 벽돌을 쌓은 형태로 만들어졌으며, 임계질량에 접근하고 있었다.

여기에 명백한 문제가 생겨 임계에 도달하면 어떻게 중단할까? 카드뮴은 저속 중성자를 강하게 흡수하는 원소이기 때문에 카드뮴 시트를 편평한 나무 막대(strip)에 못을 박아 붙이고 구멍(slots)을 통해 파일에 삽입할 수 있게 하였다. 이 제어봉(control rods)이 삽입되면, 원자로는 임계상태에 도달할 수 없다. 1942년 12월 2일, 난방이 되지 않는 라켓볼 코트의 얼어붙는 추위 속에서 원자로의 최종 설치가 완료되었고, 검출기(detectors)로 중성자 강도를 측정하면서 제어봉을 천천히 제거했다. 오후 3시 49분에 중성자 계수기(neutron counters)가 점점 빠른 속도록 클릭되기 시작하면서 인간이 만든 첫 번째 연쇄 반응이 바야흐로 시작되었다. 4분 30초가 지난 후 페르미는 제어봉을 내림으로써 원자로를 정지시켰다.(10) 이렇게 원자력의 시대(the Era of Nuclear Power)가 시작되었다. 페르미와 다른 사람들이 그 원자로에서 사용한 시카고파일-1(Chicago Pile # 1) 또는 CP-1은 여전히 세계의 모든 원자로에서 사용되고 있는 원리이지만, 대부분은 감속재로 물을 사용하고 ^{235}U가 약 3~4%로 농축된 우라늄을 사용하므로 핵분열이 더 효율적이고 더 작은 임계질량을 갖는다.

원자폭탄을 만들려면 분열하는 모든 우라늄 원자핵에서 각각 적어도 2개의 중성자가 생산되어야만 한다. 이들은 각각 다른 우라늄 원자핵에 포집되어서 원자핵들의 분열이 기하급수적으로 늘어야 한다(하나의 핵분열이 2개의 핵분열을 만들고 다시 4개, 다시 8개 등등). ^{235}U의 핵분열은 평균 2.5개의 중성자를 만들어내기 때문에 연쇄 반응을 일으키기에 충분하다. 그러나 이러한 여분의 중성자를 효율적으로 포착하고 매우 빠른 연쇄 반응을 일으키기 위해서는 천연 우라늄(^{235}U)을 90% 이상까지 농축시킬 필요가 있다. 발전용 원자로는 폭탄에 필요한 고농도의 ^{235}U를 갖고 있지 않기 때문에 원자로가 핵폭탄이 되는 것은 물리적으로 불가능하다.

요약

원자의 발견에 대한 위 이야기는 방사선이 어디에서 비롯되는지 그리고 어떻게 원자를 다루어 에너지를 생산하는지를 설명해준다. 그러나 우리가 방사선을 언급할 때 이것이 실제로 의미하는 것은 무엇일까? 내가 학생들에게 설명하는 것은 방사선이란 그 이동 경로[8]에서 물질에게 에너지를 전달할 수 있는 기본 입자라는 것이다.

기본 입자들이란 원자의 구성 요소로서, 방사성 붕괴 시 방출되는 전자, 양성자, 중성자 및 기타 입자들이다. 원자력과 원자에 대해 이야기할 때, 우리가 우려하는 방사선은 엑스선을 제외하고 모두 원자핵에서 비롯된다. 엑스선은 핵을 돌고 있는 전자들의 상호작용에서 나온다. 알파선, 베타선, 감마선은 모두 원자핵의 방사성 붕괴 과정에서 방출된다. 중성자와 양성자는 쿼크들로 구성되어 있기 때문에 비록 진정한 기본 입자들은 아니지만, 방사선의 한 형태로 간주된다. 중성미자는 방사선으로 간주하지 않으며, 사실상 물질에 에너지를 전달하지 않으므로 신경을 쓸 필요가 없다. 그들 중 수십억 개가 매일 당신을 관통하고, 지구를 관통하고 계속 나아간다.

방사선이 무엇인지 이해하더라도 그것이 그 위험이나 용도를 설명해주지는 않는다. 폭탄 형태로 만들어지면 엄청난 피해를 입힐 수 있으며 암을 유발할 수도 있다. 또한 전기를 생산하기 위해서나 암 치료에 사용하도록 다루어질 때는 좋은 것이 될 수도 있다. 마리와 피에르 퀴리가 라듐을 발견하고 분리해 낸 후 그들은 순수한 라듐을 추출하는 어려운 과정을 특허로 내지 않기로 결정했다. 순수한 라듐은 인류의 이익을 위해서 사용될 것이라고 믿었기 때문이다. 천연 방사능(8)의 첫 번째 주요 용도이자 현대 의학에서 암을 치료하는 주요 방법인 라듐은 방사선 치료의 선구자이다. 라듐을 이용하여 암 환자를 치료하기 위해 라듐 연구소들이 전 세계에 설립되었다. 많은 것들과 마찬가지로 우리의 기술 역시 선 또는 악을 위해 사용될 수 있다. 선택은 우리 몫이다.

이 장에서 설명한 다양한 종류의 방사선은 살아있는 세포와 여러 방식으로 상호작용하며, 그들이 줄 수 있는 손상은 에너지, 질량 및 전하와 같은 특성 및 가장 중요한 방사선의 양 또는 선량에 따라 달라진다. 이것이 다음 장의 이야기이다.

노트

1. 방사선 조사와 관련된 노벨상의 목록은 부록 D를 참조하라.
2. 전자는 양성자 또는 중성자보다 1,836배 가볍다.
3. 10^{-34}는 소숫점 아래 33개의 영과 1개의 "1"이 있는 십진수를 의미하며 극히

작은 수이다.

4. 완벽히 정확하게 설명하자면, 중성자와 양성자는 실제로 +2/3 또는 -1/3 의 부분 전하를 갖는 쿼크라고 하는 기본 입자의 조합으로 구성된다. 강력은 실제로 양성자와 중성자 자체가 아니라 쿼크에 작용한다. 스티븐 호킹의 『그림이 있는 시간의 역사』*The Illustrated A Brief History of Time*는 이것에 대해 명료하고 이해하기 쉬운 설명을 제공한다.

5. 다른 동위원소의 방사성 붕괴를 탐구하고 싶다면, 좋은 사이트는 http : // atom.kaeri.re.kr/ton/이다.

6. 핵물리학에서 에너지는 MeV 또는 백만 전자볼트로 주어진다. 1전자볼트는 1볼트의 전위차를 통해 전자가 이동하는 에너지이다(부록 B 참조). 알파입자는 일반적으로 수 MeV의 에너지를 가지지만 베타입자는 보통 수천 전자볼트(keV)의 범위 내에 있다. 핵분열은 수백 MeV의 에너지를 방출한다.

7. 사실 천연 우라늄에는 또 다른 아주 작은 양의 ^{234}U가 있다.

8. 이 용어를 정의하는데 콜로라도 주립대학의 보건물리학자(health physicist) 인 톰 보락(Tom Borak)에게 도움을 받았다.

참고 문헌

1. Atom. Wikipedia, 3-30-2010. http://en.wikipedia.org/wiki/Atom.
2. Wehr MR, Richards JAJ. *Physics of the Atom*. Reading, MA: Addison-Wesley Publishing, 1966.
3. Isaacson W. *Einstein: His Life and Universe*. New York: Simon & Schuster, 2007.
4. *Nobel Lectures, Physics 1901–1921*. Singapore: World Scientific, 1998.
5. Becquerel H. On the invisible radiations emitted by phosphorescent substances. In: Romer A, ed. *The Discovery of Radioactivity and Transmutation*. Dover Publications, 1964; 10–13.
6. Fröman N. *Marie and Pierre Curie and the Discovery of Radium and Polonium*. Nobelprize. org, 12-1-1996. http://nobelprize.org/nobel_prizes/physics/articles/ curie/.
7. Zoellner T. *Uranium: War, Energy and the Rock That Shaped the World*. New York: Viking (The Penguin Group), 2009.
8. Curie E. *Madame Curie: A Biography by Eve Curie. New York*: Doubleday, 1937.
9. Lightman A. *The Discoveries: Great Breakthroughs in 20th Century Science*. New York: Pantheon Books, 2005.
10. Rhodes R. *The Making of the Atomic Bomb*. New York: Simon & Schuster, 1986.
11. Marshall JL, Marshall VR. Ernest Rutherford, the "true discoverer" of radon. *Bull Hist Chem* 2003; 28:76–83.
12. Bernstein J. *Plutonium: A History of the World's Most Dangerous Element*. Ithaca, NY: Cornell University Press, 2009.
13. Hawking S. *The Illustrated A Brief History of Time*. New York: Bantam Books, 1996.

제7장   방사선: 정말 두려운가?

많은 사람들은 방사선이 매우 위험하다고 생각한다. 오랫동안 반핵운동을 해온 헬렌 칼디코트는 "단일 유전자의 단일 돌연변이도 치명적일 수 있다" 즉 치명적인 암을 유발할 수 있다고 주장한다.(1) 내과의사인 그녀의 전문성을 볼때 이보다 더 잘 알아야만 하지 않은가 아쉬운 부분이다. 플루토늄은 지구상에서 가장 위험한 원소로 자주 언급된다. 또한 헬렌 칼디코트는 "플루토늄은 발암성이어서 체르노빌 용융에서 배출된 플루토늄 양의 절반을 모든 인간의 폐에 균일하게 분포되도록 만들 수 있다면, 이론적으로 지구상의 모든 사람들을 폐암으로 1,100번이나 죽일 수 있다"고 말한다.(1) 이것은 이론적으로 한 명의 남자는 지구상의 모든 여성들을 임신시키기에 충분한 정자를 가지고 있다고 말하는 것과 같다. 문제는 배포하는 일이다. 체르노빌 사고로 방출된 플루토늄으로 사망한 사람은 아무도 없었으며, 한 남자는 세계의 모든 여성들을 임신시킬 수 없다.

이런 종류의 가상의 공포에 찬 발언들(hypothetical scaremongering statements)은 많은 언론들이 유포하고 있지만 방사선 위해도(risk)에 대한 실체성과는 동떨어져 있다. 그렇다면 실제 위험은 무엇일까?

방사선과 물질의 상호작용

방사선의 위험을 이해하기 위해서는 원자 수준에서 방사선이 무엇인지 알아보는 것부터 시작해야한다. 여러 종류의 방사선, 그리고 가장 중요하게는 방사선량을 고려해야 한다. 이 장은 다소 기술적인 장이 될 것이다.

그러나 나는 여러분이 이 장을 충실히 공부해 주길 바란다. 그렇게 하면 방사선이 실제로 세포에 미치는 영향과 다양한 방사선 유형이 어떻게 다른 결과를 초래하는지 훨씬 더 잘 이해하게 될 것이다.

다양한 종류의 방사선과 이들이 어떻게 원자와 상호작용하는지 살펴보자. 원자력과 관련된 4가지 종류의 방사선(알파선, 베타선, 감마선 및 중성자)을 제6장에서 논의하였다. 엑스선과 감마선은 기본적으로 동일한 유형의 방사선이며, 이들은 정확히 동일한 방식으로 물질과 상호작용한다. 그래서 나는 그것들을 전자기파 방사선(electromagnetic radiation)이라는 한 종류로 취급할 것이다. 전자기파 방사선과 물질 간의 상호작용은 에너지 hv를 갖는 광자로서의 입자적 성질에 달려있다. 전자기파 방사선을 지배하는 법칙은 알파 및 베타 방사선과 같은 하전입자 방사선(charged particle radiation)을 지배하는 법칙과 다르다. 중성자는 대전(帶電)되지 않은 입자이므로 하전입자 및 전자기파 방사선과 또 다른 방식으로 상호작용한다.

방사선이 원자에게 할 수 있는 가장 해로운 것은 원자를 전리시키는 것, 즉 전자를 원자 궤도에서 방출하고 원자를 양전하를 띤 이온상태로 남기는 것이다. 이온화된 원자는 화학 결합을 파괴하거나 분자의 성질을 변화시킬 수 있다. 엑스선이나 감마선과 같은 광자는 원자를 이온화하고 방출된 전자에게 많은 운동에너지를 제공하기에 충분히 강하므로 전리방사선(ionizing radiation)이라고 한다. 자외선은 전자기파 방사선의 또 다른 형태이지만 원자를 이온화할 만큼 충분한 에너지를 가지고 있지 않으므로 비전리방사선(nonionizing radiation)이라고 부른다. 여전히 위험할 수는 있지만, 전혀 다른 이유 때문이다.

전자기파 방사선(광자)의 상호작용

엑스선과 감마선은 세 가지 다른 방식으로 에너지를 잃는데, 그 방식은 방사선의 에너지 크기에 달려 있다(역자 주: 광자 방사선 에너지의 세기는 주파수에 비례하고 파장에 반비례한다. 방사선의 강도(intensity)는 광자의 개수와 관련 있다. 광자의 속도는 세기나 강도와는 무관하게 빛의 속도이다. 이 세가지 개념을 혼돈하지 말기를 바란다). 한 가지 방식은 광전자 상호작용이라고 한다. 이것은 아인슈타인이 설명하고 노벨상을 받은 바로 그 상호작용이다. 두 번째 방식은 콤프턴 상호작용으로 알려져 있으며, 이를 발견한 미국 과학자 아서 콤프턴(Arthur Compton)의 이름을 따서 명명했으며, 그는 이 발견으로 노벨상을 수상했다. 세 번째 방식은 양전자와 음전자의 생성을 포함하는 쌍

263

PART 02
방사선

생성이라고 한다.(2)

광전자 상호작용

광전자 상호작용(photoelectric interaction, 광전효과)은 고에너지 광자가 원자의 보어 모델에서 내부 궤도에 존재하는 전자와 충돌할 때 일어날 수 있다<그림 7.1>. 엑스선 또는 감마선과 같은 광자의 에너지는 모두 전자에게 전달되며, 전자는 원자를 떠나 완전히 방출된다. 이 방출된 전자는 광자의 에너지에서 이 전자를 원자핵과 묶고 있던 결합에너지 만큼을 제외한 나머지 에너지를 갖게 되고, 전자에게 모든 에너지를 준 광자는 사라진다.

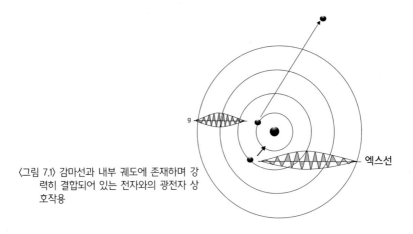

〈그림 7.1〉 감마선과 내부 궤도에 존재하며 강력히 결합되어 있는 전자와의 광전자 상호작용

이 전자는 하전입자 상호작용에 의해 주변 원자들 나아가 이 원자들이 속한 생명체의 장기에 손상을 입힐 수 있다. 원자에서 전자가 방출되고 남겨진 빈자리(vacancy)를 채우기 위해 다른 전자가 높

은 에너지 준위 궤도에서 점프해 이 빈자리로 내려올 때 특성 엑스선이 발생한다.

광전자 상호작용은 약 100keV(kilo electron volts)[1] 이하의 에너지를 가진 저에너지 광자에서 주로 발생하며, 상호작용의 확률은 상호작용하는 원자의 원자번호 Z에 비례해서 빠르게 증가한다. 수학적으로 말하자면 반응 단면적은 Z^4/E^3에 비례한다. 여기서 E는 광자의 에너지이다. 이 현상은 뼈와 다른 신체 부위를 이미지화하기 위해 방사선을 사용하는 진단 방사선과에서 매우 중요하고 실용적으로 이용되고 있다. 뼈 이외의 조직은 주로 탄소(Z=6), 질소(Z=7), 산소(Z=8) 및 수소(Z=1)로 구성된다. 그러나 뼈에는 Z가 20인 칼슘이 많이 있다. 약 75keV의 에너지를 가진 엑스선과 같은 저에너지 광자는 주로 광전 효과에 의해 상호작용하며, 뼈는 연조직보다 훨씬 더 광자를 잘 흡수한다. 엑스선 사진이 뼈를 잘 보여주는 이유는 뼈가 연조직에 비해 대부분의 광자를 잘 흡수하기 때문이다. 높은 흡수로 인해 뼈는 어두운 이미지로 표현된다(역자 주: 하지만 엑스선 필름은 음화(negative)로 인화해 관측한다. 즉 뼈는 하얗게 나타난다). 광전자 상호작용은 대장과 같은 신체 부위를 이미지화하기 위해 조영제들(contrast solutions)을 사용하는 기본 원리이기도 하다. 엑스선 흡수율이 높은 바륨 용액(Z=56)을 마시면 소화 시스템(digestive system)을 통해 흐르므로 저에너지 엑스선으로 바륨의 흐름을 파악하여 장이 막혀 있는지를 판단할 수 있다.

콤프턴 상호작용

광자가 상호작용할 수 있는 두 번째 방식은 콤프턴 상호작용

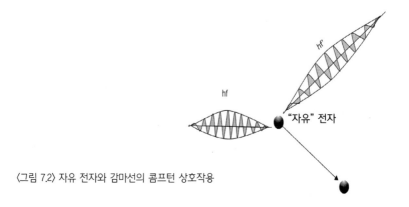

<그림 7.2> 자유 전자와 감마선의 콤프턴 상호작용

(Compton interaction, 콤프턴 산란)이다<그림 7-2>. 이 상호작용은 광자 에너지의 넓은 범위에 걸쳐 발생하며, 광자 에너지가 200keV와 2Mev 사이일 때 가장 중요한 상호작용이다. 이것은 목표 원자의 원자번호에 의존하지 않으므로 뼈에서 우선적인 흡수를 일으키지 않는다. 에너지 hv를 갖는 광자는 매우 느슨하게 결합된 외부 궤도 전자(본질적으로 자유전자)와의 충돌에서 에너지의 일부를 잃는다. 충돌 후 광자는 더 작은 에너지 hv'(따라서 더 긴 파장)로 진행하고, 전자는 당구공 충돌에서 일어나는 현상과 같이 광자로부터 얻은 일부 에너지를 가지고 이동한다. 에너지가 낮아진 광자는 다시 콤프턴 또는 광전자 상호작용을 할 수 있으며, 결국에는 모든 에너지를 잃거나 표적을 통과할 때까지 상호작용을 할 수 있다. 전자는 뒤에 논의될 자신의 방식으로 세포에 손상을 입힌다.

콤프턴 상호작용은 높은 에너지 감마선 또는 엑스선으로 암을 치료할 때나 자연 방사능 또는 인공 방사능에서 발생하는 감마선의 주요한 상호작용이다. 광전자 상호작용과 콤프턴 상호작용 모두 빛이 실제로 입자(광자)처럼 작용할 수 있다는 훌륭한 증거를 제공한다. 이러한 상호작용은 입자의 충돌에 관한 수학적 모델로서 설명될 수 있기 때문이다.

쌍생성

광자가 상호작용하는 마지막 방식은 믿기 힘든 이상한 나라의 앨리스(Alice in Wonderland) 현상 중 하나이다. 100만 전자볼트(MeV) 이상의 에너지를 가진 광자(운동량 보존을 위해 핵이 있는 상태에서) 는 아인슈타인의 공식, $E=mc^2$에 따라 두 가지 새로운 입자인 음전 자와 양전자를 생성하면서 모든 에너지를 잃는다<그림 7.3>. 두 개 의 전자 질량을 생성하기 위해 1MeV보다 약간 더 많은 에너지(1.22 MeV)를 소모한다. 원래의 광자에 있던 여분의 에너지는 이 두 전자 들의 운동 에너지로 전환된다. 양전자는 여러 충돌을 통해 빠르게 에너지를 잃고, 마침내 주변의 보통 전자 하나와 함께 죽음의 춤을 춘다. 그리고 나서 이 두 광자는 서로를 소멸시키며, 두 개의 감마 선 광자를 만드는데, 이 두 광자는 각각 511keV의 에너지를 가지고

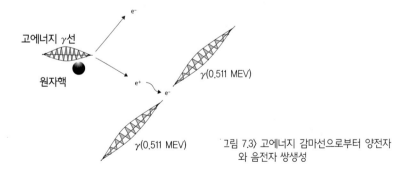

그림 7.3) 고에너지 감마선으로부터 양전자 와 음전자 쌍생성

반대 방향으로 날아간다. 질량이 다시 순수한 에너지로 전환된 셈이다. 에너지가 질량이 되었다가 다시 에너지가 된 것이다. 아, 원자의 세계에서 일어나는 이상한 일들이여!

전자기적 상호작용(electromagnetic interaction)의 이러한 모든 유형의 최종 효과는 엑스선과 감마선이 지수적으로(in an exponential manner) 물질에 의해 흡수된다는 것이다. 즉 엑스선이나 감마선의 갯수와 그 선량은 물질을 통과할 때 지수적으로 감소한다<그림 7.4>(역자 주: 여기서 선량은 물질의 국소 부위가 방사선으로 부터 흡수한 에너지 양이다).

에너지가 높을수록 물질 내부로 깊숙이 진행할 수 있지만, 방사선과에서 사용하는 저에너지 엑스선(약 70~100keV)조차도 인체 내

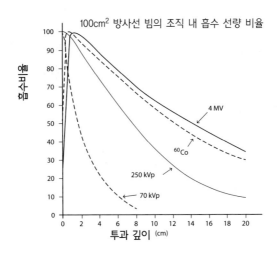

〈그림 7.4〉 **조직내의 엑스선 및 감마선의 선량 곡선**
최대 선량의 백분율은 Y축에 주어진다. kVp는 엑스선 기기의 전압이다. ^{60}Co 감마선은 1.17 및 1.33 MeV의 에너지를 갖는다. 4MV는 400만 볼트의 가속기에서 나오는 엑스선이다. ⓒ 콜로라도주립대학, 톰 보락 박사

에서 수 인치를 진행할 수 있는 충분한 에너지를 가지고 있다. 결론적으로 엑스선이나 감마선 광자는 원자를 이온화하고 전자들에게 에너지를 전달하면서 에너지를 잃는다. 표적 내에 선량을 만드는 것은 바로 이 전자들이다.

하전입자의 상호작용

방사선의 생물학적 우려의 대상인 하전입자(charged particle)는 전자(베타입자), 양성자 및 알파입자이다. 중성자는 물론 전하가 없지만, 대부분 양성자와 충돌하는 상호작용을 하며, 여기서 방출되는 양성자는 강력한 하전입자가 된다. 모든 하전입자는 원자 주위를 회전하는 전자구름(electron cloud)과 상호작용을 한다. 즉 원자와 충돌하여 원자를 자극하거나 이온화하여 이온쌍(ion pair)이라고 부르는 것들을 만든다. 하전입자 상호작용의 최종 결과는 원자를 이온화하고, 그 결과로 더 많은 상호작용들을 야기하는 전자들에게 에너지를 제공하는 것이다. 이것은 <그림 7.1>에 나와 있는 과정과 유사하지만, 광자 대신에 하전입자에 의한 것이며, 하전입자는 다소 낮아진 에너지로 계속 진행한다.

하전입자가 (공기) 원자를 이온화할 때마다 하전입자는 약 34eV의 에너지를 잃는다. 종종 약 3개의 이온화 클러스터가 매우 작은 부피에서 발생하기 때문에, 하전입자와 물질의 상호작용으로부터 매 클러스터 생성 시, 하전입자는 물질에 대해 평균적으로 약 100eV의 에너지를 잃게 된다.(3) 그 결과 하전입자가 느려지게 된다. 하전입자로부터 물질로의 에너지 이동은 입자의 '정지능(Stopping power, S)' 또는 '선형 에너지 전달(Linear energy transfer, LET)'이라고 한다. 정지능 또는 LET는 단위 이동거리당 하전입자의 에너지 손실율이다.

한스 베테(Hans Bethe)는 수학적으로 정지능을 계산할 수 있는 방정식을 개발했다.(4) 이 방정식에 의하면, 정지능은 하전입자의 전하(Z)의 제곱에 비례하고 속도(v)의 제곱에 반비례한다. 수학적으로 표현하자면 다음과 같다.

$$S \propto \frac{Z^2}{V^2}$$

이 베테-블로흐 방정식(Bethe-Bloch equation)의 함축적 의미는 일반적으로 양성자 또는 알파입자와 같이 무거운 중하전 입자는 물질을 직선적으로 통과하면서 전자에게 에너지를 잃고 서서히 속도가 느려지는 것을 의미한다. 이들이 천천히 움직이면 더 빠른 속도로 에너지를 잃기 때문에 브래그 피크(Bragg peak)라고 불리는(중하전 입자 궤도의 끝 부분 매우 짧은 길이에서) 매우 고밀도의 에너지 침적으로 끝이 난다. 또한 알파입자의 Z가 2이고 양성자의 Z가 1이기 때문에, 알파입자는 양성자보다 4배나 빨리 에너지를 잃는다. 에너지 침적의 이러한 패턴의 결과로 무거운 하전입자(heavy charged particle)는 물질에서 일정한 거리를 이동한 다음 완전히 멈추게 된다. 이 거리를 입자의 비정(飛程, range)이라고 한다. 이 비정을 벗어나면 에너지가 전혀 공급될 수 없으므로 방사선으로부터 더 이상의 영향은 없다. 무거운 하전입자 상호작용의 이러한 성질은 양성자 또는 탄소 핵과 같이 중이온을 이용하는 암 치료의 기초가 된다. 방사선은 종양 속으로 투입되지만, 그 비정이 매우 잘 정의되어 있어서 종양을 완전히 통과해서 뒤편의 정상 조직에 다다를 수 없다. 이 방법으로 매우 높은 선량을 종양에 조사하면서 동시에 정상 조직에는 거의 방사선이 조사 안 되게 할 수 있다.

전자 역시 하전입자 상호작용을 하고 베테−블로흐 방정식을 따른다. 그러나 알파 입자나 양성자와는 달리 전자의 상호작용에는 중요한 차이가 있다. 이들은 매우 가볍기 때문에 원자를 이온화하기 위해 궤도 밖으로 전자를 쳐낼 때, 같은 크기의 당구공이 충돌하는 것처럼 심하게 굴절된다. 결과적으로 전자는 물질을 통과할 때 지그재그 경로를 만들기 때문에 무거운 하전입자보다 더 넓은 공간으로 에너지를 분산시키게 된다. 이들은 또한 잘 정의된 비정을 가지고 있지 않으며, 물질 속에서 깊이 이동 가능하고, 이동함에 따라 점차적으로 (입자 개수가) 줄어들게 된다.

광자와 하전입자의 이러한 상호작용들의 차이는 여러 유형의 방사선이 물질을 투과할 수 있는 능력이 서로 다른 이유를 설명해준다. 감마선 및 엑스선과 같은 광자는 에너지에 따라 수 센티미터 또는 수 미터까지 조직을 투과할 수 있을 만큼 매우 관통력이 높다. 전자는 에너지에 따라 몇 마이크론(100만분의 1미터)에서 최대 1센티미터까지만 조직을 투과할 수 있다. 알파입자는 조직 속에서 수 마이크론만 투과할 수 있으며, 종이 조각이나 피부 세포의 외피층에 의해서도 쉽게 멈추며 뚫지 못한다.

중성자의 상호작용

우리가 아직 고려하지 않은 또 다른 유형의 방사선, 즉 중성자가 있다. 많은 중성자가 원자로에서 생산되고 원자로 작동의 기본 요소이기 때문에 중성자와 물질과의 상호작용을 이해하는 것이 중

271

요하다. 중성자는 전하가 없으므로 전자와 직접 상호작용할 수 없다. 대신 중성자가 원자핵에 충돌하여 에너지의 일부를 잃고 튕겨질 수 있다. 탄성 충돌(elastic collision)로 알려진 과정이다. 중성자가 단지 하나의 양성자인 수소 핵에 부딪힐 때는 당구공 충돌(pool ball collision)처럼 튕기면서 양성자에게 에너지를 준다. 더 무거운 핵에 부딪칠 때는 볼링공(bowling ball)을 때리는 당구공처럼 중성자가 튕겨 나오지만, 무거운 핵은 많이 움직이지 않고 중성자도 에너지를 많이 잃지는 않는다. 그러므로 중성자의 속도를 늦추는 가장 좋은 방법은 수소 원자가 많이 들어있는 물질을 이용하는 것이다. 파라핀은 중성자 속도를 늦추는 많은 수소를 가지고 있다. 저속 중성자가 핵분열을 발생시키는데, 효과적이기 때문에 페르미가 중성자원과 우라늄 사이에 파라핀을 놓았을 때 핵분열이 높았던 것이다<제6장 참조>. 또한 물(H_2O)도 많은 수소를 가지고 있기 때문에 물이 대부분의 원자로에서 감속재로 사용되는 이유이기도 하다. 중성자가 수소의 원자핵 즉 양성자에게 에너지를 전달하면 양성자는 고에너지가 하전입자가 되어서 위에서 설명한 바와 같이 베테-블로흐 방정식에 따라 에너지를 잃어 간다. 우리의 세포는 약 85%가 물이고(5) 우리 몸은 약 60%가 물이기 때문에 우리가 바로 중성자의 흡수체(neutron absorber)이다. 원전 종사자를 보호하기 위해서는 원자로 주변에서 중성자의 차폐가 매우 중요하다.

중성자는 비탄성 충돌(inelastic collision)이라고 하는 또다른 방식으로 상호작용할 수도 있다. 또한 중성자는 아무런 전하가 없으므로 실제로 핵을 관통할(penetrate) 수 있으며, 때때로 핵에 포획되어(captured) 새로운 동위원소를 형성하기도 한다. 수소는 저속 중성자를 포획하여 중수소(deuterium, 양성자 1개와 중성자 1개를 가지는 수소 또는 ²H 혹은 D)가 될 수 있으며, 중수소는 한 번 더 저속 중성자를 포획하여 삼중 수소(tritium, 양성자 1개와 중성자 2개를 가지는 수소 또는 ³H 혹은 T)가 될 수 있다. 또한 이것이 제6장에서 언급하였듯이 우라늄이 중성자를 포획하고 핵분열을 일으키는 대신 새로운 원소, 즉 초우라늄 원소를 생성하는 과정이다. 때때로 중성자는 어떤 원자핵(Z)에 충돌하여 양성자를 쳐내고, 자신은 흡수되어 새로운 원소(Z-1)로 바꿀 수 있다. 방사성탄소 연대측정(radiocarbon dating)에 중요한 탄소 동위원소 $^{14}_{6}C$는 지구대기층에서 중성자가 질소($^{14}_{7}N$)와 충돌하여 양성자를 쳐내고 중성자는 흡수되어서 생성된다. 물론 조건이 적당하면 우라늄이나 플루토늄 동위원소에 중성자가 흡수되어 핵분열을 일으킬 수도 있다.

방사선 선량은 무엇인가?

세포와 조직을 포함하여 물질을 통과하는 모든 유형의 방사선 반응의 최종 결과는 이전 장에서 설명한 상호작용에 따라 원자를 이온화함으로써 물질에 에너지를 축적한다는 것이다. 방사선의 위험성에 대해 양적으로 기술하기 위해서는 방사선 선량이 무엇인지 정의하는 것이 필수적이다. 방사선량(radiation dose) 또는 줄여서 선량(dose)은 일정량의 방사선 에너지가 일정 질량에 축적된 것이다. 그러나 방사선의 유형과 그 경로에 있는 세포 또는 조직의 유형에 따라 선량을 정의하는 여러 가지 방법이 있다.

선량의 가장 기본적인 정의는 흡수선량(Absorbed dose, D)으로, 그레이(Gy) 또는 라드(rad) 단위로 표시된다. 흡수선량의 공식 단위는

273

현재 그레이종양학및생물학연구소(Gray Institute of Radiation Oncology and Biology)로 알려져 있는 영국 옥스퍼드의 유명한 방사선 연구소를 설립했던 영국의 물리학자 루이 그레이(Louis Gray)의 이름을 딴 그레이이다.[1] 그레이는 전리방사선 1줄(joule)의 에너지가 1kg의 물질에 흡수된 것을 의미한다. 흡수선량에 대한 기존 정의는 라드(rad, radiation absorbed dose)이며, 이 단위는 미국에서 여전히 자주 사용된다. 1라드는 100erg의 에너지가 1g의 물질에 흡수된 것이다. 1그레이는 100라드와 같다. 흡수선량 1그레이는 방사선 유형과는 무관하므로 감마선 1그레이는 양성자 1그레이와 같으며, 전자 1그레이와도 같고, 알파 입자 1그레이와도 같다. 왜냐하면 주어진 질량의 물질에 같은 양의 에너지가 흡수되었기 때문이다.

그러나 흡수선량은 방사선의 생물학적 영향을 표현하기에 충분하지 못하다. 왜냐하면 서로 다른 유형의 방사선은 서로 다른 수준의 세포 손상(damage in cells)을 일으킬 수 있기 때문이다. 세포에 대한 방사선의 주요 효과는 DNA 손상(damage to DNA)을 유발하는 것이다. 예를 들어 감마선과 전자는 알파입자와 중성자만큼 손상을 입히는데 효율적이지 못하다. 여러 종류 방사선의 생물학적 효과를 비교하기 위해 방사선 생물학자(radiation biologist)들은 세포를 조사하고 양성자, 중성자 또는 알파입자의 투여량이 얼마일 때가 감마선 또는 엑스선의 일정 투여량과 동일한 양의 손상을 유발하는지 평가했다. 이 실험의 결과는 엑스선과 비교한 여러 종류의 방사선의 상대적인 생물학적 효과계수(Relative biological effectiveness, RBE)를 결정했다. 여러 방사선에 대한 이러한 RBE값은 미국 국립방사선방호및측정위원회(National Council on Radiation Protection and Measurement, NCRP) 및 국제방사선방호위원회(Internal Commission on

Radiological Protection, ICRP)와 같은 국내 및 국제 과학위원회가 평가하여, 방사선가중계수(방사선가중인자, 방사선가중치, Radiation weigh -ting factor, W$_R$)로 공표하게 된다. 등가선량(Equivalent dose, H)으로 알려진 또 다른 선량의 척도는 흡수선량에 특정 유형의 방사선에 대한 방사선가중계수(W$_R$)를 곱한 값이다. 그리고 등가선량 H는 여전히 주어진 질량에 흡수된 에너지로 주어지지만, 방사선의 유형에 따라 달라진다. 공식 단위는 시버트(Sievert, Sv)이며, 이것은 그레이 단위의 선량에 가중계수(weighting factor)를 곱한 것이다. 방사선의 선량을 측정하기 위해 이온함 계측기(ion chamber)를 발명한 스웨덴의 물리학자 롤프 시버트(Rolf Sievert)의 이름을 따서 명명되었다.(6) 오래 되었지만 여전히 사용되는 단위는 렘(rem, Roentgen equivalent man)인데, 이것은 라드(rads)에 방사선가중계수를 곱한 값이다.(7) 1 시버트는 100렘이다. 선량에 대한 다양한 단위는 <표 7.1>에 제시되

〈표 7.1〉 선량을 정의하는 다양한 방법들

선량률	기호	단위	값	단위변환관계
흡수선량	D	그레이(Gy)	1joule/kg	100rad
흡수선량	D	라드(rad)	100erg/gm	0.01Gy
등가선량	H	시버트(Sv)	D(Gy) x W$_R$	100rem
		밀리시버트(mSv)		0.001Sv
등가선량	H	렘(rem)	D(rad) x W$_R$	0.01Sv
		밀리렘(mrem)		0.001rem

〈표 7.2〉 방사선가중계수(ICRP)

방사선 검출기	W$_R$
광자(x, y)	1
전자(β)	1
양성자	2
알파 입자, 핵분열 파편들, 중핵(重核)	20
중성자	5~20 에너지에 따라

어 있으며 방사선 가중계수는 <표 7.2>에 나와 있다.

방사선가중계수들로 인해 감마선 또는 전자의 경우 1그레이는 1 시버트와 같지만, 중성자 또는 알파입자에 대해서는 1그레이는 생물학적 손상 측면에서 약 20시버트와 같다. 이러한 이유 때문에 생물학적 영향이 방사선의 종류와 무관하게 되도록 방사선량을 일반적으로 그레이가 아닌 시버트 또는 렘으로 나타낸다. 그렇다면 감마선 1시버트의 생물학적 효과는 알파 입자 1시버트, 전자 1시버트 또는 중성자 1시버트와 동일하다는 것을 알 수 있다.

사람이 방사선에 노출(exposure, 피폭, 조사)되었을 때 고려해야 할 또 하나의 요소가 있으며, 그것은 노출이 일어난 신체의 부위이다. 예를 들어 방사선 작업자는 다른 신체 부위보다 손이나 발이 더 많이 방사선에 노출될 수 있다. 라돈을 흡입한 사람들은 폐가 피폭되는 것이다. 밝혀진 바와 같이 다양한 조직의 방사선 민감도(radiation sensitivity)에는 차이가 있으며, 이 점 때문에 다양한 조직을 비교하기 위한 조직가중계수(조직가중인자, 조직가중치, Tissue weighting factor, W_T)로 알려진 또 다른 가중계수를 정의하는 것이 필요하다<표 7.3>. W_T 값이 큰 조직은 W_T값이 작은 조직보다 방사선에 더 민감하다. 예를 들어 피부와 폐 또는 유방의 감도 사이에는

〈표 7.3〉 조직가중계수(ICRP)

조직	조직별 W_T	W_T 합계
골수, 유방, 결장, 폐, 위	0.12	0.60
방광, 식도, 생식선, 간, 갑상선	0.05	0.25
골 표피, 뇌, 신장, 침샘, 피부	0.01	0.05
기타 조직	0.10	0.10

큰 차이가 있다. 총 조직가중계수는 각 조직에 대한 개별 조직가중계수의 합계이다. 인체 전체에 대해 총 조직가중계수는 1이며, 이는 몸 전체의 민감도가 개별 조직의 민감도의 합이라는 것을 의미한다. 유효선량(Effective dose, E)은 등가선량에 조직가중계수를 곱한 값이다.

DNA와 세포에 미치는 방사선의 영향

이제 여러분은 방사선량에 대한 지식을 가진 전문가가 되었으므로, 방사선이 세포와 DNA에 무엇을 하는지를 탐구할 시간이다. 방사선의 종류에 따라 물질 내 이온화 밀도(ionization density)가 다르기 때문에, 방사선에 의한 세포와 DNA의 손상은 상대적이다<그림 7.5>.

베타입자 또는 감마선은 이온화 밀도가 낮기 때문에 DNA 가닥(DNA strand)을 잘 통과할 수 있으며 손상은 전혀 발생하지 않을 수도 있지만, 알파입자는 이온화 밀도가 높아서 많은 피해를 입힌다. 특히 이온화는 DNA가닥들을 함께 묶어주는 분자 결합을 파괴할 수 있다.

방사선은 세포 내의 많은 분자들을 이온화 시킬 수 있지만, 수년에 걸친 수많은 실험들은 생물학적 효과를 일으키는 것은 방사선에 의한 DNA 손상이라는 것을 보여 주고 있다. 알파입자는 주로 이중가닥절단(double strand break, DSB)이라는 방식으로 DNA의 두 가닥을 파괴한다<그림 7.5>.

사용후핵연료(Spent Nuclear Fuel, SNF)의 핵분열생성물(제9장 참조)

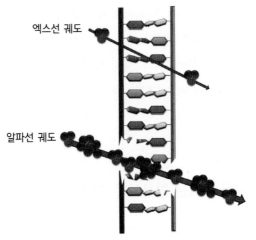

엑스선 궤도

알파선 궤도

〈그림 7.5〉 알파 입자(중이온)와 비교하여 엑스선이 DNA에 에너지 침적을 주는 방법

의 주요 방사선인 베타입자와 감마선은 다양한 유형의 DNA 손상을 일으킬 수 있다. 이온화 클러스터가 특정 위치에서 발생하면 이 중가닥절단이 발생할 수 있다. 하지만 보통은 DNA 단일가닥을 파괴하는 단일가닥절단(single strand break, SSB)을 만든다. 또한 DNA의 염기에 여러 가지 종류의 손상을 일으키거나 DNA와 단백질 사이에 (새로운)결합을 형성할 수도 있다. 이러한 여러 유형의 손상 중에서 문제를 야기하는 주요 손상은 이중가닥절단이다. 이 방식으로 부서진 DNA들은 때로는 '끈적거리는 말단들(sticky ends)'이라고 불리는 것을 형성한다. 분리된 DNA들은 특별한 복구효소(repair enzyme)의 도움으로 다시 붙을 수 있다. 그러나 그것들이 항상 제대로 다시 붙는 것은 아니다. 때로는 DNA 조각이 염색체(chromosome)의 끝에서 사라져버리는 말단결실(terminal deletion)이 일어난다.

또 두 개의 이중가닥절단이 형성되어 중간에 있는 염색체 조각이 결실(interstitial deletion)되거나 역위(inversion)될 수 있다. 그리고 다른 염색체의 DNA 조각이 함께 달라붙어 치명적이지 않는 상호전좌(reciprocal translocation), 또는 세포에 치명적일 수 있는 이동원체(dicentric, 2개의 동원체(centromere, 중심립))를 형성할 수도 있다. 깨진 DNA 조각을 함께 붙이는 이러한 다양한 가능성은 염색체 이상(chromosomal aberrations)으로 알려져 있으며 많은 것들이 유사분열 시 염색체를 관찰해보면 광학현미경(light microscope)으로 볼 수 있다. 이러한 염색체 이상의 일부는 세포에 치명적이고, 다른 일부는 양성이어서 아무런 해가 없다. 그리고 이것들 중 일부는 나중에 세포가 암이 될 수 있는 돌연변이를 일으킬 수 있다.(7)

피해는 얼마나 클까? 이제 방사선의 특정 선량에 대해 이야기하는 것이 중요한다. 1그레이의 베타 또는 감마선량은 세포의 DNA에 상당한 손상을 초래한다: 약 20~40DSB, 1,000SSB, 1,000 염기손상 및 150DNA-단백질 가교결합 등.(8, 9) 같은 선량의 알파입자에 의한 이중가닥절단의 수는 감마선의 약 3배이다.(9) 놀랍게도 1그레이의 감마선을 받은 대부분의 세포는 죽지 않는다. 이것이 어떻게 가능할까?

방사선으로부터 많은 손상을 받아도 우리 세포가 죽지 않고 살아 남도록 하는 몇 가지 요인이 있다. 한 가지 요인은 우리는 이배체 생물(diploid organism), 즉 염색체 복사본을 두 개 가지고 있다는 것이다(역자 주: 인간의 경우 23쌍). 그래서 한 사본이 손상되어도 손상되지 않은 다른 상동염색체의 DNA에 의해 회복될 수 있다. 또 다른 요인은 DNA의 대다수(약 98%)가 실제로 아무 것도 코딩하지 않는 DNA라는 사실이다. 유전자는 코딩 DNA인 엑손(exon) 뿐만 아니라 RNA(ribonucleic acid)와 단백질이 만들어지기 전에 풀려 버려지는 인트론(intron)으로 알려진 긴 가지의 DNA를 포함하고 있다. 따라서 방사선으로 인한 많은 피해가 최종 단백질 합성에 영향을 미치지 않는 DNA 영역(인트론)에서 일어날 수 있다. 코딩하지 않는 DNA 중에는 여러 번 반복되는 짧은 서열들로 구성된 DNA들도 있다. 마지막으로 우리의 세포는 DNA에 의해 야기된 대부분의 손상을 고칠 수 있는 매우 정교한 효소복구기계(enzyme repair machines)들을 가지고 있다. 이것은 당신에게 매우 놀라운 일일 수 있다. 헬렌 칼디코트와 많은 반핵운동가들은 적은 방사선이라도 암을 일으킬 것으로 생각하는 것 같다. 사실상 방사선으로 인해 손상된 DNA의 대부분은 특별한 기능이 없는 부위이거나 복구가 가능하다.

DNA 복구 시스템

지구는 약 46억 5천만 년 전에 형성되었으며, 지구가 생성된지 약 10억 년 후 지구에서 생명체가 진화하기(evolve) 시작했다. 초기 형태의 박테리아(bacteria)는 35억 년 된 암석에서 발견된다.(10) 그 당시 지구는 훨씬 더 방사능이 높았다. 우주에서 오는 방사선을 차단할 대기층이 적었기 때문이다. 따라서 생명은 사실 고준위 방사선 환경에서 진화하였다. 이 사실에 비추어 볼 때, 방사선으로 인한 DNA 손상에 대처할 수 있는 복구메커니즘을 개발한 생명체(박테리아)들이 시간이 흐름에 따라 진화에 의해 선택될 것이라는 것은 놀라운 일이 아니다. 효모(yeast)와 같은 곰팡이(fungi), 포유류 세포(mammalian cells)와 같은 고등진핵생물(higher eukaryotes)을 포함한 진핵세포들(eukaryotic cells)은 후에 DNA를 복구하는 훨씬 더 정교한 과정들을 가지도록 진화했다. 이처럼 세포들이 오랜 시간 동안 방사선 손상에 대처해왔기 때문에, 결과적으로 우리는 방사선에 상당한 저항성(resistance to radiation)을 가지고 있다. 다음은 DNA 손상을 복구하기 위한 복구 경로의 종류를 간단히 살펴보겠다.

불일치 복구(mismatch repair), 절제 복구(excision repair) 및 이중 가닥절단 복구(double strand break repair) 등 세 가지 기본 유형이 있다.(11) 불일치 복구는 DNA가 올바르게 복제되도록 하는 매우 중요한 교정 작업 형태의 복구이다. DNA가 복제(replication)될 때 아데닌(adenine, A), 시토신(cytosine, C), 구아닌(guanine, G) 및 티민(thymine, T)의 4가지 염기가 적절히 쌍을 이룬다.

항상 A는 T와, G는 C와 쌍을 이룬다. 어쩌다 잘못된 쌍이 형성되면, 불일치 복구효소(mismatch repair enzyme)는 이들을 확인하고, 잘못된 염기를 떼어내고, 정확한 염기(base)로 교환한다. 이 과정은 DNA 복제가 일어난 직후에만 일어날 수 있다.

불일치 복구는 방사선 손상과 관련이 없지만, 정상적인 DNA 복제 대신 무작위 돌연변이를 피하기 위해 중요하다. 이 유형의 복구을 위한 유전자의 돌연변이 또는 결함은 종종 결장암(colonal cancer)을 유발한다.

뉴클레오타이드 절제 복구(nucleotide excision repair)와 염기 절제 복구(base excision repair)의 두 가지 형태의 절제 복구가 있다. 뉴클레오타이드 절제 복구는 자외선으로부터 손상을 복구하는 것과 주로 관련이 있다. 자외선 노출은 인접한 티민 염기들을 함께 묶어 티민 이량체(Thymine dimer)라 불리는 T-T결합을 형성하는 화학 반응을 일으킨다. 티민 이량체가 DNA에 만드는 부풀음(bulge)을 확인하는 효소에 의해 이 티민 이량체가 잘려(excised)나간다. 그리고 주변의 DNA에서 약 24~32개의 뉴클레오타이드[2]도 잘려나가고, 그 간격을 올바른 뉴클레오티드들로 채운다. 이 복구유전자의 돌연변이 또는 결함은 종종 피부암을 일으키는 원인이 된다. 색소성 건피증(Xeroderma pigmentosum)으로 알려진 유전적 증후군을 가진 사람들은 뉴클레오타이드 절제복구유전자(nucleotide excision repair gene)에 돌연변이가 있으며 UV 광선에 매우 민감하다.

염기절제복구는 방사선이 염기에 입히는 다양한 손상을 복구할 수 있다. 세포에는 글리코실라제(glycosylase)라는 특정 효소가 많이 있다. 이것은 DNA 염기의 특정한 손상들을 확인하고, DNA 가닥을 손상시키지 않으면서 염기를 잘라낸다. 그런 다음 디옥시리보스 당(DNA의 "D")을 제거하고 새로운 뉴클레오티드(당과 염기)를 삽입하여 복구를 완료한다. 1그레이의 방사선에 의해 수천 개의 염기가 손상되기 때문에 이것은 방사선 손상에 관한 매우 중요한 복구 경로이다.(11)

이중가닥절단이 잠재적으로 세포에게 파국적인 존재이기 때문에, 전리방사선에 대한 가장 중요한 유형의 복구는 이중가닥절단을 복구하는 것이다. 이중가닥절단 복구에는 비상동(이종)말단접합(non-homologous end joining, NHEJ)과 상동재결합(homologous recombination, HR)의 두 가지 방법이 있다.(12, 13) 비상동말단접합(NHEJ)은 이중가닥절단을 복구하는 가장 간단한 방법이며, 깨진 DNA 가닥의 '끈적거리는 말단'을 다시 붙이는 것으로 생각할 수 있다. 물론 이것을 달성하기 위해 많은 세포 기계들이 필요하지만, 비상동말단접합은 잘린 DNA의 두 말단을 다시 붙일 수 있는 능력이 있다. 따라서 이 방식은 매우 효율적이지만, DNA의 올바른 조각이 다시 붙게 될지 여부를 알 수 없기 때문에 항상 정확한 것은 아니다. 종종 잘려진 DNA의 가까운 거리에는 하나 이상의 염색체 조각들이 있을 수 있다. 비상동말단접합은 맞지 않는 염색체 조각들을 다시 융합시켜 여러 종류의 염색체 이상을 만들어서 세포 사멸을 초래하거나 때로 암을 유발할 수도 있다.

이중가닥절단 복구의 다른 경로인 상동재결합(HR)은 더 복잡하지만 매우 정확하다. 그것은 복제할 DNA의 다른 가닥을 보유하고 있는지에 달려 있다. 이 과정은 세포주기에서 합성(synthesis) 또는 S-위상(S-phase)이라 불리는 시기 즉 DNA가 복제된 후에만 일어난다. 이중가닥절단에서 파손된 DNA는 복제된 염색체 복사본(replicated copy of the chromosome, chromatid)과 일치한다. 효소는 깨진 말단들을 깨끗하게 청소하고 다른 염색분체(染色分體, chromatid)를 정확히 복사할 수 있다. 이 과정은 오류 없이 이중가닥절단을 완전히 복구하지만, 항상 적용 가능한 것은 아니다.

인간 세포의 이중가닥절단의 대다수는 비상동말단접합(NHEJ)의 경로에 의해 복구된다.

DNA 손상을 복구하기 위한 이러한 다양한 경로들은 왜 1그레이의 방사선이 DNA에 광범위한 손상을 일으킬 수 있지만, 세포에 거의 치명적이지 않는지를 설명해준다.

우리의 세포는 놀랄 만큼 많은 양의 방사선에 영구적인 손상없이 노출될 수 있다. 이 점이 아마도 이 책에서 가장 중요한 아이디어 중 하나일 것이다. 왜냐하면 많은 사람들이 방사선은 극도로 파괴적이고 소량의 방사선에 노출되어도 필연적으로 암으로 이어질 것이라고 생각하기 때문이다. 그러나 간단히 말해서 이것은 사실이 아니다.

알파입자에 의한 염색체 손상의 대부분은 매우 광범위하여<그

림 7.5> 복구할 수 없고, 대개 세포를 죽이는 결과를 낳는다. 이것은 알파입자의 방사선가중계수가<표 7.2> 매우 크기 때문이다. 전자 또는 감마선보다 DNA를 손상하고 세포를 살상하는데 약 20배 이상 파괴력이 있다. 그러나 알파입자는 대체로 비정거리가 짧기 때문에 매우 국부적인 손상만을 줄 수 있다. 알파입자의 주요 위험성은 알파 방출 핵종이 폐에서 흡입되어 갇혀 있을 때이다. 이것이 라돈이 폐암을 일으키는 중요한 요인이다(라돈에 관한 자세한 것은 뒤에서 설명하겠다). 이것이 또한 플루토늄이 흡입되어 폐에 머물게 되면 위험한 이유이다.

방사선은 어떻게 암을 유발할까?

방사선의 인간에 대한 영향은 이분법적 특성을 가지고 있다. 방사선은 한편으로는 암 치료에 자주 그리고 성공적으로 활용되고 있으며, 다른 한편으로는 암을 유발할 수 있다. 이 이중성을 설명하는 것은 무엇일까? 방사선의 선량이 세포를 죽일 만큼 충분히 큰지 또는 세포가 손상되지 않고 살아남을 수 있을 정도로 작고 복구가 될 수 있는지 여부에 달려 있다. 암 치료는 세포가 스스로 완전하게 복구할 수 없는 치명적인 염색체 이상으로 사멸할 만큼 큰 손상을 줌으로써 암세포를 죽이는 것이 핵심이다.

방사선 치료의 표준 과정은 한 번에 2그레이 분량의 방사선을 약 6주 동안 일주일에 5일 정도 조사(照射)함으로써 이루어진다(총 약 60그레이). 이 요법은 암세포를 죽이는 최대 확률을 제공하면서 동시에 방사선 조사를 받는 정상 조직에 과도한 손상을 주지 않게 한다.

방사선의 발암 효과(carcinogenic effect)는 복구되지 못하거나 잘못 복구된 DNA 손상의 존재에 기인한다. 이 손상들이 몇몇 유전자에게 발현 가능한 변이 또는 변형을 일으킬 수 있기 때문이다. 방사선은 DNA의 개별 염기에 작은 돌연변이를 유발하는데 그다지 효과적이지 않다. 왜냐하면 대부분의 이러한 돌연변이들은 복구되기 때문이다. 그러나 염색체의 전체 섹션이 제거되는 이중가닥절단을 발생시키면 매우 효과가 크다. 때로는 삭제된 섹션에 중요한 유전자가 포함될 수 있다.(14) 염색체 이상은 여러 가지 생물학적 효과를 유발하는 방사선으로 인한 손상의 일종이다.(15) 그것이 왜 중요한지 이해하기 위해서는 암의 분자적 기초 지식을 탐구해야 한다.

　　암은 인간의 정상적인 세포가 유전적 변화를 겪어 결국 악성 세포로 변형된 후 악성 종양으로 발전하는 진화적 과정(evolutionary process)의 결과이다. 단일 돌연변이는 정상 세포를 악성 세포로 변형시키지 못한다. 그 대신 다단계 발암(multistep carcinogenesis)으로 알려진 과정을 통해 수많은 개별적인 유전적 변화(genetic changes)가 발생해야 한다. 암은 때때로 개시(initiation), 촉진(promotion) 및 진행(progression)의 3단계로 진행되는 것으로 알려져 있다. 많은 독성 화학물질들(toxic chemicals)과 함께 전리방사선(Ionizing radiation)은 개시제(initiator)로 알려져 있다. 왜냐하면 암의 긴 과정을 시작하는 돌연변이들(mutations)을 만들기 때문이다. 세포가 완전히 악성화되는 단계에 가깝게 밀어 넣는 촉진 단계에서 여러 유전적인 변화(genetic changes)가 일어난다. 진행은 변형된 세포들이 통제되지 못하고 성장하여 악성 종양을 형성하는 단계이다. 대부분의 고형 종양들(solid tumors)의 경우, 방사선 조사(개시)로부터 악성종양 발생까지 10년에서 60년의 잠복기(latency period)가 존재한다. 특별히 백혈병(leukemia)의 경우는 잠복기가 5년 정도로 아주 짧지만, 위험 기간은 약 15년이 넘는다.(7) 체르노빌 원자력 사고 이후(제10장 참조), 갑상선암(thyroid cancer)은 백혈병과 비슷하게 수년 정도의 잠복기를 거쳐 발생하는 것으로 알려졌다. 이 두 가지 암은 모두 어린이에게서 주로 발생한다. 따라서 이 암들의 짧은 잠복기는 세포의 급속한 증식의 결과일 수 있다. 그러면 정상적인 세포를 악성 세포로 바꾸는 이러한 유전적 변화는 무엇일까?

종양유전자

1909년 페이톤 라우스(Peyton Rous)라는 닭 바이러스 학자가 농부가 가져온 플리머스 록 치킨(Plymouth Rock chicken)의 뒷부분에서 자라는 종양을 조사했다. 암은 그들이 태어난 세포의 유형에 따라 명명되며, 이 종양은 결합조직(connective tissue)과 근육(muscle)에서 자라는 종양인 육종(sarcoma)이다.

라우스는 질병이 없는 닭에 암세포를 주입함으로써 닭에서 닭으로 종양을 옮길 수 있다는 것을 발견했다. 이것은 놀라운 일은 아니지만, 그는 한 충격적인 결과를 발견했다. 그는 암세포를 갈아서 세포 스프를 만들고, 미세한 체(sieve)로 걸러내 사용해도 여전히 암을 전이시킬 수 있었다. 이 실험으로 인해 바이러스라고 불리는 매우 작은 입자가 암을 전이시키는 것으로 결론을 내렸고, 암은 바이러스성 질환(viral disease)이라는 생각이 들게 되었다. 이 바이러스는 나중에 라우스 육종 바이러스(Rous sarcoma virus, RSV)로 명명되었으며 암을 유발하는 것으로 알려진 최초의 바이러스이다.(16) 그러나 라우스 육종 바이러스는 사람에게는 암을 일으키지 않으며,

실제로 인간에게 암을 일으킬 수 있는 바이러스를 찾은 사례는 드물다. 인간 유두종 바이러스(human papilloma virus, HPV)는 자궁경부암(cervical cancer)을 유발할 수 있고, 엡스타인-바 바이러스(Epstein-Barr virus, EBV)는 림프종(lymphoma) 암을 일으킬 수 있으며, B형 간염(hapatitis B) 바이러스는 간암(liver cancer)과 관련이 있으며, 성인성 백혈병(leukemia)은 T세포 백혈병 바이러스에 의해 발생한다. 하지만 이것이 전부이다. 인간 암의 5% 미만이 바이러스에 기인한다.(17)

그런데 라우스 육종 바이러스가 사람에게 암을 일으키지 않는다면, 왜 나는 이것을 언급할까? 라우스 육종 바이러스는 나중에 AIDS를 유발하는 인간면역결핍바이러스(HIV)로 잘 알려진 레트로바이러스(retrovirus)의 한 유형으로 밝혀졌다. 레트로바이러스는 자체 내 DNA 대신 RNA 유전자 코드를 가지고 있다. 분자생물학(molecular biology)의 오랜 '중심 교리(the central dogma)'는 정보의 흐름이 DNA에서 RNA로 또 단백질로 이동한다는 생각이었지만, 레트로바이러스가 그 과정을 되돌려버렸다. 그들은 세포를 감염시키고 자신의 라우스 육종 바이러스를 DNA로 바꾸어 숙주 세포(host cell)의 DNA에 통합시킨 다음, 더 많은 바이러스 입자를 만든다. 중요한 문제는 때로는 숙주로부터 특정한 유전자를 포획하여 이를 자신의 바이러스 게놈(viral genome)에 통합한 다음, 다른 세포로 전달할 수 있다는 것이다. 이것이 바로 라우스 육종 바이러스가 하는 일이다. 라우스 육종 바이러스는 특별히 육종을 일으키는 src('sarc'라고 발음함) 유전자를 선택한다. src는 종양유전자(oncogene)라고 불리는 암 유발 유전자의 한 예이다.

수십 년 후인 1977년 레이 에릭슨(Ray Erikson)은 src가 키나아제

(kinase, 인산화효소)라고 불리는 특별한 종류의 단백질 생산을 암호화한 유전자임을 발견했다.(16) 이 단백질의 기능은 다른 단백질의 특정 중요 부위에 인산기(phospate group)를 추가하는 것이다. 세포들의 기능은 세포 내 여러 가지 다른 단백질들의 특정한 인산화 패턴에 의해 결정되는데, src는 세포의 성장 과정들을 조절한다. 라우스 육종 바이러스가 게놈에서 src를 꺼낸 다음 세포를 감염시킬 때 src 유전자는 단백질을 인산화시켜서 조절되지 않는 세포 성장(암세포의 특징)을 유발한다.

해럴드 바르머스(Harold Varmus)와 마이클 비숍(Michael Bishop)은 노벨상을 수상한 패러다임-이동 실험(paradigm-shift experiment)에서 모든 종류의 세포에 src 유전자가 원종양유전자(proto-oncogene)라고 불리는 정상 유전자로 존재하고 있음을 보여주었다.(16, 17) 그러나 src가 세포의 정상적인 유전자라면 다른 세포로 전달될 때 어떻게 암을 유발할까? 라우스 육종 바이러스에 의해 전달되는 특별한 src 유전자는 실제로 유전자 말단에 결실을 가지고 있다. 이 결실이 키나아제를 정상 조절 없이 단백질들을 인산화시키는 과잉활성 키나아제(hyper kinase)로 변화시킨다. 그러므로 src를 바이러스성 종양유전자(viral oncogene)로 만드는 것이 바로 라우스 육종 바이러스이다.

바이러스는 인간 암의 주요 원인이 아닌데도 불구하고, 어떻게 종양유전자들이 암을 유발하는데, 중요한 역할을 할까? 이 질문에 답하기 위해 과학자들은 인간 암에서 DNA를 채취하고 분자생물학의 새로운 도구들을이용하여 DNA를 작은 조각으로 분해하여 세포에 삽입했다. 때로는 삽입된 DNA가 정상 세포를 악성 세포로 변형시킬 수 있고, 삽입된 이 특정 유전자를 확인할 수도 있다. 세포를 변형시킬 수 있는 이 유전자 또한 종양유전자라 부르지만, 차이

점은 바이러스가 아닌 인간 암에서 유래한 유전자이기 때문에 세포성 종양유전자(cellular oncogene)라고 부른다. 이러한 세포성 종양유전자 중 많은 수(70개 이상)가 다양한 암에서 확인되었으며, 세포가 정상 세포에서 악성 세포로 전환되는데 중요한 역할을 한다.(18) 이 세포성 종양유전자는 모두 세포 성장의 복잡한 과정을 조절하는 것을 돕는 정상 유전자(원종양유전자, proto-oncogene)에서 유래한다. 모든 경우에 있어서 세포성 종양유전자는 부모에 해당하는 원종양유전자로부터 변형되었기 때문에 세포 증식을 과도하게 촉진시킨다. 정상 세포는 세포주기를 거친다. 유사분열(mitosis) 최종 단계에서 각 세포는 2개의 세포로 분열한다. 세포는 일반적으로 많은 신호에 반응하고 성장(growth) 및 분열(divide) 여부를 결정하기 위해 복잡한 생화학적 경로를 따르지만, 세포성 종양유전자는 이러한 경로 중 일부를 단락시켜 세포를 분열로 유도한다. 세포주기를 거치는 세포가 경마장 주위를 돌고 있는 자동차와 같다고 비유하면 종양유전자(Oncogenes)는 세포가 빠르게 성장하고 증식할 수 있도록 가속페달을 밟는 것과 같다.

원종양유전자가 세포성 종양유전자가 될 수 있는 여러 가지 경우가 있으며, 방사선은 이들 중 적어도 두 가지를 유발할 수 있다. 어떤 경우에는 유전자의 일부를 제거(deletion)하면 정상적인 조절(normal regulation) 없이 활성화될 수 있는데, 방사선은 DNA 부분을 제거하는데 유효하기 때문에 이런 경로로 종양유전자를 활성화할 수 있다. 또 다른 경우는 상호전좌(reciprocal translocation)를 만드는 것이다. 서로 다른 2개의 염색체가 손상된 후 DNA 복구(NHEJ)가 각각 잘못된 조각들을 갖다 붙이고, 2개의 염색체의 DNA가 십자형으로 교차(criss cross)함으로써 각각의 염색체가 다른 염색체의 일부를 포함하게 될 때 발생한다는 사실을 상기하라.

이것의 유명한 예가 '필라델피아 염색체(Philadelphia chromosome)'로 알려져 있다. 세포유전학자인 쟈넷 롤리(Janet Rowley)는 22번 염색체와 9번 염색체 사이의 상호전좌가 일어나 9번 염색체 조각이 22번 염색체에, 22번 염색체 조각이 9번 염색체에 존재하게 됨을 발견했다.(19) 이 특정 염색체 재배열은 만성골수성 백혈병(chronic myelogenous leukemia, CML)으로 알려진 암에서 흔히 발견된다. 그러나 DNA와 유전자의 총량이 보존되는데 어떻게 문제가 될 수 있을까? 문제는 다른 염색체 조각의 정확한 융합이 BCR-ABL로 알려진 키메라 유전자(chimeric gene)를 만드는 것이다. 이것은 새로운 키나아제를 만들어 단백질을 인산화시키고, 세포를 비정상적으로 자라게 한다. B세포 림프종(B cell lymphoma)으로 알려진 또 다른 암은 염색체 14와 18의 상호전좌에 의해 유발된다. 이 경우 활성화되는 유전자는 bcl-2라는 유전자로, 림프구들(lymphocytes, white blood cells)이 세포사멸(apoptosis)로 죽는 것을 막아 계속 증식을 유지하고 암을 일으킨다.(17)

종양억제 유전자

그러나 종양유전자가 암에 대한 이야기의 종말은 아니다. 단순히 세포성 종양유전자를 활성화한다고해서 필연적으로 암이 생기는 것은 아니다. 종양유전자가 세포 자동차의 악셀를 밟는 것이라면, 브레이크가 있을까? 실제로 존재한다.

1951년 과학자들이 헨리에타 랙스(Henrietta Lacks)(20)의 자궁경부암에서 종양세포(유명한 HeLa 세포)를 배양하는데 성공(break through)

한 이후, 과학자들은 암세포의 특성을 보다 쉽게 연구할 수 있었다. 주목할 만한 실험은 암세포를 정상 세포와 융합시켜 두 가지 세포의 특성을 다 갖춘 잡종 세포(hybrid cell)를 생성하는 것이었다. 중요한 질문은 세포가 정상 세포처럼 혹은 암세포처럼 행동하는지 여부였다. 놀랍게도 잡종 세포는 더 이상 악성이 아니었다. 정상 세포 내부의 무언가가 암세포를 악성으로 만드는 유전자 변이를 막을 수 있었다. 정상 세포 내부의 확인되지 않은 물질을 종양억제유전자(tumor suppressor gene)라고 명명했고,(17) 인간 염색체 13번에 위치한다는 것을 추적할 수는 있었지만, 그것이 무엇인지 발견할 수 있는 도구가 없었다. 그게 무엇이든 세포 자동차의 제동패달(brakes)처럼 동작할 것이다.

1969년 알프레드 누드슨(Alfred Knudson)이라는 유전학자가 텍사스 주 휴스턴에 있는 엠디앤더슨 암센터(MD Anderson Cancer Center)로 옮겨 유년기 암(childhood cancer) 연구에 나섰다. 그는 망막모세포종(retinoblastoma, 망막아종)으로 알려진 어린이의 망막에서 드물게 나타나는 종양에 관심을 갖게 되었다. 흥미롭게도 이 종양은 망막모세포종 가족력이 있는 경우 1살 이하의 영아들에서 가장 흔하게 발생하지만, 종종 가족력이 없는 경우 2~4살에서 발생한다. 누드슨은 이 질병의 유전학을 연구하고, 가족성(familial) 망막모세포종을 앓는 영아는 Rb라는 유전자의 돌연변이 사본(mutant copy)을 물려받는다고 제안했다. 유아가 가진 다른 사본에서 돌연변이가 일어나면, 매우 일찍 망막모세포종이 발생한다. 산발적(sporadic) 형태의 망막모세포종을 앓는 유아들은 돌연변이 Rb사본을 상속받지 않았으므로, 망막모세포종에 걸리기 위해서는 2개의 개별 Rb 모두 돌연변이가 일어나야했다.(16) 놀랍게도 Rb유전자는 하나의 정상적인 사본으로 종양을 억제할 수 있기 때문에 망막모세포종이 자랄려면 두 사본이 모두 제거되거나 돌연변이가 일어나야 했다.

이 Rb유전자는 배양시킨 잡종 세포의 악성을 억제할 수 있는 종양억제유전자와 동일한 유형으로 밝혀졌다. 이것은 DNA가 복제되는 합성단계(synthesis phase)에 들어가기 전에 세포주기에서 체크 포인트로 알려진 위치에서 세포를 정지시킨다. 세포의 DNA가 손상되면 Rb의 정상적인 기능은 손상을 복구할 수 있을 때까지 체크 포인트에서 세포를 차단하는 것이다. 2개의 비정상 유전자 복제본이 있는 아동의 경우와 마찬가지로 기능 가능한 Rb가 없으면, DNA 손상이 있더라도 세포는 세포주기를 따라 진행하고 분할한다.

현재까지 20종 이상의 종양억제유전자가 알려지면서 망막모세포종에 대한 Rb유전자는 빙산의 일각으로 밝혀졌다.(21) 이 종양억제유전자들은 종양유전자의 과잉신호전달(hyperactive signaling)을 정지시킬 수 있는 능력을 가지고 있기 때문에 항종양제(anti-oncogene)로 작용한다. 새로운 분자 기술들로 인간 종양 세포의 분자적 특성을 분석할 수 있게 되면서 많은 다른 종양들이 Rb유전자에 돌연변이들을 가지고 있음이 분명해졌다.

p53으로 알려진 또 다른 종양억제유전자는 세포주기에서 세포 성장을 멈추게 하고, DNA 손상의 복구를 촉진하고, 손상을 복구할 수 없는 경우 세포자살(apoptosis)을 유도하기 때문에 '게놈의 수호자(guardian of the genome)'로 유명하다.(22) p53유전자의 돌연변이(TP53이라 부름)는 모든 인간 종양의 절반 이상에서 발견된다. 활성화된 종양유전자가 암을 유발할 수 있는지 여부에 종양억제유전자가 매우 강력한 영향을 미치는 것이 분명해졌다.

다단계 발암

존스홉킨스 종양센터(Johns Hopkins Oncology Center)의 버트 보겔스타인(Bert Vogelstein)은 대장암(colon cancer)이 쉽고 안전하게 제거할 수 있는 작은 용종(polyp)에서 침입성(invasive) 및 전이성(metasta-tic) 만개대장암(full-blown colorectal cancer)으로 발전하는 과정에서 발생하는 변화를 분석했다.

그는 암의 다단계 모델을 제안하고, 양성 용종에서 악성 종양으로의 진화가 적어도 하나의 종양유전자의 활성화 및 최소 3종의 종양억제유전자의 불활성화를 포함한다는 것을 보여 주었다.(23) 후속 연구에 의하면, 대부분의 종양에서 수십 개의 다른 돌연변이들이 관계하며, 평균 약 13개의 다른 경로들이 영향을 받는 것으로 나타났다.(16) 이러한 다수의 독립적인 유전적 돌연변이들은 왜 초기 사건 후에 암이 발병할 수 있는 긴 잠복기가 존재하는지 설명해 준다. 단일 세포가 4개 이상의 독립적인 돌연변이를 가질 확률은 극도로 낮다. 실제로 그 확률은 무시할 만큼 작아서 암이 결코 발생하지 않을 정도이고 사실상 그렇다.

이 수수께끼(conundrum)에 대한 한 가지 설명으로는 일부 변형들(some alterations)은 염색체를 불안정하게 만들고, 유전적(또는 게놈) 불안정성(genetic instability, genomic instability)으로 알려진 상태인 매우 많은 돌연변이와 변형들(abberations)을 매우 빠르게 축적시킬 수 있다는 것이다. 예를 들면, 만일 DNA 복구유전자에 돌연변이가 생기면 DNA 손상을 효과적으로 복구할 수 없는 그런 경우이다. 운동실조증(Ataxia telangiectasia), 판코니빈혈증(Fanconi's anemia), 니메건파손증후군(Nijmegan breakage syndrome), 색소성건피증(Xeroderma pigmentosum) 및 베르너증후군(Werner's syndrome)과 같은 많은 유전적 증후군이 DNA 복구유전자의 돌연변이와 관계있으며 종종 유전적 불안정성을 일으킨다. 이 증후군을 가진 사람들은 다양한 종류의 암을 앓을 확률이 높다.

유전적 불안정성을 일으킬 수 있는 또 다른 돌연변이는 염색체의 끝 부분인 텔로미어(telomere)가 제거되는 것이다.(24) 텔로미어는 수백 번 반복되는 6개의 염기를 가지고 있고, 세포분열 시 염색체의 끝을 보존하는 역할을 한다. 합성 단계에서 세포들이 자신의 DNA를 복제할 때마다 각 염색체의 끝에 있는 짧은 조각을 잃게 되지만, 끝 부분에는 텔로미어 서열의 동일한 사본들이 있기 때문에 문제가 되지 않는다. 그러나 세포들이 아주 여러 번 분열하면 텔로미어가 짧아지고, 세포들은 더 이상 분열을 계속할 수 없게 된다. 즉 세포들이 노화된다. 이것은 정상적인 세포에 대해서는 사실이지만, 암세포는 종종 텔로머라제(telomerase)라고 불리는 효소를 활성화시켜 더 많은 텔로미어 유닛을 염색체의 말단에 추가하기 때문에, 세포가 계속 분열할 수 있게 한다. 특정 조건 하에서 텔로미어의 말단은 세포 수리 기계에게 DSB(이중가닥절단)처럼 보일 수 있으며, 실제 이중가닥절단과 융합되어 염색체융합(chromosome fusion)을 일으키고 유전적 불안정성을 유발할 수 있다.(25)

위험은 무엇인가?

좋다. 이 모든 이론과 분자생물학은 훌륭하다. 적어도 나는 그렇다고 생각한다. 그러나 여러분이 정말로 알고 싶은 것은 '여러분이 방사선에 노출되면 암에 걸릴 확률은 얼마일까'이다. 그리고 우리는 그 확률이 얼마인지 어떻게 알 수 있을까?

과학자들은 변형된 세포(transformed cell)로 알려진 즉 세포 성장의 악성 패턴을 가진 세포들을 배양하여 성장하는 정상 세포의 변형을 연구하는 방법을 개발했지만, 이 실험의 문제점은 실험용 쥐의 세포주(mouse cell lines)에 의존한다는 것이다. 이것은 인간의 세포를 암세포로 변형시키는 것이 매우 어렵기 때문이다. 그러나 이러한 종류의 실험을 통해 세포를 변형시키는 다양한 물리적 화학적 작용제(agent)의 상대적인 능력을 비교할 수는 있다. 예를 들어 특정 다환식 방향족 탄화수소(polycyclic aromatic hydrocarbons3)는 세포를 변형시키는데 방사선보다 훨씬 우수하다.(26) 그럼에도 불구하고, 이러한 변형 실험의 결과는 인체에 대한 방사선의 정량적 선량-기반 발암 가능성(quantitative dose-dependent carcinogenic potential)을 결정하는데 사용될 수 없다. 또한 실험용 쥐는 발암의 특정 측면을 연구하는데 유용하지만, 실험용 쥐 연구가 방사선의 특정 선량이 사람에게 주는 위해도(위험도)를 결정할 수 없다.

인간의 암 위해도를 결정하기 위한 가장 신뢰할만한 동물 연구는 개에 대한 것이다. 콜로라도 주립대학의 과학자들은 자궁 속 태아 발생의 여러 단계에서 또는 출생 후 여러 연령대에서 방사선에 조사되었을 때 암 위해도를 결정하기 위해 작은 사냥견 중의 하나인 비글(beagle dog)에 대한 생애연구를 실시했다. 상대적으로 많은 선량인 160 또는 830밀리그레이 감마선을 개에게 조사하고, 수명 내내 조사하였다. 후기 태아(late fetal) 및 신생아(neonatal) 단계에서 방사선에 조사된 경우 어린 개들에게 다양한 암이 유발되었다. 또한 청소년기에 조사된 개들 경우에는 갑상선암이 유발되었다.(27, 28) 이 연구들은 개가 특정 인간 암에 대한 좋은 모델이라는 것을 보여 주지만, 특정 선량이나 방사선에 의해 인간이 암에 걸릴 위험을 이해하는데 충분하지는 않다.

그렇다면 어떻게 인간에 있어서 정량적 암 위해도를 알 수 있을까? 알 수 있는 유일한 방법은 실제로 인간 개체군을 연구하는 것이다. 암에 걸리는지 보기 위해 인간에게 방사선을 쪼이는 것은 물론 비윤리적이다. 그러나 여러 집단의 사람들이 여러 가지 이유로 방사선에 피폭되었다. 장기간 다양한 조건하에 방사선 치료를 받은 사람들, 2차 세계 대전 중 원자폭탄 투하에서 살아남은 많은 일본인들, 1950년대와 1960년대에 대기 중 핵무기 실험 시 근접해 있던 사람들, 체르노빌 원자력 사고에 노출된 사람들, 우라늄 광부들, 실수로 또는 작업 과정 중에 노출된 다른 많은 집단들이 있다. 이 개체군들에서 암 발생률에 관한 연구는 국립과학아카데미의 연구재단(National Research Foundation, NRF)의 보고서 *BEIR VII*에서 최근 검토되었다.(29)

1930년대와 1940년대에 강직성 척추염(ankylosing spondylitis)을 앓고 있는 영국의 수천 명의 환자가 고통을 줄이기 위해 방사선을 투여받았고, 그 중 일부는 나중에 백혈병을 일으켰다. 미국과 캐나다의 수천 명의 여성들이 형광투시법(fluoroscopy)을 통해 가슴에 많은 양의 방사선을 조사받았으며, 이후에 일부는 유방암(breast cancer)을 일으켰다. 1950년대까지 북아프리카에서 이스라엘로 이민 간 아이들에게 두피(scalp)에 방사선을 주사하여 백선병(ringworm) 치료를 했고, 이 아이들 중 일부는 나중에 백혈병 또는 갑상선암을 일으켰다. 우라늄 광부들의 호흡을 통해 라돈은 폐암을 일으킨다. 특히 교란변수(confounding factor)인 흡연을 함께 할 경우 더욱 그렇다.

마셜 제도 주민들(Marshall Islanders)은 1954년 열원자폭탄 실험(thermonuclear bomb testing)에서 ^{131}I에 노출된 후 갑상선암을 일으켰

고, 1986년 체르노빌 원자력 사고 이후 갑자기 수천 명의 아이들이 갑상선암을 일으켰다.(7) 그러나 역시 가장 유용한 자료는 1945년 일본의 히로시마와 나가사키에 투하된 원자폭탄의 생존자들에 대한 매우 주의 깊고 장기적인 역학 연구(epidemiological study)에서 나온 것이다.

방사선에 의한 사망

2차 세계대전의 마지막 단계에서 미국은 1945년 8월 6일 히로시마에 리틀 보이(Little Boy)라는 16킬로톤(kt)의 우라늄 원자폭탄을 투하했다. 3일 후 21킬로톤의 플루토늄 폭탄이 나가사키에 떨어졌다.(30) 고맙게도 이 폭탄들이 만들어 낸 엄청난 공포 때문에 실제로 핵무기를 사용한 유일한 인간 경험이 되었다.

훨씬 더 강력한 수소 융합 폭탄이 나중에 미국과 소련에 의해 개발되어서 냉전과 공포 정치를 촉발시켰고, 1990년대까지 지속되었다. 두 도시에서 사망한 사람들의 숫자는 불확실하지만, 1945년 말까지 히로시마에서 약 14만 명이, 나가사키에서 7만 명이 사망한 것으로 추정된다.(31) 대부분의 사람들은 엄청난 열기와 폭탄 폭발(bomb blast)로 사망했다. 도쿄 및 다른 일본 도시 뿐만 아니라 드레스덴과 독일의 다른 도시에서 화염탄 폭발(fire-bombing)로 사망한 사람들과 크게 다르지 않았다. 그러나 급성방사선증후군(acute radiation syndrome)으로 며칠, 몇 주, 몇 달 만에 사망하는 새로운 형태의 불운한 사망들이 발생했다.

매우 높은 방사선량으로 사람이 사망하는 세 가지 방식이 있다: 조혈기관증후군(hematopoietic syndrome), 위장관증후군(gastrointesti

-nal(GI) Syndrome) 및 뇌혈관증후군(cerebrovascular syndrome), 또한 다량의 방사선에 의해 메스꺼움(nausea), 설사(diarrhea), 발열(fever) 및 저혈압을 일으키는 전조증후군(prodromal syndrome)으로 알려진 일반화된 일시적인 병이 유발된다. 전조증후군은 1그레이 보다 낮은 선량으로 시작하지만, 몇 그레이의 높은 선량 이후 더 심하고 길어진다. 조혈기관증후군은 우리의 면역체계(immune system)에 필요한 백혈구를 생산하는 골수(bone marrow)에서 줄기세포들(stem cells)의 죽음으로 인한 것이다. 이들은 우리 몸에서 가장 민감한 세포들이다. 인간이 몇 주 안에 4그레이의 전신 선량으로 사망할 확률은 약 50%이지만, 항생제(antibiotic) 치료 및 무균 환경(sterile environment)에서의 격리(isolation)는 사람들이 7그레이까지 피폭되어도, 생존하는 데 도움이 될 수 있다. 8그레이 이상의 고선량에서는 위장관증후군에 의해 일주일 정도면 100%의 사람들이 사망한다. 장(intestine)에서 급속하게 성장하는 줄기세포(암호세포, crypt cell)들은 고갈되고, 창자들(intestines)은 새나오고, 음식을 흡수할 수 없게 된다. 갑작스러운 감염(rampant infection), 쇼크(shock) 및 전해질 불균형(electrolyte imbalance)은 대개 위장관증후군으로 인한 사망을 유발한다. 마지막으로 머리에 50그레이 이상의 극단적으로 많은 선량이 투여될 경우, 사람들은 몇 시간 내에 뇌혈관증후군으로 사망한다.(7)

방사선에 의한 발암

아마도 역사상 가장 열심히 연구된 방사선에 의한 발암에 관한 인간의 집단연구는 일본 원폭 생존자 약 9만 명의 전쟁 이후 생애 연구(Life Span Study)를 통해 추적조사 되었다. 국립과학아카데미는

1947년에 원폭 생존자들의 건강영향을 연구하기 위해 원자폭탄사고위원회(Atomic Bomb Casualty Commission, ABCC)를 설립했다.

이것은 나중에 방사능영향연구소(Radiation Effects Research Founda-tion, RERF),[4] 즉 방사선의 건강에 미친 영향을 더 잘 이해하기 위해 생존자에 대한 연구를 계속하기 위한 일본-미국간 공동 연구기관으로 변형되었다.

폭격 당시 히로시마와 나가사키에 살고 있던 약 20만 명의 생존자 중 12만 321명이 생애연구에 포함되었다. 이 숫자는 폭탄의 중심지로부터 10킬로미터 이내에 있던 93,741명과 폭격 당시 도시에 없었고 대조군(control population)을 구성하는 26,580명의 사람들을 포함한다.(30)

조사된 개인의 93%에 대해 개별 선량 평가가 가능했다. 생애연구에 포함된 사람들의 암발생률과 모든 사망원인을 엄격하게 추적하였다. 이 데이터베이스는 특정 선량의 방사선으로부터 암에 걸릴 위험을 결정하기 위한 1차적 기초자료이다. 5밀리시버트 이상 조사받은 48,000명 중 가장 최근의 편집 연도인 2003년까지 6,308명이 암에 걸렸지만, 비슷한 규모의 사람들에게서 자발적으로 발병한 것으로 판단해 본 바 방사선에 기인한 경우는 단지 525명에 불과했다.(32)

UN방사선영향과학위원회(The United Nations Scientific Committee on the Effects of Radiation, UNSCEAR)와 방사선의 생물학적 영향에 관한 국립과학아카데미, 방사선생물학적영향위원회(Committee on Biological Effects of Radiation, BEIR)는 생애연구의 자료와 발암에 관한 근본적인 연구를 주기적으로 검토하고, 방사선에 의한 암 위험에 대한 과학적 합의를 이루는 보고서를 발간하고 있다. 최신 *BEIR*

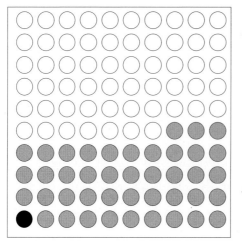

〈그림 7.6〉 성인 100명 중 0.1Sv 방사선의 위해도(검은 색 원)와 비교한 암의 정상 위해도(회색 원) © BEIR VII

VII 보고서가 2006년에 발표되었다.(29) 위해도는 암의 특정 위치, 개인의 연령과 성별, 그리고 개인이 받은 방사선량에 따라 분석한다. 최소한의 해석은 암의 위험이 선량과 선형으로 관련되어 있다고 간주되기 때문에 선량이 높을수록 위험이 커진다는 것이다.[5]

　피폭되지 않은 100명의 사람들 중 42명이 일반적으로 암에 걸릴 수 있다. 같은 100명의 사람이 100밀리시버트(0.1시버트)의 선량에 노출되면 추가로 1명이 더 암에 걸리게 된다〈그림 7.6〉. 그 양은 전 세계 사람들이 평균적으로 노출되고 있는 자연배경방사선량의 평균 약 40배가 될 것이다.

　선형비발단치(Linear No-Threshold, LNT) 선량−위험 모델이 최고의 모델인지 여부 또는 위험을 과장하는지 여부에 대한 과학적 논의가 진행 중이다. 과학적 쟁점은 '방관자 효과(bystander effect)'로 알려진 방사선의 강화된 효과와 '호르메시스(hormesis, 자극효과)'로 알려진 방사선의 감소된 효과를 모두 보여주는 실험 결과를 중심으로 한다. 방관자 효과는 조사된 세포가 조사되지 않은 방관자 세포에 영향을 미치는 능력이어서 방사선량의 작용(action)이 늘어나는 효과이다.(33) (역자 주: 이것은 주로 방사선 치료시 피폭된 세포가 주변 세포에 미치는 영향이다). 호르메시스는 적은 양의 방사선이나 다른 독성 물질에 적응(adaptation)하는 것으로 이후 투여량의 효과를 경감시킨다.(34, 35) (역자 주: 호르메시스에 대한 IAEA 등의 공식적 입장은 부정도 긍정도 하지 않는 것이다).

이 두 가지 효과는 세포에 대한 수많은 과학적 연구에 의해 뒷받침되지만, 방사선에 의한 인간 암에 어떤 영향을 미치는지 아직은 분명하지 않다. 따라서 합의는 여전히 LNT 선량-위험 모델을 사용하는 것이며, 생애연구의 최신 결과는 이 가설을 강력하게 지지하고 있다.(32) (역자 주: 원폭 생존자 데이터에 대한 2000년대의 연구에 의하면, LNT 가설이 나타나는 영역은 100밀리시버트 이상의 영역이며, 그 이하에서는 자연암 발병율의 오차 범위에 파묻혀 방사선에 의한 암 발병율에 대한 신뢰성 있는 데이터를 얻을 수 있는 실험을 할 수 없기 때문에 입증도 반증도 불가능하다. 그래서 사고의 결과 평가가 아닌 방사선 방호 측면에서만 LNT 가설의 활용을 권하고 있다. 하지만 현실적으로 결국 ALARA 철학에 따라 피폭 기준치를 설정하게 된다. 일반인 연 피폭 기준치 1밀리시버트는 지나치게 낮다는 비판이 늘고 있다).

이것이 이 이야기의 끝이 아니다. 국제방사선방호위원회와 국립방사선방호및측정위원회는 과학보고서에 근거하여 규제 기관에 의해 시행되는 선량한도를 권고하는 국제 및 국내 기관이다. 많은 과학적 연구 및 이들 단체는 방사선의 위해도가 고선량에 단기간 노출된 일본의 원폭 생존자 자료를 기반으로 한다는 것을 인식하고 있다. 한편 원자력 사고로 방사선에 노출된 대부분의 사람들은 선량률이 낮고 또 상대적으로 낮은 선량에 노출된 경우이다. 이 경우 암의 실제 위해도를 약 2배 감소시킨다. 이는 선량 및 선량률 효과계수(Dose and Dose Rate Effectiveness Factor, DDREF)로 알려져 있다. 또한 성인 시기에 노출된 사람들의 경우 어린이 시기에 노출되는 것과 비교해 암 발병률이 낮다. 국제방사선방호위원회는 200밀리시버트 이하의 선량으로 암으로 사망하는 위해도는 성인의 경우 시버트당 4%, 어린이를 포함한 인구의 시버트당 5%라고 결론지었다. 이러한 위해도는 200밀리시버트 보다 더 높은 선량에서는 8%와 10%로 두 배가 된다.

자, 이것이 결론이다. 다음으로 여러분은 이 위험 요소에 실제 선량을 단순히 곱함으로써 주어진 방사선량에 의해 암으로 사망할 위해도를 예측할 수 있다.

방사선에 의한 유전효과

암은 체세포(생식 세포를 제외한 모든 세포) 유전자의 돌연변이와 변형(alteration)의 결과이다. 유전적(Hereditary) 영향으로 다소 혼란스럽게 알려진 유전자적(genetic) 영향은 생식선 세포(gonadal germ cells)의 돌연변이에 기인하며 다음 세대에 영향을 미친다. 유전자의 유전적 돌연변이를 일으키는 방사선의 능력은 1927년에 헤르만 밀러(Hermann Muller)가 파리의 일종인 노랑 초파리(Drosophila melano-gaster)에서 처음 발견하여 연구하였다.

그는 돌연변이의 수가 선량에 따라 선형적으로 증가한다는 것을 보여주었다. 분명히 인간은 초파리와는 좀 더 복잡하고 매우 다르기 때문에 1950년대 오크리지 국립연구소(Oak Ridge National

Laboratory, ORNL)에서 윌리엄과 리안 러셀(William and Liane Russell) 부부팀이 메가마우스 프로젝트(Megamouse Project)로 알려진 거대한 연구를 수행했다. 그들은 생쥐의 돌연변이가 선량에 따라 선형적으로 증가한다는 것을 증명했지만, 선량률에 크게 의존하기 때문에 낮은 선량률에서는 그 효과가 훨씬 작다.(7) 방사선생물학적영향위원회는 이 결과를 이용하여 '배가선량(doubling dose, 일반적으로 존재하는 수와 동일한 수의 돌연변이를 추가로 일으키므로 총 수가 2배로 늘어나는 선량)'을 계산하였다. 그들은 두 배가 되는 선량이 1그레이라고 결론지었다.(29, 36) 우리가 인간에 대해 연구하면서 실험용 쥐를 사용하는 이유는 무엇일까?

일본의 원폭 생존자들은 방사선의 유전적 효과에 대해서 조사한 가장 큰 규모의 집단이지만 확실한 유전적 영향을 찾을 수 없었다. 이러한 부정적인 결과는 인간에 대한 배가선량이 실제로 1.5~2그레이 사이일 가능성이 높다고 보게 한다. 전반적인 결론은 현재까지 방사선에 노출된 인간 집단들로부터 측정 가능한 유전 효과(Hereditary Effects)는 없었다는 것이다. 사람이 방사선에 노출될 때 주요 관심사는 유전적 위험이 아니라 암 위험이다.

플루토늄은 얼마나 위험한가?

플루토늄은 인류에게 알려진 가장 위험한 물질이라는 선동적인 주장이 제기되었다. 하지만 맞는 말일까? 사실 그것은 방사선에 대해 끊임없이 이어지는 가장 큰 괴담이다. 플루토늄은 알파 방사체(alpha emitter)이며 라돈, 라듐 또는 알파붕괴를 하는 다른 원자들과 다르지 않다. 그러나 플루토늄은 라돈에 비해 반감기가 훨씬 길고(24,100년 대 3.8일) 방사능이 반감기와 반비례하므로 라돈과 동등한 질량이라면 거의 방사성 물질이 아니다.

우리 모두는 각자의 집에서 다양한 수준의 라돈에 노출되고 있으며, 일부 가옥에서는 공기중 라돈 농도가 세제곱미터당 150베크렐(초당 방사성 붕괴)보다 큰 경우도 있는데, 이때는 완화(mitigation) 조치가 필요할 수도 있다.(제8장 참조)

플루토늄은 미세 입자에 부착되어 폐에 갇히게 되면 매우 위험하다. 플루토늄 농도가 높으면 폐암을 일으킬 수 있다는 것은 틀림없다. 그러나 체르노빌 원자력 사고에서도 이런 일은 발생하기 힘들다. 그래서 체르노빌 사고로 인해 플루토늄이 이 지구상의 모든 사람들을 죽일 수 있다는 헬렌 칼디코트의 주장은 믿을 만한 가치가 없다. 그렇다고 방사선에 노출될 위험을 무시해도 된다는 의미는 아니다. 그것은 단지 "선동을 목적으로 하는 선동가들을 조심하라."는 것을 의미한다.

플루토늄에 노출되는 또 다른 경로는 음식물이나 물을 통한 흡입으로 핵폐기물 처분(nuclear waste disposal)의 위험이 될 수 있다(제9장 참조). 그러나 플루토늄은 위장관에 쉽게 흡수되지 않는다. 플루토늄의 약 0.05%만이 위장관으로 흡수된다.(37) 흡수된 플루토늄은 간과 골격에 균등하게 침착되는 독성 금속(toxic metal)과 유사하게 작용한다.

우리는 로스알라모스국립연구소(Los Alamos National Laboratory, LANL)에서 원자폭탄을 개발하면서 다른 어떤 집단보다 더 높게 우발적인 플루토늄 노출을 받은 노동자들로부터 플루토늄의 건강 위해도에 대해 실제로 상당히 알게 되었다. 이 사람들은 26명의 회원으로 구성된 UPPU(you pee plutonium) 클럽으로 알려진 모임을 결성했다. 나중에 로스알라모스 건강(Los Alamos Health Division)의 책임자가 된 조지 보엘즈(George Voelz)는 1995년에 이 클럽에 관해 인터뷰를 했었다. 그는 "1945년 다량의 플루토늄이 소변에서 측정된 원래의 26명 중 단지 7명만이 사망했다. 한 명은 폐암으로 사망했으며, 두 명은 다른 원인으로 사망했지만 사망 시점에 폐암이 발생했다. 3명 모두 중독성 흡연자였다"고 말했다. 사실 원래 26명 중 17명이 흡연자였다. 여기에 심장병으로 인한 사망자가 3명, 교통사고로 인한 사망자가 1명 더 있다.

국가사망률에 의하면, 이 시기까지 이 집단에서 16명이 사망할 것으로 예상했기 때문에, 이 집단의 사망률은 전국 평균보다 50% 정도 낮다.(38) 여기까지가 플루토늄이 지구상에서 가장 독성이 강한 물질이라는 괴담에 대한 진실이다.

요약

방사선에 의한 손상의 기본 메커니즘은 잘 알려져 있다. 엑스선과 감마선은 광전효과, 콤프턴효과 및 쌍생성을 통해 상호작용하여 원자에서 전자를 떼내어 가속시킨다. 이들 전자는 양성자 및 알파입자와 같은 다른 하전입자처럼 그 경로에서 원자의 추가 이온화를 일으킨다. 원자의 이온화는 화학 결합을 파괴하여 세포 손상을 일으킬 수 있다. 손상의 가장 중요한 대상은 DNA이다. 방사선은 단일 및 이중가닥절단, 염기손상, DNA-단백질 교차결합 등이며, 손상량은 선량에 비례한다. 그러나 이 손상들의 대부분은 세포를 죽이거나 암을 유발하는 돌연변이를 일으키지 않는다. 왜냐하면 손상을 복구하는 다양한 DNA 복구시스템이 존재하고 DNA의 대부분이 비코딩 DNA이기 때문이다.

DNA 손상의 가장 중요한 형태는 결실 및 상호전좌와 같은 염색체 이상을 초래할 수 있는 이중가닥절단이다. 이러한 유형의 손상은 일반적으로 세포를 죽이지는 않지만, 세포 내 종양유전자를 활성화시키거나 세포에서 종양억제유전자를 제거함으로써 암의 개시를 유도할 수 있다. 이 개시가 실제 암이 형성될 것이라는 점을 결코 보장하는 건 아니다. 그것은 다음과 같은 세포의 많은 유전적 변화들에 달려 있다. 더 많은 종양유전자 활성화, 종양억제유전자들의 추가적인 불활성화, DNA복구유전자 돌연변이 및 유전적 불안정성의 유발과 같은 것들이지만 이 모두 가능성이 거의 없는 변화들이다. 이처럼 많은 필수적인 분자적 변화들 때문에 방사선에 노출된 시간부터 암이 형성될 때까지(만일 형성된다면) 수년간의 잠복기가 필요한 이유이다. 대부분의 경우에는 암이 형성되지 않는다.

더욱이 우리는 방사선에 대한 다양한 인간의 피폭, 특히 일본의 원폭 생존자들을 기반으로 주어진 방사선 선량에 대해 암이 발생할 확률에 대해 많은 것을 알고 있다. 사실, 우리는 아마도 다른 어떤 물리적 또는 화학적 작용제보다 방사선의 발암성 영향에 대해 더 많이 알고 있다. 이 정보를 바탕으로 특정 방사선 선량으로 암에 걸릴 위해도를 확실하게 예측할 수 있다.

따라서 방사선에 노출되면 필연적으로 암이 생길 것이라는 반핵운동가들에 의해 널리 퍼지고 있고 대부분의 사람들이 믿는 것은 괴담이다. 정말로 중요한 것은 여러분에게 노출된 선량이다. 그리고 우리는 모두 지구상에 사는 필연적인 결과로 방사선에 노출되어 있다. 다음 장에서 우리가 자연에 존재하는 선원 및 의료 행위로부터 노출되는 방사선량을 조사할 것이다.

노트

1. 에너지 전환에 대한 자세한 내용은 부록 B를 참조하라.
2. 아데닌, 시토신, 구아닌 및 티민의 4가지 염기가 데옥시리보스 당분자에 부착되어 뉴클레오타이드를 형성한다. 데옥시리보스 당분자들은 사슬처럼 결합하여 DNA의 중추를 구성한다.
3. 다환 방향족 탄화수소 또는 PAH는 여름 바베큐 파티에서 햄버거를 구울 때

형성되는 분자의 종류이다.

4. 방사선의 발암성 영향에 대한 우수한 정보는 웹 사이트 www.rerf.or.jp에서 찾을 수 있다.

5. 이 선형 선량 반응에 대한 예외는 선형-2차선형 선량 반응을 보이며 최단 잠복기를 갖는 백혈병이다.

참고 문헌

1. Caldicott H. *Nuclear Power Is Not the Answer*. New York: The New Press, 2006.
2. Johns EJ, Cunningham JR. *The Physics of Radiology*. 3rd ed. Springfield, IL: Charles C. Thomas, 1974.
3. Alpen EL. *Radiation Biophysics*. 2nd ed. San Diego, CA: Academic Press, 1998.
4. Paul EB. *Nuclear and Particle Physics*. New York: John Wiley & Sons, 1969.
5. Yamaguchi T, Muraiso C, Furuno-Fukushi I, Tsuboi A. Water content in cultured mammalian cells for dosimetry of beta-rays from tritiated water. *J Radiat Res* (Tokyo) 1990; 31:333–339.
6. Eklöf, A. Rolf Sievert, the man and the unit, 2-9-2007. http://ki.se/ki/jsp/polopoly. jsp? l=en&d=9498&a=18510.
7. Hall EJ, Giaccia AJ. *Radiobiology for the Radiobiologist*. 6th ed. Philadelphia, PA: Lippincott Williams & Wilkins, 2006.
8. Ward JF. DNAdamage produced by ionizing radiation in mammalian cells: identities, mechanisms of formation, and reparability. *Prog Nucleic Acid Res Mol Biol* 1988; 35:95–125.
9. Claesson K, Magnander K, Kahu H, Lindegren S, Hultborn R, Elmroth K. RBE of alpha-particles from(211)At for complex DNAdamage and cell survival in relation to cell cycle position. *Int J Radiat Biol* 2011; 87:372–384.
10. Eldridge N. *The Triumph of Evolution and the Failure of Creationism*. New York: W. H. Freeman, 2000.
11. Lodish H, Berk A, Matsudaira P, et al. *Molecular Cell Biology*. 5th ed. New York: W. H. Freeeman, 2004.
12. Jackson SP. Sensing and repairing DNAdouble-strand breaks. *Carcinogenesis* 2002; 23:687–696.
13. Pardo B, Gomez-Gonzalez B, Aguilera A. DNAdouble-strand break repair: How to fix a broken relationship. *Cell Mol Life Sci* 2009; 66:1039–1056.
14. Ross CD, French CT, Keysar SB, Fox MH. Mutant spectra of irradiated CHO A(L) cells determined with multiple markers analyzed by flow cytometry. *Mutat Res* 2007; 624:61–70.
15. Bedford JS, Dewey WC. Radiation Research Society. 1952-2002. Historical and cur- rent highlights in radiation biology: Has anything important been learned by irra- diating cells? *Radiat Res* 2002; 158:251–291.
16. Mukherjee S. *The Emperor of All Maladies*. New York: Scribner, 2010.
17. Varmus H, Weinberg RA. *Genes and the Biology of Cancer*. New York: Scientific

American Library, 1993.

18. Pelengaris S, Khan M. Oncogenes. In: Pelengaris S, Khan M eds. *The Molecular Biology of Cancer.* Malden, MA: Blackwell Publishing, 2006; 158–218.
19. Rowley JD. Molecular cytogenetics: Rosetta stone for understanding cancer-twenty-ninth G. H. A. Clowes memorial award lecture. *Cancer Res* 1990; 50:3816–3825.
20. Skloot R. *The Immortal Life of Henrietta Lacks.* New York: Crown Publishers, 2010.
21. Oster S, Penn L, Stambolic V. Oncogenes and Tumor Suppressor Genes. In: Tannock IF, Hill RP, Bristow RG, Harrington L, eds. *The Basic Science of Oncology.* 4th ed. New York: McGraw-Hill, 2005; 123–141.
22. Lane DP. p53, guardian of the genome. *Nature* 1992; 358:15–16.
23. Vogelstein B, Kinzler KW. The multistep nature of cancer. *Trends Genet* 1993; 9:138–141.
24. Blackburn EH. Structure and function of telomeres. *Nature* 1991; 350:569–573.
25. Bailey SM, Cornforth MN, Ullrich RL, Goodwin EH. Dysfunctional mammalian telomeres join with DNA double-strand breaks. *DNA Repair*(Amst) 2004; 3:349–357.
26. Little JB. The relevance of cell transformation to carcinogenesis in vivo. In: Baverstock KF, Stather JW, eds. *Low Dose Radiation: Biological Bases of Risk Assessment.* New York: Taylor & Francis, 1989; 396–413.
27. Benjamin SA, Saunders WJ, Angleton GM, Lee AC. Radiation carcinogenesis in dogs irradiated during prenatal and postnatal development. *J Radiat Res* 1991; 32 Suppl 2:86–103.
28. Benjamin SA, Lee AC, Angleton GM, Saunders WJ, Keefe TJ, Mallinckrodt CH. Mortality in beagles irradiated during prenatal and postnatal development. II. Contribution of benign and malignant neoplasia. *Radiat Res* 1998; 150:330–348.
29. Monson RR, Cleaver JE, Abrams HL, et al. *Health Risks from Exposure to Low Levels of Ionizing Radiation: BEIR VII.* Washington, DC: National Academies Press, 2006.
30. *Radiation Effects Research Foundation: A Brief Description.* Hiroshima & Nagasaki: RERF, 2008. http://www.rerf.or.jp/shared/briefdescript/briefdescript. pdf.
31. Rhodes R. *The Making of the Atomic Bomb.* New York: Simon & Schuster, 1986.
32. Ozasa K, Shimizu Y, Suyama A, et al. Studies of the mortality of atomic bomb survi- vors, Report 14, 1950–2003: An overview of cancer and noncancer diseases. *Radiat Res* 2012; 177:229–243.
33. Hei TK, Zhou H, Ivanov VN, et al. Mechanism of radiation-induced bystander effects: A unifying model. *J Pharm Pharmacol* 2008; 60:943–950.
34. Jolly D, Meyer J. A brief review of radiation hormesis. *Australas Phys Eng Sci Med* 2009; 32:180–187.
35. Hoffmann GR. A perspective on the scientific, philosophical, and policy dimen- sions of hormesis. *Dose Response* 2009; 7:1–51.
36. Upton AC, Hartl DL, Boecker BB, et al. *Health Effects of Exposure to Low Levels of Ionizing Radiation: BEIR V.* Washington, DC: National Academy Press, National Research Council, 1990.
37. Ibrahim SA, Simon SL, Bouville A, Melo D, Beck HL. Alimentary tract absorption(f1 values) for radionuclides in local and regional fallout from nuclear tests. *Health Phys* 2010; 99:233–251.
38. Bernstein J. *Plutonium: A History of the World's Most Dangerous Element.* Ithaca, NY: Cornell University Press, 2009.

제8장 일상의 방사선: 늘 함께 살아가는

"콜로라도로 공부하러 온 학생들 중 몇 명이나 텍사스나 플로리다보다 콜로라도가 자연배경방사선의 연간 선량이 거의 3배 이상 높다는 사실을 알고 있나요?"

이것이 콜로라도 주립대학의 방사선생물학 수업시간에 학생들에게 묻는 첫 번째 질문이다. 물론 학생들이 여기로 이주하는 것만으로 방사선에 대한 노출이 크게 증가할 거라고 생각한 학생은 없다. 그리고 그들 중 누구도 그것 때문에 여기에서 공부하지 말아야할 이유로 생각하지 않는다. 대조적으로, 그들이 자신의 주에 있는 원자력발전소 근처로 이주한다면 콜로라도 주 포트콜린스에 도착하는 것보다 훨씬 적은 방사선에 노출될지라도 다시 한번 생각해 볼 것이다.

방사선에 노출되지 않는 곳은 지구상 어디에도 없다. 이전 장에서 말했듯이, 생명은 방사선 환경에서 진화했다. 그러나 방사선은 어디에서 왔으며, 콜로라도는 미국의 다른 지역보다 왜 높은가? 세계에서 콜로라도 보다 방사선량이 더 높은 곳이 있을까? 우리는 다른 주보다 더 많은 방사선에 노출되어 있기 때문에 방사선이 낮은 주보다 콜로라도에서 훨씬 많은 암에 걸릴까? 이것들은 중요한 질문들이다. 그것들은 우리가 방사선의 특정 선량으로 인한 위험을 이해하고, 핵연료주기의 방사선에 대한 노출 전망을 파악하는 데 도움이 된다.

우리는 하늘, 지구 그리고 우리가 섭취하는 음식 등에서 방사선에 노출되어 있다. 이것들은 모두 자연 선원들(natural sources)이며, 우리가 살고 싶은 곳을 결정하는 것 외에는 할 수 있는 일이 별로 없다. 그러나 우리가 살고 싶은 곳에 대해 결정을 할 때, 자연 선원으로부터 배경방사선에 대한 노출은 거의 고려하지 않는다. 방사선 피폭의 또 다른 주요 원인은 의료 서비스에서 비롯된다.

국립방사선방호및측정위원회는 환경 및 일반 대중의 안전을 보장하기 위한 방호 지침뿐만 아니라 방사선 및 그 위험에 대한 과학적 정보를 발표한다. 국립방사선방호및측정위원회 보고서 중 하나는 일반 미국 국민의 자연방사선에 대한 노출에 대해 자세히 설명하고 있다.

1987년 기준 미국 국민 연평균 방사선 피폭량의 83%는 자연방사선에 의한 것이었으며, 의료방사선의 비율은 15%에 불과했다(NCRP Report 93). 그러나 2006년까지 의료 피폭은 미국의 한 개인에 대한 평균 선량의 48%수준으로 증가하였다<그림 8.1>.(1) 미국 국민은 매년 평균적으로 6.2밀리시버트(620밀리렘)의 방사선에 조사되지만, 물론 개인이 사는 곳과 그 사람이 받은 의료방사선 서비스의 수와 종류 때문에 개인이 받는 양은 모두 다르다.

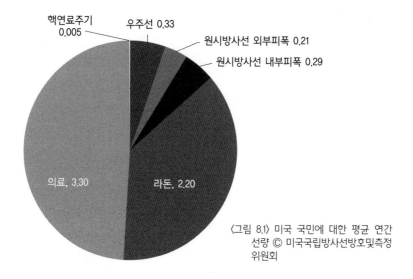

핵연료주기 0.005
우주선 0.33
원시방사선 외부피폭 0.21
원시방사선 내부피폭 0.29
의료, 3.30
라돈, 2.20

〈그림 8.1〉 미국 국민에 대한 평균 연간 선량 © 미국국립방사선방호및측정위원회

자연배경방사선

우리는 끊임없이 외계로부터 우주방사선 뿐만 아니라 지구의 자연방사성동위원소의 원시방사선(primordial radiation)에 포격을 당하고 있다. 암석의 우라늄, 토륨 및 라듐에서 외부선량(external dose)을 받고 있으며 식품 내의 방사성핵종으로부터 내부선량(internal dose)을 받고 있다. 또한 우리는 암석의 라듐에서 발생하는 라돈을 호흡하여 내부선량을 받는다.

우리의 식생활 선택에 따라 달라지는 음식의 선량을 제외하고, 우리의 배경방사선량 수준은 주로 우리가 사는 곳, 우리가 야외에서 보내는 시간, 우리가 살고 있는 집의 특성에 달려 있다.

우주방사선

우주의 '광선들(rays)'은 우주 공간에서 오는 매우 높은 에너지 입자이다. 우주선(cosmicray)의 대다수는 우리 은하계에서 온 것이지만, 고에너지 입자는 우리 은하 외부에서도 온다. 일부는 태양의 자성 폭풍(magnetic storm)에 의해 생성된 태양풍(solar wind)으로부터 온다.(2) 우주선의 약 90%는 양성자이고, 9%는 헬륨 원자핵(알파입자)이고, 1%는 전자이다.(3) 우주선의 에너지는 인간이 만들 수 있는 것보다 훨씬 높다. 우주선의 최대 에너지 10^{20}eV와 비교하자면 2012년에 힉스 보존(Higgs Boson)을 발견한 지구상에서 가장 강력한 입자가속기인 강입자 가속기(Large Hadron Collider, LHC)는 약 7TeV(7×10^{12}eV)의 양성자 에너지를 얻을 수 있다. 고에너지 우주선이 상층부 대기와 충돌하여 파이온(pion), 뮤온(muon), 중성자, 감마선, 전자(2, 3)와 같은 다양한 입자들을 만든다. 뮤온은 전자와 비슷하며, 지구의 표면이 노출되는 우주방사선의 주된 원인이다.

다행히 우리는 우주방사선의 대부분을 흡수하는 대기층으로 둘러싸인 행성에 살고 있다. 낮은 고도에서는 대기층의 밀도가 높아 대부분의 방사선이 흡수되지만, 고도가 높아짐에 따라 하전입자가 상호작용하는 대기가 줄어들어 선량이 높아진다. 이것이 포트콜린스가 플로리다보다 선량이 높은 이유 중 하나이다. 우주선으로부터의 선량은 고도(altitude)의 2차 함수로 증가하며(4) 쉽게 모델링 될 수 있다. 포트콜린스는 덴버(Denver)보다 약간 낮은 1,500미터의 고도에 있으며, 우주선 선량은 0.38mSv/yr로 미국의 평균치 0.33mSv/yr와 플로리다의 0.24mSv/yr와 비교된다<그림 8.2>.

콜로라도 산맥의 해발 3킬로미터에 위치한 작은 마을인 리드빌(Leadville)에 사는 사람들은 우주방사선으로부터 연간 0.85mSv/yr

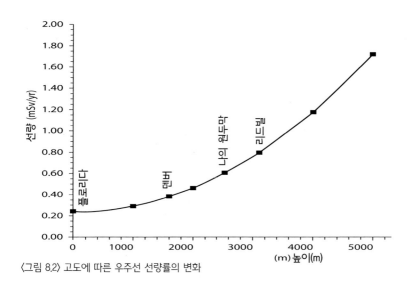

〈그림 8.2〉 고도에 따른 우주선 선량률의 변화

를 받는다. 나는 이스트 파크(Estes Park)와 같은 약 2.5킬로미터 고도
의 산속에 오두막을 가지고 있고, 선량은 0.6mSv/yr이다. 실제 선량
률은 옥내보다는 옥외에서 보내는 시간에 달려있다. 왜냐하면 가
옥은 우주선에 대한 차폐를 하기 때문이다.(5) 약 1만 미터 높이의
비행기에서 비행할 때 선량률은 훨씬 높으며 정확한 비행 고도와
경로에 따라 달라진다. 평균적으로 선량률은 약 5~8microSv/hr이
다.(2) 따라서 뉴욕에서 런던으로 8시간 비행하면 약 0.04~0.06밀리
시버트의 선량을 받게 될 수 있다. 흉부 엑스선 촬영에서 받을 수
있는 선량의 절반 정도이다. 그러나 항공 조종사와 승무원은 매년
고고도 평균 비행시간이 500시간이며(2) 약 2.5~4.0mSv/yr의 선량을
받는다.

또한 지구는 멀리 우주로 확장된 지구 자기장을 가지고 있다. 이
공간을 자기권(magnetosphere)이라 한다. 전류가 자석에 의해 굴절

313

되는 것처럼 우주선의 하전입자가 자기장에 의해 굴절되기 때문에 자기장이 중요하다.

　지구의 자기장은 북극과 남극 연결선(자오선)과 대략적으로 일치하기 때문에 (자기장에 충돌한) 우주선은 지구의 북부와 남부 지역으로 굴절되어 간다(역자 주: 우주선의 하전입자들은 로렌츠 힘에 의해 자기장을 축으로 회전운동을 하면서 극지방으로 진행하기 때문에 전체적으로는 나선운동을 한다).

　태양에 심한 자기 폭풍이 몰아치면, 오로라 보리얼리스(aurora borealis) 현상, 또는 북극광(northern light) 현상과 남반구의 오로라 오스트랄리스(aurora australis) 혹은 남극광(southern light) 현상이 발생한다. 자기장 때문에 지구상의 위도(latitude)에 따라 우주선에 의한 피폭선량이 달라지며 고위도에서 더 크지만, 그 차이는 상대적으로 작은 양이다. 플로리다에 비해 콜로라도가 약 0.01mSv/yr 더 크다.

　우주선과 관련된 또 하나의 흥미로운 현상이 있다. 고에너지 양성자는 때때로 대기와의 상호작용으로 중성자를 생성한다. 제5장에서 설명했듯이 중성자는 때때로 핵으로 포획될 수 있다. 이 경우 ^{14}N는 중성자를 포획한후 양성자를 뱉어내고 그 결과로 생긴 핵은 5730년의 반감기를 갖는 방사성탄소인 ^{14}C가 된다. 우주선의 선속(flux)은 시간에 따라 비교적 일정하기 때문에 ^{14}C의 생산율은 일정하며 대기 중 총 탄소의 일정한 비율을 차지한다. 식물이 탄수화물을 광합성하기 위해 CO_2를 들이 마실 때, 어떤 특정 분율(分率, fraction)은 ^{14}C로 구성되며 나머지는 정상적인 ^{12}C(그리고 일부 ^{13}C)로 구성된다. 식물이 죽으면 ^{14}C가 베타붕괴하여 ^{14}N으로 되돌아감에 따라 ^{14}C와 ^{12}C의 비율이 변하기 시작한다. 이 변화 비율은 과학자들이 특정 식물의 죽은 나이를 추정할 수 있게 해주며, 이것은 고

고학적 유적지의 방사성 탄소 연대측정(radioactive carbon dating)의 기본 원리이다. 그리고 우리가 식물이나 식물을 먹고 사는 동물을 섭취할 때 약간의 ^{14}C가 우리 몸에 들어온다.

원시지구방사선

원시지구방사선(Primordial Terrestrial Radiation)은 우리 모두가 노출되고 있는 배경방사선의 매우 큰 비율을 차지한다. 그러면 지구방사선(terrestrial radiation)은 무엇이며 어디에서 오는 것일까? 원시지구방사선은 지구가 형성될 때 존재했던 매우 긴 수명의 방사성 동위원소로부터 유래한다. 자연방사능에 기여하는 3가지 기본적인 방사성동위원소는 우라늄(^{238}U), 토륨(^{232}Th), 칼륨(^{40}K)이다.(2) ^{238}U의 반감기는 45억 년이며, ^{232}Th의 반감기는 약 140억 년이고, ^{40}K의 반감기는 13억 년이다. 또한 천연우라늄 0.7%는 반감기가 0.7억 년인 ^{235}U로 이루어져 있으며, 이것이 원자로에 사용되는 동위원소이다. 이 원소들은 지구의 지각에 널리 퍼져 있지만, 어떤 지역은 다른 지역들보다 훨씬 더 풍부하다. 우라늄과 토륨은 원래 초신성(supernova)이라고 알려진 항성 폭발 시 생성되어 우주에 퍼졌다. 칼륨은 우리 태양과 유사한 별들에서 생성된다(역자 주: 사실 태양보다 질량이 큰 별들에서 수소와 헬륨 원자들의 핵융합 반응으로 탄소부터 철까지 원소들과 구리, 아연 등 일부 중간 질량의 원소들이 생성되며, 초신성 폭발시 코발트, 니켈 등 일부 중간 질량의 원소들과 납 이상의 무거운 원소들이 생성된다).

지구가 성간(星間) 물질들을 끌어 모아 생성된 운석들이 뭉쳐서 탄생하면서 지각(crust)과 지구 핵(core of the earth)에 이 방사성원소들을 포함시켰다. 원시 우라늄과 토륨의 방사선은 지구 중심부의 뜨거운 열기 및 용융 상태를 만드는데 일부 기여한다(역자 주: 지열의 45%는 원시 지구 방사성원소들의 붕괴열에 의한 것이며, 나머지 55%는 지구 형성시 거대 운석들의 충돌시 발생하여 45억 년간 식고 남은 마찰열에 의한 것이다).

우라늄과 토륨은 장시간에 걸친 일련의 방사성동위원소 붕괴 사슬의 시작점으로 궁극적으로 납의 안정동위원소로 바뀌고 끝난다. ^{238}U 및 ^{232}Th는 알파붕괴를 통해 ^{234}Th 및 ^{228}Ra으로 변하고, 이후 알파 또는 감마선을 동반하는 베타붕괴에 의해 계속 붕괴해가면서 새로운 방사성동위원소들을 생성한다. ^{238}U의 붕괴 시나리오는 지구방사선의 가장 중요한 요소인 라돈(^{222}Rn)으로 연결되기 때문에 특히 흥미롭다<그림 8.3>. 왼쪽 아래로(사선으로) 표시된 화살표는 원자번호가 2만큼 줄어들고 원자질량이 4만큼 줄어드는 알파

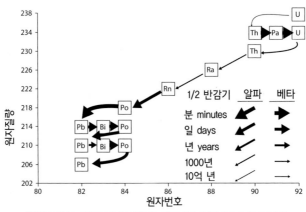

〈그림 8.3〉 U-238의 붕괴 계획 ⓒ 콜로라도 주립대학교 존 파인더

붕괴(^{4}He 핵)를 나타낸다. 오른쪽으로 이동하는 화살표는 중성자가 양성자로 변환되는 베타붕괴를 나타내며 원자번호가 1씩(방사성 붕괴과정에 대한 자세한 내용은 제5장 참조) 증가한다. 반감기는 대략적으로 화살표의 크기로 표시된다. 몇 차례 붕괴된 후, ^{238}U은 마리와 피에르 퀴리가 발견해 유명해진 방사성동위원소 라듐(radium, ^{226}Ra, 반감기 1600년)으로 변환된다. 라듐은 알파붕괴를 통해 라돈(^{222}Rn)이 되며 라돈은 반감기가 3.8일이라는 특징이 있다.

원시 지구방사선에 의한 내부피폭

이 원시 방사성동위원소들은 지구의 지각에 널리 퍼져 있다. 예를 들어, 콜로라도의 산에 있는 화강암은 상대적으로 높은 농도의 우라늄과 토륨을 보유하고 있다. 지구상의 다른 지역들도 높은 농도의 토륨을 보유할 수 있으며, 특히 브라질과 인도에서는 모나자이트 모래(monazite sands)를 많이 볼 수 있다. 칼륨은 지구상에 널리 퍼져 있으며 모든 생물체에 필수 원소이다. 원소 칼륨은 93.3% ^{39}K, 6.7% ^{41}K, 0.01% ^{40}K으로 구성되어 있지만, ^{40}K만이 방사성이다.

우리는 먹는 음식을 통해 ^{40}K으로부터 선량을 받는다. 바나나는 특히 칼륨이 풍부하며 브라질 견과류와 붉은 살코기에도 많다. 그래도 걱정할 정도는 아니다. 흉부 엑스선과 같은 선량을 얻으려면 바나나 600개를 섭취해야만 한다. 우라늄과 토륨도 내부선량에 약간씩 기여한다. 또한 다양한 식품에서 섭취할 수도 있다. 방사성동위원소 섭취로 인한 미국인의 평균 선량은 주로 ^{40}K이며, 0.29mSv/yr이다.

원시 지구방사선에 의한 외부피폭

우라늄과 토륨 붕괴 시 알파입자는 공기 속으로 멀리 이동할 수 없고, 옷이나 피부를 통과할 수 없기 때문에 외부선량에 기여하지 않는다. 주요 외부선량은 우라늄과 토륨의 연쇄붕괴에서 생성되는 납이나 탈륨과 같은 방사성동위원소들에 의해 방출되는 감마선에서 온다. 외부 자연방사성동위원소들은 미국과 세계 전역에서 다양한 농도로 분포한다. 특히 미국 서부의 산악 지대에서 높다. 이것이 해안 지역에 비해 콜로라도가 선량이 높은 주요 요인이다<그림 8.4>.

2킬로미터 이하의 고도에서 콜로라도 평균 자연방사선량(terres-trial dose)은 0.79mSv/yr이고, 2킬로미터 이상의 고지대의 지역 평균 선량은 1.12mSv /yr이다.(4)

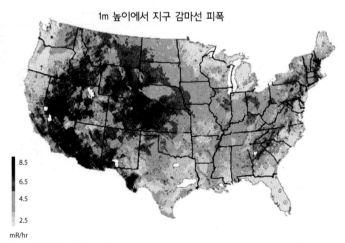

1m 높이에서 지구 감마선 피폭

8.5
6.5
4.5
2.5
mR/hr

〈그림 8.4〉 원시 동위원소의 감마선. © 미국지질조사국(DDS-9, 1993 라돈 지역의 EPA 지도)

고산지역은 우라늄과 토륨을 함유한 화강암이 더 많기 때문에 선량이 더 높은데, 우주선으로부터도 더 많은 선량을 받는다. 가옥의 차폐 효과는 이 두가지 선량을 줄이므로 실제 선량은 야외에서 보내는 시간에 따라 달라진다. 콜로라도에서의 평균 실제 선량은 우주선과 자연방사선을 합하여 1.25mSv/yr이다.(5) 이것은 평균 미국 시민이 받는 0.54mSv/yr와 비교하여 매우 높다<그림 8.1>.

라돈

우리가 늘 노출되고 있는 배경방사선의 가장 큰 원인인 라돈을 아직 언급하지 못했다. 라돈의 연간 평균 선량은 2.28밀리시버트이지만, 이것은 또한 광범위하게 변한다. 라돈(^{222}Rn)은 라듐(^{226}Ra)의 알파붕괴로 생성되며, 라돈은 3.8일 반감기로 알파붕괴하여 폴로늄의 동위원소(^{218}Po)로 변화한다.

이 원소는 빠르게 알파붕괴하고, 몇 분 정도의 반감기를 가진 일련의 베타 방출 딸 원소들을 거쳐 폴로늄의 또 다른 동위원소(^{214}Po)가 된다.

이 원소도 순식간에 알파붕괴하여 반감기가 긴 장수명의 납 동위원소(^{210}Pb)가 되었다가, 마지막으로 안정된 납(^{206}Pb)에 이른다<그림 8.3>.

라돈의 독특한 측면은 우라늄 붕괴 계열의 암석과 토양에서 형성되는 전기적으로 중성인 기체라는 점이다. 알파입자가 피부를 관통할 수 없기 때문에 라돈에 의한 외부노출은 문제가 되지 않는다. 대신 라돈은 폐의 내부선량에 기여한다. 라돈 자체는 들숨과 날숨을 통해 폐에 남지 않기 때문에 특히 유해하진 않다. 라돈의 위험은 알파 방사체이자, 대전된 원자(이온)인 폴로늄과 그 딸 원소들이다.

그들은 쉽게 폐에 갇힐 수 있는 음으로 하전된 작은 먼지 입자에 전기적으로 부착될 수 있다. 폴로늄 동위원소와 그 딸 원소들에 의해 방출되는 알파입자는 폐 조직의 세포를 조사하고, 이 세포들의 손상은 폐암으로 이어질 수 있다.(6) 제7장에서 말했듯이 알파입자는 감마선보다 그레이당 20배나 더 큰 손상을 입히며 폐는 신체에서 가장 민감한 조직 중 하나라는 것을 상기하라. 따라서 폐의 알파입자 조사는 특히 위험하다.

라돈의 또 다른 독특한 측면은 위험이 주로 옥외 노출보다는 가옥 내부에서 발생한다는 것이다. 라돈은 지표에서 기체로 생성되며 토양의 균열 및 틈새를 통해 지표면까지 침투할 수 있다. 그것은 대기로 소산(dissipate)되기 때문에 야외에서는 큰 문제가 아니지만, 지하실 균열과 구멍을 통해 집으로 유출되면 집안에 갇히게 되어 위험한 수준까지 높아질 수 있다. 미국의 여러 지역 사회는 주택을 판매하기 전에 라돈 측정을 요구한다.

라돈의 공기중 농도는 1세제곱미터의 방사능 농도(concentration of radioactivity, Bq/m^3)[1]로 측정한다. 이것을 mSv/yr의 선량으로 바꾸는 것은 간단하지 않으므로 대개 Bq/m^3으로 나타낸다. 미국의 가옥들에서 라돈의 평균 농도는 $45Bq/m^3$이다. 중앙값은 $24Bq/m^3$이지만, 농도 분포는 정규분포를 따르지 않는다. 라돈의 농도가 낮은 주택이 많이 있지만, 라돈의 농도가 매우 높은 몇몇 주택이 분포를 왜곡하고 있다. 또한 동일한 지역 사회라도 집집마다 농도가 크게 다를 수 있다. 환경보호청은 $150Bq/m^3$(4pCi/l) 이상인 경우 라돈을 저감하기 위한 조치를 취해야 한다고 권고한다. 지하실의 균열을 밀

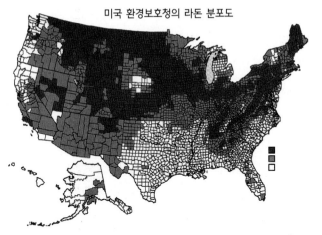

미국 환경보호청의 라돈 분포도

〈그림 8.5〉 미국의 라돈 지역에 대한 미국 환경보호청 지도. 구역 1은 〉150Bq/m³, 구역 2는 75–150Bq/m³, 구역 3은 〈 75Bq/m³이다. ⓒ 미국 환경보호청(EPA)

봉하고, 토양을 대기로 배출함으로써 이를 실행할 수 있다.

예상대로 라돈 농도는 지역에 따라 다르며 일반적으로 산간 지역에서는 높고, 해안 지역에서는 더 낮다〈그림 8.5〉. 미국인 전체 평균 라돈 선량은 2.28mSv/yr이다. 콜로라도에서는 평균 라돈 선량이 2.87mSv/yr이고 포트 콜린스에서는 약 2.94mSv/yr이다.(7) 리드빌에서는 3.44mSv/yr이다.(5) 다시 말해서 우리는 미국의 어느 곳보다 높은 선량을 받고 있고, 플로리다나 텍사스 사람들은 미국 평균 선량보다 낮게 받는다. 텍사스 주 보건부(Texas State Health Department)에 의하면, 텍사스의 평균 라돈 선량은 약 1mSv/yr이다.

국립과학아카데미는 1999년에 라돈에 노출 시 건강 영향에 대한 광범위한 연구를 수행했다(BEIR VI report). 그들은 폐암으로 2,700명이 사망한 라돈에 노출된 지하 광부 6만 8천 명에 대한 11가지 역학 연구를 분석했다. 이 연구에서 가장 중대한 어려움 중 하나는 담배에 의한 복합 인자 문제(confounding problem)인데, 흡연은 광부들에게 흔하게 퍼져 있다.

라돈과 흡연은 시너지 효과를 발휘하며, 라돈이나 단순한 흡연 한가지 보다는 이 두 가지 발암 물질에 동시에 노출된 경우 폐암에 걸릴 확률이 훨씬 높다. 이 보고서는 두 가지 다른 선량－위험 모델들을 이용하여 미국에서 실내 라돈 노출로 매년 10~15%(15,400~21,800명)의 암 발병 사례가 발생한다고 평가하고 있다. 그러나 높은 불확도(uncertainty)로 인해 사례의 수는 약 3,000~33,000건으로 추정값의 범위가 넓다. 이 보고서는 또한 150Bq/m³의 조치 수준(action level)을 초과하는 모든 주택에 저감조치를 하면 라돈에 기인하는 폐암 사례의 약 1/3이 줄어들 것이라고 추정했다. 이는 모든 폐암 사례의 4% 감소하는 셈이다.(6) 과거 또는 현재의 흡연자에서 폐암의 약 95%가 발생하기 때문에 폐암을 줄이는 훨씬 효과적인 방법은 금연을 하게 하는 것이다.

LNT(linear no-threshold) 선량－위험 모델은 일반적으로 라돈에 노출되어 폐암이 발병할 가능성을 평가하는데 사용된다. 하지만 이것이 정말 최고의 모델일까? 이 질문은 방사선 생물학자들 사이에 논쟁이 뜨겁다. 라돈에 의한 폐암 발병에 관한 28개의 다른 과학 논문들에 대한 최근의 가정 없는 통계 분석은 라돈이 840Bq/m³ 수준 이하에서 폐암을 일으키는 증거가 없다고 결론지었는데, 환경보호청이 완화를 권고하는 수준보다 5배 이상 높았다. LNT 모델은 데이터와 잘 맞지 않는다.(8) 따라서 완화를 위한 환경보호청의 권고안은 매우 보수적일 수 있다.

의료 피폭

위에서 언급한 다양한 경로의 방사선 노출을 합산하면 평균 미국 시민에 대해 3.2mSv/yr이다. 이것은 변하지 않았지만, 국립방사선방호및측정위원회 1987년과 2006년 보고서간의 급격한 차이는 의료 진단 검사로 인한 높은 선량 증가에 기인한다. 이 보고서들에서는 암 치료를 위한 방사선 치료에 따른 노출은 포함되지 않았다. 그럼에도 불구하고 의료 진단 피폭은 평균 미국 국민에 대해 3.0mSv/yr에 해당한다. 의료 진단 검사들이란 대체 무엇이며, 우리는 얼마나 많은 방사선을 받는 것일까?

의료 피폭에 기여하는 의료 진단 검사법에는 일반적으로 엑스레이, 형광투시(fluoroscopy), 컴퓨터단층촬영(CT) 및 핵의학 등 네 가지 유형이 있다. 초음파 및 자기공명영상(MRI)과 같은 일반적인 진단 검사법들은 전리방사선을 이용하지 않으므로, 선량에 기여하지 않는다. 방사선 촬영에는 치과용 엑스선, 골격용 엑스선, 유방조영

〈표 8.1〉 일반적인 의료 진단 방법에서 선량

진단방법	선량(mSv)
흉부 엑스선(1 film)	0.1
치아 구강 검사	1.6
유방조영술	2.5
요천추부척추	3.2
양전자단층촬영(PET)	3.7
뼈(Tc-99m)	4.4
심장(Tc-99m)	10
두개골 CT(MSAD)	50
바륨조영제 대장형광투시(2분)	85
나선형-CT 전신촬영	30~100

ⓒ 미국 에너지부, 전리 방사선량 범위 차트, 2005

술 등이 있다. 이러한 검사법들의 피폭 선량은 일반적으로 매우 작다. 예를들어 흉부엑스선은 약 0.1밀리시버트이다. 하지만 요추방사선(lumbar spine radiography)은 2~3밀리시버트이다<표 8.1>.

엑스선 선량이 항상 이렇게 작은 것은 아니었다. 1896년 하인리히 조셉 호프만(Heinrich Joseph Hoffmans)[2]이 엑스선을 생성하는데 사용했던 크룩스관(Crookes tube)을 사용한 최근의 실험에 의하면 당시 선량은 현재 사용하는 엑스선 선량보다 훨씬 높았다. 손 뼈를 촬영하는 당시 실험을 재현해 보았을 때 당시의 피부 선량(skin dose)은 현재의 0.05밀리그레이에 비해 약 1,500배 높은 74밀리그레이였다. 노출 시간은 현재의 20msec에 비해 약 90분이었다.(9)

이것이 왜 수많은 초기 방사선 전문가들이 암에 걸려 손가락을 잃게 되고, 백혈병에 걸렸는지 그 이유를 설명해준다. 차폐가 거의 없었으며 방사선과 의사는 피부 홍반(skin erythema)으로 알려진 적색화(reddening) 정도로 선량을 종종 결정했다.(10) 피부 홍반을 일으키는 최소 조사량은 약 200라드 또는 2그레이였다.(11)

형광투시법은 엑스레이가 신체를 통과하고 형광스크린을 때려 영상으로 변환된 것을 바로 관찰하는 실시간 영상진단법(realtime imaging)이다. 이 과정을 통해 심장박동(beating heart)과 같은 활동 과정을 관찰할 수 있다. 종종 높은 원자번호 Z의 엑스선 흡수 물질을 관상동맥조영술(coronary angiography)용 혈류(bloodstream)에 주입하거나, 위장 시스템(GI system)에서 막힌 부분을 관찰하기 위해 위장관(gastrointestinal tract)에 주입하기도 한다. 이러한 방식은 엑스선 노출율이 높고 몇 분 동안 계속될 수 있기 때문에 높은 선량(평균 50mGy/min)을 초래할 수도 있다. 2분간의 바륨 조영제(barium -contrast) 위장 스캔을 받으면 약 85밀리시버트의 선량을 받는다<표

8.1>. 기존의 방사선 촬영법과 형광투시법은 의료방사선 진단 검사의 약 11%를 차지한다.(1)

CT스캔은 미국에서 매년 6,000만 건 이상 사용되며, 전리방사선에 노출되는 가장 일반적인 진단 방법이다.(12) 모든 검사의 50%를 차지하는 매우 중요한 진단법이다.(1) 그리고 질병이나 의학적 문제의 징후가 없는 경우에도 선별(screening) 목적으로 사용된다. CT는 아크(arc) 모양의 대형 어레이 검출기로 인체를 360도 회전하면서 수백 장의 엑스선 투시 영상을 얻는다. 이 영상들을 이용하여 인체 특정 슬라이스의 단면 영상을 컴퓨터로 재구성한다. 몸통과 같이 넓은 부위를 스캔할 때는 폭이 넓은 다중 검출기를 이용하거나, 인체를 축방향으로 움직이면서 연속 스캔을 한다. 이렇게 해서 얻어진 데이타 즉 슬라이스 시퀀스(slice sequence)는 특정 신체 부위의 고해상도 3차원 이미지를 제공한다. CT스캔의 선량은 10~20밀리시버트이며, CT관상동맥조영술의 경우 80밀리시버트로 매우 높다.(12)

어린이 CT스캔 빈도가 증가하고 있지만, 어린이의 작은 크기와 민감도를 함께 고려하면 선량을 꼭 조정하지 않아도 된다. CT스캔은 매우 유용한 진단 도구이지만, 선량이 높기 때문에 나중에 암이 발생할 수 있는 약간의 위험성을 수반하는 만큼 타당한 의학적 이유 없이 사용되어서는 안 된다.

노인들에 따른 문제는 그리 많지 않다. 왜냐하면 같은 방사선량에 대해 암에 걸릴 위험이 어린이들보다 훨씬 낮기 때문이다.(13) 하지만 CT사용으로 인한 발암 위험을 줄이기 위해 어린아이들과 젊은이들에게는 선량과 횟수를 최소화하는 것이 중요하다. 점차적으로 CT 스캔은 결장 폴립(colon polyp, virtual colonoscopy, 가상 대장 내

시경 검사), 초기 단계 폐암, 심장 질환 및 다양한 질병들에 대한 전신 검사(full body scan)의 선별 검사 목적으로 사용이 늘고 있다.(12) CT 선별 검사의 위험이 그 혜택보다 더 큰지 여부는 아직 명확하지 않다.

핵의학은 상대적으로 덜 알려진 진단(및 치료) 방법이다. 그것은 종양이나 다른 생리학적 조건을 확인하기 위해 방사성동위원소를 주입하는 일을 필요로 한다. 신체의 특정 부위에 국한되는 다양한 방사성약품들(radiopharmaceut icals)이 사용된다. 지금까지 가장 보편적인 방사성동위원소는 6시간 반감기를 갖는 테크네슘−99메타스테이블(^{99m}Tc)이지만, 다른 많은 것들도 사용된다. 골 스캔(bone -scan)은 약 4.4밀리시버트를, 심장 스캔(cardiac scan)은 약 10밀리시버트의 선량을 수반한다<표 8.1>.

이러한 의료 진단 방법들은 정밀도와 정확도를 획기적으로 발전시켜 왔으므로 위험 대비 이익이 매우 높다. 그러나 선량은 많은 경우에 상당히 높기 때문에 핵의학 방법들이 경솔하게 수행되어서는 안 된다. 이 진단법들의 선량을 다 합산할 경우 평균 미국 시민의 연간 노출의 거의 절반을 차지하지만, 물론 개인별로 큰 변동이 존재한다. 많은 사람들은 전혀 피폭이 없지만, 몇몇 사람들은 높은 피폭을 받는다.

배경방사선은 얼마나 위험할까?

전 세계의 많은 사람들이 높은 수준의 자연배경방사선에 노출되는 지역에 살고 있다. 많은 인구가 방사성 토륨을 함유한 모나자이트 모래가 있는 지역에 살고 있는데, 중국 양강에 있는 약 9만 명의 사람들이 1년에 약 4밀리시버트의 감마선량에 노출되고 있고, 인도 케랄라(Kerala)에 있는 10만 명이 받는 중간 선량(median dose) 값이 4mSv/yr이다. 일부 경우에는 70밀리시버트까지 증가한다.(2, 14) 이 집단들에 대한 장기간의 역학연구 결과 배경방사선량이 높다고 중대한 암 위험을 나타내지는 않았다.(14) 브라질의 구아라파리(Guarapari) 해안 지역에는 약 3만 명의 사람들에게 5밀리시버트의 선량률을 야기하는 모나자이트(monazite) 모래가 있다. 중부 프랑스의 와인 생산지역에 거주하는 약 7백만 명의 사람들이 화강암 지역에 살고 있으며 연간 피폭량은 1.8~3.5밀리시버트이다. 이란(Iran)의 람사르(Ramsar)지역은 약 2,000명의 인구가 살고 있으며, 6밀리시버트의 평균 연간 선량을 받고, 일부는 20밀리시버트까지 올라간다. 리드빌의 2,740명의 주민들은 5.25mSv/yr를 받는다. 이 지역들 중 어느 경우에도 높은 배경방사선량으로 인해 암의 위해도가 증가했다는 증거는 없다.(15)

모든 항목을 합산하면 콜로라도 주립대학에 다니는 학생들은 평균 4.2밀리시버트의 연평균 배경방사선량을 받게 되어 의료 피폭을 제외하면 플로리다나 텍사스 주에 비해 거의 3배나 된다<그림 8.6>.

학생들이 이 점을 걱정해야 할까? 이 질문에 대답하는 한 가지 방법은 콜로라도의 주민들에게서 평균 이상의 암 발병률을 보이는지 확인하는 것이다. 사실 미국에서 가장 높은 수준의 배경방사선을 받고 있다는 사실에도 불구하고, 콜로라도 주민은 미국에서 네 번째로 낮은 암 발병률을 보이며, 높은 수준의 라돈에도 불구하고 세 번째로 낮은 폐암 발병률을 보인다.(16)

콜로라도의 높은 배경방사선량이 많은 암을 일으키진 않는다.

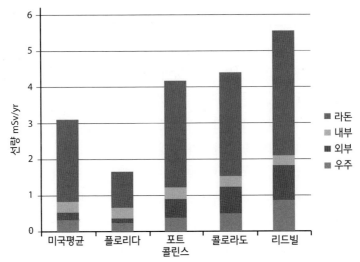

〈그림 8.6〉 미국의 자연방사선 분포도

오히려 그 반대이다. 물론 암 발병률이 낮은 이유 중 하나는 콜로라도 주민들의 생활 방식인데, 이들은 매우 활동적이고 흡연하지 않는 경향이 있다. 콜로라도 주에 살고 있는 사람들은 높은 배경방사선 노출에 대해 걱정할 필요가 없다는 것이 분명하다. 이것은 예를 들어 원자력 사고로부터 또는 핵폐기물의 저장소로부터 나오는 방사선에 사람이 노출되는 상황을 고려해 볼 때 매우 중요한 의미가 있다. 자연에서 노출되는 배경방사선 수준보다 선량이 낮으면 걱정할 필요가 없다. 이 기본 사실을 이해하기만 하면 사람들이 원자로로부터 방사선에 노출되는 것에 대한 많은 걱정이 제거될 것이다. 우리는 모두 피할 수 없는 배경방사선에 노출되어 있다. 핵폐기물 처분장 또는 심지어 원자력 사고로 인해 방사선에 노출되는 것은 자연방사선 또는 의료방사선에 노출되는 것과 전혀 다르지 않다. 중요한 점은 선량이 얼마냐이다.

노트

1. 방사능은 초당 붕괴로 정의된다. 1베크렐(Bq)은 1dis/sec이다. 라돈의 농도
   는 주어진 공기의 부피 내의 방사능(예: Bq/m³)으로 주어진다. 더 오래된 다
   른 단위는 리터당 피코 퀴리(pCi/l)이다. 자세한 내용은 부록 B를 참조하라.
2. 호프만은 네덜란드의 선생님이자 과학자로서, 1892년 2월 뢴트겐의 엑스선
   발견을 수 주 내에 알게 된 후 인체 해부 엑스선 사진집을 출간했다.

참고 문헌

1. *Ionizing Radiation Exposure of the Population of the United States.* Report No. 160, Bethesda, MD: National Council on Radiation Protection and Measurements, 2009.
2. UNSCEAR. Annex B: Exposures from Natural Sources. *Sources and Effects of Radiation.* New York: United Nations Publications, 2000; 83–156.
3. Clay R, Dawson B. *Cosmic Bullets: High Energy Particles in Astrophysics.* New York: Perseus Publishing, 1997.
4. Stone JM, Whicker RD, Ibrahim SA, Whicker FW. Spatial variations in natural background radiation: Absorbed dose rates in air in Colorado. *Health Phys* 1999; 76:516–523.
5. Moeller DW, Sun LS. Comparison of natural background dose rates for residents of the Amargosa Valley, NV, to those in Leadville, CO, and the states of Colorado and Nevada. *Health Phys* 2006; 91:338–353.
6. Samet JM, Brenner DA, Brooks AL, et al. *Health Effects of Exposure to Radon: BEIR VI.* Washington, DC: National Academies Press, 1999.
7. Borak TB, Woodruff B, Toohey RE. A survey of winter, summer and annual average 222Rn concentrations in family dwellings. *Health Phys* 1989; 57:465–470.
8. Fornalski KW, Dobrzynski L. Pooled Bayesian analysis of twenty-eight studies on radon induced lung cancers. *Health Phys* 2011; 101:265–273.
9. Kemerink M, Dierichs TJ, Dierichs J, et al. Characteristics of a first-generation x-ray system. *Radiology* 2011; 259:534–539.
10. Miller RW. Delayed effects of external radiation exposure: a brief history. *Radiat Res* 1995; 144:160–169.
11. Belisario JC. A discussion on the skin erythema dose with Rontgen rays: Some bio- logical implications. *Br J Radiol* 1952; 25:326–335.
12. Hall EJ, Brenner DJ. Cancer risks from diagnostic radiology. *Br J Radiol* 2008; 81:362–378.
13. Monson RR, Cleaver JE, Abrams HL, et al. *Health Risks from Exposure to Low Levels of Ionizing Radiation:* BEIR VII. Washington, DC: National Academies Press, 2006.
14. Boice JD, Jr., Hendry JH, Nakamura N, Niwa O, Nakamura S, Yoshida K. Low-dose-rate

epidemiology of high background radiation areas. *Radiat Res* 2010; 173:849–854.
15. Hall EJ, Giaccia AJ. *Radiobiology for the Radiobiologist.* 6thed. Philadelphia, PA: Lippincott Williams & Wilkins, 2006.
16. Cancer Statistics 2013: An American Cancer Society Report. Atlanta, GA: Ameri- can Cancer Society, 2013. http://www.cancer.org/research/cancerfactsstatistics/ cancerfacts figures2013.

PART 03

원자력의 위험

제9장 핵폐기물: 이미 정답은 있다

핵폐기물이란?

나는 물속에서 빛의 속도보다 빠르게 움직이는 입자 방사선으로 인해 푸른 체렌코프 빛(Cherenkov light)으로 가득 찬 수정같이 맑은 냉각저장조(cooling pool)를 난간에서 주시하고 있었다.[1] 물을 뚫고 사각형 물체의 행렬을 볼 수 있으며 저장조의 절반 이상이 채워져 있었다. 실내 수영장처럼 물에 뛰어들고 싶겠지만, 그건 좋은 생각이 아니다. 목장 저택만한 이 수영장이 27년간 캔자스 주 벌링턴의 울프크리크 원자로의 사용후핵연료를 모두 보관하고 있었다니 놀라웠다. 원자로는 내가 방문하기 약 1개월 전에 연료를 재공급했다. 사용된 연료봉 집합체(used fuel rod assemblies) 80개를 원자로에서 제거하고 새로운 연료봉 집합체로 교체했다. 사용된 연료봉은 물속을 통해 냉각저장조로 옮겨져서 이미 있던 약 1,500개에 합류되었다. 향후 15년 동안 원자로를 운전할 수 있는 충분한 공간이 남아 있다. 이 저장조의 가장자리에 서서 안을 들여다보는 것은 전혀 위험하지 않았다. 다만 라돈의 농도가 다소 상승하는 경향이 있고, 일부는 내 안전모에 정전기로 달라붙게 될 것이다. 내가 바라

보고 있는 이곳은 원자력에 관한 많은 논쟁을 불러일으켰던 곳이고, 동시에 미래에 원자력 발전이 성장할 경우 궁극적으로 다루어야 할 것, 즉 원자력 발전과 관련된 핵연료 폐기물이다.

내가 바라보고 있는 곳의 숨겨진 위험은 무엇일까? 나는 그리스 신화에 등장하는 불과 야금술의 신인 헤파이스토스(Hephaestus)의 해방된 힘을 보고 있는가? 아니면 안전하게 관리할 수 있는 에너지 생산의 착한 부산물을 보고 있는 걸까, 이 쓰레기는 정확히 무엇일까, 그리고 이것은 정말로 쓰레기일까, 아니면 자원일까?

이 질문에 답하기 위해서는 우리는 원자로가 태우고 있는 연료를 이해해야 한다. 원자로에서 핵분열을 일으켜 열(heat)을 공급하는 핵연료봉은 우라늄 연료 펠릿(fuel pellet)들을 내장하고 있다. 우라늄은 원자번호가 92(양성자 수와 전자 수)이다. 그러나 다른 개수의 중성자를 가진 여러 우라늄 동위원소들이 포함되어 있다. 연료 펠릿은 원자로에 따라 다르지만 대략 3~4%의 ^{235}U와 96~97%의 ^{238}U로 구성된다. 제6장에서 논의한 바와 같이 핵분열이란 불안정한 핵이 두 개의 불균등한 조각 <그림 9.1>으로 나눠지는 과정인데, 각각의 중심 원자질량이 약 95와 약 140이다. ^{238}U은 보다

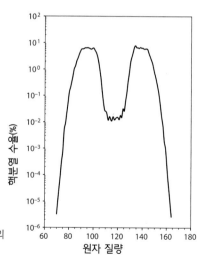

〈그림 9.1〉 ^{235}U의 분열에서 생성된 동위원소의 분포 ⓒ IAEA

안정적이어서 핵연료 펠릿내의 ^{235}U만 핵분열을 일으킬 수 있다. ^{238}U은 짝수개의 양성자와 짝수개의 중성자를 가지고 있다. 중성자와 양성자 총 개수가 홀수인 동위원소만 핵분열을 쉽게 할 수 있다. ^{235}U의 핵이 두 조각으로 나눠지면, 조각 자체 즉 핵분열생성물들은 과다한 중성자를 가지고 있기 때문에 매우 불안정해서 앞서 논의한 바와 같이 후속 핵붕괴 과정, 주로 음의 베타붕괴와 감마붕괴 과정들을 겪게 된다<제6장 참조>. 다량의 ^{235}U가 핵분열을 할 때 생성되는 핵분열생성물들의 조합은 수백 가지가 될 수 있으며, 이들 모두가 사용후핵연료의 일부가 된다.

핵분열 과정에서 생성되는 핵 조각 이외에도 중성자가 생성되는데, 평균적으로 ^{235}U의 핵분열당 2~3개의 중성자가 생성되며, 이 중성자는 연쇄 반응을 유지하고 원자력발전소의 심장부인 원자력 불(nuclear fire)을 만들 수 있다. 핵을 분열시키는 반응을 유지하기 위해 평균적으로 하나의 중성자가 ^{235}U의 또 다른 원자핵에 흡수되어야 한다. 그러나 중성자는 또 다른 역할도 한다. 엄청난 양의 ^{238}U이 존재하기 때문에 일부 중성자는 이 우라늄 동위원소의 핵에 포획될 가능성이 높다. 이 중성자 포획 과정의 결과는 우라늄의 새로운 동위원소, ^{239}U를 형성한 후 베타 입자를 빠르게 방출하고 93개의 양성자를 갖는 넵투늄-239(^{239}Np)가 된다.

넵투늄은 다시 베타입자를 방출하며 플루토늄-239(^{239}Pu)가 된다. ^{239}Pu는 94개의 양성자를 가지고 있으며, 반감기는 24,100년이어서 상대적으로 안정적이다. ^{239}Pu는 핵분열을 일으킬 수 있으며, 연료봉에 쌓여가면서 핵연료물질로 기여한다. ^{239}Pu가 중성자를 포획해서 ^{240}Pu이 되는 흥미로운 일도 일어난다. 이 중성자 포획 과정은 계속되어 ^{241}Pu과 ^{242}Pu를 생성할 수 있다. 플루토늄-241(^{241}Pu)은 베타붕괴하여 아메리슘(americium)−241(^{241}Am)로 변하는데 이것은 연기 탐지기(smoke detector)에 사용되는 유용한 동위원소이다. 한 원소에서 다른 원소로의 변환(transmutation)이라는 이 과정은 진정으로 옛날 사람들의 오랜 꿈이었다. 물론 그들은 금을 얻고 싶어 했었다.

우라늄보다 원자번호가 높은 동위원소는 초우라늄 원소 또는 악티나이드(actinide)^{2}로 알려져 있는데, 제레미 번쉬타인(Jeremy Berns -tein)은 환상적인 책 『플루토늄*Plutonium*에서 이러한 초우라늄 원소의 발견에 대한 놀라운 이야기를 전해준다.(1)

초우라늄 원소와 핵분열생성물은 다량의 ^{238}U과 소량의 ^{235}U와 함께 사용후 회수하여 저장하여야 할 핵연료봉에 남아 있는 것들이다.

핵연료집합체의 3분의 1은 원자로에 따라 12개월에서 18개월마다 교체되므로 하나의 핵연료집합체는 3회의 연료 교체주기 동안 3년에서 4.5년 동안 원자로 내에 위치한다. 원자로에 투입한 3.55%의 ^{235}U를 포함하는 100킬로그램의 핵연료는 3년 후 ^{235}U 1kg, ^{238}U 95kg, 플루토늄 1kg, 그리고 다양한 동위원소 및 핵분열생성물 3kg이 될 것이다.(2)

사용후핵연료에 생성된 가장 중요한 방사성동위원소 중 일부가 <표 9.1>^{3}에 열거되어 있다. 이 표는 원자로에서 사용후핵연료의 특성에 관한 몇 가지 중요한 정보를 갖고 있다. 핵분열생성물은 <그림 9.1>에 따라 95 또는 140 근처의 원자질량을 가지고 있음을 쉽게 알 수 있다. 모든 핵분열생성물의 방사성 붕괴는 전자를 방출하는 음의 베타붕괴이며, 플루토늄과 같은 중성자 포획 생성물의 방사성 붕괴는 대부분 알파입자(헬륨 원자핵)를 방출하는 알파붕

방사성동위원소	원소 명	반감기	붕괴유형
핵분열생성물			
다수	다양함	〈1일	다양함
^{131}I	요오드	8일	β, γ
^{95}Nb	니오븀	35일	β, γ
^{144}Ce	세륨	285일	β, γ
^{147}Pm	프로메튬	2.6년	β
^{90}Sr	스트론튬	28.8년	β
^{137}Cs	세슘	30.1년	β, γ
^{99}Tc	테크네슘	211,000년	β, γ
^{129}I	요오드	15,700,000년	β, γ
중성자포획			
^{239}Pu	플루토늄	24,100년	α
^{240}Pu	플루토늄	6,560년	α
^{241}Pu	플루토늄	14.4년	β

노트: 핵연료봉에서 ^{235}U의 핵분열로 생성된 핵분열생성물 및 초우라늄 원소의 예시. 음영 처리된 핵종은 방사성폐기물이나 사고로 인해 야기되는 생물학적 위험이 가장 큰 핵종들이다.

괴이지만, ^{241}Pu은 베타붕괴를 겪는다. 감마선은 많은 동위원소에서 생성되며, 주요 유형의 방사선인 경우 <표 9.1>의 목록에 제시되어 있다(이러한 붕괴 유형의 자세한 내용은 제6장 참조). <표 9.1>에서 가장 극적인 정보는 방사성동위원소의 절반이 1일 미만에서 1,500만 년 이상까지의 값을 갖는 반감기의 넓은 범위이다. 음영 처리된 동위원소들은 사고 시 특별한 생물학적 위험을 초래하거나(^{131}I, ^{137}Cs 및 ^{90}Sr) 폐기물 저장에 특별한 문제를 초래하는 것(^{241}Pu)들이다. 이것들은 나중에 논의하겠다.

사용후핵연료봉에 존재하는 다양한 방사성핵종 이외에 다른 중요한 특성은 핵분열생성물의 지속적인 방사성 붕괴 때문에 열적으로 매우 뜨겁다는 것이다. 물론 증기를 만들기 위해 열을 발생시키는 것이 연료봉이 원자로에 존재하는 이유이다. 그러나 원자로에서 제거한 후에는 열을 처리해야 한다. 내가 바라보았던 냉각저장조의 목적은 분명하다. 실제로 두 가지 목적을 가지고 있는데, 사용된 연료봉의 열을 흡수하는 것과 연료봉 내 반감기가 짧은 수백 개의 핵분열생성물 대다수가 붕괴 시 방출하는 방사선을 물이 흡수하게 함으로써 (인간을 위해) 연료봉을 안전하게 보관하는 것이다. 연료봉에 의해 생산되는 열은 기하급수적으로 감소하는데 1년 후에는 열에너지가 10,000의 1로 감소한다. 핵연료봉 내의 핵분열생성물에 의해 생성된 고속 베타입자(전자)는 물속에서 파란 빛을 낸다(체렌코프 방사선, Cherenkov radiation).[4] 플루토늄 붕괴로 인한 알파입자는 연료봉 내에서 빠져나올 수 없으므로 저장조의 방사선에 기여하지 않는다.

다음은 사용후핵연료에 대한 가장 큰 이슈를 살펴보자. 두 가지 중요한 시간 영역이 존재하는데, 단기적으로 사용후핵연료봉은 몇 년 동안 냉각저장조에 보관되어 초기 방사능이 대부분 소멸되도록 한다. 울프크리크 원자력발전소의 경우, 연료봉은 27년 동안 냉각저장조에 있었고 원래 원자로 수명으로 계획되었던 40년 동안에도 계속될 것이다. 그 기간 동안, 수명이 4년 미만인 모든 방사성동위원소는 무시해도 될 것이다.

실제로 10회 반감기는 방사성동위원소가 상대적으로 안전한 수준으로 떨어질 만큼 긴 시간이다. 어떻게 알 수 있을까? 계산해보자.

1회의 반감기가 끝나면 방사선의 절반만 방출된다. 두 반감기가 지난 후에는 단지 1/4, 3회의 반감기가 지난 후에는 1/8 등등. 일반적으로 수학식은 $(1/2)^N$이므로 10회 반감기 이후에 방사선은

(1/2)[10]으로 원래 양의 약1,000분의 1이다. 물론 그것이 실제로 유해한 것인지 아닌지는 시작 시점의 방사선 양에 달려 있다. 헬렌 칼디코트와 다른 반핵운동가들은 방사선이 없어지는데 적어도 반감기가 20회 필요하다고 말하는 것을 좋아한다.(3)

이 말이 의미하는 바는 우라늄 광석에 자연적으로 존재하는 방사선보다 훨씬 적어지려면 최초 방사선의 백만 분의 1 이하가 되어야 한다는 것이다.

방사성핵종의 일부는 매우 긴 반감기를 가지고 있기 때문에, 폐기물의 장기간 처리는 매우 중요하다. 단기간의 현상에 대해 알아보려면 핵분열로부터 생성된 다양한 방사성핵종과 악티나이드들의 붕괴를 관찰하는 것이 유익하다<그림 9.2>. 이 그림에서 생략되어 있는 것은 일부 방사성핵종들인데, 수 초 또는 수 분의 매우 짧은 반감기를 가지고 있어서 초기에 방사능

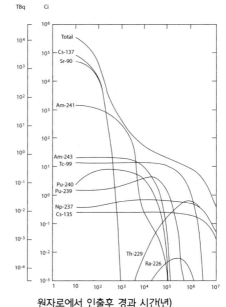

우라늄 1톤의 TBq   우라늄 1톤의 Ci

〈그림 9.2〉 1톤의 사용후핵연료를 사용하여 시간이 지남에 따른 방사능의 감소
노트 : 재처리는 10년 후에 가정된다. 두 축 모두 대수이다.
© IAEA (『원자력, 환경 및 인간』 Vienna :1982)

이 매우 급속히 감소되기 때문이다. 약 30년 반감기를 가진 ^{137}Cs와 ^{90}Sr은 수년이 지난 후에 가장 중요한 핵분열생성물이 된다. 300년 (반감기 10회)까지 핵분열생성물의 99%는 ^{137}Cs과 ^{90}Sr이다. 대략 500년 정도면 그 이전까지 핵분열생성물의 방사능은 1톤의 연료에 상응하는 우라늄 원광석(original uranium ore) 수준이다.

다른 중요한 과정은 중성자 포획으로부터 초우라늄 원소의 연속적 생성이다. 왜냐하면 원자로에서 인출한 후에도 여전히 ^{235}U의 자발적 핵분열이 진행되고 있기 때문이다(^{235}U가 연료봉에서 모두 다 소모되지는 않는다). 이것은 플루토늄과 몇 가지 다른 핵종들의 다양한 동위원소를 점진적으로 증가시킨다. 이것이 장기간의 핵폐기물 문제이다. 핵분열생성물과 악티나이드들의 총 방사능이 최초의 우라늄 광석의 방사능과 같아지려면 약 25만 년이 걸린다.(4) 이 방사능 수준은 핵연료를 만들기 위해 채광할 때 원래 우라늄에 존재했었기 때문에 이 수준의 방사능을 지구로 돌려보내는 것은 특별한 문제가 될 수 없다. 그러나 이것이 이야기의 전부는 아니다. 버나드 코헨(Bernard Cohen)은 사용후핵연료의 독성을 계산하였다. 약 1만 5천 년 후가 되면 사용후핵연료의 독성이 원래의 우라늄 광석의 독성과 유사해진다는 결론을 얻었다.(15) 또한 사용후핵연료를 뒤에 설명할 방식으로 재활용하면, 사용후핵연료의 방사능은 약 1만 년 후면 우라늄 광석의 그것과 동일하게 된다.(4) 이 시점에서 우리는 수은, 납, 비소와 같은 금속들이 극히 독성이 강하고 반감기가 무한대임에도 불구하고, 수은, 납, 비소와 같은 다양한 금속을 다양한 산업 현장에서 일상적으로 사용하고 있음을 상기할 필요가 있다.

장기 및 단기 폐기물 저장

원자로의 냉각저장조는 사용후핵연료를 저장하는 다양한 시간 주기 동안 사용된다.[5] 내가 방문한 울프크리크 원자력발전소의 경우, 냉각저장조는 40년간의 원자로 수명 동안 연료를 보유하게 될 것이다. 그러나 그 후는 다른 원자로들은 연수가 오래되어서 사용후핵연료봉을 어떻게 할 것인지에 대한 단기 저장 문제에 이미 직면해있다. 사용후핵연료를 저장하는 단기 해결책은 콘크리트로 포장된 강철 용기(steel container)에 불활성 기체를 넣고 원자력발전소 부지 내에 보관하는 것이다<그림 9.3>. 이것은 많은 원자력발전소에서 현재 사용되고 있는 건식 저장이라고 불리는데, 이것은 냉각저장조가 다 채워진 후에 울프크리크 원자력발전소에서 일어날 일이다. 원자력규제위원회에 의하면, 미국 내 습식 저장시설의 약 80%가 차 있으므로 건식 저장시설이 필

〈그림 9.3〉 사용후핵연료의 건식 저장용기 ⓒ NRC

요하다. 이것은 사용후핵연료봉을 냉각저장조에 적어도 5년간 보관하여 충분히 냉각되고 대부분의 방사성원소들이 붕괴된 경우에만 적용한다. 열을 냉각시키는데 용기 주변의 정상적인 공기 흐름

으로도 충분하다. 철제 용기와 콘크리트 용기는 방사선을 차폐하므로 저장 용기 가까이에 가는 것은 위험하지 않다.(6)

1,000Mw급 평균 규모의 원자로는 매년 20톤의 사용후핵연료를 배출하며, 이것을 수년 동안 냉각저장조에 저장해야 한다. 하나의 용기는 일반적으로 약 10톤을 보유하므로 원자로에서 발생하는 총 폐기물은 1년에 약 2개의 용기 분량이다.(7) 우라늄과 초우라늄 원소는 납보다 무거우므로[6] 그 용적은 크지 않다. 사실 전형적인 원자력발전소의 연간 폐기물은 픽업트럭 한 대 분량이다.(8) (물론 트럭은 부숴지겠지만) 제3장에서 280MWe 로우하이드 석탄화력발전소가 매년 7만 톤의 비산재(fly ash)를 배출한다는 것을 상기해보라. 따라서 1,000MWe의 석탄화력발전소는 연간 약 25만 톤의 비산재 또는 침전폐기물을 배출하게 된다. 그리고 물론 여기에는 1000MWe 석탄발전소가 매년 약 800만 톤의 CO_2를 배출한다는 것이 제외되어 있다.

또 다른 주목할 만한 통계에 의하면, 2010년까지 미국의 104기의 원자로에서 발생하는 모든 폐기물은 만일 사용후핵연료 집합체를 서로 붙여서 배치한다면 약 6.3미터 높이의 풋볼 축구장 하나 면적이면 충분하다.(9) 물론 이 방법은 핵연료를 저장할 수 있는 방법이 아니기 때문에 이러한 예시는 현실적이지 않다. 보다 현실적인 미국의 핵연료 소비량은 매년 2,000톤에 달하며 건식 저장 시 약 2만 제곱미터가 필요하다.(10)

사용후핵연료 건식 저장은 장기간의 해결책이 아니지만, 향후 50~100년 동안 중간 전략으로 큰 장점이 있다. 용기는 원자력발전소 내 보안 지역에 저장된다. 용기는 매우 단단하고, 핵분열생성물로 인해 사용후핵연료는 원자폭탄을 제조하는데 쓸모가 없기 때문에 테러 공격에 대한 우려는 거의 없다. 원자력발전소는 일반적으로 현장에 건식 저장시설을 보유하고 있지만, 여러 원자로에서 사용된 핵연료를 함께 저장할 수 있는 몇 개의 중앙집중식 저장소를 몇 개 주에 세울 수도 있다. 건식 저장시설에 대한 인허가를 승인해주는 원자력규제위원회에 의하면, 33개 주에 현재 건식 저장시설이 있다. 부지 또는 중앙집중형 건식 저장시설은 다음 세기 동안 사용후핵연료를 보관할 수 있는 안전하고 보안성 높은 방법이며, 장기간의 폐기물 저장 문제에 대한 즉각적인 해결책의 필요성을 줄일 수 있다.(7, 11) 또한 사용후핵연료가 건식 용기에서 오래 저장될수록 방사능과 열이 더 많이 붕괴되므로 궁극적인 폐기가 보다 간단하고 저렴해진다.

하지만, 이것이 그냥 길 아래로 깡통을 걷어차는 걸까? 수천 년 또는 수십만 년 동안 사용후핵연료의 장기 저장에 대해서는 어떻게 할 것인가? 그렇게 많은 반핵운동가들이 주장하듯이, 이것은 정말로 원자력의 아킬레스 건인가? 장기간의 폐기물 저장 문제는 과학적 또는 공학적 문제가 아니라 정치적 문제라는 점은 분명하다. 미국이 현재 장기 저장에 대한 해결책을 갖고 있지 못한 까닭은 정치가 그 원인이다.

유카산

정치를 이해하려면 원자력 산업의 역사를 살펴봐야 한다. 원자력 산업 초기에는 사용후핵연료가 플루토늄과 우라늄을 회수하기 위해 재처리될 것으로 생각되었다. 그러나 제럴드 포드(Gerald Ford)

대통령은 1976년 상업용 원자로 연료의 재처리를 중단했으며, 지미 카터(Jimmy Carter) 대통령은 1977년 사우스캐롤라이나 주 반웰(Barnwell)의 재처리공장 건설을 중단시켰다. 플루토늄 재처리가 핵무기에 사용될 것이라는 두려움 때문이었다.(8, 12) 1982년 원자력폐기물정책법(The Nuclear Waste Policy Act)(13)은 연방정부가 사용후핵연료로부터 고준위폐기물을 처리하기에 적합한 장소를 찾을 책임이 있고, 에너지부가 이 현장들을 평가하고 3개를 추천하라고 명시했다. 또한 이 법안은 원자력규제위원회에 시설의 건설 및 운영에 관한 규정을 제정할 권한을 부여하고, 환경보호청에 대중에 대한 방사선 피폭 기준을 설정할 권한을 부여했다. 따라서 세 정부 관료 집단이 핵폐기물 저장에 책임이 있다. 또한 이 법안은 폐기물 처분장의 평가 및 개발 비용을 지불하기 위해 생산된 전기에너지의 kWh당 0.1센트의 비율로 원자력회사들이 원자력폐기물기금(Nuclear Waste Fund, NWF)에 지불하도록 요구했다. 원자력폐기물기금에 대한 공식 감사 보고서에 의하면, 2012년 9월 30일 현재 총 전력회사 지불금들과 이자는 지출 114억 달러를 포함하여 총 434억 달러이다. 원자력폐기물기금이 보유한 재무부 채권(Treasury securities)의 가치는 총 387억 달러에 달했다.(14) 에너지부가 원자력폐기물정책법에 따라 방사성폐기물을 저장할 수 있는 시설을 제공하지 못했기 때문에 전력회사들이 에너지부가 기금을 징수하지 못하도록 에너지부를 고소했다.(15)

에너지부는 사용후핵연료의 장기 보관을 위한 텍사스, 워싱턴 및 네바다에 있는 부지들을 포함, 다양한 지질 현장들을 탐사하기 시작했다. 그러나 최고의 장소에 관한 결정은 과학자들에 의해서가 아니라 남부 네바다의 유카산(Yucca Mountain)을 선택한 미국 상원의 '최고의 지질학자들'(16)에 의해 결정되었다. 당시 하원 의장이 텍사스 출신의 짐 라이트(Jim Wright)였으며 조지 부시(George H. W. Bush) 미국 부대통령도 텍사스 출신이었기 때문에 텍사스는 제외되었고, 워싱턴 주 출신의 톰 폴리(Tom Foley)는 하원 대표(House Majority Leader)여서 워싱턴을 배제했다. 어느 누구도 자신의 주에 핵폐기물 처분장을 짓는 것을 원하지 않았다. 따라서 네바다 출신의 상원의원인 해리 리드(Harry Reid)는 이것에 반대할 정치력을 가지지 못했기 때문에 네바다만 남게 되었는데, 1987년 의회에서 유카산이 부지로서 최고의 지질인지가 아니라 정치적 고려에 의해 유일한 장기 상업용 사용후핵연료 처분시설로 선택되었다. 사실상 네바다에 강요된 결정이었다. 네바다 사람들은 앉아서 당하고만 있지는 않았다.

해리 리드(Harry Reid)는 상원 대표가 되어 부지 선정을 원점에서 다시 논의할 수 있는 위치에 올랐고, 그렇게 하기 위해 열심히 노력했다.(16) 오바마 대통령은 다른 목적을 위해 상원 의원 리드의 도움이 필요했기 때문에 리드의 적극적인 반대에 부딪치자 유카산 프로젝트를 포기할 수 밖에 없었다. 2008년 6월 에너지부는 유카산의 허가 신청서를 원자력규제위원회에 공식적으로 제출했으나, 오바마 대통령이 자금을 지원하지 않았기 때문에 곧바로 철회되었다. 오바마 대통령은 2010년 스티븐 추 에너지 장관에게 사용후핵연료 처분 문제를 연구하기 위해 미국의 원자력 미래에 관한 블루리본위원회(Blue Ribbon Commission on America's Nuclear Future)를 설립하도록 지시했다.(17) 궁극적으로 법원이 유카산 프로젝트 유무를 결정하게 될 것이다. 여기까지가 정치 이야기이다.

유카산 또는 기타 장기 폐기물 처분장의 과학적 및 공학적 고려

사항은 어떠한가? 주요 고려 사항은 매우 건조한 지역이어야 하고, 안정된 지질(stable geology)을 보유한 지역이어야 한다. 농업이 약 1만 년 전에 시작되었으므로 인류 문명의 전 기간은 사용후핵연료의 방사능이 원래 우라늄 광석 수준까지 붕괴되는 시간을 고려한 것이다. 그러므로 앞으로 1년~10만 년 동안 인간 사회에 어떤 일이 일어날지 예측할 수 없다고 생각하는 것은 자연스러운 일이다. 그러나 수백만 년도 지질학적 과정에서는 눈 깜빡할 시간이기에, 핵폐기물을 저장할 수 있는 매우 안정된 지층을 발견할 수 있다고 상상하는 것은 그리 어렵지 않다. 어쨌든 핵연료를 만들기 위해 채광된 우라늄은 지구가 45억 년 전에 형성된 이래로 늘 우리 주변에 존재해 왔다.

자연은 이미 핵폐기물이 수백만 년 동안 지질층에 저장될 수 있는 입증 사례를 보여주었다. 약 20억 년 전에 아프리카의 가봉 (Gabon)에 약 3%의 ^{235}U의 자연 매장지(오클로, Oklo)가 형성되었다. 당시 이곳의 ^{235}U의 농도는 전력용 원자로의 농도와 유사했으며, 우라늄 매장지에 존재했던 적절한 조건에서 지속적인 핵분열을 일으켰다. 12개 이상의 우라늄 매장지 부지에서 통제된 핵분열 반응이 수십 년 동안 발생하여 약 15GW-year의 에너지를 생산했었다.(18) 그런데 핵분열이 20억 년 전에 일어났다는 것을 우리가 어떻게 알 수 있었을까? 앞서 논의한 바와 같이 ^{235}U가 핵분열을 일으켰을 때, 핵분열생성물과 초우라늄 원소 등 이전에 존재하지 않았던 새로운 원소들이 생성되었다. 또한 ^{235}U는 핵분열이 일어나면 거의 모두 사용되므로 우라늄 광석의 ^{235}U 비율은 당연히 낮아질 것이다. 이 두 가지 사실 모두 오클로의 우라늄 광석에서 입증되었다. 천연 원자로는 오래 전부터 존재했기 때문에 모든 플루토늄은 오래전에 붕괴되어 사라지고, ^{137}Cs 및 ^{90}Sr과 같은 짧은 수명의 핵분열생성물도 사라졌지만, 원자로 성격에 따라 매우 오래 지속되는 동위원소들은 여전히 존재한다. 자연원자로에서 나온 장기 폐기물은 우라늄과 동일한 지층을 형성하고 있으며, 이 지층은 20억 년 동안 핵분열생성물을 가두어 놓기에 충분히 안정적이었다.

유카산은 냉전 기간에 핵무기를 시험한 네바다 시험장에서 9.6킬로미터 길이의 융기 지역으로, 라스베가스에서 북서쪽으로 약 160킬로미터, 데스밸리(Death Valley)에서 북동쪽으로 약 48킬로미터 떨어져 있다. 수백만 년 전 칼데라 화산의 분출은 화산재와 암석을 생산했고, 이것들이 녹고 융합되어 화산재 응회암(volcanic tuff)층이 되었다. 이후 단층선을 따라 계속 기울어져 유카산(19)이라고 불리는 능선이 형성되었다. 이곳은 인구가 많지 않고 토끼 덤불(rabbit brush), 선인장(cacti), 풀 등 몇몇 유카(yucca, 역자 주: 용설란과의 여러해살이 풀)가 서식하는 건조한 사막이다. 이 지역의 연구 및 개발에 약 90억 달러가 투자되었다. 지구상에서 지질학적으로 가장 집중적으로 연구된 지역이 되었다. 딱딱하고 부서지기 쉬운 응회암과 쪼개지지 않고 부드러운 다공성 응회암(soft porous tuff)이 번갈아 가며 복잡한 지질을 만들었다.

유카산이 좋은 매장지가 될 수 있는 세 가지 이유가 있다. 첫째, 이 지역이 매우 건조하고 일 년에 약 15센티미터의 적은 강수량이 내리며, 주로 증발하거나 식물에 흡수된다. 둘째, 폐기물 저장소가 산 정상에서 약 300미터 지하에 있지만, 지하수층은 더 깊은 곳에 있어서 저장소가 지하수면에서 약 300미터 위에 위치하기 때문이다. 셋째, 응회암층에 제올라이트(역자 주: 비석, 비소와 유황과 철로 된 광물, 흙덩어리와 비슷하고 무르며, 검은 빛 또는 회색으로 맹독이 있음)와 진흙이 포함되어 있어 언젠가 방사성동위원소들이 물에 녹아 이동할 때 이들을 포획할 수 있다는 점이다.(20) 방사성동위원소가 설령 지하수면에 닿을 수 있다 하더라도 유카산은 수문 분지(hydraulic basin, 역자 주: 지하수가 갇혀 있는 지형)에 있어서 지하수가 오로지 죽음의 계곡(death valley)으로 흘러 들어간다. 흐르는 도중에 아마르고사 계곡(Amargosa Valley) 아래를 지나가는데, 그 곳은 유카산에서 약 24킬로미터 떨어진 사막의 계곡이며 약 1,500명의 주민이 살고 있다.

우리는 90억 달러를 쓰고 무엇을 보여 주어야 할까? 에너지부는 7.6미터 터널을 산속으로 약 1.6킬로미터 아래로 경사지게 뚫은 후 방향을 돌려서 약 4.8킬로미터 뒤의 산등성이로 뚫고 나왔다. 여러 방들과 측면 터널들(side tunnels)은 지질연구와 물 침투에 대한 연구를 하기 위해 만들어졌다. 시간이 지남에 따라 방사성핵종의 이동을 시뮬레이션하기 위해 정교한 컴퓨터 모델들이 개발되었다. 완성된 부지에는 원자로 사용후핵연료 및 기타 고준위 폐기물이 들어있는 용기를 저장할 수 있는 약 64킬로미터의 터널들이 만들어질 것이다. 폐기물은 직경 2미터, 길이 6미터의 이중벽을 가진 실린더 모양의 내부식성(corosion resistant) 용기에 보관될 것이다. 용기는 세라믹 코팅과 방수막(drip shield)으로 덮어 물로부터 보호한 후, 사용후핵연료의 방사성동위원소를 흡수하는 점토질로 다시 채워진다.(20) 유카산은 결국 영구적으로 봉인될(permanently sealed) 것이지만, 준거 법령(governing law)에 따라 사용후핵연료를 회수할 수도(retrievable) 있도록 설계되었다.

핵연료를 연소하는 동안, 중성자 포획에 의해 생성되는 여러 플루토늄 동위원소 및 기타 초우라늄 원소가 있다. 헬렌 칼디코트와 같은 반핵운동가들은 사용후핵연료에 대한 두려움을 불러일으키기 위해 ^{239}Pu 및 다른 초우라늄 원소의 긴 수명을 인용한다. ^{239}Pu의 반감기가 24,100년이기 때문에 반드시 큰 문제가 될 것이다 라고. 맞는 말일까?

사실 ^{239}Pu는 암석의 점토와 제올라이트에 흡착되어 물에 쉽게 녹지 않기 때문에 실제로 문제가 안된다. 결국 ^{235}U의 반감기는 7억 년이고, ^{238}U의 반감기는 지구의 나이와 같은 45억 년이며, 지질학적으로 안정된 지층에 존재한다. 실제 문제는 무엇인지 알기 위해 우리는 폐기물의 핵변환에 대해 좀 더 깊이 파고들어야 한다. 앞서 나는 ^{241}Pu이 가장 심각한 문제라고 언급했는데, 왜 그랬을까? 어쨌든 ^{241}Pu의 반감기는 단지 14.3년이기 때문에 150년 지나면 거의 남지 않을 것이다. 방사성동위원소가 붕괴하면 뭔가 다른 것이 생성된다. ^{241}Pu의 경우 베타붕괴하여 아메리슘이 되는데 ^{241}Am의 반감기는 432년으로 훨씬 더 길다. 그러나 ^{241}Am은 알파붕괴하여 넵투늄(^{237}Np)이 되는데, 반감기는 210만 년이다. 그리고 이것이 진짜 문제이다. 어느 것도 인간의 소화 시스템에 의해 잘 흡수되지는 않지만, 넵투늄은 플루토늄보다 물에 약 500배 더 잘 용해된다. 따라서 유카산의 실제 방사능 우려는 플루토늄이 아니라 넵투늄이다. 그래서 유카산의 방사능에 대한 주요 연구는 플루토늄이 아니라 넵투늄의 이동 모델에 관한 것이다.

로스알라모스 국립연구소의 과학자들은 유카산의 여러 단계의 격납기능(containment)이 10만 년 이상 동안 넵투늄을 봉쇄해야 한다고 결론을 내렸다. 사실 그들은 0.2mSv/yr(20mrem/yr)에 도달하기까지 최소한 10만 년이 걸릴 것이라고 결론지었다.(20)

환경보호청은 유카산에 사용될 방사선 기준을 설정하는 책임을 맡았으며, 2001년 6월에 기준을 발표했다. 그러나 환경보호청은 고소를 당했고, 미국 지방법원은 환경보호청의 기준은 1995년 국립 과학아카데미 보고서(21)를 적절하게 고려하지 않았다고 지적했다. 그래서 환경보호청은 방사선 기준을 개정했다. 현재의 환경보호청 규정에 의하면, 유카산 근처의 지하수는 전국의 현재 지하수 기준에서 허용되는 것보다 더 높은 방사능을 가져선 안되며, 이 기준은 물을 마시는 개인에게 연간 최대 0.04mSv/yr(4mrem/yr)이다. 외부 선량은 향후 1만 년 동안 이 지역에 살고 있는 사람에게 0.15mSv/yr(15mrem/yr, 흉부 엑스선 촬영에 해당) 정도로 제한되어 있다. 법원의 판결로 인해 환경보호청은 개인에 대한 선량을 1만 년에서 1백만 년 사이에 1mSv/yr(100mrem/yr)이하로 제한할 것을 요구했다.(22)

에너지부는 용기, 지질, 부지 내의 지하수 침투 차단을 위한 설계 등 여러 가지 방벽들이 이처럼 극도로 엄격한 기준을 충족시킬 수 있을 것이라고 믿는다. 하지만 일어날 수 있는 최악의 상황은 무엇일까?

약 1만 5천 년 후 사용후핵연료의 독성이 원래 있던 우라늄광의 독성으로 줄어드는 것을 상기하라. 결과적으로 폐기물 처분장 부지는 우라늄 광석의 자연 매장지와 크게 다르지 않은 수준의 방사성 물질 누적지역이 된다. 유카산에 대한 우려 중 하나는 몇백만 년은 물론 1만 년 후에 인간 사회가 이 지역에 존재할 것인지 전혀 알 수 없다는 것이다.

그래서 인간 사회가 앞으로 1만 년 동안 계속된다고 가정해 보자. 지구온난화 때문에 (우리가 이 문제를 해결하지 못한다면) 이 지역은 현재보다 훨씬 건조해지기 때문에 농업은 거의 못할 것이고, 방사선이 지하수에 들어갈 가능성도 거의 없다. 그러나 실제로 습한 기후라면 어떨까? 그때 사회가 지금보다 더 발전한다면 그들은 방사선의 영향을 잘 알고 있을 것이고, 이 지역이 인체에 미치는 영향을 최소화할 수 있을 것이다.

우리가 전쟁으로 파괴되어 석기 시대로 되돌아간다면, 원시인들은 계곡 아래 수백 킬로미터의 물을 얻을 수 있는 우물을 건설하고 운영할 수 없을 것이기 때문에 어떤 경우에도 지하수에 노출되지 않았을 것이고, 사회는 약간의 초과 방사선을 다루기에 충분할 정도로 진보하거나, 너무 원시적이어서 노출 되지도 않았을 것이다.

따라서 흙 속에는 자연우라늄과 라듐이 함유되어 있어서 지하수가 환경보호청 기준을 초과하는 수많은 지역들이 존재하기 때문에 만일 유카산의 방사선이 실제로 지하수에 유입되어 현재의 환경보호청 기준을 초과하더라도 파국까지는 아닐 것이다.

다음으로 백만 년 동안 1mSv/yr를 초과하지 않아야 하는 기준은 어떻게 될까? 인구 밀도가 낮은 아마르고사 계곡의 자연방사선 노출량은 1.30mSv/yr로 미국 평균보다 낮다.(23)

미국 국민의 자연 선원으로부터의 배경방사선량은 3.20mSv/yr이지만, 우리 중 일부는 그보다 훨씬 많은 방사선에 노출되고 있다.

내가 살고 있는 콜로라도의 평균 선량은 약 4.5mSv/yr이다. 왜냐하면 콜로라도는 높은 지역에 위치하고 있기 때문에 우주방사선에 의한 노출이 많고, 콜로라도 산의 화강암에는 많은 우라늄과 라듐이 존재하기 때문이다. 리드빌과 같이 콜로라도의 높은 고도에 많은 공동체들이 있어서, 그곳들은 콜로라도 평균 선량 5.5mSv/yr 보다 방사선 준위가 훨씬 높다.

이 사실만으로도 수만 또는 수십만 년 후 유카산 근처에 살고 있을 사람들에게 1밀리시버트가 추가되는 것에 대한 우려는 사소한 것이 된다. 이들의 총 선량은 다른 미국 국민들의 평균 선량보다 낮으며, 매년 수백만 명의 콜로라도 주민들이 받는 선량의 약 절반이다. 그리고 콜로라도는 미국에서 암으로 인한 사망률이 4번째로 낮다.(24)

그러나 이것이 이 이야기의 끝이 아니다. 미국 국민들의 의료 서비스에 의한 방사선에 대한 평균 추가 노출은 3.0mSv/yr로 지난 20년간 5배 증가하였다. 현재 아마르고사 계곡에 살고 있는 사람들이 원시사회에 살게 된다면 아마 CT스캔을 받지 못할 것이므로 그들의 선량은 미국 국민들의 선량보다 훨씬 적을 것이다. 그리고 마지막으로 미래에는 암 치료와 예방에 대한 연구가 계속 진행되어 암은 훨씬 더 치료 가능한 질병이 될 가능성이 높다.

따라서 유카산과 같은 안정된 지질학적 위치에 사용후핵연료를 처분하는 것으로부터 방사선 노출의 증가에 관해서는 수백만 명의 사람들의 기존 노출과 비교하면 사소한 것이고, 대중의 과도한 우려는 실제로 단순한 기우(a tempest in a teapot)에 불과한 것이다. 앞서 말했듯이 핵폐기물의 장기 저장 문제는 과학적 또는 공학적 문제가 아닌 정치적 문제이다.

우리는 과학적인 결정을 내릴 정치적 의지가 결여되어 있고, 단순히 멍청한 '가정들(whatifs)'에 빠져 있다. 그래서 문제를 간단히 처리하는 대신 죽도록 연구하고 소송하면서 수십억 달러를 낭비한다.

윕 처분장

우리는 이미 핵폐기물을 장기간 저장하는 방법을 잘 알고 있다. 실제로 이미 뉴멕시코 주 칼스배드(Carlsbad) 남동쪽으로 41.6킬로미터 떨어진 윕(Waste Isolation Pilot Plant, WIPP)이라는 처분장에서 군사용 핵폐기물을 저장하고 있다. 윕 처분장을 바람직한 저장소로 만드는 이유가 유카산과 어떻게 다를까?

윕 처분장 부지는 북미에서 가장 큰 사막인 치후아후안 사막(Chihuahuan Desert)에 위치하고 있다. 2억 5천만 년 전에 이 지역은 페름기 해(Permian Sea)로 알려진 얕은 내륙 바다였다. 수백만 년에 걸쳐 바다가 가라앉고 물이 증발하여 살라도층(Salado Formation)으로 알려진 약 600미터 두께의 소금층(bed of salt)이 남게 되었다. 소금층은 불침투성 암반층(impermeable rock layer) 위에 놓여 있으며, 표면에서 물이 들어가지 못하게 막는 칼리세(caliche)라고 불리는 불침투성 암반층으로 덮여 있다.(8)

방사성폐기물을 영구적으로 격리하기 위한 소금층은 많은 장점이 있다. 유카산의 복잡한 지질과는 대조적으로, 암염 형성(rock salt formation)은 훨씬 간단하다. 그것은 지질학적으로 안정적이며 지진으로 인한 파손의 위험이 없다. 흐르는 물이 2억 5천만 년 동안 존재하지 않았는데 그렇지 않았다면 이미 소금이 사라져 버렸을 것이다. 암염은 가소성(plasticity)을 지닌 결정성 암반(crystalline rock)이며 천천히 움직이며 공극(void)을 메워버린다.(25)

동굴과 같은 싱크홀과 큰 공극들이 있어 부지에 흐르는 물이 존재할 수 있는 카르스트(karst) 지형의 존재에 대해 일부 우려 사항이 제기되었다. 그러나 과학 간행물 및 보고서들을 자세히 검토해보면 웝 부지에 카르스트는 존재하지 않는다.(26) 환경보호청 역시 이 가능성을 평가하였고, 웝 처분장 부지에 카르스트의 어떤 증거도 보이지 않는다고 결론 내렸다.(27)

웝의 역사는 뉴멕시코 주 로스알라모스국립연구소가 핵무기를 개발한 2차 세계대전 이래로 시작된다. 현재의 에너지부로 통합된 전 원자력위원회(Atomic Energy Commission)의 후원 아래 수많은 국립연구소와 부지(site)들이 개발되었다. 여기에는 아이다호 국립환경공학연구소(Idaho National Environmental and Engineering Laboratory, INEEL), 록키 플랫 환경기술 부지(Rocky Flats Environmental Technology Site, RFETS, 콜로라도), 사바나리버 부지(Savannah River Site, SRS, 사우스캐롤라이나), 핸포드 부지(Hanford Site, HS, 워싱턴), 아르곤 국립연구소(Argonne National Laboratory, ANL 일리노이), 네바다 시험장(Nevada Test Site, NTS) 및 로렌스리버모어 국립연구소(Lawrence Livermore National Laboratory, LLNL 캘리포니아) 등이 포함된다. 이 모든 연구소들은 우라늄과 플루토늄에 대한 연구와 핵무기의 개발 및 유지와 관련하여 다양한 방식으로 관련되어 있었고, 일부는 여전히 관련되어 있다.

우라늄과 플루토늄을 사용하면 불가피하게 초우라늄 폐기물이 생성된다. 초우라늄 원소는 우라늄보다 원자질량이 높은 방사성동위원소이다.

초우라늄 폐기물은 오염된 의복, 플라스틱, 토양, 슬러지, 도구 및 초우라늄를 생산하거나 다루는데 사용된 기타 품목으로 구성된다. 초우라늄 폐기물의 대부분은 플루토늄이지만, 아메리슘, 넵투늄 및 기타 초우라늄 원소들도 포함될 수 있다. 1957년 국립과학아카데미는 이러한 부지에 축적되는 폐기물은 지하 소금층에 저장하는 것이 최선의 처분 방법이라고 결론지었다. 그러나 이 시설이 완공될 때까지 로스알라모스국립연구소에서 생성된 초우라늄 폐기물은 플라스틱 천막 아래 수천 개의 드럼통(barrel)에 저장되어 있었다. 2000년에 큰 산불이 나서 드럼통들 근처 450미터까지 화염이 접근했다.(8) 만일 이 드럼통들이 불에 타서 방사성 핵종들이 화염으로 인해 공중으로 비산되었다면, 그것은 심각한 환경 재앙이었을 것이다. 적절하지 않은 조건에서 현장 저장은 초우라늄 폐기물을 처분하기에 분명히 좋은 방법은 아니다.

미 의회는 1979년 원자력규제위원회의 규제대상이 아닌 군사적 목적의 방사성 초우라늄 폐기물의 연구 및 개발, 저장을 위한 부지로 윕 처분장을 승인했다. 에너지부는 현장의 연구 및 개발 책임을 맡았으며, 환경보호청은 현장의 핵폐기물 처분 규정을 제정했다.

이후 뉴멕시코 주와 다양한 환경단체가 윕 처분장을 중단시키기 위해 연이어 소송들을 제기했지만, 1999년 이 소송들이 해결되어 초우라늄 폐기물을 접수하기 시작했다. 2005년까지 원폭 격발(trigger)용 플루토늄을 생산하는 콜로라도의 록키 플랫(Rocky Flats)에서의 마지막 선적을 포함하여 총 12개 연방 부지들에서 초우라늄 폐기물을 윕 처분장으로 운송함으로써 이 위험한 부지를 일정보다 1년 앞당겨 폐쇄했다.(28)

1992년 윕부지회수법(WIPP Land Withdrawal Act)에 의해 윕 처분장은 저장 용기가 폐기물을 충분히 차폐하기 때문에, 추가 차폐 없이 작업자가 처분할 수 있는 소위 접촉처리(contact handled) 가능한, 준위가 낮은 초우라늄 폐기물만을 저장하도록 설계되었다. 그러나 윕 처분장에 원격 처리(remote handled)된 초우라늄 폐기물로 알려진 고준위폐기물을 저장할 필요가 있었다. 이 폐기물들은 추가 납 차

폐 및 특수 원격 취급을 필요로 한다. 환경보호청은 2004년에 원격 처리(remote-handled)된 초우라늄의 저장을 위한 에너지부 계획을 승인했으며, 뉴멕시코 주는 2006년에 이 유형의 폐기물을 처음으로 선적할 수 있도록 승인했다.(28)

현행법에 의하면, 윕 처분장에 보관된 초우라늄 폐기물의 96% 는 접촉처리가 가능하고, 원격처리는 최대 4%가 허용된다.(29) 또 윕 처분장은 5년마다 환경보호청에 의해 재승인 되어야 한다. 2010 년 두 번째 재승인을 받았다. 승인은 윕 처분장이 1만 년의 규제 기간 동안 초우라늄 폐기물을 안전하게 보관하기 위해 연방 처분 규정을 준수해야 함을 의미한다.(30)

저준위의 접촉처리 가능한 초우라늄 폐기물은 위성으로 감시되는 플랫 베드 트럭(flat bed truck, 낮은 적재함의 트럭)들과 특수 컨테이너로 전국 각지에서 운송된다. 7개의 200리터 드럼통들을 TRU PACT-II라고 불리는 직경 2.4미터, 높이가 3미터의 특별히 고안된 원통형 통에 넣는다. 이 통은 심각한 충돌로 구멍이 생기고 이어서 화재가 발생하거나 물에 잠기더라도 건재할 수 있다는 것을 실증한 후, 원자력규제위원회의 승인을 받았다. 이 폐기물 1만 건 이상이 2011년 말까지 미국 전역에서 윕 처분장으로 안전하게 보내졌다.(31)

실제로 초우라늄 폐기물의 선적보다, 도시 사이를 트럭과 기차로 정기적으로 운송하는 엄청난 양의 고 유독성 화학물질이 대중에게 훨씬 더 위험하다. 따라서 원격처리 초우라늄 폐기물은 방사능이 더 높기 때문에 원격제어장치로 다른 종류의 용기에 담는다. 원자력규제위원회는 보다 엄격한 요구 사항을 만족하여야 하고 강철 및 납으로 무겁게 차폐된 원격처리 초우라늄 폐기물을 운반하는 두 가지 컨테이너 타입을 인증했다. 트럭이 폐기물과 함께 윕 처분장에 도착하면 용기가 열리고 폐기물 드럼을 회수하여 윕 현장에 저장한다.(32)

윕 처분장 부지에는 살라도층(Salado formation, 소금층) 속으로 655미터 가량 파들어간 4개의 갱구(shaft)가 있다. 갱구의 바닥(base)에는 폭 10미터, 높이 4미터의 7개의 방(chamber)으로 나눠진 8개의 패널(panel)들이 있다. 수천 드럼의 초우라늄은 기둥 형식의 방에 원격제어장치로 저장되는 한편, 초우라늄 폐기물은 방의 벽에 뚫린 구멍의 차폐된 용기에 원격으로 저장된다. 패널 중 2개는 이미 다 채워져 있고, 자연적인 소금의 이동이 천천히 드럼통을 에워싸 현재 크기의 약 1/3로 압축될 것이다.(8) 따라서 초우라늄 폐기물은 수백만 년 동안 안전하게 격리될 것이며, 소금광산의 수명에 비하여 찰나의 시간인 25만 년(^{239}Pu의 반감기 10회)이 지나면 더 이상 위험하지 않게 될 것이다.

이미 승인된 핵폐기물 처분장이 존재하는데, 유카산에 대한 많은 논란과 연구가 있는 이유는 무엇일까? 왜 윕 처분장에 상업용 사용후핵연료를 저장하면 안 될까? 이러한 질문들에 답하는데 고려해야 할 몇 가지 인자가 있다. 첫 번째 인자는 다시 정치이다. 윕 처분장을 승인한 법률은 군사 관련 시설의 초우라늄 폐기물만 특별히 보관할 수 있도록 허용했으며 별도의 법령은 상업용 원자로에서 발생하는 핵연료폐기물을 위해 유카산만을 검토하기로 하였다. 따라서 현행법은 윕 처분장이 사용후핵연료의 처분에 사용되는 것을 허용하지 않는다. 물론 원칙적으로 법은 변경될 수 있으므로 문제는 윕 처분장이 원자로에서 발생한 폐기물을 처분할 수 있는지 여부이다. 윕 처분장의 위해성 평가 분석 담당과학자인 리처드 앤

더슨(D. Richard Anderson, 'Rip')에 의하면, "윕 처분장은 세계의 모든 핵폐기물들을 안전하게 저장할 수 있다. 그러나 17만 세제곱미터 혹은 58,500만 드럼이 이 부지 규제에 의한 한도이다. 실제로 윕 처분장이 위치한 이 광구(mine) 또는 이웃한 광구들은 수십만 세제곱미터를 보관할 수 있다."[8] 그래서 우리는 핵폐기물의 장기 저장에 대한 해결책을 이미 가지고 있다고 할 수 있다.

그러나 고려해야 할 또 하나의 인자가 있다. 그것은 사용후핵연료를 영구적으로 저장하는 것이 바람직한지 여부이다. 유카산 부지는 처분 부지를 영구적으로 봉인하기 전에 필요하다면 저장 폐기물을 회수할 수 있도록 특별히 설계되었다. 그러나 윕 처분장처럼 암염에 저장된 폐기물은 암염의 가소성으로 인해 다시 회수할 수 없다. 이 시점에서 여러분은 아마도 나의 이 말이 이상하다고 생각할 것이다. 영구 저장이 핵폐기물 관리의 성배가 아니었던가?

사용후핵연료의 재활용

이 장의 시작 부분에서 나는 사용후핵연료가 정말로 폐기물인지 또는 자원인지에 대한 질문을 제기했다. 사실, 그것은 둘 다이다. 그러나 미국에서는 폐기물 부분만을 고려한다. 자원이 될 수 있는 방법은 무엇일까?

사용후핵연료 중 ^{235}U의 약 1%가 여전히 새 핵연료로 농축해서 재사용될 수 있다는 사실을 상기하라. 그러나 ^{239}Pu, ^{240}Pu, ^{241}Pu, ^{242}Pu 및 ^{238}Pu을 포함하여 사용후핵연료에 존재하는 플루토늄의 동위원소가 여러개 존재한다.[1] 그중 ^{239}Pu와 ^{241}Pu는 핵분열성(fissile)[7]이며,

그 의미는 표준 원자로에서 연쇄 반응을 유지하기 위한 필수 조건인 열(또는 고속) 중성자로 핵분열이 유도될 수 있음을 의미한다. 물론 핵분열생성물도 다수 존재한다. 핵분열성 우라늄과 플루토늄을 추출하여 새로운 연료로 재활용하여 원자로에서 태울 수 있다고 가정해 보자.

사실 이것은 가능하며 현재 프랑스, 영국, 러시아, 일본을 포함한 여러 국가들에서 진행되고 있다. 미국은 대규모 원자력 발전을 하는 주요 국가들 중 유일하게 사용후핵연료를 재처리하지 않는 국가이다. 미국은 실제로 사용후핵연료를 재처리[8]하는 기술을 개발했었으며, 카터 전 대통령이 전체 프로그램을 중단했을 때, 사우스캐롤라이나에 상업용 재처리공장을 건설하는 중이었다. 우리가 큰 실수를 저질렀을까?

프랑스는 원자력과 관련하여 특별한 경우이다. 그 이유는 프랑스는 고유한 에너지 자원이 없다는 것이다. "석유, 가스, 석탄이 없어서 선택의 여지가 없다." 매장되어 있는 석탄은 품질이 좋지 않아 2004년에 채굴이 중단되었다. 프랑스는 천연가스의 98%와 원유의 99%를 수입한다.(33)

1973년 석유수출국기구(OPEC)가 소비국으로의 석유수출을 중단하는 석유수출금지(oil embargo) 조치를 취했을 때 프랑스는 에너지를 지나치게 외국에 의존하고 있었다는 사실을 깨달았다(역자 주: 1차 석유파동 때 우리나라도 상업용 원자로 도입을 추진하기 시작했다). 그 결과 피에르 메스머(Pierre Messmer) 총리가 이끄는 프랑스 정부는 에너지 안보를 위해 원자력 용량의 급속한 확장을 추진했다. 프랑스는 현재 58개의 원자로를 보유하고 있으며, 이는 75% 이상의 전기를 생산한다. 원자력발전소의 비중이 크기 때문에 유럽에서 가

장 저렴하게 전기를 생산하고 있으며, CO_2 배출량도 극히 적다.(34)

아레바는 프랑스 정부가 소유하고 있는 국영회사로, 원자력 분야의 세계적인 선두 주자이다. 이 회사는 광산에서부터 원자로 건설, 사용후핵연료 재활용에 이르기까지 원자력에 관한 모든 분야에 관여하고 있다.

이 회사는 우라늄을 농축하여 연료 펠릿을 만들고 원자로에서 연소한 후, 사용후핵연료에서 플루토늄과 우라늄을 추출하여 새로운 연료를 가공하고 다시 원자로에서 태우는 폐쇄형 연료주기(closed fuel cycle, 재처리후 처분)를 운영한다. 그 결과 폐기물 저장 문제가 크게 감소하고, 새로운 연료를 생산할 수 있다. 대조적으로 미국에서는 우라늄을 농축하여 연료 펠릿을 만들고 원자로에서 연소한 후, 사용후핵연료를 재처리하는 대신에 유카산과 같은 영구 저장소에 보관하는 개방형 연료주기(open fuel cycle, 재처리 않고 처분)를 사용한다.

나는 핵연료를 어떻게 재활용하여 새로운 연료로 사용하는지 알아보기 위해 프랑스에 갔다. 라아그 재처리 시설은 프랑스 노르망디 지역의 쉘부르(Cherbourg) 서쪽에 있는 코탕탱 반도(Cotentin peninsula)의 끝에 위치하고 있다. 내가 묶고 있던 바르네빌 카테레(Barneville Carteret)라는 해안 휴양지에서 노르망디(Normandy) 시골을 거쳐 라아그까지 가는 길은 아름다운 풍경이었다<그림 9.4>. 라아그 재처리 시설 주변에서는 농부들이 젖소 떼와 양을 돌보며 작물을 재배하느라 바빠 보였다. 인근 바다에서는 다양한 종류의 해산물이 잡힌다. 이 목가적인 장소에 프랑스의 사용후핵연료와 다른 나라의 사용후핵연료까지 모두 재처리하는 시설이 갖추어져 있을 거라고 누가 상상이나 할 수 있을까?

〈그림 9.4〉 프랑스 셸부르 근처의 라아그 재처리 시설 © MICHAEL H. FOX

철벽 보안 시설을 갖춘 재처리 시설에 도착하여 과거 핵잠수함
에서 원자력 산업 종사자 고급 교육을 맡았던 전 미해군 장교인 마
이클 맥마혼(Michael McMahon)을 만났다. 쟝 크리스토프 바린(Jean
Christophe Varin) 부장은 시설을 소개해준 다음, 우라늄과 플루토늄
을 연료봉에서 제거하여 어떻게 새로운 핵연료를 만드는지, 또 어
떻게 핵분열생성물을 분리하여 유리로 만드는지를 설명해주었다.
그는 과거 한동안 일본이 재처리를 하느라 사용후핵연료를 라아
그에 선적해 보냈고 다시 선적해 가져갔다고 설명했다. 하지만 일
본은 2008년에 가동을 시작한 로카쇼무라(RokkashoMura)에 최근 새
로운 재처리 시설을 건설하여 이제는 바다 너머로 사용후핵연료를
운송하는 대신 자신들이 직접 재처리를 할 수 있게 되었다. 현재
프랑스는 독일과 이탈리아를 포함한 여러 유럽 국가들의 연료를
재처리한다.

우리는 백색 점퍼 슈트와 신발을 신고 밖으로 나간 후 방사선 감시기를 착용하였다. 그리고 마이클은 우리에게 시설들을 견학시켜 주었다. 우리가 갔던 첫 번째 장소는 프랑스나 다른 나라로부터 110톤 무게의 특별한 용기에 넣어서 배달되어온 사용후핵연료를 접수하는 인수 구역이었다. 그들은 먼저 용기의 오염 여부를 확인한 다음, 원격제어장치로 용기를 열고 연료집합체를 제거한 뒤, 원자로에 있는 것과 유사한 냉각저장조에 배치한다. 한 번에 처리할 수 있는 사용후핵연료를 모두 저장할 수 있는 4개의 저장조가 있는데, 사용후핵연료들은 어디서 왔는지에 따라 때로는 수년씩 냉각한다. 일부 국가는 수년간 자체 저장한 후 라아그에 보낸다.

적절한 냉각 기간이 지나면 연료집합체를 저장조에서 꺼내 전단 시설에서 집합체의 끝 부분을 잘라낸 후 연료봉을 작은 조각으로 자른다. 우라늄, 플루토늄 및 핵분열생성물을 녹여내기 위해 조각들을 질산 용액에 넣은 후, 피복관(cladding)을 분리하고, 씻고, 분쇄하여 장기 보관용 용기에 넣는다. 핵분열생성물의 높은 방사능 때문에 모든 작업은 원격 로봇팔이 있는 두꺼운 납 유리 뒤에서 이루어진다. 우라늄, 플루토늄 및 핵분열생성물은 다양한 화학 공정들로 분리된 후 각기 다른 방식들로 처리된다. 첫째, 우라늄과 플루토늄은 용액에서 핵분열생성물로부터 제거된 다음, 이들은 다른 공정들을 통해 서로 분리된다. 우라늄은 필요시까지 질산우라닐 용액(uranyl nitrate solution)에 녹아있는 채로 저장된 후, 핵연료를 만들기 위해 산화우라늄(uranium oxide)형태로 변환된다. 산화우라늄의 구성은 약 1% ^{235}U 및 99% ^{238}U이기 때문에 처음 우라늄 원광을 채광해서 농축할 때처럼 동일한 방식으로 농축하여야 한다(제11장 참조).

플루토늄은 플루토늄 산화물 분말로 변형되어, 직경과 길이가 각각 10센티미터인 금속용기에 담고 용접해서 밀봉한다. 이것들을 더 긴 튜브에 차곡차곡 쌓은 후 나사 또는 볼트로 잠근 다음 플루토늄으로 새로운 연료 펠릿을 만드는 멜록스(Melox)라고 불리는 다른 공장으로 운송된다. 마이클은 멜록스 공장이 이곳이 아니라 프랑스 남부의 아비뇽 근처에 설치된 이유는 수년 전에 아비뇽에 수백 가지 일자리를 창출한다는 정치적 결정에 기인한다고 설명했다. 그 결과 플루토늄은 동일한 공장에서 연료로 제조되는 대신 프랑스 전역으로 수송되어야 했다. 정치는 때로는 경제 논리를 지배한다.

핵분열생성물은 용광로에 보내져서 고온으로 가열되어 석회(calcine)라는 건식 물질로 변환된다. 이것을 유리 프릿(glass frit)과 함께 같은 장치에 투입하고 높은 열을 가하면서 혼합하여 유리화(vitrification)한다. 생성된 유리 용융물은 특수 스테인리스강 용기에 부어서 응고시키는데, 수천 년 동안 안전하게 보관할 수 있다. 프랑스 정부의 규정에 의해 모든 우라늄, 플루토늄 및 핵분열생성물은 재처리 계약을 체결한 국가들로 다시 반납되어야 한다. 프랑스는 농구 코트 크기만 한 3개의 구역과 현재 건설 중인 네 번째 구역에 (프랑스의) 유리화 폐기물을 모두 저장하기로 했다. 용기들은 냉각을 위해 공기 순환 시설을 갖춘 지하 저장실에 쌓아 둔다. 우리는 폐기물이 저장되어 있는 방을 걸어 다닐 수도 있다. 내 발 아래에 안전하게 보관되어 있는 것이 58기의 프랑스 원자로에서 발생한 총 폐기물이며, 향후 50년간의 사용후핵연료를 저장할 수 있다는 놀라운 사실을 알게 되었다.

핵분열생성물은 주로 ^{137}Cs과 ^{90}Sr으로서 계속 붕괴하여 약 500년 후에는 우라늄 원광보다도 방사능이 작아지기 때문에 폐기물 장기 저장 문제는 크게 단순화 된다<그림 9.2 참조>. 또한 유리화 폐기물 내에는 아메리슘과 같은 일부 초우라늄 원소가 있는데, 이것은 수천 년 동안 방사성을 띈 채로 남는다.

견학의 마지막 장소는 환경감시구역(environmental monitoring area)이었다. 일부 배출물은 대기나 해양으로 방출된다. 공장에서 배출되는 저준위방사성 액체는 엄격한 규정에 따라 영국 해협으로 파이프를 통해 5킬로미터 이송한 후 방출한다. 지역 사회의 식물, 식품, 생선, 해수, 담수, 대수층 및 공기를 빈번하게 샘플링하고 분석하여 주변 지역의 주민이나 환경에 위험 요소가 없는지 확인한다. 분석을 위해 매년 2만 개의 샘플을 수집하고 있다. 두 주요 지역은 더욱 신중하게 감시하고 있다. 하나는 해류를 통해 유출물로부터 가장 많은 방사선이 전달되어 올 가능성이 있는 어촌이며, 다른 하나는 공장 아래쪽에 있는 농촌이다. 자연방사능의 수 퍼센트 정도가 넘는 경우 즉 방사성 오염이 문제가 된 적은 아직 한 번도 없었다. 감시 결과는 매일 모든 사람들이 볼 수 있도록 인터넷[9]에 요약하여 게시된다. 발전소를 떠나기 전에 내 방사선 뱃지를 확인했다. 방문이 끝날 때까지 측정될 정도의 방사선 노출은 없었다.

견학 후, 마이클은 이 놀라운 발전소에서 수 킬로미터 떨어진 해안에 위치한 한 레스토랑에 나를 데려갔다. 이 레스토랑은 재처리 시설이 있는 곳이었는데 레스토랑에서 바다로 부드럽게 미끄러지는 파이프가 저준위 액체 폐기물을 방출하는 것을 볼 수 있었다. 해안을 따라 내려다보면 프랑스가 플라망빌(Flamanville)에 건설 중인 최신 III세대+EPR(유럽형가압경수로) 원자력발전소를 볼 수 있다. 우리는 매우 맛있게 점심을 먹고, 원자력 이슈들에 대해 이야기를 나누었다. 또한 재처리가 어떻게 사용후핵연료와 연료 재사용에 따른 제반 문제들을 크게 줄이는 해결책인지에 대해 의견을 나눴다.

'핵폐기물' 재활용하여 새 연료 제작

핵분열생성물로부터 플루토늄과 우라늄을 분리하는 것이 이 이야기의 끝은 아니다. 금속용기에 봉인된 플루토늄 산화물(plutonium oxide)은 라아그에서부터 경찰 호위 트럭으로 일주일에 한두 번씩 아비뇽 북쪽 프로방스(Provence) 지역 공장으로 운송된다. 아비뇽에서 멜록스 공장까지 차로 이동하는 일은 포도 농장(vineyards)과 바람에 흔들리는 사이프러스 나무들 그리고 먼 동쪽으로 프랑스령 알프스(French Apls)를 바라보면서 반 고흐(Van Gogh)가 그림을 그렸던 지역을 통과하는 하나의 여정이다.

우리를 안내할 조이 팔도브스키(Joe Faldowski)를 경비실에서 만났다. 우리는 회의실에 가서 아레바 국제 프로젝트 책임자인 쟝 피엘 바리토(Jean Pierre Barriteau)를 만났다. 그는 프랑스는 라아그에서 추출된 재처리 플루토늄을 멜록스에서 새로운 연료 펠릿으로 가공한 MOX(혼합산화물) 연료로부터 전기의 10%이상을 생산하고 있다고 말했다. 프랑스에는 58기 경수로 중 21기가 MOX를 연료로 사용하는 반면, 독일은 MOX를 연소시키는 10기의 원자로를 보유하고 있다.

미국은 시범 프로그램(demonstration program)의 일환으로 한 원자로에서 4개의 MOX 연료집합체를 사용했었지만 지금은 중단했으며, 현재 미국의 모든 원자로는 MOX 연료를 태우지 않고 있다. 연료 재충전 작업 시 연료집합체의 약 30%는 MOX를 사용하고, 나머지는 기존의 우라늄 연료집합체를 사용할 수 있다.

조이는 어떻게 펠릿이 만들어지고 최종 집합체로 가공되는지 볼 수 있도록 나에게 공장 견학을 시켜주었다. 라아그에서 가져온 플루토늄은 분쇄기(grinder machine)에서 우선 감손(열화)우라늄(depleted uranium)[10]과 결합되어 약 30%의 플루토늄 비율을 갖는 혼합물이 된다. 플루토늄의 약 60%는 핵분열성인 ^{239}Pu와 ^{241}Pu이고, 나머지는 ^{238}Pu, ^{240}Pu, ^{242}Pu이다. 이것은 나중에 고객과의 특정 계약에 따른 플루토늄 농도로 맞추는데, 일반적으로 약 8%이다. 사용후핵연료 펠릿의 플루토늄 농도가 약 1%이기 때문에 플루토늄 농도 8%를 함유한 MOX 연료 펠릿을 만들기 위해서는 8개의 재생 연료 펠릿이 필요하다. 분말을 펠릿으로 압축하는 기계에 분말을 부어 넣는다. 펠릿은 약 1,700℃로 가열되고, 더 효율적인 핵분열을 위해 기공들 (cavities)과 물기를 제거하고, 크기를 연필 지우개 크기 정도로 줄인 다음, 10마이크로미터의 공차(tolerance)로 표면을 연마한다. 매우 엄격한 품질 관리 조치를 통해 모든 펠릿이 규격을 충족하고 있음이 보증된다.

펠릿을 씻은 후, 360센티미터 길이의 지르코늄 합금 튜브에 튜브당 약 300개를 삽입하고, 펠릿을 밀착시키기 위해 양단에 스프링을 끼우고, 헬륨을 첨가한 후 튜브를 용접하여 최종 연료로 만든다. 헬륨은 열전달을 향상시켜 연료의 작동 온도를 낮추기 위해 첨가된다. 연료가 연소될 때 생성되는 기체상태의 핵분열생성물을 수용하기 위한 빈 공간을 튜브 내 남겨 둔다. 연료봉의 무결성 (integrity) 및 선형성(linearity)을 시험한 후 진공 상태에서 테스트를 통해 헬륨 누출 여부를 검사한다. 모든 것이 괜찮으면, 각 원자로의 특정 요구 사항에 따라 결정된 특정 핵연료집합체(fuel assembly)에 투입되는데, 일반적으로 17×17로 연료봉을 배열한다. 이로써 이들은 주문한 국가로 이송되고 원자력발전소에 주입되어 전기를 생산할 준비를 마치게 된다.

멜록스 공장은 품질 관리 방식이 매우 엄격하게 진행되고 있음이 퍽 인상적이었다. 여기서는 모든 방사성 핵분열생성물 대신 플루토늄과 우라늄만 사용되기 때문에 라아그와는 달리 방사선은 거의 문제가 되지 않는다. 베타 방사체(beta emitter)인 ^{241}Pu를 제외하고는 모든 플루토늄과 우라늄은 알파 방사체이다. 알파입자는 공기 중 수 센티미터 밖에 이동할 수 없으며 종이 조각으로도 막을 수 있기 때문에 차폐가 필요 없다. 그러나 감마선과 중성자가 일부 방출되기 때문에 MOX 연료 펠릿은 일반적인 산화우라늄 연료 펠릿보다 더 위험하다. 보안이 엄격하여 이곳에서 물질을 전용(divert)하는 것은 매우 어렵다. 국제원자력기구와 유라톰(Euratom, 유럽원자력공동체) 모두 멜록스 공장과 라아그 재처리 시설에서 플루토늄 재고량(inventory)이 제대로 계량되도록(accounted for) 지속적으로 감시한다.

조이와 장 피에르와 함께 또 다시 멋진 프랑스 식사를 하면서 나는 플루토늄이 테러 집단에 의해 전용되어 폭탄으로 만들어질 수 있는지 물었다. 그들은 공장의 보안이 매우 철저하므로 테러리스트들이 침투해서 물질을 빼내는 것은 매우 어려울 것이라고 말했다. 모든 플루토늄이 라아그에서 멜록스까지 도로를 통해 수송된다는 점이 잠재적인 문제이다. 그러나 군대가 트럭을 호송하므로 물질을 훔치는 것은 매우 어려울 것이다.

더욱 중요한 점은 플루토늄에는 여러 동위원소가 섞여 있어서 폭탄을 만드는 것이 거의 불가능하다는 것이다. 확실히 테러리스트 조직이 탈취 시도를 할 이유가 없다. 왜냐하면 플루토늄 동위원소 혼합물, 특히 자연 핵분열로 중성자를 방출하는 ^{240}Pu의 혼합물을 이용하여 플루토늄 핵폭탄을 만드는 것이 극히 어렵기 때문이다.(35)

핵무기에 사용되는 플루토늄은 전력생산용 원자로에서 3년 또는 4년간 태운 핵연료가 아니라 특별하게 설계된 원자로에서 약 100일 만에 빨리 꺼내어 오염 동위원소인 ^{240}Pu이 7%미만이며, 순수 ^{239}Pu가 대부분인 핵연료를원료로 사용한다. 이것은 원자로급(reactor grade) 플루토늄과 대조적으로 무기급(weapons grade) 플루토늄이라고 불린다.(1) 그것이 공식적으로 인정된 5개국 핵무기 국가(미국, 러시아, 프랑스, 영국, 중국)와 북한과 같은 불량국가들(rogue nation)이 핵폭탄을 실제로 만드는 방법이다. 그들은 폭탄을 만들기 위해 전력용 원자로의 사용후핵연료를 재처리한 플루토늄을 이용하지 않는다. 왜냐하면 그것들은 ^{239}Pu가 약 60% 밖에 없기 때문에 폭발 초기에 꺼져버리지 않는(not fizzle) 핵폭탄을 만들기가 불가능하다. 아마도 1~2킬로톤의 다이너마이트와 동등한 정도로 상당히 감소된 폭발력만 가지게 된다. 더욱이 ^{240}Pu과 ^{238}Pu의 높은 방사능은 원자로급 플루토늄을 열적으로 뜨겁고 위험하게 만들기 때문에 작업하기가 매우 어렵다. 조기 점화(preignition)를 일으키는 ^{240}Pu의 오염으로 인해 하나의 미임계(sub critical) 조각을 다른 조각에 쏘아서 임계에 도달하는 포신형 디자인(gun type design)으로는 플루토늄 폭탄을 만들 수 없으며 내파(implosion)형 디자인으로 만들어야 한다. 이것은 쉽게 만들 수 없으며, 성공하려면 국가의 자원을 동원하여야 한다. 리처드 로즈(Richard Rhodes)는 세계 최고의 과학자들이 어떻게 핵폭탄을 만들 수 있는 기술을 개발했는지 또 얼마나 어려운지를 이야기한 바 있다.(35) 따라서 재처리에 대한 사람들의 가장 큰 우려이자 카터 대통령이 미국 재처리 프로그램을 취소한 이유는 테러리스트들이 재처리 시설에서 플루토늄을 쉽게 탈취하여 플루토늄 폭탄을 만들 수 있다는 잘못된 개념에 근거하고 있다.

미국의 무기 연구소들(US weapons labs)이 1962년 영국의 원자로에서 재처리된 원자로 연료를 사용하여 플루토늄 폭탄을 만들고 폭발시킬 수 있었던 것은 명백한 사실이지만, ^{239}Pu 농도 정보는 공개되지 않았다.(1) 그러나 플루토늄을 영국 원자로에서 가져왔다는 점이 흥미롭다. 당시에는 미국의 원자로보다 오염 물질인 ^{240}Pu 농도가 낮은 사용후핵연료를 생산하는 원자로는 3기만 존재했었다. 이 원자로들은 마그녹스(Magnox)라고 불리는 유형이었고, 전력생산용 또는 무기급 플루토늄 생산용의 이중 용도로 설계되었다. 따라서 핵폭탄을 만드는데 사용된 플루토늄은 정상적인 원자로급보다 무기급에 더 가까웠다. 게다가 이제는 이런 유형의 원자로들은 모두 은퇴했다.(37) (역자 주: 사고가 난 체르노빌의 원자로들이 모두 이러한 유형이었으며, 현재는 모두 폐쇄되었다). 따라서 발전용 원자로의 재처리된 연료에서 추출된 플루토늄이 테러 집단에 의해 핵무기로 사용될 수 있다는 것은 터무니없는 말이다. 물리학 때문에 실현 불가능하다.

아레바는 기존 핵무기들의 플루토늄을 MOX 연료로 전환하기 위해 사우스캐롤라이나의 사바나강(Savannah River) 유역에 공장 짓는 것을 돕고 있다. 사바나강 공장에서의 작업은 2007년에 시작되어 2016년에 완료될 것으로 예상되었다(역자 주: 러시아와 각각 군사용 플루토늄 34톤씩을 전력생산용으로 전환하기로 맺은 핵무기 감축 협약을 이행하기 위해 계획되었던 이 시설은 2007년부터 건설하기 시작하여 2018년 1월까지 70% 공사가 진행되었으나, 시간이 많이 지나 비용이 증가하고 실효성이 사라져 2018년 10월 사업 자체를 중단하기로 결정하였다). 대조적으로 멜록스는 5년(1990~1995년)만에 지어졌다. 조이는 미국 전력회사들은 매우 보수적이며 그들의 연료를 MOX로 바꾸는데, 매우 주저하는 입장이기 때문에 새로운 공장이 MOX 연료를 태우는 경험을 전력회사들에게 제공하게 될 것이라고 말했다. 사용후 핵연료와 핵무기로부터 사용 가능한 연료를 추출하는 것은 많은 의미가 있다. 이것은 진정으로 칼을 쟁기로 바꾸는 일이다.

재처리에 반대하며 MOX가 고속로(fast neutron reactor)를 필요로 한다고 주장하는 프린스턴대 교수인 프랑크 폰 히펠(Frank von Hippel)에 대해서 장 피에르의 의견을 물었다.(7) 장 피에르는 프랑스와 다른 나라들이 전통적인 원자로에서 MOX를 사용하고 있기 때문에 프랑크 얘기는 분명히 사실이 아니라고 했다. 사용한 MOX 연료는 또 다시 재처리할 수 있지만, 현재로서는 경제적이지 못하며 ^{240}Pu, ^{242}Pu 및 ^{238}Pu과 같은 비핵분열성(non-fissile but fissionable)이지만, 플루토늄 동위원소들이 높은 비율로 포함되어 있다(역자 주: 이 플루토늄 동위원소들은 저속 중성자에는 핵분열이 안되지만, 고속 중성자에는 핵분열이 가능하다). 그러나 MOX로 사용된 연료는 프랑스에서 30년 동안 운영되고 현재 폐기된 피닉스(Phenix) 원자로와 같은 고속로(제11장 참조)에서 연소해야 한다는 것은 사실이다. 새로운 고속로 슈퍼피닉스(SuperPhenix)는 정치적인 이유로 사회주의자들과의 협상에서 정부에 의해 취소되었으며, 원자로 자체는 문제가 없었다.

마이클 맥마흔은 "프랑스에서는 원자로에서 연소된 MOX가 결코 '쓰레기(waste)'로 간주된 적이 없고, 사용된 MOX를 심지층에 처분할 계획도 없다. 사용된 MOX는 전략적 에너지 자원으로 간주된다. 현재 프랑스는 2020년에 ASTRID라는 차세대 고속로 프로토타입을 운영할 계획이다." 즉, 프랑스는 핵연료 중 우라늄과 마찬가지로 플루토늄도 방사성폐기물을 최소화하면서 에너지를 최대로 생산하기 위해 장기간 사용할 계획이다. 따라서 우리도 같은 방법을 사용해야 되지 않을까?

요약

우리는 사용후핵연료 처분 지역을 여행했다. 이제 우리는 어떤 결론을 내릴 수 있을까? 사용후핵연료 처분은 진정으로 원자력 발전의 아킬레스 건일까, 아니면 원자력이 성장하여, 현재 전기를 생산하는데 사용되는 석탄의 대부분을 대체할 수 있도록 잘 관리할 수 있을까? 우리는 정말로 미래의 세대를 암 발생 위험이 높은 곳으로 인도하고 있는 것일까?
첫째, 사용후핵연료에 대한 즉각적인 문제는 없다는 것을 인식하자. 열 및 방사선의 대부분을 식히기 위해 원자력발전소의 냉각저장조에 수년 동안 저장하는 방식으로 상당히 잘 관리되고 있다. 폐기물을 발전소 부지(on site) 또는 지역별 부지들(regional sites)에서 건식 저장 용기에 담아 보관하는 작업이 다음 단계이다. 필요하다면 다음 세기를 위해 이렇게 해야 한다는 것을 산업계 전문가들, 원자력규제위원회, 과학자들 및 국립과학아카데미 등이 광범위하게 동의하고 있다. 이런 식으로 사용후핵연료를 저장하면 상당한 이점이 있다. 테러리스트로부터 안전하고 열과 방사선이 감소할 때까지 장기간 저장할 수 있다. 이 중간 저장 답안은 최근의 핵연료주기에 대한 MIT 보고서(10)와 블루리본위원회(Blue Ribbon Commission)의 보고서(31)가 강력히 지원하고 있다.
다음 질문은 건식 용기 보관 후 폐기물을 재활용하거나 단순히 영구적으로 저장할지 여부이다. 프랑스 및 다른 국가들은 재활용이 실제로 가능하다는 것을 보여 주었고, 결과적으로 폐기물 문제를 크게 줄였다. 유리화 핵분열생성물은 방사선이 안전한 수준으로 붕괴될 때까지 수천 년간 유카산이나 건식 저장 용기에 같은 심분층 처분장에 안전하게 저장할 수 있다. 이렇게 함으로써 현재 또는 미래의 인류에 어떠한 위험도 끼치지 않게 할 수 있다. 또한 연소되지 않은 ^{235}U 와 ^{238}U에서 생성된 ^{239}Pu를 원자로에서 다시 재활용할 수 있기 때문에 핵연료 공급을 상당히 늘릴 수 있다. 장기적으로 고속로는 원자로에서 생성된 거의 모든 플루토늄 동위원소들 및 기타 악티나이드들을 태울 수 있도록 건설될 수 있다. 결국 화석연료는 고갈될 것이고 실제로 우리가 그것들을 다 태운다면 지구는 진짜 위험한 수준까지 가열될 것이다. 그러므로 사용후핵연료를 재처리 가능하고 온실가스를 내지 않는 자원으로 보아야 할 필요성이 더 커질 것이다.

미국은 현재 사용후핵연료를 재처리할 능력이 없으며, 많은 전문가들이 이것은 좋은 전략이 아니라고 생각한다.(7, 38) 재처리 반대자들에 의해 제기된 두 가지 주요 관심사는 그것이 너무 비싸고 핵무기의 확산으로 이어질 수 있다는 것이다. 1996년 국립과학아카데미의 한 연구에 의하면, 플루토늄 및 기타 초우라늄 원소를 사용하기 위한 재처리 비용 및 신규 원자로 건설비용은 50~100억 달러에 이르고, 전력생산 비용은 2~7% 증가할 것으로 추산된다.(39) 아레바는 개방형 주기와 폐쇄형(재처리) 주기 사이의 비용 차이를 단지 2%로 추산한다.(4) 현재로서는 사용후핵연료를 건식 저장시설에 안전하게 저장할 수 있기 때문에 이 작업을 수행할 필요는 없다. 그러나 미래에는 다른 연료가 더 비싸지기 때문에 상대적으로 저렴한 선택일 수 있다. 또한 프랑스, 영국, 일본 등의 국가에서는 이미 이 시스템을 구축했으며, 분명히 큰 부담이 되지 않고 있다.

사실 프랑스는 유럽에서 전기요금이 가장 낮다. 미국의 핵무기에서 플루토늄을 재처리하여 현재의 원자로에서 태울 수 있는 MOX 연료로 만들기 위해 사우스캐롤라이나에 공장을 건설하는 것을 아레바와 미국의 파트너들간에 계약을 맺었다. 이것은 사용후핵연료를 재처리하는 것과 같지는 않지만, 미국이 MOX 연료를 원자로에서 사용하는데, 더 많은 경험을 쌓은 후에는 사용후핵연료 재처리기술이 개발될 수 있다.

재처리에 반대하는 사람들이 자주 인용하는 또 다른 문제는 그것이 핵무기 확산으로 이어질 것이라는 점이다. 그러나 핵요정(nuclear genie)은 이미 병에서 빠져 나왔다. 사용후핵연료의 재처리는 이미 여러 국가에서 추진하고 있기 때문에 미국이 재처리를 시작하는 것은 큰 변화가 아닐 수 있다.

핵확산금지조약(Nuclear Non-proliferation Treaty, NPT)에 서명한 5개국은 NPT에 의해 핵무기 보유국으로 공식 인정받았다. 이스라엘, 인도, 파키스탄은 NPT에 서명하지 않았으며 핵무기를 보유하고 있다. 북한은 원래 NPT 가입국이었지만, 2003년에 탈퇴했으며 핵무기를 시험하고 있다.(40) 테러리스트들이 원자력발전소에서 생성되고 재처리된 플루토늄을 훔쳐서 핵무기를 만들 가능성은 플루토늄 동위원소들의 복잡한 혼합물 성질 때문에 매우 낮다.

우리는 이미 원자력의 세계(nuclear world)에 살고 있으며 1945년 이래로 그렇다. 이 사실은 변하지 않을 것이다.

내 생각에 미국의 합리적인 전략은 향후 50년에서 100년 동안 건식 저장시설을 계획하고, 사용후핵연료를 재처리할 수 있는 능력을 키우고, MOX 연료를 태우는 추가 원자로들을 건설하여 CO_2 배출량을 줄이면서 전기를 생산해야 한다. 유카산은 핵분열생성물의 유리화 폐기물 영구처분장으로 재설계되어야 한다. 이 장의 시작 부분에서 말했듯이 이것은 과학적 또는 공학적 문제가 아니라 정치적 문제이기 때문에 현명한 정책을 수립하는 것이 중요하다. 이제는 미래를 위해 합리적이고 장기적인 전략으로 앞으로 나아갈 때이다.

노트

1. 어느 입자도 진공 속에서 빛의 속도보다 빠르게 움직일 수는 없지만, 물과 같은 매질 속에서는 입자가 빛의 속도보다 빠르게 이동하는 것이 가능하다.
2. 악티나이드에는 초우라늄 원소와 악티늄(actinium), 토륨, 프로텍티늄(protac-tinium) 및 우라늄이 포함된다.
3. 동위원소에 대한 정보는 atom.kaeri.re.kr/ton/index.html에서 얻을 수 있다.
4. 중성자를 흡수하기 위해 붕소가 첨가되기 때문에 물도 파란색이다.
5. 냉각수가 냉각저장조를 통해 끊임없이 순환되지 못하면, 새로운 연료봉의 열이 잠재적으로 연료봉을 녹일 수 있다. 이것은 일본 지진 재해(제10장에서 논의)에서 우려 사항이었다.

6. 우라늄의 밀도는 납의 밀도의 1.6배인 19g/cm³이다.
7. 핵분열성(fissile) 핵종은 열중성자와 연쇄 반응을 유지할 수 있다. 그들은 짝수개의 양성자와 홀수개의 중성자를 가지므로 원자질량은 홀수이다(예: ^{235}U, ^{238}Pu, ^{241}Pu). 핵분열가능성(fissionable) 핵종은 고속 중성자로 포격될 때만 핵분열을 할 수 있다.
8. 재처리는 사용후핵연료에서 우라늄과 플루토늄을 추출하는 과정이다. 특히 프랑스에서는 재활용이라고도 하며, 우라늄과 플루토늄은 새로운 핵연료로 재활용되기 때문에 적절한 용어이다.
9. http://www.areva.com/KO/operations-2350/areva-la-hague-environmentalsam pling-report.html.
10. 감손 우라늄에는 원자력 연료를 위해 ^{235}U를 농축 분리한 후 ^{238}U만 남아 있다.

참고 문헌

1. Bernstein J. *Plutonium: A History of the World's Most Dangerous Element*. Ithaca, NY: Cornell University Press, 2009.
2. *The La Hague Plant: Our Mission—Reprocessing Nuclear Fuel Ready for Recycling*. Paris: Areva, Inc., 2010.
3. Caldicott H. *Nuclear Power Is Not the Answer*. New York: The New Press, 2006.
4. McMahon MV. *Industry Perspective on Closing the Fuel Cycle in the U.S.* Paris: AREVA, 2011.
5. Cohen BL. Perspectives on the high level waste disposal problem. *Interdisciplinary Science Reviews* 1998; 23:193–203.
6. *US NRC Fact Sheet: Dry Cask Storage of Spent Fuel*. Washington, D.C.: US Nuclear Regulatory Commission, 2008.
7. von Hippel FN. Rethinking nuclear fuel recycling. *Sci Am* 2008; 298:88–93.
8. Cravens G. *Power to Save the World: The Truth about Nuclear Energy.* New York: Alfred A. Knopf, 2007.
9. *Nuclear waste: amounts and on-site storage.* Nuclear Energy Institute, 2011. http://www.nei. org/resourcesandstats/nuclear_statistics/nuclearwasteamounts andonsitestorage/.
10. Kazimi M, Moniz EJ, Forsberg CW, Ansolabehere S, Deutch JM, Driscoll M, Golay MW, Kadak AC, Parsons JE, Regalbuto M. *The Future of the Nuclear Fuel Cycle*. Cambridge, MA: Massachusetts Institute of Technology, 2011.
11. Biello, D. Spent nuclear fuel: A trash heap deadly for 250,000 years or a renew- able energy source? 1-28-2009. http://www.scientificamerican.com/article.cfm? id=nuclear-waste-lethal-trash-or-renewable-energy-source.

12. Tucker W. *Terrestrial Energy: How Nuclear Power Will Lead the Green Revolution and End America's Energy Odyssey.* Savage, MD: Bartleby Press, 2008.

13. US Congress. Nuclear Waste Policy Act of 1982. 472 USC 10101 ed, 1983.

14. *Audit Report: Department of Energy's Nuclear Waste Fund's Fiscal Year 2012 Financial Statements.* US Department of Energy, 2012. http://energy.gov/sites/ prod/files/OAS-FS-13-05.pdf.

15. Patel S. *Federal court reopens case disputing nuclear waste fund fees. Power: Business and Technology for the Global Generation Industry,* 3-8-2013.

16. Wald ML. What now for nuclear waste? *SciAm* 2009; 301:46–53.

17. Department of Energy files motion to withdraw Yucca Mountain license application. DOE Press Release, 3-3-2010. http://energy.gov/articles/department-energy-files-motion-withdraw-yucca-mountain-license-application.

18. Meshik AP. The workings of an ancient nuclear reactor. *SciAm* 2005; 293:82–91.

19. Yucca Mountain. Wikipedia, 11-17-2010. http://en.wikipedia.org/wiki/Yucca_ Mountain.

20. Eckhardt RC. Yucca Mountain: Looking ten thousand years in the future. *Los Alamos Science* 2000; 26:464–488.

21. Fri RW, Ahearne JF, Bahr JM, Banks RD, et al. *Technical Bases for Yucca Mountain Standards.* Washington, DC: National Research Council, 1995.

22. Environmental Protection Agency. Public Health and Radiation Protection Standards for Yucca Mountain, Nevada: Final Rule. *Federal Register* 2008; 73:61256–61289.

23. Moeller DW, Sun LS. Comparison of natural background dose rates for residents of the Amargosa Valley, NV, to those in Leadville, CO, and the states of Colorado and Nevada. *Health Phys* 2006; 91:338–353.

24. Cancer Statistics 2013: An American Cancer Society Report. American Cancer Society, 2013. http://www.cancer.org/research/cancerfactsstatistics/cancerfacts figures2013.

25. DOE. Why salt was selected as a disposal medium. US Department of Energy, 2010. http://www.wipp.energy.gov/fctshts/salt.pdf.

26. Chaturvedi, L. *The karst and related issues at the Waste Isolation Pilot Plant.* US Department of Energy, 6-23-2009. http://www.wipp.energy.gov/library/Karst_Chaturvedi_062309.pdf.

27. Karst in the area of the WIPP. US Environmental Protection Agency, 2006. http:// www. epa.gov/radiation/docs/wipp/recertification/402-f-06-011.pdf.

28. DOE. WIPP chronology. US Department of Energy, 2-5-2007. http://www.wipp. energy. gov/fctshts/Chronology.pdf.

29. DOE. Why WIPP? US Department of Energy, 2-5-2007. http://www.wipp.energy. gov/ fctshts/Why_WIPP.pdf.

30. Gill, D. Waste Isolation Pilot Plant receives second EPA recertification. DOE Press Release, 11-18-2010. http://www.wipp.energy.gov/pr/2010/WIPP-EPA%20recerti- fication.pdf.

31. Blue Ribbon Commission on America's Nuclear Future: Report to the Secretary of Energy. 2012. http://brc.gov/sites/default/files/documents/brc_finalreport_ jan2012.pdf.

32. *The remote-handled transuranic waste program.* US Department of Energy, 2-5-2007. http://www.wipp.energy.gov/fctshts/RH_TRU.pdf.

33. McMahon M. Overview of France's nuclear energy and nuclear fuel cycle management policies. 11-14-2010. Powerpoint presentation.

34. Nuclear power in France. World Nuclear Association, 11-22-2010. http:// world-nuclear. org/info/inf40.html.

35. Rhodes R. *The Making of the Atomic Bomb.* New York: Simon & Schuster, 1986.

36. *Reactor-grade and weapons-grade plutonium in nuclear explosives.* Excerpted from:

Nonproliferation and Arms Control Assessment of Weapons-Usable Fissile Material Storage and Excess Plutonium Disposal Alternatives. Washington, DC: US Department of Energy, 1997. http://www.ccnr.org/plute.html.

37. Magnox. Wikipedia, 1-20-2011. http://en.wikipedia.org/wiki/Magnox.

38. Ansolabehere S, Deutch JM, Driscoll M, Gray PE, Holdren JP, Joskow PL, Lester RK, Moniz EJ, Todreas NE. *The Future of Nuclear Power: An Interdisciplinary MIT Study*. Cambridge, MA: Massachusetts Institute of Technology, 2003.

39. *Nuclear Wastes: Technologies for Separation and Transmutation*. Washington, DC: National Academy of Sciences, 1996.

40. Treaty on the non-proliferation of nuclear weapons(NPT) Federation of American Scientists, 2010. http://www.fas.org/nuke/control/npt/index.html.

제10장 원자력 사고들: 그 진실은?

공포, 1979년 3월 16일

비정상적인 진동(unusual vibration)이 발생하고 냉각수 준위(coolant level)가 급격히 떨어지는 경우, 원자력발전소는 '스크램(scram)'이라고 하는 비상정지 절차(emergency shutdown procedure)를 진행하고 있는 중이다. 교대근무 감독관(a shift supervisor)의 후속조사에 의하면, 용접부위의 엑스선 검사가 위조되어 있었고 격납건물(containment building)이 갈라지고 폭발(explosion)을 일으킬 수 있는 노심용융(core meltdown)을 초래하는 다른 문제들이 있는 것으로 나타났다. 그러나 조사 결과는 잘 처리되고 발전소는 최대출력으로 복원되었다. 교대근무 감독관은 통제실에서 인질들을 잡고 있었으나 SWAT팀의 총에 사살되면서 원자로가 스크램된다. 용융은 실제로 일어나지 않았다.

아니, 이 모든 것이 실제로 발생하지 않았다. 그러나 영화 〈차이나 신드롬〉이 묘사하는 이러한 사건들은 용융된 노심이 녹인 후 지구 반대편에 있는 중국을 향해 땅속을 뚫고 내려가고, 펜실베이니아 규모의 지역을 방사능으로 오염시킨다는 시나리오를 환기시켰다. 또한 영화는 안전 관련 문제들을 감추려하는 '원자력 문화 (nuclear power culture)'를 노출하고 있다. 이것은 많은 사람들을 두려움에 떨게 만드는 강력한 반핵이야기(a compelling anti-nuclear story)가 되었다. 그리고 나서 12일 후 실제 노심용융이 일어났다.

쓰리마일 아일랜드, 1979년 3월 28일

어떻게 사고가 일어났나?

미국 역사상[1] 최악의 상업용 원자력발전소 사고는 펜실베이니아주 미들타운(middletown)으로부터 서스쿼해나 강(Susquehanna River) 의 4.8킬로미터 아래쪽에 있는 섬인 쓰리마일 아일랜드(TMI)에서 시작되었다. 이 섬에 두 기의 원자로가 건설되어 있었는데, 그 중 한 기(TMI-1)는 연료 보급을 위해 정지되어 있었고 나머지 한 기 (TMI-2)는 786MWe 최대 출력으로 가동 중이었다.

오전 4시에 2차 냉각계통에서 사소한 결함이 발생했고, 일련의 사건들을 거쳐 진짜 노심용융으로 이어지게 되었다. 그러나 차이나 신드롬은 발생하지 않았으며 발전소 밖으로는 오염(contami -nation)이 거의 퍼지지 않았다. 그럼에도 이 사고는 극심한 공포를 불러 일으켰고, 미국 내에 반원자력 정서(anti-nuclear sentiment)를 탄생시켜, 수십 년 동안 미국에서 새로운 원자력발전소 건설을 중단하게 만들었다.

TMI 원자로는 리코버(Rickover) 제독이 미 해군 핵잠수함에서 전력생산을 위해 설계한 원자로의 유형인 가압경수형 원자로였다.(1) 미국의 104기의 원자로 중 3분의 2가 이 설계로 지어져 있다. 농축

우라늄을 담고 있는 연료봉은 10~20센티미터 두께의 고강도 강철 원자로 용기(the high tensile steel reactor vessel) 내에 들어있다. 제어봉이 제거되면 핵분열이 시작되고 노심이 가열된다.

물은 원자로 노심을 통과하여 순환하면서 중성자를 감속시키는 감속재(moderator) 및 열전달 매체(heat-transfer medium) 역할을 한다. 물은 150℃ 기압에서 약 300℃까지 가열되지만, 끓지는 않는다. 이 고압의 뜨거운 물은 1차 계통의 냉각수로서 가압기(pressurizer)를 지나 열교환기(heat exchanger)를 통과하면서 2차 계통의 냉각수에 열을 전달하여 2차 냉각수를 증기(steam)로 변환시킨다. 2차 냉각계통의 고압증기는 터빈(turbine)을 돌리면, 터빈에 연결된 발전기(generator)가 전기를 생산한다. 2차 계통의 응축기(condenser)는 증기를 다시 물로 변환시키고, 이 물은 증기발생기를 통해 재순환된다. 한편 열교환기를 빠져나온 1차 냉각수는 주 급수 펌프(main feedwater pump)로 들어간다. 주 급수 펌프는 원자로 노심에서 열을 추출하기 위해 1차 계통 냉각수의 흐름을 유지하는데 중요하다. 원칙적으로 석탄화력발전소와 원자력발전소는 모두 터빈과 터빈에 연결된 발전기를 돌리기 위해 증기를 사용한다는 점에서 비슷하다. 큰 차이점은 석탄화력발전소는 끄면 곧바로 식힐 수 있다는 점에 비해 원자력발전소의 경우는 제어봉을 삽입하여 원자로를 정지한 후부터 냉각되기까지 오랜 시간이 걸린다는 점이다(핵분열에 대한 자세한 내용은 제6장과 제9장 참조).

원자로 노심과 증기발생기는 모두 1미터 두께의 철근 콘크리트 벽으로 둘러싸인 주 격납건물(primary containment vessel or building) 안에 들어 있다. 원자로 노심을 통해 순환하는 물은 주 격납건물 밖으로 나오지 않으며 2차 계통의 냉각수는 원자로 노심에 직접 노출되지 않는다.

원자력발전소의 가장 중요한 구성 요소는 냉각수(cooling water)이며, 냉각수가 흐르지 않으면 원자로가 계속 가열된다. 그러면 연료봉의 지르칼로이(지르코늄 합금) 피복관(Zircaloy cladding)이 녹아 연료의 용융을 일으킬 수 있다(역자 주: TMI 원자로는 가압경수로(PWR) 유형으로 열을 전달하는 1차 냉각수와 증기로 변하는 2차 냉각수로 분리되어 있지만, 체르노빌과 후쿠시마의 원자로는 비등수형 경수로(BWR) 유형으로 단일 냉각수가 직접 증기로 바뀐다).

오전 4시 TMI-2의 새벽 교대팀은 원자로의 정상 운전을 모니터링하고 있었는데, 2차 냉각시스템의 펌프가 갑자기 정지하면서 터빈이 멈추고, 원자로 노심 스크램이 발생했다. 노심 스크램이란 제어봉이 자동으로 신속히 노심에 삽입되어 핵분열이 중단되도록 만드는 상태를 말한다. "이전에 여러 번 말했듯이, 그 운전원이 우연히 통제실 밖에 있었더라면, TMI 사고는 발생하지 않았을 것이다."(1)

그 대신 잘못 설계된 제어장치들과 경고등들(warning lamps), 오작동한 밸브들과 표시기들(malfunctioning valves and indicators), 뗑뗑하고 울리는 경보음들(clanging alarms)과 깜박이는 불빛들(flashing lights) 등으로 인한 혼동 때문에 운전원들은 잘못된 결정(faulty decisions)을 내렸고, 그로 인해 결국 부분적으로 노심용융(partial core meltdown)을 초래했다.

주 급수 펌프가 작동을 멈추게 되면 원자로 노심이 더 이상 냉각되지 않으므로 압력이 상승한다. 이렇게 되면 가압기(pressurizer)의 감압밸브(relief valve)가 열리고, 압력이 해제되도록 되어 있다(제5장의 <그림 5.1 참조>). 그 후 감압밸브는 자동으로 닫혀야 하는데 그렇지 않았고, 운전원들은 그것이 아직 열려 있음을 인지하지 못했다. 압력이 떨어짐에 따라 비상 냉각수 펌프(emergency cooling water pump)가 켜져 노심에 물이 넘쳤다.

노심의 실제 수위에 대한 표시기가 없었기 때문에 운전원들에게 감압 밸브가 열린 채로 멈춰있다고 알려주는 신호가 없었다. 더 나빴던 것은 제어판의 표시등이 감압밸브가 실제로 열려있는데도 닫혀있다는 잘못된 정보(false indication)를 나타내고 있었다. 운전원들은 노심과 가압기에 너무 많은 물이 있다고 생각하였고, 그렇다면 심각한 문제가 될 수 있으므로 비상 냉각 펌프를 껐다. 치명적인 실수였다. 열린 채 멈춘 감압밸브에서 주 격납건물 바닥(the primary containment building floor)으로 물이 쏟아져 들어갔고, 냉각수가 부족해지자 노심이 뜨거워졌다. 운전원들은 여전히 문제를 인식하지 못했다. 새벽 6시에 감압밸브를 통해 냉각수의 배출이 차단되었지만, 너무 늦었다. 약 120톤의 방사성 물이 이미 주 격납건물에 흘러들었다. 10분 후 연료봉의 지르칼로이 피복관이 파열되고(ruptured), 연료가 녹기 시작했다. 결국, 노심의 약 절반이 녹았음이 확인되었다. 방사선 감시기가 작동하기 시작하면서 운전원들은 마침내 냉각재 상실사고(loss of coolant accident, LOCA)가 일어났다는 것을 깨달았다. 그들은 비상냉각펌프를 다시 켰고, 하루가 끝날 무렵에는 제어할 수 있는 것처럼 보였었다(1~5).

그러나 위기는 아직 끝나지 않았다. 주 격납건물의 바닥에 있는 물이 부주의하게 보조건물(auxiliary building)로 퍼올려지고, 3월 30일 아침, 약 1300만 큐리의 불활성기체, 주로 제논 동위원소가 대기로 방출되었다. 약간의 요오드(17큐리의 ^{131}I)가 포함되어(1, 6) 있었다. 이 기체 방출과 발전소 상태에 대한 혼동으로 인해 리처드 손버그 주지사(Governor Richard Thornburg)는 반경 8킬로미터 이내에 있는 여성과 어린이들은 지역을 대피하라고 방송하였고, 이로 인해 공황(panic)이 발생했다. 하루 동안에 또 다른 문제가 발생했다. 연료봉 표면의 지르칼로이 피복관이 충분히 뜨거워지면, 물과 반응하여 수소 가스(hydrogen gas)를 생성한다. 물이 방사선에 조사되어도 수소 가스는 생성된다. 수소 가스는 압력용기(pressure vessel)에서 큰 기포(a large bubble)를 형성하였고, 화재나 폭발이 우려가 되었다. 이 우려는 3월 31일 토요일에 최고조에 달했지만, 4월 1일 일요일에 전문가들은 산소 부족 때문에 폭발할 수는 없다고 결론을 내렸다.

운전원 실수, 잘못된 신호들과 밸브 결함에도 불구하고 격납건물(containment building)이 충분히 견고하여 〈차이나 신드롬〉에서처럼 '펜실베이니아 규모의 지역'을 오염시키지 않았다.

원자로 노심의 온도가 물의 비등점인 100°C 미만이 되는 콜드셧다운(cold shutdown)상태를 달성하는데 한 달이 걸렸다. 위기는 끝났지만 그 결말은 그렇지 않았다. 원자로는 파손되었고(destroyed), 정리(clean-up)하는데 97,500만 달러의 비용이 소요되었다.[1] 현장에 있던 다른 원자로인 TMI-1은 계속 운용되었고, 이후 2034년까지 운전할 수 있는 허가를 받았다.

쓰리마일 아일랜드의 결과

얼마나 많은 사람들이 이 사고로 방출된 방사선으로부터 암이나 돌연변이(mutations)를 겪었을까? 특별인구평가그룹(Ad Hoc Population Assessment Group)이라는 한 전문가 그룹에 의하면, 그 대답은 인구전체에서 일생동안 1건의 암 사망과 1~2건의 유전적 돌연변이 (hereditary mutations) 가능성이 있다고 한다.(7) 다시 그 의미를 이해 해보자. 반경 80킬로미터 내에 거주하는 200만 명의 인구 중에서 약 45만 명이 자연적으로 발생하는 암으로 사망할 것으로 예상되 었다.(6)

그럼 방사선은 어떤가? 다시 말하지만 방사선은 결국 선량이 문 제다. 이 지역의 200만 명에 대한 평균 선량은 약 0.01밀리시버트(1 밀리렘)이며, 발전소 경계에 있는 사람에 대한 최대 선량은 약 1밀 리시버트(100밀리렘)(2)인 것으로 추산된다. 뉴욕에서 런던으로 1회 비행하면 약 0.05밀리시버트의 선량을 받는데, 이는 TMI 주변의 사 람들이 받은 평균보다 약 5배 높다. 펜실베이니아 주의 연평균 자 연방사선량은 약 1~1.25밀리시버트이지만, 콜로라도에서는 평균 자연방사선량이 약 4.5밀리시버트이고, 콜로라도 주민은 전국에서 가장 낮은 암 발생률을 보임을 기억하라.

연구를 하지 않고도 여러분은 TMI에서 방출된 방사선으로 인 해 관찰 가능한 암은 없을 것이라고 예측할 수 있다. 가장 많이 노 출된 사람들조차 평균 콜로라도 주민의 연간 피폭선량의 1/4 미만 을 받았다. 그럼에도 '원자력규제위원회', '에너지부', '환경보호청', '펜실베이니아 보건부(Pennsylvania Health Department)' 및 민간 연구 자들에 의해 많은 연구가 자연스럽게 수행되었다. 이 연구들은 임 신 예후(pregnancy outcome), 자연 낙태(spontaneous abortions), 태아 및 영아 사망(fetal and infant mortality) 또는 암 발병 등에 아무런 영향 이 없음을 보여주었다.(6) 실제로 이후 5년 동안 발전소의 32킬로미 터 이내에 있는 주민들에게서 예상보다 적은 암 사망(fewer cancer death)이 있었다. 갑상선암과 백혈병이 5년 안에 자랄 수 있는 유일한 암들일 것이라는 점을 감안할 때, 이 암들은 특별한 관심사이다. 이런 종류의 암들의 과잉 발현은 발견되지 않았다. 실제로 유출된 방사성동위원소 중에서 생물학적으로 의미를 주는 유일한 방사성동위원소는 ^{131}I이었기 때문에 발현할 가능성이 있는 유일한 암은 갑상선암이었다. 방사성 요오드를 포함한 요오드는 풀과 젖소의 우유를 통해 이를 마시는 어린이들의 갑상선으로 빠르게 전달된다. ^{137}Cs 또는 ^{90}Sr의 측정 가능한 방출은 없었다(6, 7) (다음 장에 이러한 동위원소들에 대한 자세한 내용을 담았다). 주변 지역의 사람들에게서 사고로 인한 유일한 건강 우려(health concern)는 극심한 스트레스(stress)였다.

그럼에도 불구하고 TMI 사고는 원자력규제위원회, 원자력을 규제하는 정부 기관들 및 원자력 산업에 대한 커다란 '기상나팔(wake up call)'이 되었다. 원자력규제위원회는 원자력 산업계의 발전소 설계(plant design) 및 장비 요구 사항(equipment requirements)에 대한 규제(regulations)와 감독(oversight)을 대대적으로 변경했다. 혼란을 피하기 위해 제어 패널들과 계측 장비(control panels and instruments)들을 재설계할 때 인적 요소(human factors)들이 고려되었다. 훈련(training)이 크게 향상되었고 증가했다. 비상사태에 대한 대비(emergency preparedness)가 개선되었다. 상주 관할 검사관 프로그램(resident inspector program)이 확대되어 각 발전소에 대해 2명의 원자력규제위원회 사찰관(NRC inspectors)이 인근에 거주하면서 발전소와는 독립적으로 일하게 되었다. 수많은 다른 변화들도 있었다.(2) 가장 중요한 변화 중 두 가지는 원자력발전운영협회(the Institute of Nuclear Power Operations, INPO) 및 국립원자력훈련아카데미(National Academy for Nuclear Training, NANT)의 창설이었다. 이들은 원자력 산업의 안전성 및 탁월성을 증진시키기 위한 원자력 산업계의 운영 조직들(industryrun organizations)이다. 또 하나는 미국의 한 원전 사고가 전 세계 모든 원자력발전소들에 대한 대중의 수용성(public acceptance)에 영향을 끼치게 된 것이다.(4)

〈차이나 신드롬〉 상영과 함께 TMI 사고는 헬렌 칼디코트, 아모리 로빈스, 존 고프만(John Gofman) 등과 같은 작가들과 함께 반핵환경운동(anti-nuclear environmental movement)의 부활을 촉발시켰다. 그들은 핵무기 반대에서 원자력 발전 반대로 바뀌었고, 원자력은 사용하기에 너무 위험하다고 외치며 원자력 발전 산업의 중단을 촉구했다(8~10). 시위자들(protesters)은 건설 중인 발전소의 완공을 막으려고 노력했다. 수많은 공청회는 원자력발전소의 인허가를 수년간 지연시키고 건설비용이 엄청나게 늘어나게 만들어 버렸다. 원자력에 대한 대중의 시각(public view)은 매우 부정적이 되었고, 사람들은 방사선을 두려워했다. 시위는 원자력발전소 현장에서 진행되었다. 내 여동생 및 처남도 캔자스의 원자력발전소 시위에 참가했다.

그리고 원자력 전력회사들은 원자력 사고로 인해 발생할 수 있는 법적 책임(liabilities)을 두려워했다. 사고 시점 당시에 건설 예정이었던 129개의 원자력발전소 중 53개만이 완공되었다.(1) 그럼에도 불구하고, 기존의 원자로들과 새로 건설된 원자로들은 보다 안전하고 효율적이게 되었으며, 그 후 수십 년 동안 미국 전기의 약 20%를 원자력이 제공하였다.

내 고향 캔자스의 울프크리크 원자력발전소를 방문했을 때, 나는 이러한 변화의 결과를 직접 볼 기회가 있었다. 미국의 모든 원자로에는 실제 원자로에서 운용하는 것과 동일한 훈련용 제어실이 있다. TMI 원전과는 달리 다이알(dials), 게이지(gauges) 및 컨트롤(controls)들은 함께 그룹화되어 운전원은 원자로 작동을 쉽게 파악하고 쉽게 제어할 수 있다. 운전원들은 훈련용 제어실에서 매년 10주 동안 훈련한다. 제어장치는 피드백으로 작동하며, 실제 제어실의 제어장치와 정확히 똑같이 동작한다. 시뮬레이터(simulator)를 운영하는 감독관(supervisors)은 모든 종류의 사고 시나리오를 교육 목적으로 만들 수 있다. 내가 거기에 있는 동안, 감독관은 펌프에 대한 전력 손실을 시뮬레이션했으며, 모든 조명이 깜박이고 알람이 울리는 것을 보니 꽤 오싹해졌다. 그러나 운전원들은 실제 상황(real-life situation)을 처리할 필요가 생기기 전에 모든 종류의 시나리오를 처리해 볼 기회를 가질 수 있다.

TMI 사고 이후로 더 이상 미국에서 사고가 발생하지 않았기 때문에 원자력발전소 설계, 운전 및 교육의 이러한 변화는 분명히 효과적이었다고 할 수 있다. 미국은 원자력 사고로 인한 단 한 명의 인명 손실 없이 상업용원자로에 대해 3,600원자로-년(reactor-year) 이상의 원자로 운용 경험을 보유하고 있다.(11) 그리고 핵잠수함에서 선원들은 거의 60년 동안 가압경수형 원자로 옆에서 살고 있으나, 생명의 손실이나 위험한 수준의 방사선 피폭이 단 한 건도 없었다. 조만간 최악의 상황이 벌어질 것이라고 상상하는 반핵주의자들로부터 수십 년 동안 경고를 받고 있음에도 불구하고.

물론 사고 발생이 불가능하다는 것은 아니지만, 개연성은 매우 낮다. 모든 에너지원에는 항상 위험성이 존재한다. 그러나 원자력은 미국의 주요 전력 산업 중에서 가장 최고의 안전 기록을 보유하고 있다.

체르노빌, 1986년 4월 26일

어떻게 사고가 일어났나?

세계 최악의 원자력발전소 재난 사고는 1986년 4월 25일 늦은 저녁 우크라이나 북부 체르노빌 원자력발전소의 훈련받지 않은 근로자들이 4호기 원자로를 계획정지(scheduled shutdown)하면서 허가받지 않은 시험(unauthorized test)을 시도하다가 발생하였다. 그들은 원자로가 정지한 뒤 터빈이 감속해갈 때 여기에 연결된 발전기가 얼마나 오랫동안 전력을 공급할 수 있는지를 알고 싶었다. 그래서 비상노심냉각시스템(emergency core cooling system)을 일부러 중단시켰다. 이것은 이들이 잘못한 많은 주요 안전 규정 위반(major safety violation) 중 첫 번째 것이었다. 그 다음의 안전 위반은 전력이 위험할 정도로 낮은 수준으로 떨어졌을 때 제어봉들의 대부분을 제거함으로써 갑자기 출력을 증가시킨 것이었다. 원자로는 이 시험을 위해 700~1,000MWt의 열출력에서 운전하기로 예정되어 있었지만, 실제로 알려지지 않은 이유로 30MWt로 떨어졌다. 4월 26일 오전 1시 3분에 그들은 냉각수 펌프(cooling water pump)를 작동시켰지만, 저전력(low power) 상태와 결부되면서 수동조정(manual adjustment)이 필요해졌기 때문에 비상정지신호(the emergency shutdown signals)를 껐다. 오전 1시 22분에 그들은 트립 신호가 원자로를 자동으로 막 정지시키려고 하는 순간 트립 신호(trip signal)를 꺼버렸다. 오전 1시 23분에 시험이 시작되었다. 그러나 원자로는 매우 불안정한 상태에 있었다. 그래서 약간의 출력 증가가 양의 보이드 계수(positive void coefficient)라 불리는 이 원자로의 설계 특성으로 인해 출력의 급격한 상승을 일으키게 되었다. 출력이 상승하자 물이 증기로 바꿔면서 중성자의 흡수가 줄어들고 급격한 출력 증가를 초래했다.

운전원이 제어봉을 삽입하려 했지만, 제어봉 끝에 흑연이 있었기 때문에 반응도(reactivity)가 실제로 증가했다. 흑연은 중성자를 감속시키고 분열 속도를 증가시키는 감속재 역할을 한다. 출력이 원자로의 운전 용량(operating capacity)의 100배까지 급증하자 우라늄 연료가 분해되고(disintegrated), 1천 톤 무게의 원자로 용기 뚜껑(lid)을 날려 보내는(blew aside) 엄청난 증기 폭발(huge steam explosion)을 일으켰다. 몇 초 후 아마 연료봉의 지르칼로이 피폭관이 고온에서 촉매 역할로서 물을 열분해하자 방출된 수소가스로부터 두 번째 폭발이 원자로 벽(두께 20센티미터 정도)을 날려 보내고(blew through), 불붙은 흑연 블록과 핵연료들도 주변 시설들(compound)로 날려 보냈다. 방사성 화염재의 연기가(a plume of radioactive debris) 10킬로미터 높이까지 대기로 올라갔다. 원자로는 10일 동안 화재가 지속되면서 방사선을 방출했다.(12, 13) 종종 순수한 흑연 노심(graphite core) 자체가 타 버렸다고 언급된다. 하지만 "시험과 계산들 결과는 고순도 원자로-등급 흑연(nuclear-grade graphite)을 태우는 것은 사실상 불가능하다는 것을 보여주기" 때문에 다소 논란의 여지가 있다.(13) 그러나 1957년 영국 셀라필드에 있는 윈드스케일 흑연감속원자로 (Windscale graphite-moderatd nuclear reactor)에 화재가 있었고 체르노빌 이전의 어떤 다른 사고보다도 더 많은 방사선을 방출한 바 있다.(1) 미국은 콜로라도 주 포트 세인트브레인(Fort St. Vrain)에 한 기의 흑연감속헬륨냉각 원자로를 보유하고 있었으나, 1989년에 폐쇄하여 천연가스발전소로 전환하였으므로,(1) 미국 원자로는 체르노빌에서 일어난 그러한 종류의 화재가 일어날 수 없다.

운전원들이 여러 안전 절차를 위반했지만 한편 원자로의 설계 역시 잘못되어 있었다. 이 소련산(産) 원자로는 세계에서 유일했던 RBMK(Reactor Bolshoy Moshchnosti Kanalniy, 흑연감속비등경수로)라고 불리는 노형이다. 그것은 전력도 생산하고 폭탄 제조를 위해 플루토늄도 생산하도록 설계되었다. 이 원자로는 흑연 노심을 가지고 있어 중성자를 냉각시키는 감속재 역할을 한다. 물이 지나가는 채널들이 있어 노심을 냉각시키고 증기를 생성한다. 이 원자로는 TMI에서 사용된 가압경수로(PWR)와는 대조적으로 일반적으로 비등수형 경수로(boiling water reactor, BWR)라고 불리는 노형이다. 냉각 루프가 하나뿐이므로 원자로 노심을 통과하는 물이 증기로 바뀌어 직접 터빈을 통과하면서 발전기를 돌린다. 흑연 감속재와 수냉의 조합은 위험하다. 물은 실제로 일부 중성자를 흡수하므로 핵분열 반응을 느리게 하는데, 물이 증기로 바뀌면 중성자를 잘 흡수할 수 없으므로 핵분열 반응이 더 빠르게 진행된다. 이것은 '양의 보이드 계수(positive void coefficient)'라고 불리며 이 사고를 유발하는데 기여를 했다. 원자로가 통제를 벗어나기 시작했을 때, 원자로가 물을 증기로 바꾸어 반응도를 증가시키고, 다시 더 많은 물을 증기로 바꾸는 등 양의 피드백(positive feedback) 반응을 보였다. 흑연은 감속재이기 때문에 제어봉 끝에 있는 흑연은 상황을 더욱 악화(중성자를 흡수하는 대신 감속함) 시켰다. 제어봉을 삽입할 때 초기 효과(initial effect)는 제어봉이 중성자를 흡수하기 시작해서 반응을 중단시키기 전에 (흑연이) 사실상 반응도를 높이는 것이었다. 이러한 요인들로 인해 원자로를 신속하게 제어할 수 없게 된다. RBMK는 이와 같이 설계된 세계 유일의 원자로였다.(14)

이 원자로 설계의 또 다른 주요한 결점은 다른 비등수형 원자로와는 달리 TMI와 같은 노심용융을 격납할 수 있는 거대한 콘크리트 격납건물(massive concrete containment structure)이 없다는 점이다. 그 대신 이 원자로는 실제로 작동하는 동안 연료를 교체하기 위해 제거가 가능한 1,000톤의 뚜껑을 가지고 있다. 원자로가 초임계 (supercritical) 상태가 되었을 때, 증기폭발이 원자로 뚜껑을 날려 보내고, 경수로에 비해 매우 약한(두께 20cm 벽) 격납건물을 부순 것이다. 그러나 이것은 핵폭발(nuclear explosion)이 아닌 증기폭발(steam explosion)이다. 전력용 원자로가 원자폭탄처럼 폭발하는 것은 불가능하다. 왜냐하면 ^{235}U의 농도가 낮기 때문이다.

화재는 10일 동안 계속되었고, 소방관들이 헬리콥터로 빠르게 모래(sand), 납(lead), 점토(clay), 백운암(dolomite), 붕소(boron)를 공습하듯이 폐허가 된 원자로에 부어넣었다. 화재를 끄고 방사능 누출을 막기 위해 수백 톤의 물을 쏟아 부었다. 4만 5천 명이 살고 있던 근처 도시 프리피야트(Pripyat)와 배타구역(exclusive zone, EZ)으로부터 사람들이 대피했다. 10월까지 임시 콘크리트 석관(temporary concrete sarcophagus)이 철거된 원자로 4호기 전체를 덮어 싸도록 건설되었고, 다른 원자로(1~3호기)들은 수년간 계속 가동할 수 있었다. 원자로 2호기는 1991년 화재로 폐쇄되었고, 원자로 1호기와 3호기는 우크라이나 대통령 레오니드 쿠츠마(Leonid Kuchma)의 명령에 따라 2000년에 영구적으로 폐쇄되었다. 새로운 안전 구조인 '신안전격납건물(New Safe Confinement)'이 원자로와 임시 석관을 모두 쌀 수 있게 건설되고 있으며 2015년에 완공될 예정이다(역자 주: 2019년 4월 완공되었다). (12, 13)

위험한 방사성동위원소

세계가 체르노빌 사고를 알게 된 것은 소비에트 연방정부의 발표가 아니라 한 스웨덴 원자력발전소 직원이 4월 27일에 출근했을 때 체르노빌 사고로 방사성물질이 스웨덴까지 날아와 그의 옷에 묻었고 이로 인해 방사선 경보가 울렸기 때문이다. 소련은 사고 후 이틀이 지난 4월 28일까지 재난을 인정하지 않았다. 폭발과 화재로 인한 방사선 연기가 대류권을 통해 퍼지며, 더 무거운 입자의 파편들은 국부적으로 떨어지고, 작은 방사성 입자와 기체는 유럽 대륙으로 퍼졌다. 방사성 연기가 쌓이는 패턴은 바람의 방향과 강우에 따라 달라지기 때문에 체르노빌에서 다소 떨어진 벨라루스, 러시아, 우크라이나의 일부 지역은 높은 방사선을 받았고, 다른 지역은 거의 받지 않았다. 유럽의 많은 지역이 사고로 인해 방사선을 받았지만 정상적인 배경방사선 수준보다 훨씬 낮았으며 일부 방사선은 미국에서도 측정되었다.(15)

원자로의 우라늄 연료가 연소됨에 따라 제9장에서 논의한 것처럼 수백 가지의 핵분열생성물이 생성된다. 방사능은 대부분 베타선 및 감마선을 방출하는 핵종들이다. 이것들의 대부분은 매우 수명이 짧기 때문에 원전 사고 후 방사능의 양은 시간이 지남에 따라 급격히 감소한다. 제9장의 <표 9.1>은 연소 시 핵연료에 축적되는 주요 동위원소들 중 일부를 열거한 것이다. 체르노빌과 같은 원전 사고에서 특히 중요한 세 가지, 요오드131(^{131}I), 세슘137(^{137}Cs), 스트론튬90(^{90}Sr)이 강조되어 표시되어 있다. 사고 후 방사선 위험도를 결정할 때 매우 중요하기 때문에 이 동위원소들의 중요한 물리적, 화학적 및 생물학적 특성이 <표 10.1>에 제시되어 있다.

^{131}I은 원자로에서 다량으로 생산되며 매우 위험한 고유 특성을

동위원소	물리적 반감기	붕괴 방식	비등점	흡수율	주 축적 장기	생물학적 반감기*
^{131}I	8일	β, γ	184℃	100	갑상선	29일
^{137}Cs	30년	β, γ	674℃	100	근육통	110일
^{90}Sr	29년	β	1,384℃	<30	뼈	200일

노트: 생물학적 반감기들은 복잡하다. 그것들은 개인의 나이에 따라 다르며 신체의 여러 조
직마다 다르다. 이 값들은 대략적인 근사값들이다. ICRP 56 및 ICRP 67의 데이터.

가지고 있다. 그렇지만 그것들은 8일이라는 짧은 반감기를 가지고
있어 빨리 사라진다. 그러나 실제로 양이 많으면 반감기가 긴 동위
원소보다 방사능이 더 높다. 다행인 점은 몇 개월만 지나면 더 이
상 위험하지는 않다는 점이다. 상대적으로 낮은 온도(184℃)에서 끓
기 때문에 TMI나 체르노빌과 같은 냉각재 상실사고 시 쉽게 휘발
된다.

요오드는 갑상선 기능에 필수 원소이기 때문에 우리 몸에 쉽게
동화되어(assimilated) 갑상선에 축적된다. 요오드의 생물학적 반감
기(biological halflife, 절반이 몸에서 배설되는데 걸리는 시간)가 물리적 반
감기(physical halflife)보다 길기 때문에 섭취한 거의 모든 방사성 요
오드는 갑상선에서 붕괴될 것이다.

마지막으로, 인간이 소비하기까지 분명한 경로가 존재한다. 그
것은 방사능의 구름으로부터 풀과 다른 식물의 표면에 쌓이고, 소
가 풀을 먹으면 빠르게 우유에 축적된다. 그 후 사람들, 특히 아이
들이 우유를 마신다. 이 전체 주기는 2일 이내에 발생할 수 있으
며, 만일 그런 경우 ^{131}I은 갑상선에 축적된다. 갑상선은 0.05의 조
직가중계수(W_T)를 갖는 방사선 감수성 조직이다.

다행히 오염된 우유를 마시지 않거나 방사성 요오드의 섭취를 막는 요오드 정제(iodine tablets, 알약)를 복용함으로써 이 문제를 피하는 것이 상대적으로 쉽다. 유감스럽게도 소련 정부가 사고 직후 사고에 관해 발표하지 않았기 때문에, 많은 어린이와 청소년들의 과다 피폭을 예방하기 위해 사람들에게 미리 경고를 하지도 못했고, 요오드 정제를 충분한 사람들에게 제때에 배포하지도 못했다. 결국 요오드 정제의 배급도 잘 이루어지지 않았다. 원전에서 가장 가깝기 때문에 많은 노동자들이 살고 있었던 프리피야트의 시민들은 즉시 요오드 정제를 복용할 수 있었지만, 다른 도시의 사람들은 빨리 섭취하지 못했다.(16)

체르노빌 사고는 약 1,760PBq의 ^{131}I(15)을 방출했으며, 이것이 가장 주요한 건강 위협[2]이었다. 이것은 TMI에서 방출된 양보다 약 300만 배 더 많았다.

^{137}Cs은 다음으로 중요한 방사성동위원소이다. 반감기는 30년이므로 농도가 높으면 약 300년 동안 여전히 위험할 수 있다. 이것은 ^{137}Ba로 베타붕괴하는데, 여전히 불안정해서 신속하게 감마선을 방출한다. 그래서 ^{137}Cs 붕괴 시 베타선과 감마선 둘 다 발생한다. 비등점은 요오드보다 훨씬 높지만 여전히 낮아서 노심용융 시 휘발될 가능성이 있다. 또한 기체성 핵분열생성물인 ^{137}Xe이 붕괴하여 ^{137}Cs을 생성한다. 세슘의 또 다른 동위원소 ^{134}Cs는 원자로에서 다량으로 생산되지만, 반감기는 2.1년이므로 장기적으로 문제가 안 된다. 세슘은 화학적 성질이 칼륨과 비슷하므로 몸 전체의 근육 및 기타 조직에 쉽게 흡수되며, 평균 W_T는 0.10이다. 이것은 식물 표면에 침착되어 섭취될 수 있다. 혹은 세슘 함량이 높은 토양에서 자라는 식물에 침투하여 이 식물을 섭취하는 동물과 인간의 몸에

들어갈 수 있다. 그러나 생물학적 반감기가 단 110일이기 때문에 ^{137}Cs의 단일 섭취량은 2~3년 안에 배설될 것이다. 세슘은 점토 토양에 결합하는 경향이 있으므로 토양 유형에 크게 의존하지만, 토양에 상대적으로 고정화되는 경우가 많다. 체르노빌 사고에서 약 85PBq의 ^{137}Cs이 배출되었으며(15) 토양 오염과 잠재적인 건강 영향에 대한 장기적인 문제의 주요 원천이다.

^{90}Sr은 체르노빌에서 방출된 또 다른 중요한 방사성동위원소이다. 그것은 29년이라는 ^{137}Cs과 비슷한 반감기를 가지지만 비등점이 아주 높아서 원자로에서 거의 휘발하지 않는다. 체르노빌 사고 이후에 널리 퍼졌던 유일한 이유는 폭발과 화재로 인해 작은 연료 입자들이 공중으로 날아서 흩어졌기 때문이다. 스트론튬은 칼슘과 화학적으로 유사하기 때문에 주로 뼈에 축적된다. 뼈는 0.01의 W_T를 갖는 내방사선(radiation resistant) 조직이다. 섭취된 스트론튬의 약 30%만이 실제로 인체에 동화되며, 그 중 85%는 빠르게 배설된다.

약 6%는 생물학적 반감기가 긴 단단한 뼈로 이동하므로 세슘보다 훨씬 오래 유지된다. 그 중 3분의 2는 1,000일 만에 뼈에서 제거된다.(17) 스트론튬은 오염된 식물과 토양 등을 통해 섭취될 수 있지만, 대부분의 생태계(ecosystem)에서는 이동성이 높지 않다. 체르노빌 사고에서 약 10PBq의 ^{90}Sr이 방출되었지만(15) 건강에 중요한 관심사는 아니다.

헬렌 칼디코트는 지구상의 모든 사람을 죽이기 위해 충분한 양의 플루토늄이 체르노빌에서 방출되었다고 말했다.(18) 실제로 0.013PBq(~5.4kg)의 ^{239}Pu가 방출되었는데,(15) Pu는 3,228°C의 비등점을 가지고 있기 때문에 휘발하지 않았고 폭발로 인해 방출된 것이다. 이것은 밀도가 아주 높고 대부분이 큰 연료 입자와 결합되어 있기 때문에 배출된 거의 모든 플루토늄은 매우 국부적인 지역에 떨어졌다. 그래서 배타구역 밖의 사람들에게는 건강상 전혀 위해가 되지 않는다.

건강에 미친 영향

체르노빌 사고는 방사선으로 인해 사람들이 실제로 사망한 세계에서 유일한 상업적 원자력발전소 사고이다. 폭발 사고로 즉시 2명이 사망했고, 세 번째 사람은 심장 마비로 사망한 것으로 알려졌다. 소방관과 체르노빌 발전소 직원이 가장 위험에 처한 집단이었다. 총 237명의 첫 번째 증상자들이 입원을 했으며 그 중 134명이 1.8~17그레이 범위의 방사선량을 받은 후 급성방사선증후군으로 진단되었다(제7장 참조).(15) 첫날밤에는 소방관 5명이 사망했으며 급성방사선증후군으로 인해 한 달 안에 23명이 사망했다.(19) 이 사람들 중 13명이 골수 이식(bone marrow transplant)을 받았지만, 모두 조혈증후군(hematopoietic syndrome)으로 사망했다. 약 절반의 사람들이 4그레이의 단일 피폭으로 사망할 것이라는 점을 상기하라.

2004년까지 가장 많이 노출된 집단에서 19명이 사망했지만, 골수이상(bone marrow failure)은 아니었다.(13, 15) 총 28명은 급성방사선증후군으로 사망했으며, 2명은 폭발로 인한 사망, 1명은 심장 마비로 인한 사망, 19명은 불확실한 원인으로 사망했다.

체르노빌 사고 이후 장기간의 공중 건강상의 영향에 대한 많은 연구가 이루어졌다. 1986년 이전에 노출된 사람들에 대해서는 공중 보건 정보가 거의 없기 때문에 정확한 평가를 하는 것은 어렵다. 국제원자력기구는 사고의 환경 및 건강 영향을 연구하기 위해

2003년에 체르노빌 포럼(Chernobyl Forum)을 설립했으며, 사고에 대한 가장 확실한 보고서는 2006년에 출간되었다. 체르노빌 포럼에는 국제원자력기구, 세계보건기구(World Health Organization, WHO), 유엔방사선영향과학위원회를 포함한 7개의 국제연합(UN) 기구가 포함되었다. 또한 벨라루스, 우크라이나, 러시아 연방(Russian Federation) 정부의 대표들도 포함되었다.(20) 건강에 미친 영향에 대한 완전한 보고서(full report)는 2006년 세계보건기구에 의해 발표되었다.(21) 그들은 4,000명의 사람들이 체르노빌 사고와 관련된 암으로 사망할 것이라고 예측했다. 2004년까지 체르노빌에서 사망자가 20만 명에 이르렀다고 반핵단체인 그린피스가 보고했으나 이 연구는 신뢰성이 없다. 이것은 체르노빌에 관한 과학적으로 발표된 보고서와 크게 달랐다. 사실상 모든 저자는 우크라이나 출신이었고, 사고의 결과를 평가하는데 다소 편파적이었다.(22) 또 다른 보고서는 유럽의 녹색당(Green Party)이나 유럽자유연맹당(European Free Alliance Party, EFA Party)이 체르노빌 포럼의 결론에 대응하려고 위임해서 만든 토치(The Other Report on Chernobyl, TORCH) 이다.(23) 그들은 체르노빌에서 30,000~60,000명이 암으로 사망할 것으로 추정하고 있으며 이는 체르노빌 포럼 보고서보다 훨씬 높은 수치이다. 누가 옳은가?

체르노빌에서 상당한 양의 방사선에 노출된 네 집단의 사람들이 있었다. 가장 높은 노출 집단은 소위 '청산인(liquidator)'들로서 사고를 제한하고 오염 구역을 청소했던 비상사태 및 복구 작업자들로 구성되었다. 이 집단에는 높은 선량 수준에 노출된 240,000명의 근로자가 포함되어 있다. 최종적으로 최대 600,000명의 청산인이 등록되었으며 이들의 대부분은 훨씬 낮은 선량에 노출되었

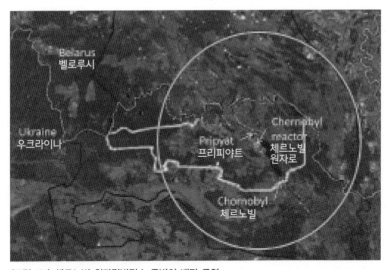

〈그림 10.1〉 체르노빌 원자력발전소 주변의 배타 구역

노트: 원은 원래 30km 대피구역이다. 검은색 선은 우크라이나와 벨로루시의 현재 30km 지역
    이다. 넓은 회색선은 10km 지역이다. 좁은 흰색선은 우크라이나와 벨로루시 사이의 경계
    이다.

다. 평균 유효선량(average effective dose)이 100밀리시버트로 추정되
었다. 두 번째 집단은 고도로 오염된 30킬로미터 배타구역으로부
터 1986년에 대피한 116,000명의 사람들로 구성된다〈그림 10.1〉.
이 사람들은 평균 33밀리시버트의 선량을 받았다. 또 다른 220,000
명은 1986~2005년 동안 더 넓은 지역(엄격한 통제 구역 strictly control
zone)으로부터 대피한 사람들이며 평균 50밀리시버트 이상의 누적
(cumulative dose)을 받았다. 마지막으로 사고로 인한 낙진이 내린 넓
은 지역에 약 500만 명이 살았으며, 1986~2005년 동안 10~20밀리
시버트의 선량을 받았다.(20) 그 밖의 유럽 사람들의 선량은 무시할
정도로 낮았다.

참고로 콜로라도의 연간 배경방사선량(annual background radiation dose)은 약 4.5밀리시버트이므로 20년 이상 콜로라도 거주자는 약 90밀리시버트 의 누적 선량을 얻게 된다. 키에프(Kiev)의 자연배경방사선량은 시간당 12μR(microRoentgen)^3 혹은 1년에 1밀리시버트 미만으로, 콜로라도의 자연방사선량보다 훨씬 낮다.(24) 그래서 더 넓은 구역의 사람들은 1년에 1밀리시버트의 자연배경방사선에 추가적으로 오염으로 인해 1~2밀리시버트 더 받았다. 총 선량은 내가 자연으로부터 매년 받는 선량의 약 절반이다.

또한 미국 시민 전체의 평균 방사선량 3.2밀리시버트와 거의 비슷하며, 의료 선량을 포함할 때 미국 시민의 평균 방사선량은 6.2밀리시버트의 절반이다. 그린피스와 토치 보고서의 과도한 암 사망 추정치는 현실적이지 않다.

가장 많은 양이 방출되었던 ^{131}I은 생물학적으로 중요한 동위원소이기 때문에 오염된 우유를 마신 어린이는 갑상선에 과다 피폭될 것으로 예상할 수 있다. 실제로 이 일이 일어났다. 어린이와 청소년들에게서 약 5,000건의 갑상선암이 확인되었다. 갑상선암과 관련된 몇 가지 흥미로운 요인들이 있다. 첫째, 프리피야트의 근로자와 그 가족들에게는 처음 30시간 내에 요오드 정제가 투여되었지만, 요오드 정제를 더 많은 사람들에게 신속하게 투여했더라면 갑상선암 발병률을 최소화할 수 있었을 것이다. 둘째, 이 지역 사람들에는 일반적인 요오드 결핍증(iodine deficiency)이 있어서 비정상적으로 높은 비중의 갑상선종(goiter)이 나타난다.(25) 이로 인해 방사성 요오드의 격렬한 흡수를 초래할 수 있었을 것이다. 셋째, 갑상선암 발병은 일본의 원폭 생존자들에 기초해서 예상했던 것보다 빠르게 발생했다. 넷째, 어린이는 훨씬 민감해서 갑상선암에 걸릴 확률이 성인보다 더 높다. 그리고 마지막으로 갑상선암은 치명적이지 않으며 미국에서는 95% 이상의 생존율을 보인다. 거의 5,000건의 갑상선암 환자 중에서 2002년까지 암으로 사망한 사람은 15명에 불과했다.(26, 27) 고형암(solid cancer)들은 평생에 걸쳐 발병할 수 있기 때문에 앞으로 더 많은 경우가 발생할 것임이 분명하다. 흥미롭게도 갑상선암의 표준 치료법은 수술 후 갑상선암 세포를 죽이기 위해 ^{131}I 고선량을 투입하는 것이다.(28) 그 후 환자는 남은 평생 동안 갑상선 호르몬제(thyroid hormon pills)를 복용해야 한다.

다른 암은 어떤가? 백혈병은 일본 원폭 생존자들에게서 처음으로 발견된 암이며 단기간의 잠복기가 있고 노출 후 약 15년이 지나면 위험은 사라진다. 그러나 체르노빌 사고로 노출된 집단에서 백혈병 발생률이 증가했다는 확실한 증거는 없었다.(21, 29) 체르노빌 포럼은 평균 피폭선량이 100밀리시버트인 600,000명의 청산인 중 4,000명(~0.67%)이 암으로 사망할 것으로 예상했다. 이것은 정상 상태에서 암으로 인해 사망할 약 100,000(~16.7%)명의 사람들과 비교된다.(20) 체르노빌 사고가 발생한지 26년이 지났지만 일본의 원폭 생존자들에 대한 지속적인 연구와 마찬가지로 집단에 대한 연구가 계속될 것이며 초과 암의 수가 더 밝혀질 것이다. 그러나 4,000명이라는 추정치를 훨씬 초과하는 것은 거의 불가능하다. 제7장에서 논의했듯이, 소아를 포함하지 않는 집단의 치명적인 암 위험은 체르노빌 주민의 경우와 같이 저선량 및 저선량률로 주어질 때(at low dose and low dose rate) 시버트당 4%이다. 그러므로 평균 선량 100밀리시버트(0.1시버트)에 노출된 성인 600,000명에게서 예상되는 평생 사망자 수는 2,400명(0.4%)이다. 수만에서 수십 만이란 추정치는 결코 과학적으로 신뢰할 만하지 못하다.

체르노빌에 있어서 가장 큰 공중 보건 문제(public health problem) 는 정신 건강(mental health)에 끼친 영향이다. 사람들은 집을 떠나 새로운 지역사회로 이주했지만, 거기서 환영받지 못한다고 느꼈 고, 안락감도 느끼지 못했다. 사람들은 건강과 행복에 대한 아주 강한 부정적인 태도에 빠졌으며, 자신들의 삶을 스스로 통제하지 못하고 있다고 느꼈다. 그들은 평균수명이 더 짧아질 운명이라고 확신했고, 이 운명론의 결과로 일자리를 얻거나 그들의 사생활을 돌보는데 주도권을 잃었다. 평균수명은 체르노빌에서 멀리 떨어져 있는 러시아 연방에서조차 줄어들었다. 남자의 평균수명은 59세에 불과했다. 또한 자신들이 정부에 의해 희생당했다는 느낌을 갖게 되었지만, 현실의 삶은 정부에 대한 의존성만 높아져 갔고, 모든 요소들이 결합되어 체르노빌의 유산으로서 거대한 공중 보건 문제 가 발생했다.(20, 30) 이러한 문제들 중 상당수는 정부의 투명성, 사 고 직후 즉각적인 조치, 정직하고 정확하게 정보가 전달되는 신뢰 의 전통을 수립했더라면 완화되었을 수 있었다. 이들은 사고 후 적 용 가능했던 일들이다. 정부의 정직성과 투명성 그리고 언론의 정확한 보도는 TMI 사고와 뒤에 논의할 일본 후쿠시마 사고 직후 에도 가장 큰 문제점이었던 스트레스와 심리적 요인들을 최소화하 는데 필수적이었다.

환경 영향

초기의 높은 방사선량은 체르노빌을 둘러싼 소나무 숲을 '붉은 숲(Re forest)'으로 변화시켰다. 소나무는 방사선에 특히 민감하다. 많은 소나무들이 죽어 마치 솔잎이 녹슨 것 같은 모양을 남겼다.

이것은 지구온난화의 일부 결과로 소나무가 산 소나무 딱정벌레 (mountain pine beetle)에 의해 살해되는 것처럼, 북부 로키 산맥에 널리 퍼져 있는 것과 같은 색이다. 그러나 체르노빌 주변 숲의 심각한 영향은 오래 지속되지 않았다. 사고 직후 처음 몇 개월 동안 높았던 방사선량이 빠르게 떨어짐에 따라 나무들이 다시 자라기 시작했다. 프리피야트는 사람들이 포기해버렸고, 그곳은 숲으로 변하고 있었다. 농지는 풀밭과 숲으로 변화되고 배타구역 내에 더 많은 자연 생태계가 발전하고 있다. 배타구역의 숲에서 나는 열매, 버섯 및 야생 동물에서 ^{137}Cs 방사능이 높게 나오기 때문에, 일부 불법적인 채집 및 밀렵이 발생하지만 식량으로 사용할 수는 없다.

높은 방사능에도 불구하고, 옐로스톤국립공원의 절반 크기인 배타구역은 조류와 포유류가 번성하는 야생 생물 보존지역이 되고 있다.(20, 30) 조류 250~280종이 발견되었는데, 그 중의 40종은 흰꼬리 독수리(white tailed eagles)와 검은 황새(black storks)를 포함하여 희귀종이거나 멸종 위기에 처한 종들이다. 번식하는 대형 포유동물로는 멧돼지(boars), 붉은 사슴(엘크, elk), 노루(roe deer), 유럽 들소(European bison), 무스(moose), 늑대, 여우, 비버, 프르체발스키의 말(Przewalski's horses) 등이 있다. 멸종 위기에서 돌아온 야생말의 유일한 종인 프르체발스키 말은 논란이 있는 가운데 배타구역으로 유입되었다. 1998년과 1999년에 걸쳐 총 31마리의 말을 풀어놨다. 10마리는 방사선이 아니라 운송 중에 야기된 스트레스로 곧바로 사망했다. 2003년 12월까지 그들은 65마리로 불어났다.(16) 불운하게도 밀렵꾼(poachers)들이 말의 일부를 죽이기 시작했고, 지금 이들의 수는 30~40마리로 줄어들었다.(31)

과거 소비에트연방은 체르노빌 주변의 숲을 개간하고 습지대를 배수하기 위해 운하들을 건설하였다. 사고 전 이곳은 집단 농장(collective farms)들로 바뀌어 있었다. 원전 사고가 발생한 후, 사람들이 배타구역을 포기하면서 자연 서식지로 변하자 바로 비버(beaver)들이 농지를 원래의 습지대로 되돌려 놓았다. 방대한 무리의 물새(waterflowl)들이 수로들을 통해 이동하며 수로에서 몇 달씩을 지낸다. 540센티미터 길이의 거대한 메기(catfish)는 원자로 냉각에 사용된 이전의 인공저수지에서 수영한다. 돌연변이 때문이 아니라 그들을 잡아먹는 최고 포식 동물(predators)들이 없기 때문에 100년까지 살 수 있어서 그들의 크기는 계속 성장하게 된다. 약 120마리의 늑대가 수많은 패거리를 이루며 최고의 포식동물로 번성하여(thrive) 들소, 사슴, 엘크 및 무스 등의 개체수 균형을 유지하고 있다.(32) 스스로 밝혀지듯 사람들의 부재 속에서 자연은 번성한다. 자연에 있어서 방사선은 사람에 비해 사소한 문제이다. 『웜우드 숲:체르노빌 자연사』*Wormwood Forest: A Natural History of Chernobyl(2005)*라는 훌륭한 책에서 저자인 메리 마이키오(Mary Mycio)가 아주 잘 묘사하고 있다.

'이상하게 보이지만, 사람이 거주하는 도시의 환경에서 체르노빌[4]보다 더 신선한 공기 냄새를 맡는 것은 불가능하다. 일반적으로 자동차 수는 한 손으로 셀 수 있으며, 노래하는 새들만이 유일하게 소리를 내고 있다. 이것은 재앙의 역설 중 하나이지만, 배타구역에서의 주민 소거는 산업화, 삼림 벌채, 경작 재배 및 기타 인간의 침입을 종식시켜, 방사능을 제외하고는 환경 관점에서 우크라이나의 가장 청정한 지역 중 하나가 되었다.'(31)

농업은 방사능에 의해 영향을 받았지만, 방사능 농도는 급격히 감소했다. 시간이 지나자 ^{137}Cs이 토양에서 식물로 이동하므로 작물

내 방사능의 가장 큰 문제가 되었다. 그러나 이 이동은 자연적 풍화, 물리적 붕괴, 토양에 흡착 및 인위적 복구 노력을 통해 감소되었다. 현재 체르노빌 방사선에 의해 오염된 지역에서 생산되는 농산물들의 ^{137}Cs의 농도는 국내 및 국제 표준보다 낮은 수준이다. 농사 금지 지역인 배타구역은 예외이다.(20) 벨라루스 정부는 오염되었던 지역에 수천 명의 사람들을 정착시키고, 거의 제한 없이 정상적인 생활이 가능할 수 있도록 하는 복구 프로그램을 시작했다. 그러나 방사능이 너무 높은 일부 지역은 재조림되고 관리될 것이다.(13)

북 웨일즈, 스코틀랜드, 컴브리아의 일부 작은 지역들에 불행하게도 방사성 구름이 몰려와 많은 비가 내렸고, 양을 방목하는 완두콩 토양에 ^{137}Cs이 고농도로 유입되었다. ^{137}Cs의 육류 내부 방사능이 소비를 제한하는 국제 표준인 킬로그램당 1,000베크렐을 초과했기 때문에 약 9,700개 농장이 양을 팔 수 없었다. 세슘이 이 완두콩 토양에 흡착되기 보다는 콩 등 식물 내에 저장되기 때문에 이 지역은 수십 년 동안 높은 선량의 세슘을 유지하고 있다. 2010년까지 스코틀랜드의 농부들은 검역 없이 양을 키우거나 팔지 못했다.(33, 34)

체르노빌 방문

과거에는 과학자, 저널리스트 및 기타 특수 출입 권한을 가진 사람을 제외하고는 일반인들에게는 배타구역 방문(tour)을 허용하지 않았다. 하지만 지금은 그렇지 않다. 투어 버스가 정기적으로 체르노빌의 방사성 구역을 방문하기 위해 왕래하고 있다. http://www.

ukrainianweb.com/ chernobyl_ukraine.htm#Chernobyl과 같은 웹사이트 예약을 통해 특별 개별 방문을 이용할 수도 있다. 모든 방문은 우크라이나 비상재난부(the Ministry of Emergency Situation of Ukraine)에 의해 관리되며 고도로 규제되고 있다.

유리(Yuri)는 키에프의 숙소인 아파트에서 나를 픽업한 다음, 체르노빌을 보고 싶어 하는 덴마크의 한 커플을 데리러 드니퍼강(Dnieper River) 부두까지 차를 운전했다. 그들은 강에서 크루즈를 타고 있었다. 우리는 1시간 반 정도 차로 시골과 작은 마을들을 지나갔다. 우리는 30킬로미터 내 배타구역에 도착해서 가이드인 맥심 오렐(Maxim Orel)을 만났다. 그는 농담하는 것을 좋아했지만, 어둡고 냉소적인 면도 가지고 있었다. 체르노빌 사고 그리고 사고에 관한 진실을 숨겼던 정부 당국에 대한 믿음의 상실은 우크라이나 사람들에게 심리적 상처를 남겼다.

첫 번째 방문지는 실제 사고에 대해 별로 알려주는 것 없는 신축 박물관으로 원전 사고로 사망한 사람들과 아이들을 애도하는 신사에 가까운 건물이었다. 키에프의 과장된 체르노빌 박물관(Chernobyl Museum)과 마찬가지로 실제 사례보다 더 많은 아이들이 사망했다거나, 심각한 이상 증세(anormalities)를 겪었다는 것을 암시하고 있었다. 맥심은 사고 후 처음 10년 내에 12만 명의 사람들이 곧바로 사망했다고 말했는데, 아마도 오해의 소지가 다분한 그린피스의 주장을 인용하고 있는 것 같았다. 그래서 과학적으로 분석한 올바른 사망자 수를 그에게 알려 주었다.

박물관의 바깥쪽에는 30킬로미터 배타구역을 나타내는 콘크리트 표지판이 서 있었으며, 이 표지판 위에 높은 방사선을 표시한 10킬로미터의 배타구역인 작은 표지판도 있었다. 90여 개 마을이 소개된 콘크리트로 된 기단들이 있었다. 마을의 이름이 표시된 이 기단들은 긴 행렬을 이루고 있었다. 그것들은 싸늘해 보였다.

우리는 원자력발전소에서 약 15킬로미터 떨어진 체르노빌(우크라이나 쪽의 체르노빌)에 도착했다. 소비에트 시대에 유대인들은 특정 도시에서 100킬로미터 이내에 살 수 없었기 때문에 체르노빌은 키에프에서 약 120킬로미터 떨어져 있는 30,700명의 유대인 정착촌이었다고 맥심이 말해주었다. 1930년대 초 스탈린주의자들에 의한 강제적인 기아와 나치의 대학살(holocaust)로 유대인 인구가 줄어들었다. 사고 발생 시 체르노빌에는 약 14,000명의 주민이 살고 있었다. 현재는 거주자는 없다. 단지 선량을 최대 허용치(역자 주: 연간 50밀리시버트를 50주로 나눈 주당 1밀리시버트) 이하로 유지하기 위해 들어오고 나가는 일을 반복하는 작업자들만 거주하고 있다. 맥심은 그 허용 기준치를 모르고 있었다. 이 작업자들이란 이 배타구역을 운영하는 행정 인력들과 과학연구를 추진하는 과학자들 그리고 환경운동가들이다. 맥심은 휴대용 선량계를 가지고 있었으며 배경 방사선이 약 $0.23\mu Sv/hr$로 측정되었다. 걱정할 필요는 없었다(1년 동안 여기에 거주한다면 2.0밀리시버트를 받는 것과 같다).

배타구역에는 113명의 정착민들(self settlers)이 살고 있었다. 이들은 다시 돌아와서 옛 마을에서 생활하기로 결정한 70대에서 90대 사이의 주민들이다. 정부는 전기 및 기본 필수품을 제공해준다. 그들은 매달 의료서비스를 받으며 응급 의료 혜택도 받을 수 있다. 그들은 그들의 옛 집에서 죽을 것이다. 이 곳에서 살수 있어 행복하지만, 정상적인 사회와는 단절되어 있다. 그들은 방사선이 아니라 노화로 사망하게 될 것이다.

우리는 체르노빌을 떠나 재난에 대처하기 위해 사고 직후 사용된 일본 로봇들(Japanese robots)을 저장하는 장소에 들렀다. 이 로봇들은 방사능이 그들을 망가뜨리기 전까지 며칠 동안 작동했었다. 또한 손상된 원자로에서 분출하는 화재와 싸우다 사망한 소방관들의 기념관에 들렀다. 이들은 급성방사선증후군으로 초기에 사망한 28명이다. 그들은 체르노빌의 진정한 영웅(true hero)들이었다. 그 다음 원자로 부지를 향해 정해진 경로로 계속 갔다. 맥심은 당국이 몇 개월 전에 규정을 변경했기 때문에 프리피야트에 있는 건물들 내부에는 들어갈 수 없다고 말했다. 왜냐하면 사람들이 건물 내에 있으면 너무 위험하다고 했는데, 이유는 방사선이 아닌 일반적인 안전 때문이라고 했다. 그래서 우리는 코파치(Kopatchi)에 멈췄는데, 여전히 똑바로 서있는 한 유치원을 제외하고는 아무것도 없었다. 이 건물은 일부 천장 부분이 무너져 내려와 있었고, 바닥이 쓰레기로 덮여 있었다. 아이들의 장난감, 기숙사 침대, 오래된 사물함, 알파벳 글자들이 바닥에 쌓여있는 것을 볼 수 있었다. 유치원이 갑자기 버려지고 시간이 지남에 따라 수색되었을 것을 상상해보라.

건물 내부의 선량률은 체르노빌의 배경방사선량률과 거의 같았지만, 건물 외부의 선량률은 훨씬 높았다. 나는 건물 주위를 걸어보았다. 5μSv/hr 정도였다. 우리가 떠날 때 맥심은 한 지점을 보여주었다. 그곳은 오래된 놀이터였는데, 한 때 가지고 놀았을 장난감들이 점차 부식되어 가고 있었다. 그 곳에 1년 동안 머무른다면 선량은 약 350밀리시버트가 된다.

우리가 원자로에 가까워지자 맥심은 당국이 여러 장소들을 금지하였고, 사진 찍는 것도 제한했다고 말했다. '허용되지 않는다'라는 표현을 즐겨 사용했다. 우리는 원자력발전소 현장에서 멀리 떨어진 곳에 멈춰서 원자로 1, 2호기의 사진을 찍었다. 원자로 1, 2호기는 수년간 계속 가동되었지만, 쿠치마 대통령(President Kuchima)의 명령에 따라 가동 중지되어 있었다. 한 개의 굴뚝과 냉각탑이 있는 단일 건물에 두 기의 원자로가 들어있다. 가동 중지된 원자로 건물은 녹슬었지만, 아마도 연료를 제거하고 냉각저장조에 넣은 상태에서 적절하게 폐쇄되었을 것이다. 프랑스인들이 이곳에 사용후핵연료를 처리할 수 있는 저장시설을 건설 중이었는데, 그 건물은 우리가 관측하고 있는 위치로부터 도로 반대편에 있었다. 사진 촬영이 허용되지 않았다. 3억 유로를 지출한 후 이 프로젝트는 포기되었다. 맥심은 그 이유를 알지 못했고, 그런 것에 관해 질문하는 것은 위험하다고 했다.

우리는 한 건물에 들어있는 원자로 3, 4호기 근처의 주차장과 견학 지점으로 운전해 갔다. 한 쪽은 상대적으로 정상적으로 보였는데, 2000년까지 계속 가동되었던 원자로 3호기가 설치되어 있는 쪽이었다. 다른 쪽은 석관(sarcophagus, shelter object)으로 덮여있는 파괴된 원자로 4호기이다. 현장에 기념물(memorial)이 있었으며 괜찮은 원자로 사진을 찍을 수 있었다.

대 재난을 덮기 위하여 석관을 짓고자 했을 때 파괴된 원자로의 극한 조건을 감안하면 석관이 다소 허술하게 지어지고 여기저기 물이 새는 것은 거의 놀랄 일이 아니다. 이 석관은 영원히 지속될 수 있도록 제작되지 않았으며 확실히 오래가지 못할 것이다. 메리 마이키오에 의하면, 물이 균열을 통해 세어 나와서 올림픽 수영장 규모의 절반 이상 크기를 형성하고 있었다.(16)

맥심은 내부의 선량률이 30Gy/hr(3,000R/hr)라고 말했다. 나는 맥심에게 코끼리 발처럼 보인다는 핵연료가 녹아 내려 굳은 모습의 원자로 모형과 원자로 바닥에는 무엇이 쌓여 있는지를 아는 사람이 있는지를 물었다. 그는 우리가 그것을 보기 위해서는 특별한 허가가 필요하며, 허가 서류를 얻는데 하루가 걸릴 것이라고 했다. 우리를 들어가게 해주기 위해 전화를 수차례 걸어보았지만, 불행히도 같은 부지에 이미 한 그룹의 과학자와 엔지니어들이 견학을 하고 있었기 때문에 퇴짜를 맞았다.

원자로 4호기 바로 옆에 새로운 안전 '격납건물(New Safe Confine-ment)'이 건설 중이었다. 우리가 박물관에서 본 3차원 컴퓨터(3D-CAD)시뮬레이션으로 보여준 안전 격납건물은 높이 108미터, 폭 257미터, 길이 162미터의 거대한 격납건물이다. 그것은 거대한 탑이 있는 구역에 건설되고 있었으며, 건설 후 사고로 파괴된 원자로를 덮기 위해 거대한 콘크리트로 만들어진 레일을 따라 앞으로 미끌려 갈 것이다. 일단 이것이 완성되고 석관 위를 덮게 되면, 원격으로 석관을 구성하는 판과 대들보를 해체할 수 있는 기능을 가질 것이며, 사고 현장의 오염 제거를 최종 목표로 하고 있다. 이 건물은 더 오래 견딜 것이며, 최소한 100년 이상 유지되도록 설계되었다. 작업은 꽤 잘 진행되는 것 같았다. 커다란 탑이 세워졌고, 격납 건물 여러 부분이 완성된 것처럼 보였다. 이 건물은 벡텔(Bechtel), 이디에프(EDF), 바텔(Battelle) 및 케이에스케이(KSK, 우크라이나 하청 업체)에 의해 제작되고 있었다. 맥심은 현재 계획으로 2015년에 완공될 예정이라고 했으며, 내가 봤을 때 꽤 현실적이라고 생각했다(역자 주 : 2019년 4월에 완공되었다). 왜 그런지 모르겠지만(비밀로 해야 할 정도로 특별해 보이지 않았다), 사진을 찍는 것이 금지되어 있다고 말했다. 맥심은 당국이 감시할 목적으로 모든 방문객들의 사진을 찍어 갔다며 우리가 규칙을 바꾸려고 하면 가이드들이 많은 어려움을 겪을 수 있다고 말했다.

원전 부지를 떠나 프리피야트로 가는 도중에 붉은 숲의 가장자리에 있는 교차로에 도달했다. 이 숲은 사고 원자로 낙진의 최악의 방향과 일직선상에 있었던 11.7제곱킬로미터의 소나무 숲이었다. 소나무는 대부분 사라지고, 자작나무 숲(birch forest)이 조성되어 있었다. 그것은 불에 타 쓰러진 소나무 숲을 계승한 것처럼 보였다. 실제로 붉은 숲의 소나무는 불도저로 쓰러뜨려 매몰하였고 나중에 소나무가 심어졌지만, 여전히 높은 방사선에 의해 죽어갔다. 자작나무는 방사선에 덜 민감하므로 소나무에 비해 잘 자랐다. 전체 배타구역은 나무와 초원으로 덮이면서 야생으로 되돌아갔다. 가을이 아직 멀어서 나뭇잎들은 아직 단풍이 들지 않았었다.

다음 목적지인 프리피야트에 도착했다. 이 도시는 1970년대에 원자력발전소 젊은 근로자들과 그 가족들을 지원하기 위해 최고의 계획도시로 만들어졌지만, 지금은 유령도시가 되었다.

사고가 있던 날 오후에 작업자들은 필수품만 챙겨 며칠 동안만이라도 대피를 하라는 말을 들었으나 영원한 이별이 되고 말았다.

아마도 공황(panic) 사태를 막기 위해 그렇게 말했을 것이다. 이들은 요오드화칼륨 정제를 복용할 수 있었던 운 좋은 사람들이었는데, 아마도 어린이 갑상선 암을 예방하는데 큰 효과를 보았을 것이다.

도시의 광장을 따라 산책로(promenade)를 운전하노라면, 길을 따라 서있는 건물들이 잘 보이지 않을 정도로 여기 저기 무성하게 자란 나무들을 보게 된다. 광장은 대규모 콘크리트 바닥에 몇 개의 분수대들이 설치된 개방 구역이었지만, 이곳 역시 과거 분수대였던 작은 연못들과 콘크리트 바닥을 뚫고 많은 나무들이 있는 것

〈그림 10.2〉 프리피야트의 중앙 광장 ⓒ MICHAEL H. FOX

을 볼 수 있다<그림 10.2>. 포장도로의 균열을 따라 이끼(moss)들이 자라고 있었다. 일반 지역보다 다소 방사능이 높았는데, 약 $2\mu Sv/hr(18mSv/yr)$의 선량이 측정되었다. 광장의 반대편에 있는 대형 건물은 공연을 하던 문화공간(Cultural Palace) 뿐 아니라, 볼링장 그리고 주민들을 위한 다양한 오락시설들이 들어섰던 건물이었는데, 지금은 무너져 내리고 있었다. 우리는 한 때 '금지된 곳'이었던 극장의 한 귀퉁이로 들어갈 수 있었다. 바닥에 떨어져 있는 무대 조명과 레닌(Lenin)을 포함한 공산당 관리들의 포스터가 나뒹굴고 있었는데, 그 모습이 매우 초현실적으로 느껴졌다. 전체 구역은 고대 폐허를 뒤덮은 마야의 정글을 연상시킨다. 이 변화가 바로 여기서 있었던 일이고, 그것도 놀랄 만큼 빠른 시간에 일어난 일이었다. 어쨌든 원전 사고는 불과 27년 전에 일어났고, 이미 프리피야트는 야생의 숲이 되었다. 놀라운 일이다.

우리는 어느 도시에서나 볼 수 있는 대회전 관람차(Ferris wheel)가 황량한 기념물로 서있는 놀이공원(Amusement park)으로 걸어갔다. 사용된 적이 없어 보였다. 놀이공원은 사고가 발생한 4월 26일부터 3일 후인 5월 1일에 개장할 예정이었다. 회전목마(merry-go-around)가 근처에 있었는데 체르노빌이라는 인적 재앙의 낡은 유물이 되어버렸다. 녹슨 범퍼카 유골로 가득 찬 범퍼카 경기장 근처에는 놀랍게도 200μSv/hr(1.6Sv/yr)나 되는 핫스팟(hot spot)이 있었다.

우리는 숲을 지나 수영장까지 옛 거리를 차로 달렸다. 숲과 꽃으로 둘러싸여 있었다. 수영장 건물을 둘러싸고 있는 커다란 창문들은 모두 파손되어 있었지만, 높은 다이빙 플랫폼들이 있는 수영장 구역으로 들어갈 수 있었다. 폐허가 된 농구장이 있고, 위층에는 벽의 균열을 따라 고사리가 자라고 있는 방들이 있었다. 자연이 점령군이 되어서 점령하는 중이었다. 다음으로 우리는 고등학교까지 차를 운전해갔고, 버려진 빌딩의 긴 복도와 교실들을 둘러보았다. 식당 바닥에는 방독면들이 흩어져 있었다. 그들은 가스나 화학무기에 대한 두려움 때문에 가스 마스크들을 보유하고 정기적인 훈련을 받았다. 냉전 시대의 두려움 때문이었다. 분명히 청산인들(liquidator)이 가스 마스크와 학교 건물을 사용하고, 그것들을 식당에 모두 버리고 떠났을 것이다. 일부 복도와 교실 바닥에는 낡은 책들이 흩어져 있었다. 왜 책들을 모두 바닥에 버렸는지는 수수께끼이며, 맥심이 그 이유를 설명하려고 했지만 쉽지 않았다. 아마 거지들이 와서 원하는 것만 가져갔을 것이고, 책은 원하는 물건이 아니었을 것이다. 과학 교실이었을 방의 벽에 오래된 전자기파 방사선 도표가 있었는데, 방사능 재난에 대한 상징 같아서 흥미로웠다.

점심시간이 지나 이미 2시 30분이었다. 그래서 그곳을 떠나 카페테리아로 향했다. 이미 몇 대의 관광 버스가 미리 대기하고 있었다. 그래서 약 15분을 더 기다려서야 입장할 수 있었다. 매우 훌륭하고 풍성한 점심이었다. 그러나 버섯이나 베리(berry)는 나오지 않았다. 점심 식사 후 우리의 마지막 방문지는 원자로에 냉각수를 공급하던 저수지 수로였다. 이곳은 메기들에게 먹이를 주는 곳이 되어 있었다. 우리는 점심 때 남은 빵 조각들을 던져 주었고, 그것을 먹기 위해 물고기들이 몰려들었다. 특히 작은 물고기들이 미친듯이 몰려들었다. 그러나 철도 교량 중앙의 한 지점에서는 큰 메기들이 모이는 것을 볼 수 있었다. 그들은 먹잇감을 신중히 선택했다. 충분히 많은 먹이들이 있었다. 맥심은 이 물고기들은 어린 물고기들이고 무게가 단지 30~40킬로그램 정도라고 말했다. 저수지에 살고 있는 큰 물고기들은 300~400킬로그램 정도 나간다. 이것은 물론 방사선 때문은 아니다. 낚시가 허용되지 않으므로 최고의 포식동물이 없다는 사실에 유의하라.

나는 새나 야생 생물들을 보길 원했으나, 실제로는 기대하지 않았다. 까마귀(crows), 까치(magpies), 매(hawks) 등을 보았지만, 흰꼬리 독수리나 검은 황새는 보지 못했다. 야생 돼지 또는 다른 야생동물은 없었다. 우리는 정오에 이곳에 왔고, 배타지역의 외곽 지역에는 가지 않았기 때문에 놀랄 일은 아니었지만, 약간 실망했다. 그렇지만 그것은 '체르노빌 방사성 공원(Chernobyl Radioactive Park)'으로의 매우 흥미로운 여행이었다.

이 장소가 특별한 이유는 무엇일까? 사람에 관한 한, 집을 떠나 새로운 공동체에 적응해야 하는 것은 재앙이다. 물론 방사선으로 사망한 환자에게도 재앙이며, 갑상선암에 걸려 남은 수명 동안 타이록신(thyroxin) 보조제를 복용해야 하는 어린이들에게도 문제다. 그러나 '체르노빌의 아이들(Children of Chernobyl)' 조직은 그들이 보고한 대부분의 문제들이 방사선과 아무 관련이 없는데도, 많은 사람들을 방사선 희생자로 만들려고 노력함으로써 문제를 지나치게 부풀리고 있다.

자연에게 사고는 경우에 따라서는 좋은 것이 되기도 한다. 사람들이 배제되기 때문에 식물, 나무, 새 그리고 각종 동물들이 차지하게 된다. 일부 지역은 방사선량이 높을지라도 생명체가 번성하고 있다. 최선의 일은 사람들이 이곳으로 돌아와서 자연의 지배자로 군림하는 것을 막는 것이다. 밀렵꾼이나 숲에 들어 오려는 다른 사람들도 있지만, 경찰이 그들을 막고 있다. 정부는 이곳에 사람들이 돌아오도록 하는 이주 대책을 세우지 말고, 야생동물 보호구역과 관광지로 남겨두기를 바란다. 버스에서 멀리 떨어져 프리피야트에 있었을 때, 그곳은 조용하고 평화로웠으며, 문명이 존재했다는 사실을 잊어 버릴 수 없다. 그것이 바로 이 성스러운 장소에 어울리는 모습이다.

우리는 배타구역을 떠날 때 옷이나 신발에 붙어있는 방사선을 탐지하기 위해 전신 스캐너(full body scanner)를 통과했다. 모두 '정상(normal)'이었고 배타지역을 떠나 키에프로 향했다. 대단한 하루였다.

원자력에 대한 영향

체르노빌 원자로 유형이 구소련 이외 다른 곳에서는 운용되지 않았고, 러시아 연방의 기존 흑연감속 비등수형 원자로(RBMK)가 모두 개조되어서 동일한 종류의 운전원 실수가 일어나더라도, 큰 사고로 이어지는 일련의 사건들이 일어난다고 단정하기 어렵다. 따라서 체르노빌 사고를 일반화할 수 없다. 또한 서구의 원자로들은 흑연감속 비등수형 원자로처럼 운전하지 않기 때문에 체르노빌 사고가 서구의 원자로 설계에 영향을 주지 않았다.

그럼에도 불구하고 원자로 안전은 전 세계적으로 문제가 되었다. 체르노빌 사고가 TMI 사고에 이어서 일어나면서, 세계는 원자력을 더 미심쩍게 바라보게 되었고, 일부 국가는 극단적으로 반핵이 되었다. 체르노빌에 영향을 받아 이탈리아는 1990년에 원자로들을 폐쇄했고, 독일은 1989년에 17번째 원자로를 마지막으로 건설했다.(35) 체르노빌 사고는 미국에서 새로운 원자로 건설을 중지해야 한다는 압력을 가중시켰다. 그러나 시간이 지남에 따라 원자력 발전에 대한 우려는 점차 사라지고, 새로운 원자로들을 빠르게 계획하고 건설하고 있다. 특히 아시아에서는 더 빠르게 계획되고 건설되었다.

이쯤에서 사고에 관한 이 장을 끝내려 했지만, 책을 쓰는 동안 자연재해(natural catastrophe)가 일본의 원자력 사고를 일으켰으며, '원자력 공포'라는 악마(nuclear fear demon)를 다시 풀어 놓았다.

후쿠시마, 2011년 3월 11일

어떻게 사고가 일어났나?

2011년 3월 11일 오후 2시 46분(현지 시간) 거대한 자연재해가 일본에서 일어났다. 후쿠시마 부근의 다이이치 원자력발전소(Daiichi nuclear power plant)로부터 150킬로미터 떨어진 바다에서 진도 9.0의 지진이 발생했다. 후쿠시마 발전소에는 6기의 원자로가 있었다. 1~3호기는 가동 중이었고 즉시 지진으로 인해 전력 공급을 중단한 후, 디젤 발전기들(diesel gnerators)로 비상 냉각을 시작했다. 4호기는 연료 교체를 하고 있었기 때문에 노심에 핵연료가 없었다. 5호기와 6호기는 콜드 셧다운(운전 정지) 상태여서 작동이 중단되어 있었다.

일본을 강타한 사상 최대 규모의 거대한 지진(earthquake)은 혼슈 북부의 해안 도시들을 황폐화시킨 두 차례의 거대한 해일(tsunami) 을 일으켰다. 6월까지 사망자와 실종자는 24,000명이 넘었다. 1 년 후 사망자와 실종자의 최종 숫자는 약 19,000명이었고, 부상자 는 27,000명이었다. 400,000개의 건물이 파괴되었고, 거의 700,000 개 이상이 손상되었다.(36) 13.7미터 높이의 해일이 후쿠시마 발전 소에 밀려들었고, 원자로를 보호하기 위해 설계된 6미터 벽을 넘었 다. 범람(flooding)으로 인해 디젤 발전기가 물에 잠겼고, 동작이 중 단되었다. 배터리 백업 전원(battery backup power)이 비상냉각 시스 템(emergency cooling system)을 가동하기 위해 활성화되었지만, 몇 시 간 후에 배터리가 고장 났으며, 더 이상 원자로를 냉각시키는 펌프 를 가동할 전력이 없었다. 그 결과 지진과 해일의 엄청난 재난 외 에 원전 사고가 발생했다.(37~39)

후쿠시마 원자력발전소는 비등경수형 원자로로 TMI의 원자로와 다르지만, 체르노빌의 원자로와 동일한 일반적인 노형이다. 그러 나 이 원자로들에는 흑연 감속재가 없으며 물에 의해 냉각된다. 원 자로 노심은 콘크리트 1차 격납 구조 내에 있는 강철 원자로 용기 에 들어있다. 도넛 모양의 용기인 압력수조(토러스, torus)가 원자로 를 둘러싸고 있으며 노심에 연결되어 있다<그림 10.3>. 이 원자로

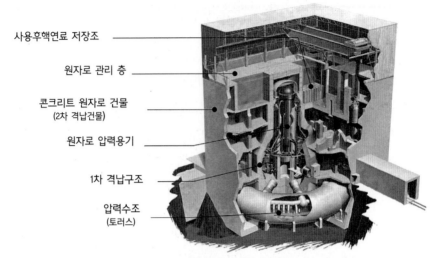

사용후핵연료 저장조

원자로 관리 층

콘크리트 원자로 건물
(2차 격납건물)

원자로 압력용기

1차 격납구조

압력수조
(토러스)

〈그림 10.3〉 후쿠시마 원자로 구조 ⓒ 세계원자력협회(World Nuclear Association)

는 외부 전원(external power)의 손실이 발생하더라도 비상 냉각을 제 공하도록 설계되었지만, 물이 끓는점에 도달할 때까지만 이를 수 행할 수 있다. 해일로 인한 총체적인 고장으로 인해 노심의 물이 끓어서 원자로 위기가 시작되었다.

원자로 1~3호기의 노심에 있는 물은 증기로 변하기 시작했고, 압력이 높아짐에 따라 압력을 방출하기 위해 감압밸브(relief valve) 가 열렸다. TMI에서 일어난 것처럼 원자로 노심에서 수위가 떨어 졌지만, 훨씬 더 심했다. 노심의 약 4분의 3이 노출되면서 온도가 1,200℃ 이상으로 상승하고, 지르칼로이 피복관이 산화되고 분열 되기 시작했으며, 핵분열생성물이 방출되고 지르코늄과 증기의 반 응으로 수소가 생성되었다. 해일 발생 후 16시간 만에 1호기 노심 의 대부분이 녹았다. 용융된 노심이 강철 원자로 압력 용기(reactor pressure vessel, RPV)의 바닥을 녹이며 통과한 후 콘크리트 기본 1차 격납 구조 바닥으로 약 70센티미터까지 뚫고 내려갔다는 것을 나중에 알게 되었다. 2호기와 3호기의 핵연료 대부분도 1~2일 후에 녹았으나 강철 원자로 압력용기를 뚫지는 못했다.(40)

수소 및 제논, 요오드, 세슘과 같은 휘발성 핵분열생성물은 원자로 1차 격납 구조에 과도한 압력을 형성한 후 2차 격납건물(원자로 건물)로 배출되어야 한다. 이 건물들은 단지 10여 센티미터 두께의 벽을 가지고 있어서 높은 압력을 견딜 수 없었기 때문에 수소와 약간의 방사능이 방출되었다. 그럼에도 불구하고 3월 13일에 원자로 1호기와 3호기에서 수소 폭발이 일어났고, 원자로 1차 격납구조(내부 격납구조)는 여전히 손상되지 않았지만, 2차 격납건물(외부 격납건물, 원자로 건물) 상당부분이 날아갔다. 원자로 3호기는 재처리한 MOX 연료를 태우므로 플루토늄 함량이 높았지만, 사고 후 원자로 노심에 플루토늄과 우라늄이 남아 있었다. 원자로 2호기는 토러스가 손상을 받았고 이로 인해 핵분열생성물이 통제되지 않고 환경으로 누출되었다.(38, 41, 42)

10월까지 원자로 건물[1]에 방사선 추가 방출을 막기 위한 덮개를 제작했고, 12월 16일까지 3기의 원자로가 모두 70°C 가량의 온도로 콜드 셧다운 되었다. 2012년에 건물 3과 4의 덮개 건설이 시작되었다.(40, 42~44)

원자로 4호기는 해일 이전에 정지되었고, 노심에 연료가 없었기 때문에 노심용융 문제는 없었다. 그러나 원자로 건물은 사용후 핵연료봉이 들어있는 냉각저장조를 보유하고 있고, 원자로 4호기의 냉각저장조는 보통 때와는 다르게 노심 전체 연료로 가득 차서 많은 열이 발생하고 있었다. 냉각저장조는 순환하는 물로 냉각해야 하는데 해일이 밀려들어 펌프를 정지시켰다. 냉각저장조[4]에서 물이 끓어서 연료봉의 일부가 노출되고, 부분적으로 녹아서 수소가스와 핵분열생성물이 방출되었다. 건물[3] 또한 수소가스 폭발로 손상되었는데 이 가스는 원자로[4]에서 공유 통풍구를 통해 넘어 왔다. 사고 후 연료 저장조로 물을 주입하여 물이 끓지 않게 했다. 현재는 폐쇄형 순환 시스템으로 냉각저장조가 정상 온도로 냉각되고 있으며, 연료저장조[5] 건물이 보강되어 있다.(40)

지진과 해일에 모든 원자로가 사고를 겪은 것은 아니다. 원자로 5호기와 6호기는 콜드 셧다운 상태였고 아무런 문제가 없었다. 다이이치에서 남쪽으로 약 11.2킬로미터 떨어진 다이니 원자력발전소(Daini nuclear power plant)의 네 기의 원자로 중 세 기의 원자로가 최대 전력으로 가동 중이었으며, 디젤 엔진도 해일로 인해 정지되었지만, 노심용융이나 방사능의 방출 없이 완벽한 콜드 셧다운 할 수 있었다. 다이이치에서 북쪽으로 120킬로미터, 지진의 진원지에 더 가까운 오나가와 원자력발전소(Onagawa nuclear power plant)에서는 세 기의 원자로가 가동 중이었고, 9미터의 해일에 견디도록 방벽이 만들어져 있었다. 그들은 정상적인 콜드 셧다운에 들어갔고 방사능도 일체 방출하지 않았다(역자 주: 2011. 3. 11. 쓰나미로 집과 일터를 잃은 오나가와 주민 최대 364여 명은 여진을 피하기 위해 내진 설계가 되어 있는 오나가와 원전으로 대피하여 2011. 6. 6까지 3개월간 발전소 내에서 기거하였다).(42, 45)

운전원 실수와 설계 결함으로 인한 다른 원자력 사고들과는 달리 후쿠시마 원전 사고는 설계 시 반영이 안된 거대한 자연재해의 결과였다. 일본 북부 거대한 지역의 인프라 전체가 지진과 해일로 파괴되었다. 도로는 끊어지고, 전력이 상실되고, 건물은 산산이 부서지고, 장비들은 고장이 났으며, 배들은 내륙으로 올라앉았으며, 거의 2만 명이 사망했다. 이로 인해 후쿠시마 사고를 처리하기 위해 장비를 가져오는 것조차 매우 어려워졌다. 많은 작업자들이 집과 가족을 잃어 버렸음에도 불구하고 원전 사고 위기에 대응해야만 했다. 이러한 끔찍한 상황에서 원전 사고 위기를 통제할 수 있었던 이 노동자들의 영웅적인 노력의 결과였다.

건강 및 환경 영향

세 기의 원자로들에서 원자로 노심이 용융되긴 했지만 체르노빌과 같지는 않았다. 왜냐하면 1차 원자로 격납 구조가 손상은 입었지만 파괴되지는 않았으므로 사고 후 수일 동안 방사능 누출이 세 차례의 작은 폭발 사건으로 제한되었기 때문이다. 후쿠시마의 원자로 세 기에서 공기로 방출된 방사능의 양은 ^{131}I 500PBq과 ^{137}Cs10PBq를 포함하여 체르노빌에서 방출된 ^{131}I 등가방사능(^{131}I equivalent radioactivity)[5]의 약 18%이다(각각 체르노빌의 1760 및 85PBq과 비교).(40) 노심 온도가 스트론튬을 휘발시키기에 충분히 높지 않았기 때문에 ^{90}Sr은 방출되지 않았다.(46)

사고 초기에 도쿄의 남쪽에 있는 수자원에서 ^{131}I의 시험 결과가 (국제 표준보다 10배 낮은 일본의 엄격한 유아(infants) 기준치보다) 높아서 수자원이 위험할 것이라는 우려가 있었다. 그러나 그 다음날부터 ^{131}I의 수중 농도가 기준치를 밑돌았으며 제한 조치(restrictions)가 해제되었다.(47)

방사성 구름의 대부분은 발전소 주변에 국부적으로 방사성 물질을 떨어뜨려 가장 높은 선량률을 만들었으며, 체르노빌의 패턴과 유사하게 발전소의 북서쪽으로 바람에 의해 날아가서 비가 되어 떨어졌다. '의도적 대피구역(deliberate evacuation zone)'으로 알려진 20킬로미터 밖의 몇몇 공동체들과 함께 20킬로미터까지 강제대피구역(mandatory evacuation zone)이 지정되었다. 20킬로미터 대피구역 밖의 최고 선량률은 북서쪽으로 30킬로미터 떨어진 이타테(Iitate) 마을로 약 6천 명의 주민이 살고 있었다. 약 100,000명이 대피했으며 적어도 6개월 동안은 복귀할 수 없었을 것이다. 대피한 사람들 중 어느 누구도 건강에 해를 입을 정도로 높은 수준의 방사선에 노출되지는 않았다. 방사능의 대부분은 몇 달 안에 사라지는 ^{131}I로 인한 것이었지만, ^{137}Cs의 토양 오염은 수년 동안 유지될 것이므로 제염을 해야 할 것이고, 일부 지역은 장기배제구역(long term exclusion zone)으로 남게 될 것이다. 그러나 고농도로 오염된 지역들은 체르노빌 근처의 고농도 오염 지역들보다 훨씬 작았다.(48) 일본 정부는 대피구역에서는 사고로 인한 방사선량을 20mSv/yr 이하로, 학교와 같이 어린이가 자주 다니는 지역은 1mSv/yr 이하로 낮추겠다는 목표를 세웠다.(49)

2012년 말 현재, 원래 지정된 대피구역의 약 절반이 보호 장비나 감시 장치 없이 접근 가능하지만, 밤새 머무는 것은 허용되지 않았다.(40)

얼마나 많은 사람들이 후쿠시마에서 죽게 될까? 지진과 해일로 인해 원자력발전소 작업자 3명이 사망했다. 또한 폭발로 인해 부상당한 근로자는 약 15명이었지만, 부상자 중 누구도 생명을 위협받지는 않았다. 지진 해일과 지진이 만든 끔찍한 상황 속에서 사고에 대응해야 했던 작업자들은 많이 흥분한 상태였었다. 뉴스 헤드라인들은 작업자들은 모두 높은 방사선량으로 인해 사망하게 될 소위 '자살 작업자들(suicide workers)'이라고 충격적으로 주장했었다. 도쿄대학병원의 방사선학과 부교수인 케이치 나카가와(Keiichi Nakagawa)는 "나는 달리 표현할 방법을 모른다. 그러나 이것은 전쟁에서 자살 특공대와 같다"라고 말했다.(50) 그러나 이것은 완전히 난센스다. 두 명의 작업자는 발전소에서 일하는 동안 방사성 물이 부츠에 들어갔고 요란한 앰뷸런스 소리와 함께 병원으로 이송되었다. 그들은 국소 피폭된 방사선으로 인해 발에 홍반(햇볕과 비슷하게 피부가 붉어지는 현상)을 앓았다. 그들은 발에 2~3시버트를 받았고, 이로 인해 피부가 붉어졌었다.(42) 암에 대한 표준 방사선 치료 시 6주 동안 일주일에 5번씩 각각 2시버트 분량을 받는 것과 비슷하다. 따라서 그들은 발에 방사선 치료를 약 1회 받은 셈이다. 미국 방사선 작업자에게 있어서 발의 허용선량은 연간 500밀리시버트이다. 발은 방사성 저항성이 높은 부위이다.

2011년 말까지 167명의 작업자가 100밀리시버트 이상 피폭되었는데, 그 중 135명이 100~150밀리시버트, 23명이 150~200밀리시버트, 3명이 200~250밀리시버트, 6명이 250밀리시버트를 넘었다.(51) 방사선 작업자의 일반적인 국제 허용선량 한도는 연간 50밀리시버트이지만, 비상사태 시에는 500밀리시버트이다. 상황을 고려해 일본 작업자의 선량한도가 250밀리시버트로 설정되었다.(52) 성인 작업자의 경우 암으로 사망할 위험은 시버트당 4%, 즉 250밀리시버트를 받은 작업자는 방사선으로 인해 암으로 사망할 가능성이 약 1%이다. 물론 정상적인 암 사망 위험은 약 25% 정도로 높다.(53) 이들을 '자살 노동자'라고 말하기는 어렵다. 심각한 수준의 방사선에 노출된 작업자의 수가 매우 적었고, 암으로 인한 사망자 수는 단한 명 정도일 수 있다.

사고 발생 1년 후, 피폭된 사람들에 대한 연구 결과가 보고됨에 따라 건강에 미치는 영향이 보다 명확해졌다. 보건물리학회(Health Physics Society)는 2012년 3월 2일 워싱턴 DC 기자 브리핑에서 지진과 해일로 약 2만 명이 사망했지만, 방사선 영향으로 사망한 사람은 아무도 없었다고 보고했다. 원자로에 가장 가까이 있었던 1만명 중 거의 60%가 1밀리시버트 미만의 선량을 받았고, 40%는 1~10밀리시버트의 선량을 받았다. 7명은 10~20밀리시버트 사이의 선량을 받았고, 2명은 20~23밀리시버트 사이의 선량을 받았다. 미국인의 연간 평균 선량은 6.2mSv/yr이다(제8장 참조).

원전 사고로 인한 일본 대중이 받은 선량은 매우 낮아서 암 발생률의 증가는 약 0.001%로 추정된다. 이 값은 너무 작아서 어떤 역학 연구에서도 과도한 암 위험을 감지할 수 있을 가능성은 결코 없을 것이다.(54) 건강상의 위험은 지진과 해일로 마을과 집들이 대규모로 파괴된 것과 관련한 스트레스 그리고 이것에 더해서 방사선에 대한 두려움(fears)에 전적으로 기인한다.

간단히 말해서 사람들의 삶이 혼란스럽고, 지속적인 스트레스가 우울증과 심장병에 영향을 미치는 것으로 이것들이 재난으로 인한 건강상의 가장 큰 영향이다.(55)

세계보건기구는 2013년 초, 의도적 대피구역에 있던 사람들이 암을 앓을 (사망하지는 않지만) 위해도 평가 결과를 보고했다. 가장 많은 선량을 받은 사람들은 사고 전(56) 나미에 마을(Namie Town)에 살던 약 21,000명의 주민들과 이타테 마을의 약 6,000명의 주민들이다. 선량을 과대평가하는 매우 보수적인 가정을 사용하였을 때 나미에 마을 주민들의 평균 선량은 약 25밀리시버트이고, 이타테 마을 주민들의 평균 선량은 약 15밀리시버트이다. 이 선량값들은 외부피폭선량과 (보수적으로 평가하기 위해) 같은 동네에서 재배한 것으로 가정한 음식 섭취로 인한 내부피폭선량이 포함되어 있다. 또 이 보고서는 DDREF(선량 및 선량률 효과)가 1이라고 가정했는데(제7장 참조), 이는 위험을 과대평가할 가능성이 크다.

보고서에 의하면, 가장 높은 노출 지역(나미에 마을)의 남성 유아는 정상적인 기준치(normal baseline rate)에 비해 평생 백혈병 위험이 7% 증가할 수 있다고 결론지었다. 또 여성, 유아의 경우 기준치들보다 유방암 6%, 모든 고형암 4% 및 갑상선암 70%의 증가가 가능하다고 했다. 일본은 정상적인 갑상선암 발병률이 매우 낮으므로 (0.75%) 이것은 단지 0.5% 증가를 의미한다. 물론 갑상선암은 치명적이지 않다. 상대적으로 나이 먹은 어린이와 성인의 예상 암 발병 위험은 더 낮다.(46) 이 보고서는 다양한 연령층의 사람들의 수를 명시하진 않았다.

이 추정치들이 현실적인지 생각해 보자. 체르노빌 사고 이후에 고선량(high dose)에 노출된 사람들에게서 백혈병이나 유방암이 증가하지 않았음을 기억하자. 그러므로 세계보건기구는 암 위험을 과대평가했을 가능성이 있다. 어린이를 포함한 집단에 대해 시버트당 5%(저선량 방사선, low dose radiation)라는 '국제방사선방호위원회(ICRP)' 발암 위해도 기준을 적용해보면(제7장 참조) 평균 25밀리시버트에 노출된 나미에에 있던 21,000명의 사람들 중 26명의 암을 추가로 기대할 수 있으며, 이타테에 있는 6,000명의 사람들 중에서 약 4명의 추가 암을 기대할 수 있다. 이 수치는 정상적인 암 위험 기대치 25% 혹은 나미에의 5,250명과 이타테의 1,500명과 비교된다. 즉 예상되는 추가 암은 측정할 수 없을 정도로 작은 수이다.

체르노빌과 후쿠시마 원전 사고 모두 국제 원자력 및 방사선사건 척도(International Nuclear and Radiological Event Scale, INES)에서 지진에 사용된 리히터 규모(Richter scale)와 비슷한 로그 스케일(logarith-mic scale)로 7등급 즉 '심각한 사고(major accident)'로 평가되었다.(57) 그러나 체르노빌과 후쿠시마가 모두 심각한 사고였음에도 불구하고 큰 차이가 있다. 체르노빌에서 사고는 운전원 실수와 잘못된 원자로 설계로 인해 발생했다. 방사선 피폭으로 인한 사망자는 28명, 갑상선암으로 인한 사망자는 15명, 불확실한 원인으로 인한 사망자는 19명, 평생 동안 4,000명의 추가 암 사망자가 예상된다. 336,000명의 사람들의 대피를 필요로 하는 광범위한 환경오염이 있었다. 후쿠시마에서는 사고가 운전원의 잘못이나 원자로 설계로 인한 것이 아니라 전례 없는 지진과 해일로 약 20,000명이 사망한 결과였다. 체르노빌에서 방출된 방사능의 약 18% 가량이 방출되었다. 방사선 피폭으로 인한 사망자는 없었으며, 작업자들에게서 단 한 건의 암 사망이 예상되며, 낙진 경로에 있던 사람들에게서도 25~30명의 암 발병이 예상된다. 10만 명의 사람들을 일시적으로 대피시켜야 할 정도로 상당히 광범위한 오염이 있었지만, 장기적 영향은 훨씬 더 좁은 지역에 국한되었다. 체르노빌과 후쿠시마 둘 다 심각한 사고였지만, 후쿠시마에의 영향은 훨씬 덜 심각하다.

원자력에 대한 영향

이 사고가 원자력 발전에 어떤 의미가 있을까? 오직 시간만이 말해 주겠지만, 사고 초기 반응들을 살펴보면 사고 장소가 다르면 사고 결말들도 극적으로 달라질 것이라고 말해준다. 미국에는 후쿠시마와 비슷한 사고가 발생할 수 있는 부지에 단 두 기의 원자로

가 있다. 산 루이스 오비스포(San Luis Obispo)에서 남서쪽으로 19.2
킬로미터 떨어진 디아블로 협곡(Diablo Canyon)과 캘리포니아 주 샌
디에이고 근처의 산 오노프리(San Onofre)가 그것들이다. 이들은 단
층(faults) 근처와 바다 근처에 위치해 있다. 그러나 디아블로 협곡
은 해발 26미터에 위치하고, 산 오노프리는 해발 15미터에 위치
해 있으며, 바닷쪽 벽이 9미터에 이르기 때문에, 최악의 지진 발생
을 대비해서 설계된 것이며, 둘 다 해일의 영향을 받지 않도록 되
어 있다. 둘 다 원자로 위에 냉각수 탱크를 비치하고 있기 때문에
완전한 정전이 발생해도 중력에 의해 물의 공급이 유지된다.(58) 그
러므로 이들 중 어느 것도 일본에서 일어난 것과 동일한 일련의 사
건을 겪지 않을 수 있다. 후쿠시마 사고는 새로운 원자로의 허가에
다소 영향을 줄지는 모르지만, 원자력에 대한 큰 여파(ground swell)
는 없는 것 같다. 그러나 최근 여론조사에 의하면, 원자력발전소에
서 16킬로미터 이내에 거주하는 주민의 80%가 미국에서 전기를 공
급하기 위한 원자력 사용을 지지했으며, 83%는 미국 원자력 산업
이 안전하다고 생각하고 있다.(59) 미국의 원자력전력회사 CEO들
은 여전히 원자력을 확대하는데 관심이 있지만, 그들이 얼마나 빨
리 움직이는가는 후쿠시마 사고보다 경제적 여건에 달려있다.(60)

　유럽의 반응은 다양하다. 독일과 스위스는 원자력을 포기하기
로 결정한 극단적인 입장을 취했다. 스위스에는 전기의 40%를 공
급하는 다섯 기의 원자로가 있고 두 기가 더 건설될 계획이었지만,
의회가 2034년까지 원자력을 단계적으로 폐지하기로 결정했다.(61)
독일은 오랫동안 원자력에 대해 다소 편집증적이었으며, 체르노
빌 이후로 강력한 녹색당(green party)이 원자력에 대해 큰소리로 반
대하고 있다. 안겔라 메르켈 총리(Chancellor Angelar Merkel)는 원자

력을 지지해 왔으며, 후쿠시마 사고 몇 달 전만 해도 독일 전기의 23%를 공급하고 있던 기존 원자로 열일곱 기의 운용 인허가를 연장하는데 합의하도록 노력하고 있었다. 그러나 대중의 불안과 반핵시위에 직면한 갑작스런 반전 상황에서 그녀는 2022년까지 원자력을 폐쇄하기로 결정했다. 독일은 알려진 단층선도 없으며 해일의 피해를 입을 가능성도 없고 결코 심각한 원자력 사고가 일어난 적도 없다는 사실에도 불구하고 이런 결정이 내려졌다.(62, 63) 이것이 의미하는 것은 독일은 프랑스로부터 더 많은 원자력 전기를 구입하고, 갈탄(lignite)을 더 많이 태울 것이며, 러시아의 천연가스에 더 의존하게 될 것이다.(64) 갈탄은 '갈색 석탄(brown coal)'으로 알려져 있으며 가장 질 낮은 석탄으로서 태울 때 많은 양의 CO_2를 발생시킨다. 풍력과 태양광이 독일 원자력 전기의 상실을 메꿀 가능성은 거의 없다. 다른 유럽 국가들은 후쿠시마 사고의 대응책으로 원자력을 감축할 계획이 없다.(62) 러시아는 34기의 원자로를 건설 또는 계획 중이며, 원자력 발전을 계속할 계획이다.(65)

원자력 발전의 가장 빠른 성장은 아시아에 있다. 중국은 81기, 인도 25기, 한국은 10기의 원자로를 건설할 계획이었다(역자 주: 2020년 한국은 현재 탈원전 정책으로 신고리 5·6호기를 제외하고 8기가 취소된 상태이다). 사고 이전 일본은 보유하고 있던 54기에 이어서 추가로 14기를 건설할 계획이었다.(65) 일본을 제외하면, 전력 수요가 급속도로 증가하고 있기 때문에, 이들 나라들이 원자력발전소 건설 계획을 크게 축소하지는 않을 것이다. 일본은 4기의 원자로가 파괴되었으며, 사고 후 54기의 상업용 원자로 중 19기를 제외한 모든 원자로를 폐쇄하기로 했다. 그리고 2012년 초에 모든 원자로를 정지시켰다. 일본은 천연 에너지원이 거의 없기 때문에, 전력의

30%를 원자력에 의존하고 있었다. 많은 수의 원자로를 영구적으로 폐쇄하지는 않을 것이다. 유사한 재난에 어떻게 대처할 것인지 알아보기 위해 기존의 원자로를 대상으로 부하 테스트(stress tests)를 실시하고 있다.(66)

손상되지 않은 원자로들은 다시 가동하게 될 것이다(역자 주: 후쿠시마 사고 후 모든 원전을 정지시켰으나, 2015년 8월 11일 센다이 원전 1호기의 재가동을 시작으로, 2020년 2월 현재 33기가 가동 중에 있으며 2기를 건설하고 있다. 27기는 폐로하기로 되어 있다).

원자력의 위험성에 대한 대중의 인식

이러한 사고들에도 불구하고 원자력은 여전히 안전한 전력원이다. 생명의 손실을 초래한 유일한 사고는 체르노빌에서였다. 앞에서도 설명했듯이, 그것은 독특한 노형의 원자로 때문이며, 다른 어떤 나라에서도 발생할 수 없었던 사고였다. 궁극적으로 약 4,000명이 더 암으로 사망할 것으로 예상될지라도 현재 밝혀진 바로는 50명 미만만이 사고로 사망했다. 이것은 세계원자력협회(World Nuclear Association)에 의하면, 전 세계 14,500원자로-년 이상의 원자력 전력 생산 경험에서 나온 것이다.

비교 관점에서 볼 때, 1930년대에 미국에서만 석탄 채굴로 인해 매년 1,000명 이상, 1970년대에는 140명, 1990년대에는 45명이 매년 정기적으로 사망했다는 제3장의 내용을 상기해보라. 이 수치는 1970년에서 1990년까지 매년 폐질환으로 사망한 흑인 광부 2,000명과 현재에도 수백 명의 연간 광부 사망자 수와는 큰 차이가 있다. 그리고 이 광부 사망자 수치들은 단지 미국하고만 관계된다. 현재 중국에서는 매년 3,000명이 넘는 석탄 광부들이 사망하며 대기오염으로 인한 사망자들은 그보다 훨씬 많다.(67)

물론 CO_2와 지구온난화 문제도 있다. 이 문제들은 궁극적으로 전 세계의 모든 사람들에게 영향을 미친다. 그러나 사람들은 사고가 발생할 때마다 엄청난 시위를 벌이지도 않고, 석탄발전소를 폐쇄하겠다고 위협하지도 않고, 이 끔찍한 인명 피해를 받아들이는 것처럼 보인다. 방사선과 원자력에는 실제 위험성과는 비례하지 않으면서도 공포를 불러일으키는 뭔가 특별한 것이 있을까?

심리학자들은 우리가 어떻게 위험성 혹은 위해도를 인식하는지에 대한 광범위한 분석을 해왔다. 데이비드 로펙(David Lopeik)은 자신의 저서 『얼마나 위험한가?』 How Risky Is It Really?에서 우리의 위해도 인식(perception of risk)과 우리가 위해도를 얼마나 강하게 인식하는지에 대해 어떤 요소들이 영향을 끼치는지를 분석했다. 위해도 인식에 영향을 미치는 요소들의 목록은 다음과 같다. 정부 또는 산업계를 신뢰할 수 있을까, 위험이 이득보다 클까, 우리가 통제할 수 있나, 선택의 여지가 있나, 자연스럽거나 인공적일까, 아픔과 고통을 유발할까, 불확실한가, 파국적이거나 만성적일까, 나에게 일어날 수 있나, 새로운 것인가 친숙한 것인가, 어린이들에게 영향을 미칠까, 각자에게 개인화 되어 있나, 공정한 것인가?

원자력에 대한 우리의 위해도 인식에는 이러한 요소들, 즉 뜨거운 감자들이 많으며 객관적인 사실이 보여주는 것보다 훨씬 위험한 것처럼 보인다.

여기에서 논의한 원자력 사고들 직후에 정부와 원자력 산업계가 무슨 일이 일어나고 있었는지에 대해 명확하게 소통하지 안했기 때문에, 널리 대중에게 모든 것이 투명하다는 신뢰감을 주지 못했다. 사람들은 원자력에 대한 개인적인 통제력을 갖지 못하고 있으며, 선택의 여지도 없다고 느낄 수 있다. 우리 모두는 자연배경방사선에 노출되어 있지만, 사람들은 자연배경방사선 수준보다 낮더라도 원자력으로 인한 인공적인 방사선에 대해 훨씬 두려워한다. 예를 들면 사람들은 심장 질환에 비해 아픔과 고통 때문에 암을 더 무서워한다. 물론 방사선이 암을 유발할 수 있다. 대부분의 사람들은 방사선을 잘 이해하지 못하고 있다. 그래서 방사선에 친숙하지 않으며 불확실성이 크다고 생각한다. 사고는 잠재적으로 파국적일 수 있다. 그리고 사고가 나면 어린이들의 건강에 영향을 줄 수 있다. 이러한 모든 위험 요소들을 감안할 때 많은 사람들이 방사선을 두려워하는 것은 당연하다.

그러나 위험성이 없는 에너지원은 없다. 원자력은 실제로 놀라울 정도의 우수한 안전 기록을 보유하고 있으며, 산업화를 이룬 많은 나라들에서 현재 CO_2 없는 대단위 전력 공급원이다. 풍력과 태양력을 석탄 대신 사용할 수 있다면 좋겠지만 그럴 수 없다. 기껏해야 그들은 에너지 사용량의 증가분 정도를 메꿀 수 있다. 나는 전기에 대한 석탄 의존도를 줄이기 위해서는 앞으로 원자력 발전의 성장이 필요하다고 확신한다. 새로 건설되는 원자력발전소들은 여기에 설명된 것들보다 훨씬 본질적으로 안전하다(intrinsically safe) (제5장 참조). 이 장의 정보가 원자력 사고의 결과를 더 잘 이해하는 데 도움이 되기를 희망한다. 그래서 방사선의 낯설고 두려운 면이 사람들의 감정에 영향을 끼치지 않게 되어, 보다 객관적으로 위험성과 이익을 평가할 수 있게 되기를 바란다.

노트

1. 아이다호에서 1961년 1월 3일 SL-1(Stationary Low Power Plant 1호기)으로 알려진 소형 3MW 미국 육군 실험용 원자로(US Army experimental reactor)에서 원자력 사고가 발생했다. 그것은 작업자가 의도적으로 단일 제어봉을 제거하여 원자로를 비상 상태로 만들었고, 증기 폭발로 세 명의 작업자가 사망했다. 그것은 운영자에 의한 핵 자살(nuclear suicide)의 사례라고 의심되었지만, 입증되지는 않았다.(1)

2. 1 petabecquerel(PBq)은 초당 10^{15}개의 붕괴 또는 0.27megacuries(MCi)와 같다. 방사선 단위에 대한 자세한 내용은 부록 B를 참조하라.

3. Roentgen은 엑스선이나 감마선에 의한 피폭의 척도이다. 그것은 렘과 거의 같다.

4. 체르노빌은 10킬로미터 구역(10km zone) 밖의 마을로서, 복구 노력의 중심지이다.

5. Iodine-131−등가 방사능(equivalent radioactivity)은 다른 방사성핵종을 ^{131}I과 동등한 방사능으로 변환시키는 비교 측정이다. 반감기가 다르기 때문에 ^{131}I 등가 방사능을 구하려면 ^{137}Cs의 경우 방사능값에 40배를, ^{134}Cs 경우는 4배를 곱해야 한다.

참고 문헌

1. Mahaffey J. *Atomic Awakening: A New Look at the History and Future of Nuclear Power.* New York: Pegasus Books, 2009.
2. NRC. *Backgrounder on the Three Mile Island Accident.* US Nuclear Regulatory Commission, 2009. http://www.nrc.gov/reading-rm/doc-collections/fact-sheets/ 3mile-isle. html.
3. Tucker W. Terrestrial Energy: *How Nuclear Power Will Lead the Green Revolution and End America's Energy Odyssey.* Savage, MD: Bartleby Press, 2008.
4. *Three Mile Island Accident.* World Nuclear Association, 2001. http://www. world-nuclear. org/info/inf36.html.
5. Gray M, Rosen I. *The Warning.* New York: W. W. Norton, 1982.
6. Tokuhata GK. The Three Mile Island nuclear accident and public health con- sequences. In: Foster KR, Bernstein DE, Huber PW eds. *Phantom Risk: Scientific Inference and the Law.*

Cambridge, MA: MIT Press, 1993; 279–298.

7. Battist L, Buchanan J, Congel F, et al. *Population Dose and Health Impact of the Accident at the Three Mile Island Nuclear Power Station. Washington,* DC: US Government Printing Office, 1979.

8. Caldicott H. *Nuclear Madness: What You Can Do!* Brookline, MA: Bantam Books, 1978.

9. Gofman JW, Tamplin AR. *Poisoned Power: The Case against Nuclear Power Plants before and after Three Mile Island.* Emmaus, PA: Rodale Press, 1979.

10. Lovins A. *Soft Energy Paths: Toward a Durable Peace.* Harper & Row, 1977.

11. NEI. *Facts and Myths about Nuclear Power.* Nuclear Energy Institute, 2011.

12. Edwards M. Chernobyl: One year after. *National Geographic* 1987; 171:632–653.

13. WNA. *Chernobyl Accident* 1986. World Nuclear Associaton, 2011. http://www. world-nuclear.org/info/chernobyl/inf07.html.

14. WNA. *RBMK Reactors.* World Nuclear Association, 2010. http://www. world-nuclear.org/info/inf31.html.

15. Saenko V, Ivanov V, Tsyb A, et al. The Chernobyl accident and its consequences. *Clin Oncol(R Coll Radiol)* 2011; 23:234–243.

16. Mycio M. *Wormwood Forest: A Natural History of Chernobyl.* Washington, DC: Joseph Henry Press, 2005.

17. ICRP Publication 67: Age-dependent doses to members of the public from intake of radionuclides - Part 2 Ingestion dose coefficients. *Ann ICRP* 1992; 22.

18. Caldicott H. *Nuclear Power Is Not the Answer.* New York: The New Press, 2006.

19. Gonzalez AJ. Chernobyl: Ten years after. *IAEA Bulletin* 1996; 3:2–13.

20. *Chernobyl's Legacy: Health, Environmental and Socio-Economic Impacts and Recommendations to the Governments of Belarus, The Russian Federation and Ukraine; The Chernobyl Forum: 2003–2005.* 2nd Revised Ed., Vienna: IAEA, 2006.

21. *Health Effects of the Chernobyl Accident and Special Health Care Programmes.* World Health Organization, 2006.

22. *The Chernobyl Catastrophe: Consequences on Human Health.* Greenpeace, 2006.

23. Fairlie I, Sumner D. *The Other Report on Chernobyl(TORCH)* The Greens/ EFA, 2006.

24. Chernobylinterinform, 2012. http://chii.gov.ua/en/.

25. Gembicki M, Stozharov AN, Arinchin AN, et al. Iodine deficiency in Belarusian children as a possible factor stimulating the irradiation of the thyroid gland during the Chernobyl catastrophe. *Environ Health Perspect* 1997; 105:1487–1490.

26. Ron E. Thyroid cancer incidence among people living in areas contaminated by radiation from the Chernobyl accident. *Health Phys* 2007; 93:502–511.

27. Cardis E, Howe G, Ron E, et al. Cancer consequences of the Chernobyl accident: 20years on. *J Radiol Prot* 2006; 26:127–140.

28. Sjharma PK. Thyroid cancer. *Medscape Reference,* 6-1-2011. http://emedicine.med- scape.com/article/851968-overview#a1.

29. Howe GR. Leukemia following the Chernobyl accident. *Health Phys* 2007; 93:512–515.

30. Stone R. The long shadow of Chernobyl. *National Geographic* 2006; 209:32–53.

31. Gill V. Chernobyl's Przewalski's horses are poached for meat. *BBC Nature,* 7-27- 2011. http://www.bbc.co.uk/nature/14277058.

32. Feichtenberger K. *Radioactive Wolves: Chernobyl's Nuclear Wilderness.* Public Broadcasting Service(PBS), 2011.

33. Clines FX. Chernobyl cloud keeps Welsh lamb off table. *New York Times,* 7-3-1986.

34. Rawlinson K, Hovenden R. Scottish sheep farms finally free of Chernobyl fallout. *Independent,* 7-7-2010.

35. WNA. *Nuclear power in Germany.* World Nuclear Association, 6-23-2011. http:// www. world-nuclear.org/info/inf43.html.

36. 2011 Tohoku Earthquake and Tsunami. Wikipedia, 3-19-2012. http://en.wikipedia. org/ wiki/2011_Tohoku_earthquake_and_tsunami.

37. Japan-Earthquake, tsunami and nuclear crisis(2011) *New York Times,* 6-20-2011. http:// topics.nytimes.com/top/news/international/countriesandterritories/japan/ index.html.

38. Status of the nuclear reactors at the Fukushima Daiichi Nuclear Power Plant. *New York Times,* 4-29-2011. http://www.nytimes.com/interactive/2011/03/16/ world/asia/reactors-status.html.

39. Fackler M. Powerful earthquake and tsunami devastate northern Japan. *New York Times,* 3-11-2011.

40. WNA. *Fukushima Accident 2011.* World Nuclear Association. 1-10-2013. http:// www. world-nuclear.org/info/fukushima_accident_inf129.html.

41. Braun M. The Fukushima Daiichi incident. *Areva,* 6-28-2011.

42. IAEA. *Fukushima Nuclear Accident Update Log.* International Atomic Energy Agency, 6-2-2011. http://www.iaea.org/newscenter/news/tsunamiupdate01. html.

43. Fecht S. 1 year later: A Fukushima nuclear disaster timeline. *Scientific American,* 3-8-2012. http://www.scientificamerican.com/article.cfm? id=one-year-later-fukushima-nuclear-disaster.

44. Yllera J. Technical Briefing: Summary of Reactor Unit Status. Vienna: International Atomic Energy Agency. 6-2-2011. http://www.slideshare.net/iaea/summary-of- reactor-unit-status-2-june-2011.

45. Insight to Fukushima engineering challenges. *World Nuclear News,* 3-18-2011. http://www. world-nuclear-news.org/RS_Insight_to_Fukushima_engineering_challenges_1803112. html.

46. WHO. *Health Risk Assessment from the Nuclear Accident after the 2011 Great East Japan Earthquake and Tsunami Based on a Preliminary Dose Estimation.* World Health Organization, 2013.

47. Jolly D, Grady D. Japan tries to ease fears about safety of its tap water. *New York Times,* 3-24-2011.

48. Tabuchi H, Bradsher K. Strong aftershock as Japan urges more evacuations. *New York Times,* 4-11-2011.

49. WNA. *Fukushima Nuclear Accident: One Year On.* World Nuclear Association, 2012. http://www.world-nuclear.org/fukushima/fukushima_nuclear_accident_one_ year_on.html.

50. Soltis A. *Fukushima's plant workers walking into certain death by radiation. New York Times,* 3-17-2011.

51. *Fukushima Accident 2011,* World Nuclear Association, 7-7-2011. http://www. world-nuclear.org/info/fukushima_accident_inf129.html.

52. *News Release: Regarding a report on radiation exposure above dose limit for radiation workers in case of emergency work in Fukushima Daiichi NPS.* Nuclear and Industrial Safety Agency, 6-10-2011.

53. Kamo K, Katanoda K, Matsuda T, Marugame T, Ajiki W, Sobue T. Lifetime and age-conditional probabilities of developing or dying of cancer in Japan. *Jpn J Clin Oncol* 2008; 38:571–576.

54. NEI. *Experts Say Health Effects of Fukushima Accident Should Be Very Minor.* Nuclear Energy Institute, 3-2-2012. http://www.nei.org/news-events-member/nuclear-energy-overview/experts-says-health-effects-of- fukushima-accident-should-be-very-minor-/.

55. Harmon, K. Japan's post-Fukushima earthquake health woes go beyond radiation effects.

Scientific American. 3-2-2012. http://www.scientificamerican.com/article. cfm? id=japans-post-fukushima-earthquake-health-woes-beyond-radiation.

56. Craft L, Guttenfelder D. Japan's nuclear refugees. *National Geographic* 2011; 220:92–113.

57. *Fukushima Nuclear Accident Update Log.* International Atomic Energy Agency. 6-2- 2011. http://www.iaea.org/newscenter/news/tsunamiupdate01.html.

58. Begley S, Murr A. How to save California. *Newsweek* 3-28-2011; 38–41.

59. Poll finds eight of 10 residents near U.S. nuclear power plants favor nuclear energy. *Nuclear Energy Overview,* 6-28-2011.

60. Silverstein K. Japan skittish, US persistent on nuclear front. *Energy Central,* 7-26-2011. http://www.energybiz.com/article/11/07/japan-skittish-us-persistent-nuclear-front.

61. WNA. *Nuclear Power in Switzerland.* World Nuclear Association, 2011. http://www.world-nuclear.org/info/inf86.html.

62. Dempsey J, Ewing J. Germany, in reversal, will close nuclear plants by 2022. *New York Times,* 5-30-2011.

63. Cowell A. Germans' deep suspicions of nuclear power reach a political tipping point. *New York Times,* 6-1-2011.

64. Blechman AD. What's eating Germany? How a quiet addiction to brown coal is imperiling entire villages. *The Atlantic* December 2010; 74–75.

65. When the steam clears. *The Economist,* 3-26-2011; 79–81.

66. Tsukimori O, Maeda R. Update 4 - Japan considers stress tests for nuclaer reactors. *Reuters,* 6-6-2011.

67. Fallows, J. Correction: Chinese coal mine deaths. *The Atlantic* 3-18-2004

제11장 우라늄: 충분한가?

우라늄 채광

신콜로브웨

이 이름은 콩고의 심장에서 유령처럼 떠오른다. 그 당시에는 아무도 알지 못했지만, 원자력시대의 새벽이 시작되었다. 벨기에 왕 레오폴드 2세(King Leopold II)는 1870년대 유럽 식민지 개척 기간 동안 콩고를 자신의 식민지라고 주장하면서 원주민의 이익을 위해 이 나라를 운영할 것을 약속했다. 그러나 그는 콩고의 부를 강탈하면서 이 나라를 거대한 노예 수용소로 바꾸어 버렸다. 레오폴드는 고무(rubber)로부터 손쉽게 얻을 수 있는 부를 선호했지만, 광물 자원에 대해서는 별로 신경 쓰지 않았다.

1909년 그가 사망한 후 벨기에의 한 광산 회사인 유니온 미니에르(Union Minière) 사는 콩고 남부에서 구리, 비스무트, 코발트, 주석 및 아연 등 풍부한 자원을 발견했다. 그러나 역사적인 발견은 1915년 신콜로브웨(Sinkolobwe)의 고급 우라늄 광석이었다. 당시 실제 관심사는 특별한 용도가 없었던 우라늄이 아니라, 마리 퀴리가 발견한 원소로 그녀를 유명하게 만든 라듐이었다. 그것은 암에 대한 기적의 치료제로 사용되었으며, 지구상에서 가장 가치 있는 물질이었다. 금 가격의 3만 배였다.(1) 라듐은 우라늄의 붕괴로부터 여러 중간물질 단계를 거쳐(제8장 <그림 8.3 참조>), 생성되므로 라듐과 우라늄은 같은 장소에 위치할 수밖에 없다. 우라늄의 진정한 가치는 제2차 세계대전(World War II) 중 원자폭탄을 개발하기 위한 맨해튼 프로젝트가 출현할 때까지 분명하지 않았다.

신콜로브웨에 광산을 소유한 유니온 미니에르 사의 이사인 에드가 상기어(Edgar Sangier)는 나치를 싫어했고, 벨기에를 침략할 것이라고(정확하게 실현되었지만) 두려워했다. 1939년 유럽이 전쟁으로 끌려 들어갈 때, 상기어는 폭탄을 만드는데 우라늄을 사용할 수 있음을 알게 되었다. 그는 1,250톤의 우라늄 광석을 비밀리에 콩고에서 뉴욕시의 한 창고로 옮겼다. 이것은 루즈벨트 대통령이 맨해튼 프로젝트의 책임자로 임명한 레슬리 그로브스(Leslie Groves) 장군이 1942년 이것을 찾아내 구입할 때까지 그곳에 숨겨져 있었다. 전쟁 기간 동안 원자폭탄을 만드는데 사용하기 위해 신콜로브웨에서 미국으로 우라늄 선적은 계속되었다. 신콜로브웨의 우라늄 광맥은 지구상에서 가장 순수한 우라늄으로 63%의 우라늄 산화물을 함유하고 있어 대부분의 우라늄 광석보다 200배 이상 우라늄이 풍부하다. 채광 폐석(mine tailings)[1]조차도 최대 20%의 우라늄을 포함하고 있다. 이 엄청나게 풍부한 우라늄 광석이 없었다면, 미국이 제2차 세계대전을 종식시킨 원자폭탄을 제 시간에 맞춰 개발할 수 있었을지 의심스럽다. 신콜로브웨의 광산은 일본에 투하된 두 개의 폭탄에 사용된 우라늄의 2/3와 플루토늄의 대부분(우라늄의 중성자 충돌로 생성됨)을 제공했다.

당시 알려진 유일한 다른 우라늄 광산은 구 체코슬로바키아의 잔인한 산(Krusne Hory)의 성 요아킴스탈(St. Joachimstal)이었다. 이곳은 1898년에 마리 퀴리가 폴로늄과 라듐을 분리하고 발견해 낼 때 사용했던 피치브랜드를 가져온 곳이다(제2장 참조). 히틀러는 1939년 9월 체코슬로바키아의 수데텐란드(Sudetenland)를 합병하였을 때 예기치 않게 우라늄 광석을 얻을 수 있었다.

또한 1940년 5월, 히틀러가 벨기에를 침공했을 때 신콜로브웨에서 가져온 우라늄 광석들을 벨기에 부두에서 탈취할 수 있었다. 독일이 원자폭탄을 제작하려 한다는 사실은 미국과 유럽 연합국에 큰 두려움을 주었고, 실제로 베르너 하이젠베르크의 지휘 아래 폭탄 개발을 시도했지만, 결국 완성하지 못했다. 가장 근접했던 시도는 미완성 원자로였다.(2)

자살하기 전 히틀러의 최종 작전 중 하나는 U보트(U boat)를 이용하여 우라늄 1,235파운드를 일본으로 보내 원자폭탄을 만들려고 한 일이다. 이 우라늄은 핵분열 연구를 하고 남은 것이며, 아마도 성 요아킴스탈의 폐석더미에서 나왔을 것이다. 잠수함이 일본에 도착하기 전에 유럽에서의 전쟁은 끝났다.

지휘관은 북미로 방향을 틀어 미 해군에 항복했다. 역사적으로 아이러니컬하게도 이 우라늄은 일본에 투하된 폭탄 중 하나에 사용되었을 가능성이 크다.(1)

그로브스 장군은 우라늄은 극히 드문 원소라 생각하고, 미국을 위해 세계 시장을 장악하려 했지만 잘못된 생각이었다. 우라늄은 지구상에서 가장 흔한 광물 중 하나인 것으로 밝혀졌는데, 그것은 은보다 40배 더 풍부하고 주석보다 더 많다.(3) 우라늄은 초신성(supernova)으로 알려진 거대한 항성의 격렬한 폭발로 생성되어 우주 전역에 퍼졌다. 태양을 둘러싸고 있는 바위, 먼지, 가스가 뭉쳐서 지구가 만들어질 때, 우라늄은 지구 암석의 일부가 되었다. 이 자연 방사능에서 발생하는 열은 지구의 중심을 뜨거운 용융상태로 만드는 에너지의 일부로서 지구를 살기 좋은 행성으로 만드는데 도움이 되었다. 지구의 오랜 지질학적 역사를 통해 마그마의 흐름, 지각판 구조론(plate tectonics) 그리고 다른 물리적 및 화학적 과정들은 신콜로브웨와 성 요아킴스탈과 같은 풍부한 우라늄 광맥을 포함하여 부정합(unconformities, 퇴적의 시간적인 공백이 있는 지층), 사암(sandstones) 및 역암(conglomerates)을 포함한 14개 범주의 돌과 바위에 우라늄을 침전시켜왔다.(4)

쉽록

붉으스름한 첨탑(reddish spire)은 콜로라도, 유타, 애리조나, 뉴멕시코가 만나는 포코너스(Four Corners)지역에 있는 콜로라도 고원(Colorado Plateau)의 높은 사막지대에서 유령처럼 솟아난다. 쉽록(Shiprock)과 그 주변 지역을 포함하는 나바호 지역(Navajo Nation)은 신성한 장소이다. 그러나 쉽록의 주변은 리트소(Leetso)의 고향이기도 하다. 리트소는 나바호 사람들에게는 황색 괴물이지만(나바호어로 다이네(Diné)), 일반적으로 우라늄으로 알려져 있다.(5)

1948년 핵무기 제조를 위한 우라늄을 확보하는데 콩고에만 의존하던 상황을 바꾸기 위해 원자력위원회는 미국에서 발견할 수 있는 모든 우라늄에 대해 높은 가격을 보장할 것이라고 발표했다. 이것은 포코너스 지역을 중심으로 우라늄 채광 붐을 일으켰고, 그 대부분이 나바호 지역에서 발생했다. 1955~1956년을 정점으로 20년 동안 이 지역에서 우라늄이 채광되었고, 이것은 소련과의 군비 경쟁에서 플루토늄 폭탄에 필요한 원료로 사용되기도 했으며 초기 원자력 산업을 위한 연료로도 사용되었다. 2007년 환경보호청은 과거 나바호 지역에 채광 열풍이 갑자기 불어닥친 후 버려진 530개의 우라늄 광산들이 있다고 밝혔다. 현재는 수퍼펀드 현장(Super-fund site)이란 이름 하에 정화되고(cleaned up) 있다.(6)

이 광산들은 인간의 삶에 큰 영향을 끼쳤다. 신콜로브웨와 성 요아킴스탈은 포코너스보다 훨씬 상황이 나빴다. 스탈린이 핵폭탄 개발을 위해 우라늄을 필요로 했기 때문에 전쟁 후 러시아의 수중에 들어갔다. 우라늄 광산의 라돈이 폐암을 일으킬 수 있다는 것이 이미 알려졌음에도 불구하고, 나바호 사람들은 우라늄 광산에서 일할 수 있기를 열망하였다. 그래서 1980년경까지 라돈 피폭을 줄이기 위해 광산을 환기시키는 여러 방법들이 제안되었지만, 모두 작업자들이 안전하게 근무할 조건을 충족하지 못해 폐기되었다.

지하에서 광부가 담배를 피우면 폐암 발생의 위험이 훨씬 크다(제8장 참조). 나바호 노동자들은 백인 노동자보다 담배를 훨씬 덜 피웠으며 폐암 발생률이 훨씬 낮았다. 뉴멕시코의 아메리카 원주민(나바호, 푸에블로(Pueblo), 및 아파치(Apache))들의 폐암에 의한 연간 사망률은 1958~1962년 사이에 10만 명당 5.3명에서 1978~1982년 10.8명으로 증가했다. 백인의 경우는 흡연율이 높아서 같은 기간에 38.5명에서 70.4명으로 훨씬 더 높았다.(7) 1991~1993년 나이를 보정한 나바호 부족민의 폐암 사망률은 4.8명으로 나바호 부족민의 사망률은 일반적인 미국 원주민들보다도 더 낮을 수 있다.(8) 이 수치는 광부를 대상으로 한 것이 아닌 일반 나바호 부족민의 폐암 사망률이다. 나바호 우라늄 광부는 폐암 발생률이 훨씬 높았다. 1969년과 1993년 사이에 폐암 진단을 받은 94명의 나바호 부족민 중 63명이 우라늄 광부였다. 나바호 광부의 상대 위험도는 광부가 아닌 나바호 광산 관리자 집단(non-mining control population)과 비교하여 28.6배였다.(9)

미국 의회(US Congress)는 우라늄 광산으로 인한 폐암이나 다른 폐질환을 앓은 모든 광부들을 보상해주기 위해 1990년에 방사선피폭보상법(Radiation Exposure Compensation Act, RECA)을 통과시켰다. 보상 자격이 되는 라돈 노출 한계를 줄이고, 보상금을 150,000달러로 인상하기 위해 방사선피폭보상법이 2000년 개정되었다.(10) 2013년 9월 우라늄 광부들로부터 5,893건의 보상 청구가 승인되어 지급되었다.(11)

나바호 지역 및 다른 장소에서 행해진 전통적인 채광 형태는 수직 또는 수평 갱구 채굴이었고, 광부들은 땅을 파고 우라늄 광석을 추출했다. 그 당시의 지하 석탄 채굴과 비교해볼 때, 우라늄 광부에게는 위험을 무릅쓸만한 가치가 있었다. 1950년대 미국에서 광산 사고로 매년 450명의 석탄 광부가 사망했고, 흑색 폐질환으로 인해 1970년부터 1990년까지 매년 2,000명 이상의 광부가 사망했다(제3장 참조). 나바호 부족 및 백인 광부들의 폐암 발병은 광산의 적절한 환기로 피할 수 있다. 우라늄 채광의 위험성은 석탄 채광의 위험성에 비해 미비하다. 우라늄 광산에서 폐암이나 기타 폐질환(많은 사람들이 생존했음) 환자는 20년간 약 5,900명이 발생했으나, 같은 기간 동안 석탄 광부 사망자 수는 매년 약 2,100명에 달했다. 우라늄 채광은 환경보호청과 광산안전보건관리국(Mine Safety and Health Administration, MSHA)의 설립 이전에 시작되었으며, 이제는 모든 종류의 채광에서 근로자와 환경이 훨씬 안전해졌다.

분쇄

    채광의 최종 결과물은 우라늄을 포함한 광석이다. 다른 모든 광석과 마찬가지로 가공하여 사용 가능한 제품으로 만들어야 한다. 채광의 다음 단계는 분쇄(milling)이다. 우라늄 광석은 분쇄공장(milling plant)으로 이송되어 미세한 입자로 분쇄된다. 그후 우라늄을 광석에서 용해해 내기 위해 황산 또는 알칼리성 용액으로 침출된다. 침출 용액은 우라늄과 함께 바나듐, 몰리브덴(molybdenum), 셀레늄, 철, 납 및 비소와 같은 다른 중금속들도 추출한다. 슬러리를 세척하고 투명하게 만들어 용매 추출 구역으로 보내면, 거기에서 이온 교환 칼럼(ion exchange column)에 의해 용액으로부터 우라늄이 제거된다. 또 한 번의 액체 상태를 거쳐 노란색의 우라늄 산화물(U_3O_8) 슬러리를 만든다. 이를 건조하여 최종 제품인 옐로케이크(yellow cake, 우라늄염)를 200리터 강철 드럼에 포장하면, 우라늄 연료 펠릿을 제조하기 위한 공정으로 보낼 준비가 끝난다.(12) 슬러리로부터 우라늄 및 액체를 추출한 후에 남는 분쇄공장의 폐기물에는 미세 입자성 고체들이 포함되어 있다. 이것들은 우라늄과 항상 연계되어 있는 라듐과 라돈은 물론 광석에서 발생하는 독성 중금속을 포함하는 분쇄 폐석(mill tailings) 저장조(holidng pond)에 보관된다. 분쇄 폐석에서의 방사능 및 중금속은 원자력규제위원회의 규제 아래 신중하게 감시되고 관리되어야 한다.(13)

    하지만 항상 그런 식은 아니었다. 1950년대에서 1980년대의 채광 후에 수많은 분쇄 폐석이 현장에 남겨져 환경 문제를 일으켰다. 특히 유명한 곳 중 하나는 콜로라도 주 그랜드정션(Grand Junction) 근처 메사 카운티(Mesa County)의 클라이맥스 우라늄사(Climax Urani

-um Company)였다. 대중과 상업적 이해 관계자가 분쇄 폐석을 주택 건설 시 채움재로서 또는 시멘트나 콘크리트와 이것을 섞어 함께 사용할 수 있도록 클라이맥스 우라늄사가 허락했다.

이로 인해 그랜드 정션 주변의 4,000채 이상의 사유 시설 및 상업 시설들에서 라듐과 라돈의 농도가 과도하게 상승했다.(14) 그러나 메사 카운티의 주택 및 상업용 건물들에서 발생하는 방사선이 암을 유발했는지 여부를 판단하기 위해 수행된 유일한 과학적 연구의 결과는 부정적이었다. 1970~1976년의 백혈병 비율은 콜로라도 전체보다 메사 카운티가 2배 높았지만, 폐암의 초과 발병은 없었다. 또한 백혈병 사례들도 분쇄 폐석으로부터의 방사선에 의한 초과 노출과 관련이 없었다.(15)

의회는 1978년에 우라늄 분쇄 폐석 방사능규제법(Uranium Mill Tailings Radiation Control Act)을 통과시켰다. 이 법안은 우라늄 분쇄 폐석정화계획(Uranium Mill Tailings Remedial Action Project)에 따라 에너지부가 그랜드 정션에 있는 것을 포함하여 비활동성 우라늄 분쇄 부지(inactive uranium milling sites)들을 정화하도록(cleaned up) 권한을 부여했다. 방사선량이 높은 주택과 사업체는 철거되거나 방사성 물질을 적절한 처분장으로 이송하거나 정화하였다.(14) 나바호 지역의 쉽록에 있는 분쇄 시설도 오염되었으며, 여전히 정화작업을 진행하고 있다.(16) 전반적으로 에너지부에 의해 22곳의 분쇄 폐석 부지가 정화되었다.

이 현장에서 방출되는 방사선이 주변의 일반 대중에게 실제로 암 발생률을 높이는지 여부를 알아볼 필요가 있다. 지하 광산에서 실제로 일했던 사람들에게서 폐암의 위험이 증가했다는 것을 제외하면, 대답은 '아니오'이다. 콜로라도 주 몬트로즈 카운티(Montrose

County)에는 콜로라도의 다른 어느 곳보다 많은 우라늄 광산(총 223개)과 분쇄 사이트가 있었지만, 몬트로즈 카운티에 살고 있는 사람들을 대상으로 한 50년간의 연구 결과에 의하면, 콜로라도 주 전체 인구와 동일한 사망률을 보였다. 유일한 예외는 남성들 사이에 폐암이 거의 20% 증가한 것이었고, 그 이유는 지하광산과 흡연 때문이었다.(17) 또 다른 역학 연구에 의하면, 우라늄과 바나듐을 합성하여 이름을 지은 몬트로즈 카운티의 우라반(Uravan) 이름의 시에 거주하는 사람들의 사망률은 전국 평균보다 10% 낮으며, 전체 암 사망률은 전국 평균과 동일했다. 마찬가지로 유일한 예외는 폐암의 위험이 높아진 것이다. 지하 광부의 폐암 사망률은 전국 평균의 두 배가 되었지만, 광산에서 일하지 않은 우라반 주민들에서는 증가하지 않았다.(18)

우라늄 채광과 분쇄 및 규제 부재에 대해 관심이 없던 시대는 끝났다. 밝은 미래를 약속하는 징후냐 라는 논란은 있었지만, 그랜드정션에서 약 80킬로미터 남쪽에 있는 콜로라도 주 나투리타(Naturita) 근처의 몬트로즈 카운티의 패러독스 밸리(Paradox Valley)에 냉전 이후 최초의 새로운 우라늄 분쇄공장(Uranium mill)이 최근 승인되었다.(19, 20)

나투리타는 에너지부에 의해 정리된 옛 우라늄 분쇄공장 부지이지만, 새로운 분쇄공장은 엄격한 규제 아래 있어야하며, 분쇄 부지는 최소한의 환경 피해로 운영될 수 있음을 입증해야 한다.

현장회수법

콜로라도 고원의 지하 채광은 1980년대에 사실상 중단되었지만, 원자력 발전의 미래가 밝아지면서 최근 몇 년 사이 우라늄 채광이 부활했다. 와이오밍(Wyoming) 주에서는 우라늄 채광이 대형 노천 광산(Open pit mine)에서 추진되었지만, 현재 미국에는 노천광산이 운영되고 있지 않다. 현장회수법(in situ recovery, ISR) 또는 현장침출 법(in situ leaching, ISL)으로 알려진 새로운 형태의 채광법이 훨씬 덜 위험하고 환경적으로 피해를 덜 주고 있어서 미국 채광의 지배적인 형태가 되어 가고 있다. 현장회수법은 우라늄 광산 부지에서 채광 및 분쇄 절차를 한 단계로 수행하며, 분쇄 폐석을 생성하지 않는다.

현장회수법은 어떻게 작동할까? 이에 답하려면 우라늄 매장지의 지질을 이해해야 한다. 미국은 대부분의 우라늄이 고대의 사행천(meandering stream)에 의해 퇴적된 사암에 매장되어 있다. 우라늄을 함유한 화강암을 내포한 산들이 풍화작용으로 깎여서 우라늄이 시냇물의 모래층에 퇴적되고 이 모래층은 나중에 사암을 형성한다. 사암이 불침투성 셰일층 사이에 갇히게 되면, 지하 대수층(underground aquifer)이 우라늄을 포획하기 위한 조건이 형성된다. 우라늄은 산화되면 물에 잘 녹는다. 우라늄을 함유한 사암 대수층에 용존 산소를 가진 빗물이 흐를 때, 우라늄이 녹는다. 산화 우라늄을 함유한 물이 대수층을 통해 천천히 퍼지기 때문에, 그것은 황화물(pyrite, 예를 들면 FeS_2) 또는 유기 물질과 같은 자연적으로 존재하는 환원제에 의해 쌓이게 된다. 그런 다음 쌓인 우라늄은 침전되어 고농도 우라늄을 함유한 볼록한 표면(roll front, 두루마리 모양 전면)을

〈그림 11.1〉 어두운 영역은 우라늄 광석의 전면을 보여준다. www. wma-minelife.com/uranium/
uranium.html. © 와이오밍광업협회의(WMA)

형성하게 된다<그림 11.1>.(21)

현장회수법은 본질적으로 우라늄이 퇴적되는 과정의 반대 과정
이다. 우라늄은 화학적 환원 조건 하에서 대수층에 존재한다. 대
수층에 중탄산나트륨(sodium bicarbonate, 베이킹 소다)과 산소를 함유
한 침출수(leaching water)를 주입함으로써 산화된 우라늄은 다시 용
액으로 되돌아 갈 수 있다. 일반적인 채광 시설은 4개의 주입 우물
(injection wells)과 이들에 의해 둘러싸인 한 개의 회수 우물(recovery
well)로 구성된다. 릭시비언트(lixiviant, 산소가 함유된 물과 중탄산나트
륨)를 섞은 침출수를 주입 우물로 주입한 후, 회수 우물을 통해 위
로 끌어 올린다.(21)

용해된 우라늄을 함유한 물은 중앙 처리 공장으로 펌핑된 후, 이
온 교환 칼럼을 통과하면 이 용액에서 우라늄이 추출되고, 물은 주
입 우물들로 보내져 재사용된다. 물의 약 1%를 별도로 배출하여

저장조(holding pond)에 저장하기 때문에 주입 우물에 주입되는 양보다 항상 더 많은 물이 회수된다. 이는 우라늄 대수층에 음의 압력(negative pressure)을 가해서 용해된 우라늄이 대수층을 빠져나가는 것을 방지해준다. 이온 교환 칼럼에서 용액을 녹여서 분리하면(eluted) 우라늄이 노란색 슬러리(yellow slurry)로 추출되며, 이 슬러리는 건조되어 옐로케이크를 형성한다.(22, 23) 이 과정들은 지하 채광의 경우 채광 후 분쇄공장에서 일어나는 공정들과 유사하다. 채광 작업의 규모에 따라 어떤 경우에는 우라늄이 들어있는 이온 교환 칼럼을 광산에서는 처리하지 않고, 옐로케이크가 생산되는 중앙 분쇄 시설로 운송되기도 한다.

초원에 위치한 포트콜린스의 바로 동쪽에 현장회수법 기술을 적용할 수 있는 볼록한 표면을 갖는 우라늄을 포함하고 있는 지하 암반층이 존재한다. 캐나다의 우라늄 채광 회사인 파워텍(Powertech) 사는 우라늄을 채광하기 위해 현장회수 시설을 건설할 것을 제안했지만, 이 글을 쓰는 시점에선 채광을 적극적으로 추진하지는 않고 있다.(24) 그럼에도 불구하고 넌(Nunn)이라 불리는 작은 광산 마을의 주민들은 채광 제안만으로도 불안해 하고 있다.

"당신에게서 빛이 나올 것이다"라는 방사선에 관한 캐리커춰(caricature)를 만들고, 넌글로우(NunnGlow)라고 불리는 우라늄 채광 반대 웹사이트(www.nunnglow.com)를 개설하였다. 또한 '콜로라도에선 우라늄 채광에 반대'라는 노란색 전단지를 지역에 뿌렸다. 여기에 이해하기 어려운 모순이 존재한다.

사람들은 깨끗한 에너지를 원하지만, 님비(NIMBY) 또는 이 경우에는 님스(NIMS), 즉 그들이 살고 있는 곳 가까이에 설치해서는 안 된다고 주장한다. 이웃 주민들은 내가 살고 있는 북부에 풍력발전소를 설치하는 것도 반대하며, 이곳의 동쪽에서 현장회수법에 의한 우라늄 채광에도 반대한다. 동부 콜로라도의 거대한 니오브라라(Niobrara) 유전 및 가스전은 연소 시 석탄보다 적은 양의 CO_2를 배출하는 화석연료인 천연가스를 얻기 위해 파쇄법(fracking)을 사용하고 있지만, 콜로라도의 프론트 레인지(Front Range, 미국 콜로라도 주 중부에서 와이오밍 주 남부에 걸친 산맥으로 로키 산맥의 한 지맥) 지역 주민들은 그것도 반대한다. 원자력은 미국에서 전기의 20%를 생산하고 CO_2는 거의 배출하지 않는 청정 에너지원이지만, 우라늄을 채광할 수 없다면 원자력 발전을 지속할 수 없다.

그러나 지역 주민들이 걱정할 권리가 있을까? 솔직히 말해서 우물들을 파는 초기 작업 때문에 그 옆에 현장회수 공장을 짓는다고 하면, 나 자신을 포함하여 기뻐할 사람이 거의 없다. 어느 누구도 자신의 집 주변이 산업적으로 발전하는 것을 좋아하지 않는다. 그러나 나는 내 집 주변에 트럭들에 의한 교통 체증과 물 공급에 훨씬 많은 영향을 주는 천연가스전보다는 현장회수(ISR) 시설을 짓는 것을 차라리 선호한다. 일단 현장회수용 우물들을 뚫고 나면, 지역의 피해는 거의 없고, 단지 우물 덮개만 설치하거나 이온 교환 칼럼이 들어있는 중앙 시설만 설치하면 된다<그림 11.2>. 현장회수 채광 작업에서 우라늄 채취 및 회수 단계까지 보통 2~5년이 걸린다.(25)

주요 관심사는 우라늄 채광이 농업용 또는 인간이 사용하는 대수층들을 오염시킬 수 있다는 것이다. 그러나 우라늄을 함유한 대수층은 자연적으로 이미 우라늄, 라듐, 라돈가스 및 바나듐 및 납과 같은 다른 원소들로 오염되어 있기 때문에 애초에 농사를 짓거나 사람을 위해 사용할 수는 없다. 우라늄을 함유한 대수층은 불침

〈그림 11.2〉 카메오(Cameco Corp)의 ISR 광산, 더글라스 와이오밍 근처. ⓒ 레 프랠리(Les Fraley)

투성 셰일층 사이에 놓여 있으므로, 이 대수층의 물이 더 낮은 대수층으로 이동할 수 없다. 감시 우물(monitoring wells)은 채광 지역 밖에 뚫으므로 바깥쪽 대수층으로 나오는 우라늄의 어떤 이동들도 감지할 수 있고, 회수 우물(collection well)에서 더 많은 물을 퍼냄으로써 이에 대처할 수도 있다. 이것은 주변 대수층에 음의 압력을 만들기 때문에 오염된 물을 빨아들여 우물 부지로 다시 보낼 수 있다. 또한 우라늄이 자연에 존재하기 때문에 미국 서부 및 중서부에는 우라늄 농도가 환경보호청 기준치인 리터당 30마이크로그램(μg/l)을 초과하는 수천 개의 기존 우물들이 존재하지만(26), 이처럼 높은 농도 때문에 아직 건강 문제가 발생한 적은 없다. 그렇지만 이 주제에 대해 과학적 연구는 거의 없었고, 신뢰할만한 연구들도 없었다.

환경보호청은 현장회수 채광에 사용하는 지하 주입 우물을 규제하고 있으며, 엄격한 요건이 충족되지 않는 한, 허가를 발급하지 않는다. 광산 운영자가 음용수 지하공급원(Underground Source of Drin-king Water, USDW)에 현장회수용 물을 주입하려는 경우, 소위 대수층 면제(the aquifer exemption) 승인을 받아야 한다. 면제된 대수층은 현재의 식수원이 되어서는 안 되며 미래의 식수원이 되어서도 안 된다.(27) 대수층 면제를 요구하는 것 외에도 환경보호청은 우물 건설 물질들을 지정하고 우라늄을 함유한 대수층과 음용수 지하공급(USDW) 대수층 사이의 물의 흐름을 막기 위해 포장(casing)과 접합(cementing)을 요구한다. 감시 우물은 반드시 대수층에 뚫어야 하되, 광석 지역 위와 아래의 대수층이어야 한다. 감시 우물들에서 우라늄 유출이 발생하면, 근처에 있는 회수 우물들을 펌프로 퍼내어 대수층에서 더 낮은 압력이 생성되게 만들고, 물을 우물 구역으로 되돌려 보내어 유출되지 않도록 하여야 한다. 마지막으로 작업자는 채광이 완료된 후 우물을 적절히 막아야 한다.(28, 29)

배출수(bleed-off water)에는 저장조로 들어가는 저농도의 라듐(^{226}Ra)이 포함되어 있으며, 원자력규제위원회 또는 주 규정에 따라 적절히 처리해야 한다. 기존 분쇄 폐석에 적용되거나 공공 음용수 시설들에서 흔히 접하는 우라늄 및 기타 방사성핵종들의 제거에 관한 동일한 규정이 적용된다. 어떤 경우에는 배출수를 인간의 섭취에 부적절한 대수층의 깊은 우물에 주입할 수 있다. 관심가져야 할 다른 방사성핵종은 라돈(^{222}Rn)이며 침출수(leach water)에 용해되어 대기로 방출되면 해를 끼치지 않고 퍼져버리지만, 때로는 처리 시설을 통해 배출할 필요가 있다.(21) 일반 대중에 대한 전반적인 노출은 현장회수 시설 경계에서 1mSv/yr 미만이어야 하므로 건강에 아무런 영향을 미치지 않는 양이며, 콜로라도의 자연배경방사선량의 4분의 1도 채 안 되는 선량이다(제8장 참조).

현장회수 시설의 전반적인 운영은 원자력규제위원회의 통제를 받는다. 콜로라도를 포함한 대부분의 주들은 방사성 물질을 규제하기 위해 주정부 대리기관들(state agencies)을 통해 원자력규제위원회와 공식 계약을 맺은 협정 주들(Agreement States)이다. 원자력규제위원회 규정을 준수해야 한다. 콜로라도 주는 현장회수 시설들을 설치하는 것이 불가능할 정도로 엄격한 조건을 제시했으며, 이에 파워텍은 최소한 당분간만이라도 프로젝트를 보류상태로 만들기 위해 주 정부를 고소했다.(24, 30)

현장회수 채광은 텍사스에서 30년 이상 동안 수행되었지만, 현장회수 시설들은 와이오밍과 네브래스카(Nebraska)에도 존재하며, 뉴멕시코(31)에서도 허가를 받았다. 원자력규제위원회는 우라늄 회수 후 복구된 와이오밍 및 네브래스카의 현장회수 우물들에 관한 연구를 수행했다. 일부 우물들은 알칼리성, 마그네슘, 망간, 나트륨, 납, 라듐 등의 수질 변수들이 복구 승인을 위한 기준으로 되돌아가지 못하였다.

복구가 승인된 시설들에서는, 면제 대수층의 지하수에 대한 영향은 주정부 또는 환경보호청 지하주입통제규정(Underground Injection Control)의 모든 규제 기준을 충족하고 있으며, 현장회수법 운영 이전에 책정된 등급의 품질을 가지고 있다. 또한 시간이 지남에 따라 대수층의 영향은 자연적 희석 현상에 의해 감소하였고, 대수층 주변에서는 지하수를 식수로 사용하기 위한 기준을 통과하였다. 그러므로 승인된 복구 시설들 모두에 대해 면제 대수층은 인체 건강이나 환경에 위협이 되진 않는다."(32)

원자력규제위원회는 또한 채광 부지에서 대수층 유출의 빈도를 조사한 결과 유출 횟수는 적었으며, 회수 및 주입 공정으로 적절히 통제되었음을 발견했다. 마지막으로 이 연구는 또 건전성 상실 사례를(integrity failures) 조사한 결과 사례가 거의 발생하지 않았으며, 발생한 경우에도 환경이나 인간의 건강에 어떤 위협도 제기되지 않았다고 보고했다.

그러나 원자력규제위원회의 말을 다 수용할 필요는 없다. 현장 회수 채광 및 분쇄 작업이 주변의 인구 집단에서 암을 유발하는지 여부를 결정하기 위한 과학적 역학 연구들이 수행되었다. 미국에서 현장회수법에 관한 가장 오랜 경험을 가진 지역은 1960년대에 40개의 광산과 3개의 분쇄공장이 가동된 텍사스의 카니스 카운티(Karnes County)이다. 채광 및 분쇄에서 발생하는 주된 방사선 문제는 우라늄, 라듐 및 라돈에서 기인한다. 라듐은 경골 표면에 축적되어 골암(bone cancer)을 일으킬 수 있지만, 뼈의 조직가중계수는 0.01이므로 방사선이 암 유발에 매우 민감하진 않다(제7장 참조). 우라늄은 폐에 흡입되어 폐암을 일으킬 수 있고, 신체 조직 중 주로 뼈, 신장 및 간에 흡수될 수도 있다. 라돈은 기체이며, 일부 나바호 광부들처럼 폐암을 일으킬 수 있다.

채광 및 분쇄 활동을 통해 50년 동안 우라늄, 라듐 및 라돈에 잠정적으로 노출된 경우의 암 사망률을 조사해보니, 대조군 카운티들과 비교하여 카니스 카운티의 폐, 간, 신장, 또는 뼈 암(또는 다른 암) 사망률의 증가는 없었다.(33) 실제로 카니스 카운티와 대조군 카운티들의 암 사망률은 미국의 전반적인 암 사망률보다 낮았다. 이것은 앞에서 언급한 콜로라도 주 몬트로즈 카운티 연구들과 일치하며, 채광과 분쇄는 폐암 발생률이 높은 지하 우라늄 광부를 제외

하고 암 사망률이 높지 않음을 보여주었다.(17, 18)

따라서 현장회수법이 건강을 위협하거나 대수층을 오염시킬 수 있다는 우려에도 불구하고, 실제로는 환경이나 현장회수 시설 주변 지역 주민들의 건강에 악영향을 끼쳤다는 증거는 없다. 이 방식은 기존의 채광법보다 훨씬 더 효율적으로 우라늄을 얻는 방법이며, 신중하게 관리해야 하는 분쇄 폐석을 생산하지 않으면서 기존의 광산보다 훨씬 적은 에너지(따라서 낮은 CO_2 생산)를 사용한다. 대안은 석탄 채광과 천연가스에 대한 파쇄에 의존하는 것인데, 이는 훨씬 더 많은 환경 파괴를 가져올 수 있다.

농축

채광 및 분쇄의 결과로 생성되는 옐로케이크는 바로 펠릿으로 만들어 원자로에서 연소될 수 없다. 그 이유는 천연 우라늄은 99.3%가 ^{238}U이고 0.7%가 ^{235}U인데(정확하게는 매우 작은 분율의 ^{234}U를 포함), ^{235}U만이 원자로에서 핵분열에 유용하다(제6장 참조). 그리고 가장 일반적인 노형의 원자로에서 핵분열을 효율적으로 일으키려면 ^{235}U의 농도가 3~4%가 되어야 한다. 옐로케이크의 천연 우라늄에는 ^{235}U가 단지 0.7%이기 때문에 문제가 된다. 충분히 높은 농도의 ^{235}U를 얻기 위해서는 ^{238}U에 비해 ^{235}U가 농축되어야 한다. 모든 우라늄 동위원소의 화학적 특성이 동일한데 어떻게 농축할 수 있을까?

이것이 원자폭탄을 만들려고 시도했던 맨해튼 프로젝트의 과학자들과 그로브스가 직면한 큰 문제였다. 두 동위원소 사이의 유일한 물리적 차이는 238과 235 질량 단위에서의 작은 차이이다. ^{238}U이 3개의 중성자를 더 가지고 있다. 이 작은 차이가 ^{235}U의 농축이 국가적인 기밀이 된 이유이다. 맨해튼 프로젝트에서 몇 가지 다른 접근법들이 사용되었지만, 미국에서 우라늄 농축법의 표준이 된 것은 기체확산법(gaseous diffusion)이다. 폭탄을 만들기에 충분한 ^{235}U의 농축도(약 90%)를 달성하기 위해 당시 세계에서 가장 자동화되고 복잡한 공장이 테네시 주 녹스빌 서쪽에 있는 클린치강(Clinch River)을 따라 지어졌다. 지금은 오크리지 국립연구소(Oak Ridge National Laboratory)로 알려진 클린턴 연구소들(Cliton Labs)이다. 기체확산 농축 칼럼이 있는 건물은 길이가 거의 800미터, 너비가 320미터, 높이가 4층이고 면적이 17만 제곱킬로미터이다.(2) 아이디어는 더 가벼운 분자는 더 무거운 분자보다 매우 작은 기공을 가진 막을 통과해 더 빠르게 확산될 것이라는 것이었다. 각 농축 칼럼에는 다공성 방벽(porous barrier)이 있어 방벽 한쪽에는 가벼운 ^{235}U 동위원소를 약간 더 농축되게 만들고, 다른 쪽에는 ^{235}U가 더 줄어들게 만든다. 약간 농축된 우라늄은 원하는 최종 농축도를 얻기 위해 다음 칼럼으로 주입되어 조금 더 농축되고, 그 다음에 또 다른 칼럼으로 주입되고, 이렇게 수천 개의 칼럼들을 거친다.

우라늄은 기체확산법이나 다른 공법에 의해 분리되기 전에 먼저 기체로 전환되어야 한다. 옐로케이크(U_3O_8)는 일련의 화학반응을 통해 변형되어 우라늄헥사플루오라이드(Uranium hexafluoride, UF_6)를 형성한다. 이 물질은 실내 온도에서는 백색 분말인 고체이지만, 56.5°C에서는 기체로 휘발하는 바람직한 성질을 가진 물질이다.(34) 기체확산공정에 사용되는 것은 이 기체이다. 두 UF_6 우라늄 동위원소 사이의 약간의 질량 차이(1% 미만)는 더 가벼운 ^{235}UF가 ^{238}UF보다 약간 더 빠르게 다공성 방벽을 통해 확산된다는 것을 의미한다. 그러나 이 차이가 너무 작아서 동위원소 분리가 매우 비효율적이며 에너지가 많이 드는 공정이 된다. 석탄화력발전소가 종종 기체확산 공장에 전력을 공급하는데 사용되기 때문에 이 농축 과정이 원자력으로 인한 CO_2 생산의 주요 원천이다. 프랑스에서는 기체확산공장을 운영하는데 원자력 전기가 사용되므로 CO_2 생산량이 매우 작다. 기체확산 공장을 가동하기 위한 에너지는 원자력 연료 비용의 약 절반을 차지하고, 원자력발전소에서 발생하는 전기의 약 5%를 차지한다.(35) 미국은 켄터키 주의 파두카(Paducah)에 단일 기체확산 공장을 보유하고 있는데, 원자력발전소들에 농축우라늄을 공급하도록 원자력규제위원회의 허가를 받았다.(36) 이 공장은 30만 제곱미터 규모의 4개 건물에 1,760개의 농축 단계로 구성되어 있고, 이것을 가동하기 위해 3GW의 용량이 필요하다.(37)

그러나 기체확산법만이 맨해튼 프로젝트의 과학자들이 개발한 유일한 농축 방법은 아니다. 우라늄헥사플루오라이드의 우라늄 동위원소의 질량 차이를 기반으로 하는 또 다른 방법은 기체원심분리농축법(gas centrifuge enrichment)이다. 다수의 회전실린더(원심분리기)가 직렬로 연결되고 UF_6 기체가 이들에게 주입된다. 원심분리기는 5~7만rpm(rotations per minute, 분당 회전수)의 매우 빠른 속도로 회전하며, 엄격한 공차로 만들어야 한다. 이것이 맨해튼 프로젝트 때에는 기술적으로 가능하지 않았던 이유이다. 더 무거운 $^{238}UF_6$는 원심력에 의해 벽을 향해 이동하지만, 더 가벼운 $^{235}UF_6$는 중심 근처에 머물러 있다가, 한 원심분리기에서 배출되어 다음 원심분리기로 주입된다. 수천 단계의 원심 분리기들이 원하는 농축도를 얻는 데 사용된다. 기체원심분리 공장은 용량을 증가시키기 위해 더 많은 원심분리기를 추가하는 방식으로 단계적으로 확장할 수 있다. 이 기술의 가장 큰 장점은 기체확산 공장의 약 2%정도의 에너지만을 사용하므로 훨씬 더 효율적이라는 점이다. CO_2도 2%만 발생시키고, 비용은 훨씬 적게 든다.

이것은 러시아, 일본 및 유럽(프랑스는 제외)이 선택한 농축기술이었다. 미국 뉴멕시코 유니스(Eunice)에는 원심분리 설비가 한 대 있다. 다른 두 대는 건설 중이었으나 현재 보류 중이다. 2000년에는 전 세계적으로 기체확산은 우라늄 농축 양의 50%를 차지했으며, 기체원심분리가 40%, 폐기하는 핵무기로부터가 10%였다. 그러나 2010년까지 기체확산으로 25%만이 수행되었고, 기체원심분리가 65%를 차지했다. 2017년에는 거의 모든 농축이 기체원심분리기로 수행될 것으로 예상된다.(35, 36) (역자 주: 현재는 기체확산법을 이용한 농축공장은 모두 문을 닫았고, 기체원심분리법으로만 상업용 농축우라늄을 공급하고 있다).

이란이 설치한 기체원심분리 공장 덕분에 서방 국가들이 가슴앓이를 하고 있다. 이란은 이미 우라늄을 원자력발전소의 연료로 공급하기 위해 필요한 3~4%, 의학 연구용 원자로를 위한 20%까지 농축하고 있다.(38) 그러나 이란이 원자폭탄에 사용하려고 90%까지 농축을 진행하는 것을 멈추게 할 방법은 국제적인 압력 외에는 없다. 그러나 이란이 우라늄 농축을 통해 실제로 폭탄을 제조한다면, 그들에게 장점보다는 골치 아픈 단점만이 많을 것이다. 존 밀러(John Mueller)는 자신의 저서 『원자력 강박관념』*Atomic Obsession*에서 약간 배타적인 원자핵클럽(semi-exclusive nuclear club)에 가입하는 것은 이웃국가들에 대한 힘을 부여해주지 못하고 대신에 국제적인 관심만을 집중시켜 경제적 제재를 받게 만드는 경향이 있다고 강력하게 주장한다. 북한과 이란이 그 예이다. 어떤 국가가 (핵무기로) 엄포를 놓거나 폼을 잡을 수는 있지만, 이웃 국가에 핵폭탄을 사용하면 미국에 의해 멸망당할 것이라는 사실을 알고 있기 때문에 실제로 제약을 받는다. "만일 이란이 핵무기를 개발하고 휘둘러서(brandish) 다른 나라들을 협박하거나 쳐들어간다면, 상대방 나라들은 감언(blandishment)에 굴복하기(capitulated)보다는 다른 국가들과 (이스라엘을 포함해서) 동맹을 맺어 협박에 맞서리라는 것이 예상된다."(39)

호주에서 개발된 차세대 농축 기술은 글로벌 레이저 농축(global laser enrichment, GLE)으로 알려져 있다. 그것은 특별히 $^{238}UF_6$ 대신에 $^{235}UF_6$만을 이온화하여 정전기로 분리될 수 있는 하전 분자를 만드는 레이저를 사용한다. 이것은 두 가지 유형의 우라늄 헥사플루오라이드 분자 사이에서 두 동위원소 간의 질량 차이에 의존하지 않고, 분자 에너지 밴드(molecular energy band) 차이에 의존하는 유일한 분리 기술이다. 레이저를 적절한 주파수로 튜닝하여 $^{235}UF_6$만 이온화한 후 분리한다. GE-Hitachi사가 2014년부터 가동하도록 미국에 레이저 농축공장을 건설하겠다는 승인 신청서를 원자력규제위원회에 제출하였다. 이 기술은 기체원심분리 농축보다 더 효율적이어서 에너지 투입량과 CO_2 배출량을 낮추고 비용도 절감된다.(35, 36)

연료 제조

일단 우라늄을 원자로의 특정한 요구 사항에 따라 ^{235}U 농도를 3~4%로 농축한 후, 우라늄을 우라늄 산화물(UO_2)로 전환한 다음,

해당 원자로에 적합한 연료 펠릿으로 만들어야 한다. 이 과정은 MOX 연료를 만들기 위해 프랑스의 멜록스 시설에서 사용하는 것과 동일하다(제9장 참조). 유일한 차이점은 MOX 연료 펠릿은 재처리된 플루토늄 산화물을 우라늄 산화물과 혼합하여 사용하는 것이 일반적이다. 반면에 일반적인 원자로 연료 펠릿은 순수 우라늄 산화물이다. 기본적으로 산화 우라늄 분말을 극도로 높은 압력 하에서 압축하고, 연필 지우개의 크기의 펠릿으로 가공한다. 펠릿을 고온으로 가열하여 물과 오일을 제거하고, 매우 균일한 크기로 연마한다. 세정 작업을 거쳐 3.5~4미터 길이의 지르코늄 합금 튜브에 차곡차곡 넣는다. 튜브는 헬륨 가스로 채워지고 밀봉되어 완전성을 테스트한 후 마침내 연료봉이 된다. 연료봉은 원자로에 따라 14×14 또는 최대 17×17의 행렬(matrix)로 조립된다. 이 다발을 연료집합체(fuel assembly)라 한다. 궁극적으로 약 200여 개의 연료집합체들이 하나의 원자로 노심에 장전된다. 매 18개월마다 연료집합체들의 3분의 1이 연소되고 교체된다.

핵연료 펠릿의 에너지 밀도는 놀랍다. 각 펠릿의 무게는 약 7그램이지만 530리터의 기름, 600리터의 보통 가솔린, 480세제곱미터의 천연가스 및 800킬로그램의 석탄과 같은 양의 에너지를 포함하고 있다.(40) 펠릿 한 움큼은 석탄으로 가득 채운 기차 한 칸과 같다. 이러한 높은 에너지 밀도는 원자로를 매우 효율적으로 만드는 요인이다. 1기당 약 1GW를 생산하는 미국 원자로 104기는 1년 내에 19,000톤의 우라늄만을 사용한다.(41) 그러나 미국은 1년에 약 1,500톤의 우라늄만을 생산하고 있다. 나머지는 어디서 가져올까?

세계 우라늄 자원

우라늄은 전 세계 지구의 지각(crust)에서부터 심지어 바닷물 속까지 널리 분포되어 있다. 전력용 원자로에 얼마나 공급 가능할지는 경제뿐만 아니라 지질에도 달려있다. 사실상 모든 종류의 지질 자원과 마찬가지로 사용 가능한 양은 사람들이 기꺼이 지불할 수 있는 가격에 달려 있다. 가격이 올라갈 때 저품질 자원이 경제적으로 활용 가능해지기 때문에 배럴당 30달러보다 배럴당 100달러에 더 많은 석유 자원이 존재한다. 물론 다른 측면에서 보면 자원의 품질이 떨어지면, 자원을 확보하는데 필요한 에너지가 올라간다.

이것은 기름이나 금처럼 우라늄도 마찬가지이다. 가격이 올라가면 탐사가 늘어나므로 추가 자원들이 발견된다. 석유나 석탄과 같은 화석연료 에너지 자원의 경우, 연료비용은 전력을 생산하는 비용의 주요 부분이다. 원자력으로 말하면 그것은 사실이 아니다. 원자로에서는 연료가 거의 사용되지 않기 때문에 원자로의 전력 생산 비용에서 연료비용(the cost of the fuel)은 부수적이다. 에너지관리청에 의하면, 선진 원자로의 연료비용을 포함하는 가변운영 및 관리비용(the cost for variable operations and management, O&M)은 전체 균등화 에너지 비용의 단 10%에 불과하다. 대조적으로 이 가변운영 및 관리비용은 기존의 천연가스발전소의 경우 57%이고, 기존의 복합화력 천연가스발전소의 경우 69%이다.(42) 원자력의 주요 비용은 원자로 건설에 소요되는 자본비용(capital cost)이다. 따라서 원자력 전기 비용은 우라늄 가격에 거의 민감하지 않다.

예를 들어 우라늄 가격이 파운드당 50달러(110달러/kg)에서 파운드당 100달러(220달러/kg)로 두 배가 되면 원자로의 연료비가 kWh당

0.62센트에서 0.86센트로 증가하지만, 원자로의 전력비용은 kWh당 1.42센트에서 kWh당 1.66센트로 증가한다.(43) 지난 5년 동안 우라늄 현물가격은 세계 경기 침체가 오기 전인 2007년 후반에 약 100달러에서 2010년 중반에 파운드당 약 40달러로 변동했다. 2013년 초 현재 현물 가격은 파운드당 42달러였지만, 대부분의 우라늄 생산량은 실제로 원자로들을 소유한 전력회사들의 장기 계약에 의해 판매된다. 2013년의 장기 계약 가격은 파운드당 57달러로서, 미국의 고급 매장지에서 현장회수법으로 우라늄을 생산하기에 수익성이 충분하였다.(44)

우라늄 탐사는 단계적으로(in phases) 진행되었다. 1940년대와 1950년대의 주요 추진력은 냉전 시대에 폭탄을 제조하려는 군사적 노력에서 비롯된 것이다. 1974~1983년에 두 번째 탐사 시도는 민간용 원자로를 가동할 필요 때문이었다. 우라늄이 희귀한 자원이었기 때문이라는 말들은 사실이 아닌 것으로 드러났다. 우라늄 가격이 하락하면서 수십 년 동안 탐사가 거의 일어나지 않았지만, 2003년부터 현재까지 '원자력 르네상스(Nuclear Renaissance)'에 대한 관심이 증가하고 우라늄 가격이 상승했기 때문에 탐사가 다시 시작되었다. 이 추가 탐사 때문에 2005년부터 2006년까지 세계 우라늄 자원은 17% 증가했다.(45, 46) 그럼 어디에서 발견되었을까?

매 2년마다 경제협력개발기구/원자력기구(OECD/NEA)와 국제원자력기구는 우라늄 자원, 생산 및 수요를 편집한 『레드북』*Red Book*을 발간한다.(47)

확인된 자원에는 합리적으로 확신할 수 있는(reasonably assured) 매장지와 추정된(inferred) 매장지가 포함된다. 발견되지 않은 자원에는 예견된(prognosticated) 자원과 추측성(speculative) 자원이 모두 포함된다. 합리적으로 확신할 수 있는 자원은 광석의 양과 질이 잘 밝혀지고 알려진 광물 매장지이다. 추정된 매장지는 지질학적으로 매장 가능성이 있지만, 특성이 밝혀지지 않은 매장지이다. 예견된 자원은 일부 알려진 퇴적물을 함유하고 있는 지질학적 지역 내의 예상 퇴적물에 기초한다. 추측성 자원은 일반적으로 우라늄을 함유하고 있는 지층 구조 유형들로부터 간접적인 증거와 외삽법 (extrapolation)에 근거한다. 확인된 자원은 우라늄 원가에 따라 범주별로 분류된다. 왜냐하면 더 많은 비용을 지불하면 더 많은 자원을 확보할 수 있기 때문이다. <표 11.1>에는 수천 톤(톤 또는 1.1US톤)의 우라늄을 공급하는 상위 10개 국가가 나와 있다. 우라늄의 가용성은 비용에 크게 좌우된다. 킬로그램당 80달러 이하로 이용할 수 있는 양은 370만 톤이지만, 킬로그램당 260달러 미만에서는 630만 톤이 넘는다.

우라늄 광석의 품질은 각 국가별로 크게 다르다. 지금까지 발견된 최고 등급의 광석은 신콜로브웨였으며, 우라늄 농도가 60%이상이었지만, 지금은 남아 있지 않다. 캐나다의 사스캐처원(Saskatche-wan) 주에 세계에서 가장 풍부한 매장량을 보유하고 있으며, 우라늄 농도도 20%를 초과한다. 호주는 세계 최대의 자원과 세계에서 가장 큰 광산(올림픽 댐, Olympic dam)을 보유하고 있다. 올림픽 댐에는 저급 우라늄 광석(0.05%)이 있지만 광산은 구리, 은 및 금을 생산하여 광산의 경제적 효율성이 높다. 호주의 다른 광산들에는 농도가 0.1%이상인 광석들이 있다. 거의 모든 호주의 우라늄은 킬로그램당 80달러로 구입 가능하다<표 11.1>. 카자흐스탄은 주로 저급의 우라늄 광석을 보유하고 있지만, 사암 광석이어서 현장회수 채광이 적용될 수 있다. 미국의 우라늄도 대부분 현장회수 채광을 해야

<표 11.1> 세계 우라늄 비축량

국가	⟨$80/kg U	⟨$130/kg U	⟨$260/kg U	⟨$260/kg
오스트레일리아	1,612,000	1,673,000	1,679,000	26.7
카자흐스탄	475,500	651,800	832,000	13.2
러시아	158,100	480,300	566,300	9.0
캐나다	447,400	485,300	544,700	8.6
미국	39,000	207,400	472,100	7.5
남아프리카공화국	232,900	295,600	295,600	4.7
나미비아	2,000	284,200	284,200	4.5
브라질	231,000	278,700	278,700	4.4
나이제리아	73,400	272,900	275,500	4.4
우크라이나	53,500	105,000	223,600	3.5
기타	417,100	670,500	854,600	13.5
합계	3,741,900	5,404,000	6,306,300	100.0

하는 저급의 사암 퇴적물이다.(47, 48)

우라늄의 실제 생산량은 보유량과 동일한 국가 순서를 따르지 않는다. 호주는 가장 큰 우라늄 자원을 보유하고 있지만, 2009년 우라늄 생산량으로는 3번째 생산국이다. 가장 큰 생산국은 카자흐스탄(29%), 캐나다(20%), 호주(16%), 나미비아(9%), 러시아(7%), 니제르(6%), 우즈베키스탄(5%) 등이 있다. 우라늄의 약 3분의 1은 현재 현장회수법에 의해 채광되고, 나머지는 지하 및 노천(pit)광산에서 채광된다. 미국은 2008년 세계 우라늄의 3%미만을 생산했지만, 세계 생산량 전체의 약 28%를 사용한 우라늄 순 수입국(net importer)이었다.(47) 2009년 세계 총 생산량은 약 5만 톤이었지만, 세계 원자로들은 약 69,000톤을 사용했다.(46) 나머지는 어디에서 가져왔을까? 그 중 일부는 전력회사와 정부가 보유한 우라늄의 비축물(stockpiles)에서 온 것이고, 일부는 여전히 유용한 우라늄이 들어있는 감손 우라늄 찌꺼기(depleted uranium tailings)에서 온 것이다. 일부는 사용후핵연료를 재처리한 것이었다(제9장 참조). 그러나 가장 큰 양은 핵탄두를 해체하는 독특한 프로그램에서 왔다.

메가톤에서 메가와트로

1987년 이래로 미국과 구소련 국가들은 핵무기 비축량을 약 80% 줄이기 위한 군축 조약들(disarmament treaties)에 서명해오고 있었다. 핵무기는 최소한 ^{235}U 90%의 고농축 우라늄(high enrichment uranium, HEU)과 핵연료로 재제작해서 사용할 수 있는 플루토늄을 모두 함유하고 있다. 고농축 우라늄은 원자로에서 사용되는 3~4%의 저농축 우라늄(low enrichment uranium, LEU)을 만들기 위해 감손 우라늄(대부분 ^{235}U 농축 이후 남은 ^{238}U, 천연우라늄보다 더 저농축임) 또는 천연 우라늄과 혼합될 수 있다. 미국과 러시아의 핵무기 비축량에는 약 2,000톤의 고농축 우라늄이 존재하는데, 이는 연간 전 세계 광산 생산 우라늄의 12배이다. 플루토늄 역시 정규 원자로에서 연소될 수 있는 MOX를 만들기 위해 우라늄과 혼합될 수 있다. 이것은 프랑스의 원자로에서 사용하는 MOX를 만들기 위해 사용후핵연료를 재처리하는 것과 동일한 과정이다(제9장에서 논의함). 핵무기에 함유된 플루토늄의 비축량은 약 260톤으로 약 1년간의 우라늄 생산량에 해당된다.(49)

1993년에 미국과 러시아는 메가톤-메가와트 프로그램(Megatons to Megawatts Program)으로 알려진 역사적인 동의안에 서명했다. 러시아 핵탄두 500톤의 고농축 우라늄을 저농축 우라늄으로 전환하여 미국의 민간 원자로들이 사용할 수 있게 하자는 것이었다.

동의안을 이행하기 위해 1994년 유에스농축회사(US Enrichment Corporation, USEC)와 러시아 측 파트너인 테크나브엑스포트(Techna-bexport, Tenex)사간에 계약이 체결되었다. 그 결과로 미국은 프로그램이 끝나는 2013년까지 원자로 연료로 전환될 최소 500톤의 고농축우라늄을 구입하게 될 것이다. 유에스농축회사 또한 원자로 연료를 생산하기 위해 미국의 무기 비축량으로부터 고농축우라늄 174톤의 농도를 낮추고 있다. 이 프로그램은 매년 10,600톤의 우라늄을 생산하며, 이는 광산 생산량과 원자로에서의 사용량 사이의 차이를 보충하는데 있어 가장 큰 구성 요소이다.(49) 2012년 말, 약 19,000개의 핵탄두가 원자로용 연료로 전환되어 미국 전체 원자력 발전소들의 공급량 절반을 차지하고 있으며, 미국에서 생산되는 모든 전력의 약 10%를 담당하고 있다.(50, 51)

미국은 사우스캐롤라이나의 사바나강(Sabannah River) 부지에 프랑스 원자력회사인 아레바사와 함께 미국의 핵무기에서 플루토늄을 MOX로 전환하는 공장을 건설 중에 있다(제9장 참조). 미국의 핵탄두로부터 60톤 이상의 플루토늄이 언젠가 사바나강에서 MOX 연료로 전환될 것으로 기대된다(역자 주: 2019년 현재 건설이 중단되어 있다).

원자력 르네상스를 위한 충분한 우라늄이 있을까?

현재 사용 중인 69,000톤의 우라늄 사용량이 모두 광산에서 나온다고 가정하고, 레드북의 회수 가능한 자원을 기준으로, 킬로그램당 130달러 미만의 비용으로 80년간 공급할 수 있지만, 비용을 두 배로 늘린다면 100년을 공급할 수 있다. 그러나 원자로의 수가 현재의 443기에서 1,000기의 원자로로 증가한다면 어떻게 될까, 그것들은 우라늄 연료를 공급받을 수 있을까? 레드북은 사용 가능한 우라늄 자원의 2배보다 많은 1,040만 톤의 발견되지 않은 우라늄 자원이 있다고 추정한다. 그리고 여기에는 미발견 자원에 대한 추정치를 보고하지 않은, 그러나 이미 많은 확인된 우라늄 자원을 보유한 몇몇의 주요 생산자들이 누락되어 있다. 우라늄 자원도 자원 고갈에 대한 예언이 현실적으로 이루어지지 않았다는 점에서 과거에 채광된 다른 금속들과 유사하다.(45) 원자력의 미래에 관한 MIT의 연구는 탐사가 증가하고 경제적으로 복구할 수 있는 자원들을 재분류함으로써 가격이 두 배로 상승하면서 자원이 10배 증가할 것으로 예측되는 모델을 사용했다. 이 연구는 "전 세계 우라늄 광석 공급은 다음 반세기 동안 1,000기의 원자로에 연료를 공급하고, 원자로의 40년 수명 동안 이 수준의 운영을 유지하는데 충분하다"고 결론지었다.(52, 53)

그러나 이것이 이 이야기의 끝이 아니다. 세계 대부분의 그리고 모든 미국의 원자로는 개방형 연료순환으로 알려진 일회 방식(once-through mode)으로 작동한다. 개방형 연료주기(open fuel cycle)에서 우라늄은 채광, 농축, 연료화를 거쳐 원자로에서 연소하고, 사용후핵연료는 방사능이 다 붕괴할때까지 저장해야 한다. 그러나 사용후핵연료에는 새로운 핵연료로 사용할 수 있는 우라늄과 플루토늄이 들어 있다. 폐쇄형 연료주기(closed fuel cycle)에서 사용후핵연료는 플루토늄과 우라늄을 추출하기 위해 재활용한다. 원자로에 연료를 공급하는 새로운 자원을 제공하고, 원자로 폐기물 저장 문제를 줄여준다. 제9장에서 논의된 것처럼 이 일은 가능할 뿐만 아니라, 현재 프랑스 및 일부 다른 국가들에서 시도되고 있다. 원자로들은 재활용한 MOX 연료로 연료 공급량의 최대 약 30%를 채울 수 있다. 만약 플루토늄과 우라늄이 모두 새 연료로 재활용된다면, 가용 연료 자원을 약 25% 증가시킬 수 있다.

증식로

그리고 이것도 이야기의 끝이 아니다. 현재 그리고 계획되어 있는 원자로들은 거의 ^{235}U가 농축된 우라늄을 연료로 사용하는 것에 기반하고 있다. 그러나 새로운 핵연료로서 ^{238}U을 사용할 수 있는 원자로가 있다. 이들은 증식로(breeder) 혹은 고속증식로라고 알려져 있다. 제6장에서 ^{238}U이 중성자에 반응할 때 분열하지 않는다는 것을 상기하라.

저속 중성자를 흡수하고 핵분열을 겪는 것은 ^{235}U이다. 그러나 ^{238}U은 매우 흥미로운 특성을 가지고 있다. ^{238}U은 고속 중성자를 하나 흡수하여 ^{239}U로 바뀌며, 급격하게 베타붕괴하여 넵투늄(^{239}Np)으로 바뀌고, 다시 빠르게 베타붕괴하여 핵분열성 동위원소 ^{239}Pu로 바뀐다. 사실 표준형 경수로의 전력의 일부는 ^{239}Pu가 생성된 후 핵분열을 하는데서 발생한다. 천연 우라늄의 99%이상이 ^{238}U이기 때문에, 플루토늄으로 전환되어 원자로에서 연소될 수 있으므로 잠재적으로 사용 가능한 매우 많은 양의 우라늄이 있는 셈이다. 핵연료주기에서 증식로를 사용하면 사용 가능한 연료의 공급이 약 60배 증가할 것이다.(54)

증식로의 설계는 가압경수형 또는 비등경수형 원자로와는 상당히 다르다(제5장 참조). 물은 중성자가 ^{235}U를 효율적으로 분열시킬 수 있도록 이 두 유형 원자로의 감속재로 사용되지만, 증식로에서는 중성자가 빨라야하기 때문에 감속재를 사용할 필요가 없다. 플루토늄은 고속 중성자를 흡수한 후에 핵분열을 일으킬 때 ^{235}U보다 평균적으로 더 많은 중성자를 방출하기 때문에 연료로 사용할 수 있다. ^{235}U가 20% 또는 30%로 농축된 우라늄도 고속 중성자에 의해 핵분열할 수 있지만, 저속 중성자(slow neutron)보다 효율이 매우 낮으므로 ^{235}U의 농도를 높여서 사용해야 한다. ^{238}U 블랭킷(blanket, 담요)은 원자로의 노심 주위를 감싸고 있다. 플루토늄 핵분열에서 빠져 나오는 일부 중성자가 ^{238}U에 흡수되어 ^{239}Pu가 더 많이 생성된다. 결과적으로 노심에서 태워지는 것보다 더 많은 플루토늄이 생성되므로 '증식로'라 이름이 붙여졌다. 블랭킷은 새로운 플루토늄 연료를 추출하기 위해 재활용되어야 하며, 전력과 연료를 생성하기 위해 연료 펠릿으로 가공되어야 한다.(54) 증식로는 사용후핵연료에서 문제가 되는 플루토늄 동위원소 및 기타 초우라늄 원소들을 연소시키기 위해 다른 디자인 형태로 만들 수 있다. 이 경우 고속증식로를 '버너(burner)'라고 부른다.(55, 56)

증식로와 관련하여 고려해야 할 몇 가지 문제가 있다. 물은 중성자를 늦추기 때문에 증식로에서 터빈으로의 열전달에 사용할 수 없다. 가장 일반적인 대안은 중성자와 상호작용하지 않고 열전달 특성이 좋은 액체 소듐(liquid sodium)이다. 하나의 단점은 공기 또는 물에 노출될 때, 가연성이 높다는 것이다. 경수로는 고압 및 고온에서 작동하지만, 반면에 소듐 증식로는 고온이라도 저압에서 작동한다.

왜냐하면 소듐은 883°C까지 액체 상태로 유지되기 때문이다. 따라서 물이나 공기와 접촉할 수 있는 소듐 누출을 쉽게 예방할 수 있다. 냉각 및 열전달에 사용될 수 있는 또 다른 액체 금속은 액체

납이지만, 매우 부식성이 높다. 연료를 재활용하기 위한 설계 요건과 재활용 공장의 필요성은 증식로 프로그램이 값비싼 선택이라는 것을 의미한다. 전통적인 원자로에 적절한 우라늄이 공급되는 한, 증식로는 경제적 관점에서 실용적이지 않을 것이다.(54) 최종 고려 사항은 증식로는 농축 플루토늄을 연료로 사용하고 더 많은 플루토늄을 생성한다는 것이다. 이 점은 폭탄을 만들려고 하는 테러리스트나 불량 국가들로 플루토늄을 전용할 위험을 높인다. 명백히 증식로 연료주기(breeder fuel cycle)는 엄격히 통제되어야할 것이다. 반대로 증식로는 플루토늄 동위원소 및 기타 초우라늄 원소를 연소시키기 때문에 사용후핵연료의 장기 저장 문제를 크게 줄일 수 있다.

이 기술이 미래를 위한 단지 꿈일까? 실제로 증식로에 대한 400 원자로-년(reactor-year) 이상의 경험이 있다. 미국 최초의 증식로는 현재 아이다호 국립연구소(Idaho National Laboratory, INL)라고 알려진 연구소에서 개발되었다. 아이다호 국립연구소는 원자력 에너지의 개발 및 연구를 주도하는 국립연구소로서 오래되고 유서있는 역사를 가지고 있다. 1951년 12월 20일, 세계 최초의 증식로인 실험용 증식로 EBE-1(Experimental Breeder Reactor-I, EBR-1)이 아이다호에서에서 가동을 시작했다. 약 100kW의 전기를 생산했고, 1964년까지 가동되어 원자로가 사용한 연료보다 더 많은 연료를 생성할 수 있음을 증명했다. 두 번째 세대인 EBR-II 또한 '아이다호 국립연구소'에 설치되었으며 1994년까지 30년간 운영되었고, 20MWe를 생산하였다. 또한 증식로가 454°C 이상의 고온에서 액체 소듐 냉각제의 부식 없이 수십 년 동안 운전할 수 있음을 입증했다. EBR-II는 또한 통합고속로(Integral Fast Reactor, IFR)로 이어지는 연구용 원자로였

다.(40)

통합고속로는 특별한 종류의 재처리(파이로프로세스, pyroproces) 및 연료 제조를 포함하는 완벽한 시설로서 설계되었다. 원자로 노심이 녹을 수 없기 때문에 근본적으로 안전하다. 소듐을 순환시키기 위한 펌프를 작동시키는 전력이 완전히 소실되더라도 노심은 가열되어 소듐이 팽창하면서 대류 전류를 만들어 소듐을 순환시키게 된다. 그리고 액체 소듐은 매우 높은 온도(883°C)까지 끓지 않기 때문에 증기 폭발의 위험이 없다. 수많은 시험들은 원자로가 미임계(subcritical)상태로 변하면서 핵분열이 멈추는 것을 보여주었다. IFR은 본격적인 상업용 증식로 제작으로 이어졌지만, 전력망에 연결하기 3년 전인 1994년에 의회에 의해 폐쇄되었다.(57) 결과적으로 현재 미국에는 가동 중인 증식로가 없다. 그러나 GE-Hitachi는 IFR 설계에 관한 연구를 지속하고 있으며, 각각 311MWe의 두 모듈을 가진 프리즘(Prism) 고속중성자 원자로를 개발 중이다. 그것은 증식로가 아니라 사용후핵연료의 문제를 줄이기 위해 플루토늄 및 기타 초우라늄 원소를 태울 버너로 설계되었다.(54)

프랑스는 또한 피닉스 프로그램(Phenix program)을 통해 증식로에 대한 수년간의 경험을 보유하고 있다. 피닉스 원자로는 250MWe의 용량을 가지며, 1973년부터 2009년까지 가동한 소듐 냉각 증식로였다. 훨씬 더 큰 1.2GWe의 증식로인 슈퍼피닉스(SuperPhenix)가 1974년부터 1981년까지 건설되었지만, 1985년까지 발전을 시작하지 못했고, 이후 최고 용량으로 가동된 적이 거의 없다. 슈퍼피닉스는 1977년 건설 중에 6만 명의 시위대와 1982년 국제 테러리스트인 카를로스 더 자칼(Carlos the Jackal)에 의한 로켓 추진 수류탄(rocket pro-pelled granade, RPG) 공격 등을 비롯하여 환경운동가들의 막대한 항의 시위를 촉발시켰다. 슈퍼피닉스가 운용될 때보다 중단된 적이 더 많은 우여곡절을 겪은 이유 중 일부는 기술적인 문제를 해결하기 위해서이고, 다른 일부는 정치적 또는 관리 문제에 기인해서였다. 전력생산은 11년간의 부분적 가동 후에 1997년 12월에 중단되었다. 그리고 원자로를 폐쇄하라는 법원의 판결과 리오넬 조스팽 (Lionel Jospin) 총리의 정치적 결정으로 더는 재개되지 못했다.(58)

4세대 원자로 프로그램의 일환으로 프랑스는 아스트리드(advanc -ed sodium technological reactor for industrial demonstration, ASTRID) 설계에 착수했으며, 프랑스 정부는 이 개발을 지원하고 있다. 건설에 대한 최종 결정은 2017년 내려질 것으로 예상된다(역자 주: 2020 현재 프랑스는 ASTRID 프로젝트를 종료하였다).(54)

다른 일부 국가들도 증식로에 대한 경험이 있다. 구소련은 BN-600 소듐 냉각 증식로를 건설했으며, 1980년에 가동을 시작하여 현재까지 계속 운용하고 있다. 이것은 600MWe를 생산하며 모든 러시아 원자로의 최고 운영 기록 중 하나를 보유하고 있다. 더 작은 버전인 BN-350은 1972년부터 1999년까지 주로 담수화 발전소로 가동하기 위해 카자흐스탄에서 운용되었었다. 신형 버전인 BN-800이 제작 중이다. 러시아는 중국에 2대의 BN-800 증식로를 판매했으며, 현재 건설 중이다. 일본은 1994년에 증식로인 동주(Tonju)를 건설했으나 2010년에 다시 시작될 때까지 소듐 누출로 15년간 중단되었었다. 독일과 영국도 고속 중성자 원자로에 대한 경험이 있다.(54)

따라서 증식로의 가능성은 단지 동화 같은 이야기가 아니라, 실질적인 경험에 근거한다. 핵연료의 공급을 확장하고 플루토늄과 다른 악티나이드들을 태우기 위해 증식로에 노력을 기울이고 있다. 이 원자로들은 내재적으로 안전한 제4세대 원자로에 대한 국제적인 계획의 일부이다. 우라늄은 재생에너지가 아닐 수도 있지만, 오랜 기간 동안 지속가능한 에너지원이다.

토륨

원자력의 미래에 대한 한 가지 가능성이 더 있는데, 지구상에 우라늄보다 세 배나 더 흔한, 다른 천연 물질 토륨 원소를 기반으로 하는 것이다. 『레드북』은 확인된 토륨 자원이 230만 톤 이상이며, 사실 600만 톤이 넘을 것으로 추정하고 있다.(47)

현재 원자로에서 사용되지 않기 때문에 토륨 채광은 거의 관심이 없었으므로 의심할 여지없이 알려진 것보다 훨씬 많은 양이 있을 것이다. 천연 토륨은 단일 동위원소인 ^{232}Th로 구성되어 있다. 문제는 핵분열성 물질이 아니기 때문에 원자로에서 직접 사용될 수는 없다. 그러나 토륨이 원자로에서 중성자를 포획하고 빠른 베타붕괴를 통해 ^{233}U으로 전환된다. 이것은 핵분열성이 아닌 ^{238}U이 고속 중성자 원자로에서 중성자를 흡수하고 ^{239}Pu를 생성하는 과정과 유사하다. 생성된 ^{233}U은 핵분열성이므로 원자로에서 연소할 수도 새로운 원자로용 연료 펠릿으로 만들어 재활용할 수도 있다.

우라늄에 비해 토륨을 원자로에 사용하는데 몇 가지 장점이 있다. 가장 큰 장점은 토륨은 본질적으로 모두 핵분열성 물질인 ^{233}U으로 전환될 수 있다는 점이다. 반면 우라늄은 0.7%만이 사용된다(천연 우라늄의 ^{235}U 분율). 농축이 필요하지 않다는 점이다. 우라늄 연료를 생산하는데 농축 때문에 막대한 비용이 든다. 생산된 핵폐기물에는 ^{239}Pu가 거의 생성되지 않기 때문에 관리가 용이하다는 점이다(^{232}Th를 ^{239}Pu로 변환하기 위해 7개의 중성자 흡수 과정이 필요하다).

따라서 핵분열생성물들의 수명이 더 짧아 다루기가 훨씬 쉬워진다.

^{232}Th를 ^{233}U으로 변환하는데 여러 노형의 원자로를 사용할 수 있다. 널리 사용되는 비등경수형 원자로와 캐나다에서 사용하는 캔두(CANDU) 원자로(Canadian Deuterium Uranium Reactor)를 사용할 수 있다. 냉각 및 터빈을 구동하기 위해 헬륨 가스를 사용하는 3세대 고온가스 원자로(high temperature gas reactor, HTGR)는 토륨을 연료로 사용하기에 적합하다. 새로운 노형의 원자로인 용융염 원자로(molten salt reactor)가 설계 단계에 있다. 토륨과 우라늄은 연료와 터빈으로 열전달을 동시에 제공할 수 있는 용융염에 혼입될 것이다. 원자로가 작동될 때 토륨에서 생성된 ^{233}U이 용융염에서 연속적으로 추출된다.(59)

실제로 용융염 원자로에 대한 설계는 앨빈 와인버그(Alvin Weinberg)의 지도하에 오크리지 국립연구소에서 원자력 발전의 역사 초기(1959년)에 이루어졌다. 물은 중성자를 감속시키는 감속재이고, ^{233}U은 핵분열을 위해 고속중성자를 필요로 하기 때문에 원자로를 냉각시키고 터빈을 가동시키기 위해 (물 대신에) 용융염을 사용한다. 불화리튬(Lithium Fluoride) 및 불화베릴륨은 불화트리튬 및 불화우라늄을 용해할 수 있는 담체(carrier salts)로서 우수한 특성을 가지고 있다. 실험용 원자로는 1965년에 건설되어 수년 동안 운영되었지만, 토륨이 아닌 우라늄만 연료로 사용하였다. 그러나 원자로 설계에 대한 정치적, 기술적인 싸움에서 와인버그가 리코버 제독의 가압경수로에게 패배함에 따라 토륨 원자로 설계는 흐지부지 사라져버렸다.

그러나 액체 불화토륨 원자로(liquid fluoride thorium reactor, LFTR)

가 세계의 에너지 문제를 해결할 수 있다고 믿는 커크 소렌센(Kirk Sorensen)과 추종자들의 노력에 의해 다시 소생되고 있다.(60)

현재 어느 원자로도 토륨주기에 기반하여 운영되고 있지는 않지만, 몇몇 원자로들은 과거 수년 동안 운영된 적이 있다. 미국에서는 펜실베이니아 주 해리스버그(Harrisburg) 근처의 첫 실험용 피치 보톰 원자로(Peach Bottom reactor)가 토륨과 고농축우라늄을 사용하는 고온 가스 냉각 원자로(high temperature gas cooled reactor, HTGR)였다. 그것은 40MWe의 용량을 가졌으며 1967년부터 1974년까지 가동되었다.

그것은 내가 살고 있는 곳 근처의 더 야심적인 330MWe 고온 가스 냉각로 즉 콜로라도에 건설될 최초이자 유일한 원자로, 포트 세인트 브레인 원자로(Fort St. Vrain reactor)의 선구자 역할을 했다. 포트 세인트 브레인 원자로는 1976년부터 1989년까지 가동되었지만, 전력회사가 해결하기에는 너무 비용이 많이 드는 수많은 운영상의 문제들로 폐쇄되었다. 독일은 1983년에서 1989년까지 토륨 고온 원자로를 가동했다. 그 연료는 토륨과 고농축우라늄의 작은 자갈(pebble)들 모양이며, 원자로를 통과해 지속적으로 이송된다. 그것은 최근 건설이 중단될 때까지 독일이 남아프리카 공화국에서 건설하고 있었던 페블베드 원자로(pebblebed reactor)의 원형이었다. 인도는 우라늄이 거의 없고 상당한 토륨 자원을 보유하고 있기 때문에, 원자로 연료로 토륨을 가장 적극적으로 추진하고 있다.(59, 61, 62)

요약

우라늄 탐사는 광부나 일반 대중의 안전을 거의 고려하지 않고 시작되었다. 그러나 지하에서 광부들이 라돈에 심하게 노출되어 폐암이 발병한다는 문제를 극복하고, 현재의 채광 규정은 대중의 위험을 크게 줄였다. 채광 및 분쇄로 인한 폐기물조차도 대중에게 실제 건강상의 영향이 거의 없었다. 최근 몇 년간 현장회수(ISR) 채광법으로 전환되어(이 유형의 채광법이 적용 가능한 사암 퇴적물에 대해서) 우라늄 채광과 관련된 환경 문제가 크게 감소하였다.

우라늄 연료 순환은 채광, 분쇄, 농축, 원자로에서 연소될 연료 펠릿 제작, 그리고 사용후핵연료를 다루는 것 등을 포함한다. 연료주기의 많은 비용(및 CO_2 생성)은 오래된 기체확산 기술을 사용하는 에너지 집약적인 농축과정에서 비롯한다. 새로운 기체원심분리 기술은 농축 우라늄을 얻는데 필요한 에너지를 극적으로 줄여준다. 미국에서 사용되는 것과 같은 개방형 핵연료주기에서는 사용후핵연료가 단순히 저장되어야 하지만, 폐쇄형 핵연료주기에서는 플루토늄과 심지어 나머지 ^{235}U까지 원자로에서 재활용하여 훨씬 많은 전력을 공급할 수 있다. 프랑스, 러시아, 일본, 영국, 독일 등 많은 다른 나라들이 이미 그렇게 하고 있다.

현재 전 세계적으로 가동 중인 원자로들이 최소한 1세기 이상 원자력 르네상스를 맞아 원자로의 수를 두 배 이상으로 획기적으로 확장하더라도 설계 수명 동안 원자로에 전력을 공급하는데 필요한 적절한 우라늄 자원은 충분하다. 고속증식로는 미래 (그러나 이미 증명된) 기술로서 새로운 연료는 천 년 이상 충분한 연료를 공급할 수 있도록 '증식' 될 수 있다. 뿐만 아니라 이러한 원자로는 핵 테러의 가능성을 줄이기 위해 플루토늄과 악티나이드들을 태우는데 사용될 수도 있다. 그리고 우라늄 기반 원자로와 공존할 수 있는 토륨 기반 원자로의 경제성을 발전시킬 가능성이 있다.

분명히 석탄에 대한 세계의 의존성을 종식시키고, 전력생산으로 인한 온실가스 배출을 줄이기 위해 원자력에 대한 충분한 자원과 기술은 존재한다. 문제는 우리가 그렇게 할 것인가 하는 것이다.

노트

1. 광산 폐기물은 남겨진 암석 덩어리나 화학적으로 침출된 광석이다. 원광석 보다 낮은 농도의 우라늄을 함유하고 있지만, 경제적으로 실용적이지 않다.

2. 경수는 보통 평범한 물이며 대부분의 원자로가 감속재로 사용하기 때문에 경수로라고 부른다. 캐나다는 CANDU라 불리는 원자로들을 건설하는데 그것들은 한 개의 양성자와 한 개의 중성자가 결합한 일종의 수소(중수소 [^{2}H])를 포함한 중수(heavy water)를 사용한다. 그래서 그것들을 중수형 원자로 혹은 중수로(Heavy water reactor)라고 부른다.

참고 문헌

1. Zoellner T. *Uranium: War, Energy and the Rock That Shaped the World*. New York: Viking(The Penguin Group), 2009.
2. Rhodes R. *The Making of the Atomic Bomb*. New York: Simon & Schuster, 1986.
3. Uranium. Wikipedia, 12-4-2011. http://en.wikipedia.org/wiki/Uranium.
4. WNA. *Geology of Uranium Deposits*. World Nuclear Association, 2011. http://www.world-nuclear.org/info/inf26.html.
5. Yazzie-Lewis E, Zion J. Leetso, the powerful yellow monster. In: Brugge D, Benally T, Yazzie-Lewis E eds. *The Navajo People and Uranium Mining*. Albuquerque, : University of New Mexico Press, 2006; 1–10.
6. EPA. *Health and Environmental Impacts of Uranium Contamination in the Navajo Nation: Five-Year Plan*. US Environmental Protection Administration, 6-9-2008. http://yosemite.epa.gov/r9/sfund/r9sfdocw.nsf/3dc283e6c5d6056f882574260074 17a2/bf9a1608e7578ba38825 7405000499f8!OpenDocument.
7. Samet JM, Wiggins CL, Key CR, Becker TM. Mortality from lung cancer and chronic obstructive pulmonary disease in New Mexico, 1958–1982. *Am J Public Health* 1988; 78:1182–1186.
8. Brugge D, Goble R. A documentary history of uranium mining and the Navajo people. In: Brugge D, Benally T, Yazzie-Lewis E eds. *The Navajo People and Uranium Mining*. Albuquerque: University of New Mexico Press, 2006; 25–47.
9. Gilliland FD, Hunt WC, Pardilla M, Key CR. Uranium mining and lung cancer among Navajo men in New Mexico and Arizona, 1969 to 1993. *J Occup Environ Med* 2000; 42: 278–283.
10. Brugge D, Goble R. Radiation Exposure Compensation Act: What is fair? In: Brugge D, Benally T, Yazzie-Lewis E eds. *The Navajo People and Uranium Mining*. Albuquerque: University of New Mexico Press, 2006; 137–153.
11. Radiation exposure compensation system claims to date. Department of Justice, 11-01-2013. http://www.justice.gov/civil/omp/omi/Tre_SysClaimsToDateSum.pdf.

12. *Conventional Mining and Milling of Uranium Ore*. Uranium Producers of America, 2011. http://www.uraniumproducersamerica.com/tech.html.
13. NRC. *Conventional Uranium Mills*. US Nuclear Regulatory Commission, 3-31-2011. http://www.nrc.gov/materials/uranium-recovery/extraction-methods/conventional- mills. html.
14. DOE. *Grand Junction, Colorado, Processing Site Fact Sheet*. US Department of Energy, 11-22-2011. http://www.lm.doe.gov/land/sites/co/gj/gjp/gjp.htm.
15. Cunningham MC, Ferguson SW, Foreman T. *Excess Cancer Incidence in Mesa County, Colorado*. *Denver: Colorado* Department of Health/US Nuclear Regulatory Commission, 1979.
16. DOE. *Shiprock, New Mexico, Disposal Site Fact Sheet*. US Department of Energy, 9-1-2011. http://www.lm.doe.gov/Shiprock/Sites.aspx.
17. Boice JD, Jr., Mumma MT, Blot WJ. Cancer and noncancer mortality in populations living near uranium and vanadium mining and milling operations in Montrose County, Colorado, 1950–2000. *Radiat Res* 2007; 167:711–726.
18. Boice JD, Jr., Cohen SS, Mumma MT, Chadda B, Blot WJ. Mortality among residents of Uravan, Colorado who lived near a uranium mill, 1936–84. *J Radiol Prot* 2007; 27:299–319.
19. Lofholm N. Toxic legacy of uranium haunts proposed Colorado mill. *Denver Post,* 9-5-2010.
20. Coffman K. Colorado approves first post-Cold War uranium mill. *Reuters,* 3-8-2011.
21. Brown SH. *The New Generation of Uranium In Situ Recovery Facilities: Design Improvements Should Reduce Radiological Impacts Relative to First Generation Uranium Solution Mining Plants*. Phoenix, AZ: Waste Management 08 Conference, 2008.
22. *Uranium In Situ Recovery Technology*. Uranium Producers of America, 2011. http:// www. uraniumproducersamerica.com/situ.html.
23. NRC. *In Situ Recovery Facilities*. US Nuclear Regulatory Commission, 3-31-2011. http:// www.nrc.gov/materials/uranium-recovery/extraction-methods/isl-recovery-facilities.html.
24. Magill B. Powertech: Centennial project to be mothballed in wake of Tsunami. Fort *Collins Coloradoan,* 4-27-2011.
25. Clement R. Personal Communication.
26. Smith SM. *Historic Water Wells Showing Uranium above the EPA Standard*. Washington, DC: US Geological Survey, 1997. http://www. wmaminelife.com/ uranium/Uranium_ Well_Map/NURE_Co_NM_Wy.pdf.
27. *Underground Injection Control Program: Criteria and Standards*. Code of Federal Regula tions 2002; 40CRF146.4:699–700.
28. EPA. *Mining Wells*(Class III) US Environmental Protection Agency, 2011. http:// water. epa.gov/type/groundwater/uic/wells_class3.cfm.
29. *Groundwater protection and restoration during In-Situ uranium recovery at the Centennial project*. Powertech Uranium Corp., 2011. http://www.powertechuranium.com/s/Ground waterProtection.asp.
30. Magill B. Powertech sues over water rules. *Fort Collins Coloradoan,* 11-12-2010.
31. NRC. *Locations of Uranium Recovery Facilities*. US Nuclear Regulatory Commission, 11-14-2011. http://www.nrc.gov/info-finder/materials/uranium/.
32. NRC. *Data on Groundwater Impacts at the Existing ISR Facilities*. Nuclear Regulatory Commission, 7-10-2009. http://pbadupws.nrc.gov/docs/ML0917/ML091770385. pdf.
33. Boice JD, Jr., Mumma M, Schweitzer S, Blot WJ. Cancer mortality in a Texas county with prior uranium mining and milling activities, 1950–2001. *J Radiol Prot* 2003; 23:247–262.

34. Uranium hexafluoride. Wikipedia, 12-29-2011. http://en.wikipedia.org/wiki/ Uranium_hexafluoride.
35. WNA. *Uranium Enrichment*. World Nuclear Association, 2011. http://world-nuclear. org/info/inf28.html.
36. NRC. *Fact Sheet on Uranium Enrichment*. US Nuclear Regulatory Commission, 10-18-2011. http://www.nrc.gov/reading-rm/doc-collections/fact-sheets/enrichment. html.
37. Key Facts: *Paducah Gaseous Diffusion Plant*. USEC, 2012. http://usec.com/gaseous-diffusion_pad_facts.htm.
38. Torbati Y, Hosseinian Z. Iran to enrich uranium to 60% if nuclear talks fail. *Reuters*, 10-2-2012.
39. Mueller J. *Atomic Obsession: Nuclear Alarmism from Hiroshima to Al-Qaeda*. New York: Oxford University Press, 2010.
40. Cravens G. *Power to Save the World: The Truth about Nuclear Energy*.New York: Alfred A. Knopf, 2007.
41. WNA. *World Nuclear Power Reactors & Uranium Requirements*. World Nuclear Association, 10-21-2011. http://www.world-nuclear.org/info/reactors.html.
42. *Levelized Cost of New Generation Resources in the Annual Energy Outlook 2011*. US Energy Information Administration, 4-26-2011. http://www.eia.gov/forecasts/aeo/electricity_generation.cfm.
43. WNA. *Economics of Nuclear Power*. World Nuclear Association, 12-1-2011. http:// www.world-nuclear.org/info/inf02.html.
44. Clement R. Personal Communication.
45. WNA. *Supply of Uranium*. World Nuclear Association, 2011. http://www. world-nuclear.org/info/inf75.html.
46. Slezak J. *Red Book - Uranium: Resources, Production and Demand*. International Atomic Energy Agency, 2010. www.iaea.org/OurWork/ST/NE/NEFW/documents/ RawMaterials/RTC-Ghana-2010/5.RedBook.pdf.
47. *Uranium 2009: Resources, Production and Demand*. 23 ed. Paris: OECD Nuclear Energy Agency & International Atomic Energy Agency, 2010.
48. Storm van Leeuwen JW. *Nuclear Power: The Energy Balance*. 2007. http://www. stormsmith.nl/.
49. WNA. *Military Warheads as a Source of Nuclear Fuel*. World Nuclear Association, 2011. http://www.world-nuclear.org/info/inf13.html.
50. Megatons to Megawatts, 12-31-2012. http://www.usec.com/megatonstomegawatts. htm.
51. WNA. *US Nuclear Fuel Cycle*. World Nuclear Association, 12-27-2011. http:// world-nuclear.org/info/inf41_US_nuclear_fuel_cycle.html.
52. Deutch JM, Forsberg CW, Kadak AC, Kazimi MS, Moniz EJ, Parsons JE. *Update of the MIT 2003 Future of Nuclear Power*. Cambridge, MA: Massachusetts Institute of Technology, 2009, 12.
53. Ansolabehere S, Deutch JM, Driscoll M, Gray PE, Holdren JP, Joskow PL, Lester RK, Moniz EJ, Todreas NE. *The Future of Nuclear Power: An Interdisciplinary MIT Study*. Cambridge, MA: Massachusetts Institute of Technology, 2003.
54. WNA. *Fast Neutron Reactors*. 2011. http://www.world-nuclear.org/info/inf98. html.
55. Hill RN. *Fast Reactor Physics and Core Design, Argonne National Laboratory*. Department of Energy, 5-3-2007. www.ne.doe.gov/pdfFiles/FRPhysics.pdf.
56. Kazimi M, Moniz EJ, Forsberg CW, Ansolabehere S, Deutch JM, Driscoll M, Golay MW, Kadak AC, Parsons JE, Regalbuto M. *The Future of the Nuclear Fuel Cycle*. Cambridge, MA: Massachusetts Institute of Technology, 2011.

57. Sackett J. *Operating and Test Experience for the Experimental Breeder Reactor II(EBR-II)* Science Council for Global Initiatives, 2010. http://www.thesciencecouncil.com/dr-john-sackett/171-operating-and-test-experience-for-the-experiment al-breeder-reactor-ii-ebr-ii. html.
58. Superphenix. Wikipedia, 11-30-2011. http://en.wikipedia.org/wiki/Superphenix.
59. WNA. *Thorium.* World Nuclear Association, 11-30-2011. http://www.world-nuclear. org/ info/inf62.html.
60. Martin R. *Super Fuel: Thorium, the Green Energy Source for the Future.* New York: Mac millan, 2012.
61. Peach Bottom nuclear generating station. Wikipedia, 10-1-2011. http:// en.wikipedia.org/ wiki/Peach_Bottom_Nuclear_Generating_Station.
62. Fort St. Vrain generating station. Wikipedia, 2012. http://en.wikipedia.org/wiki/ Fort_St._ Vrain_Generating_Station.

제12장 이제 우리가 할 일은?

언젠가 지구가 눈물을 흘리며 목숨을 구걸할 것이다.
그녀는 피를 흘리며 울부짖을 것이다. 그녀를 도울지 그녀를 죽게 할지
당신은 선택을 해야 할 것이고, 그녀가 죽으면 당신도 죽을 것이다.
-1932년 오글라라 라코타(Oglala Lakota), 존 할로우 혼(John Hollow Horn)-

　시간이 부족하다. 1990년 정부간기후변화협의체가 인류에 의한 지구온난화의 가능성에 대해 최초의 과학보고서를 발표했을 때 대기 중 CO_2 농도는 354ppm이었다. 약 4년 전에 이 책을 쓰기 시작했을 때 CO_2 농도는 387ppm이었다. 현재 397ppm이며 계속 상승 중이다. 교토회의, 코펜하겐, 칸쿤회의에도 불구하고 대기 중 CO_2 농도는 계속해서 상승하고 있다. 그리고 지구는 계속해서 따뜻해지고 있다.

　미국과 세계는 이 상승을 막기 위해 정책을 바꾸는 것에 대해 아직 심각하게 여기지 않는다. 너무 많은 정치인들과 그 밖의 사람들이 머리를 모래에 처박고, 세계가 실제로 온난화되고 있음을 보여주는 자료들이 봇물 터지듯이 쏟아지고 있지만 인정하기를 거부한다. 2010년은 가장 더운 해였으며, 2000년에서 2010년까지의 기간은 적어도 지난 10만 년 동안 가장 따뜻한 10년이었다. 지질학자들 사이에서는 지구가 지난 12,000년의 홀로세시대(Holocene epoch)에서 공식적으로 70억 인구가 기후를 주도하는 주요 요인이 되는 인류

세시대(Anthropocene epoch)로 넘어 갔는지 여부를 결정하는 심각한 논쟁이 진행되고 있다.(1) 해수면이 계속 상승하고, 바다가 산성화 되고, 빙하와 빙층이 계속해서 녹으며, 금세기 중 어느 여름에 북 극에서 얼음이 사라질 것이고, 극심한 기상 조건이 지구상에서 빈 번해질 것이다. 식물과 동물 종은 10년마다 고위도로 평균 17킬로 미터씩 이동하고, 고산 종은 10년마다 11미터씩 더 높은 고도로 이 동하고 있다.(2) 이와 같은 변화는 (짧은) 과거에 발생했지만, 종들 이 적응할 수 있으려면 수천에서 수만 년의 시간이 필요하다.

생명종들은 항상 변화하는 기후에 적응하거나 멸종하기 때문에 현재의 변화도 헤쳐 나갈 것이라고 주장하는 사람들이 많다. 이 말 은 어느 정도 사실이지만, 인간이 서식지에 영향을 끼쳐 많은 종 들이 큰 압력을 받고 있다는 사실을 무시하는 말이다. 우리와 함 께 지구에 공존하고 우리가 의존하고 있는 종들에 대한 영향과 상 관없이 우리는 전 지구를 점령하고 있으며, 우리의 욕구를 충족시 키기 위해 지구를 변화시키고 있다. 이러한 복합적인 인간의 영향 은 과거보다 2~5배 높은 속도로 지구를 멸종으로 이끌고 있다. 결 과적으로 설령 이것이 인간의 손에 의한 유일한 멸종일지라도 우 리는 생명 다양성(biodiversity)에 대한 여섯 번째 대멸종(the 6th mass extinction)의 중심부로 향하고 있다.(2)

우리는 지구와 위험한 게임을 하고 있으며, 잠재적인 결과를 무 시하고 있다. 이제는 우리가 지구에게 행하고 있는 일을 인식하고 CO_2의 생성을 크게 줄이는 일에 진지해져야 할 때이다.

전 세계 CO_2 배출량의 약 4분의 3은 화석연료에서 발생하며, 약 4분의 1은 삼림벌채로 인한 배출량이다. 미국 혼자서 전 세계 CO_2 문제를 해결할 순 없지만, CO_2 생산에 있어서는 미국은 화석연료 연소를 통해 전 세계 CO_2의 거의 5분의 1을 생산하는 과한 역할을 담당하고 있으므로, CO_2 배출량을 줄이는데도 주도적인 역할을 해야만 한다. 에너지관리청에 의하면, 우리의 에너지 중 82%는 석탄, 천연가스, 석유를 포함한 화석연료에서 비롯된 것이다(제2장 참조). 석유는 주로 운송 수단으로 사용되므로, 사용량을 줄이려면 훨씬 좋은 연비를 갖는 차량을 개발해야 한다. 미국은 석유 사용으로부터 2.3Gt의 CO_2를 배출한다.(3) 2011년에 오바마 대통령과 13개의 자동차 제조업체 간에 미국의 자동차 및 경트럭에 대한 평균연비 제도(Corporate Average Fuel Economy, CAFE)가 합의에 따라 맺어졌다. 연비 목표 기준치는 2025년까지 리터당 37킬로미터에 달할 것으로 계획되어, 현재 리터당 12킬로미터의 두 배가 넘는다.(4) 이것은 올바른 방향으로 나아가는 하나의 단계이며, 더 많은 일을 할 수 있다. 플러그인 전기자동차들(plugin electric vehicles)은 석유 사용을 줄이기는 하지만, 탄소를 발생하지 않는 전력 공급원을 찾아야 하는 대가를 치러야 한다. 석유 사용은 분명히 CO_2를 생성하는 주요한 문제이지만, 전기가 석유 사용을 줄이는데 중요한 역할을 하는 경우를 제외하고는 이 책의 초점이 아니다.

현재 미국에서 사용되는 에너지의 40%는 전기 생산에 사용된다. 인구증가, 전기자동차 사용증가, 다니엘 예긴(Daniel Yergin)이 언급한 '개지와트(gadgiwatts)'의 급격한 증가로 인해 전기를 생산하는데 사용되는 에너지는 앞으로 계속 증가할 것이다. 개지와트란 컴퓨터, 휴대전화, 아이팟, 아이패드, 아이폰, 거대한 평면 TV, 전자레인지 등 현대세계에 필수적인 전자기기의 목록이다. 이 목록은 계속 길어지고 있다.(5)

에너지 절약에도 불구하고 2040년까지 전기 사용량이 30%이상 증가할 것으로 예상되며 총 에너지 소비는 약 10% 증가할 것으로 예상된다.(6) 효율성에 대한 열성적인 노력으로 전기 사용량을 줄일 수 있지만, 전반적으로 전기 사용은 앞으로 계속 증가할 것이다. 여기에서 던지는 큰 화두는 'CO$_2$의 생산을 크게 줄이면서 전기를 생산할 수 있는 방법은 무엇일까?'이다.

하나의 거대한, 그러나 달갑지 않은 실험이 2008~2009년의 세계적인 경기침체 속에서 진행되었다. 미국에서 전력 수요는 실제로 경기침체 이전인 2007년부터 감소했고, 총 CO$_2$ 배출량은 2008년에 3%, 2009년에 7% 감소했다.(7) 그러나 어느 누구도 파국적인 경제위기나 높은 실업률 때문에 CO$_2$ 배출량이 감소하는 것을 보고 싶어 하지는 않을 것이라 확신한다.

그래도 좋은 소식이 있다. 에너지관리청은 미국의 에너지 관련 CO$_2$ 배출량이 2040년까지 2005년 수준인 6Gt을 넘지는 않을 것이라고 예측된다.(6) 하지만 여전히 너무 많다. 교토 의정서(Kyoto protocol)의 목표는 미국이 CO$_2$ 배출량을 1990년 수준보다 7% 더 낮게 줄이는 것이었다. 전기 생산에서 발생하는 CO$_2$ 배출량을 거의 0으로 줄이는 것이 가능할까? 그러면서도 견실한 경제를 유지할 수 있을까? 우리의 삶의 수준을 대폭적으로 낮추면 환경에 대한 우리의 악영향을 줄일 수 있다고 환경운동가들이 종종 주장해 왔다. 그것은 잘못된 대안이다. CO$_2$를 전혀 생성하지 않는 환경 친화적인 전력원들을 통해 우리의 전기 수요를 제공할 수 있다.

내가 이 책에서 주장하는 것처럼 석탄은 전기 생산에 있어서 큰 문제이며, 탄소포획 및 저장기술은 문제를 해결하지 못할 것이다. 석탄은 여러 가지 건강 및 환경 영향 때문에 전력원에서 근본적으로 제거되어야 한다. 현재 석탄은 미국 내 41%의 전기를 공급하고 있으며, 향후 석탄에 의해 생성된 전기의 비율은 약간 감소할지라도, 실제 석탄 사용량은 2035년까지 증가할 것으로 예상된다. 모든 국가들의 에너지원에서 배출되는 30Gt의 CO_2 중 13Gt 이상이 석탄에서 비롯되며, 그중에서 약 2Gt은 미국에서 배출된다. 중국은 미국보다 약 3배 이상 배출하며, 인도는 미국의 반절 가량을 배출한다.(3)

분명히 세계는 석탄에 중독되어 있어서 기후변화를 완화시키기 위해 CO_2를 줄이려면 석탄사용을 줄여야 한다. 석탄 사용을 감소할 수 있는 유일한 방법은 탄소가격을 현재 시장 가격보다 더 현실적으로 만드는 일종의 탄소세(carbon fee)를 적용하는 것이다. 석탄은 다음의 두 가지 상호 연관된 이유로 미국과 세계의 전기 생산에서 중요한 역할을 한다. 석탄은 풍부하고 저렴하다. 그러나 오랫동안 무시해온 것은 파우스트식 거래(Faustian bargain)이다. 그러나 이제 석탄 채광과 지구온난화로 인한 환경비용, 대기 및 수질 오염으로 인한 직접적인 건강비용 등 실제적인 비용을 지불할 때가 되었다. 이 비용들을 감안하여 탄소세를 적용한다면 석탄은 더 이상 저렴하게 거래되지 않을 것이며, 원자력과 재생에너지를 포함한 다른 무탄소 에너지원이 경제적인 관점에서 더욱 매력적으로 보일 것이다.

제임스 한센(James Hansen)(8)은 석탄, 석유 및 가스 생산자에게 화석연료를 연소시킴으로써 배출되는 CO_2에 대해 톤당 탄소세를 제정하는 '탄소세 및 배당금제도(fee and dividend)'를 강하게 주장한다. 물론 이 탄소세는 가솔린, 전기, 가정 난방 및 기타 많은 사회적인 비용을 인상시킬 것이다. 개인에 대한 경제적 영향을 줄이기 위해 거둬들인 탄소세는 일정한 배당금으로 시민에게 반환할 수 있다. CO_2 문제를 줄이는데, 어떻게 도움이 될까? 그것은 각 개인이 탄소 사용을 줄이려고 하는 강력한 경제적 동기를 제공한다. 대형차(gas guzzler)를 몰고 대저택에 살면 많은 에너지를 사용하는 것이므로 높은 비용을 지불하게 되지만 배당금은 상대적으로 적다.

고효율 자동차를 운전하고 에너지 효율이 높은 집에서 살고 다른 방법으로도 절약을 하면 이익을 볼 것이다. 이와 유사하게 앨 고어도 시민들에게 세금 환급을 해주는 탄소세(carbon tax)를 주장하고 있다.(9)

또 다른 접근법은 1980년대 석탄화력발전소에서 배출되는 황산화물로 인한 산성비를 줄이는데 성공한 '배출상한선 및 배출권거래제'이다. 이제도는 바람직한 결과를 얻기 위해 시장의 효율성을 이용한다. 이 경우에는 CO_2를 줄이는 것이다. 정부는 발전소와 같은 산업체에 허용가능한 CO_2 배출량의 상한선(cap)을 정해주고, 특정 발전소가 그 한도에 도달할 때까지의 CO_2 톤당 허용량(allowance)을 제정한다. 그 발전소는 허용량을 저축하거나 상한선을 넘긴 발전소들과 거래 또는 판매할 수 있다. 이 방식의 특징은 발전소나 전력회사가 CO_2 배출량을 줄여야 하는 재정적인 동기를 제공하지만, 달성 방법을 명시하지는 않는다.

예를 들어, 그들은 풍력이나 원자력을 사용하여 더 많은 허용량을 받을 수 있다. CO_2를 더 많이 배출하는 발전소는 값비싼 허용량을 구입해야하기 때문에, 비용 측면에서 시장에서 불리해지므로, 운영자는 이 발전소를 폐쇄하고 보다 더 효율적인 발전소를 건설할 동기를 갖게 된다.(9) 오바마 대통령은 배출상한선 및 배출권거래제를 추진했지만, 의회는 이 법안을 통과시키기를 단호하게 거절했다. 유럽은 2020년까지 배출량을 1990년 수준에서 20%를 감축할 수 있도록 상한선을 적용하여 2003년에 배출권거래제를 통과시켰다.(5) 그러나 이 시스템은 문제가 많았는데 주된 원인은 너무 많은 배출권(credit)을 제공했기 때문에 공급과잉이 발생했다.

결과적으로 탄소배출권 가격은 2013년 초 2.75유로로 급락했다. 이 가격에서는 탄소 수요를 줄이지 못하고 석탄을 여전히 매력적으로 만든다.(10) 캘리포니아는 2012년 말에 탄소배출권을 발행하고, 상한선을 정하고, 시장을 설립하는 배출상한선 및 배출권거래제를 시행하기 시작하였다. 목표는 2020년까지 탄소 배출을 1990년 수준으로 줄이는 것이다.(11) 만일 성공하면 미국이 배출권거래제를 시행한 좋은 시범 사례가 될 것이다.

2012년 3월 환경보호청은 신축 발전소들에서 탄소포집 및 저장기술이 없는 한 새로운 석탄화력발전소가 건설되는 것을 방지할 수 있는 새로운 배출가스 규제안을 제안했다. 탄소포집 및 저장기술은 상업적 규모에서 이용 가능하지 않고 많은 문제가 있다(제3장 참조).(12)

아산화질소와 황산화물 및 수은 배출에 대한 환경보호청의 또 다른 규제들은 오래된 석탄발전소는 결국 업그레이드 되거나 중단되어야 한다는 것을 의미한다. 총 전기 용량의 4%를 차지하는 약 14%의 석탄발전소들이 향후 5~8년 내에 퇴출되어야만 할 것이다.(13) 기존 석탄발전소들의 이러한 퇴출은 올바른 방향으로 가는 것이다. 특히 석탄발전소들은 가장 비효율적이며 가장 오염이 심하고 kWh당 가장 많은 CO_2를 발생시키기 때문에 퇴출율을 높여서 앞으로 20~30년 동안 모두 폐쇄해야할 것이다.

그러나 무엇이 그것들의 자리를 대신할 것인가? 이것은 많은 것들이 관계된 거대한 질문이다. "단 하나의 정답은 없으며 여러 전략을 세워야 한다"라고 말한 오바마 대통령은 옳다. 거의 모든 사람들이 동의할 수 있는 첫 번째 대안은 효율성을 강조함으로써 수요를 줄일 수 있다는 것이다. 그래서 석탄화력발전소 전체를 꼭 교체해야만 하는 것은 아니라는 것이다. 이 방법은 확실히 가장 저렴한 방법이며, 비교적 빨리 시작할 수 있다. 백열전구를 소형형광등(Compact Fluorescent Light bulb, CFL) 또는 발광다이오드(Light Emitting Diode, LED) 전구로 교체하고, 오래된 기기들을 에너지 절약 기기들(Energy Star appliances)로 교체하고, 냉방 및 난방비용을 절감하기 위해 단열재 및 문풍지(weather strip)를 개선하는 등 효율을 더 높여 에너지를 절약할 수 있다. 즉 꼭 1kWh의 에너지를 1kWh를 더 발전시켜 만들 필요는 없다.

사람들이 전기를 언제, 어떻게 사용할지에 대해 더 많은 제어 기능을 제공하는 스마트 측정법(smart metering)이 출현함에 따라 사람들의 전기 사용량을 줄일 수 있다. 아직 시작 단계이어서 결과는 없다. 에너지 전문가 아모리 로빈스는 효율성과 대체에너지(alternative energy)가 문제를 완전히 해결할 수 있다고 믿는다.(14) 그러나 대부분의 에너지 전문가들은 효율성 증가는 해결책이 아니며, 여전히 다른 추가 전력 계획을 세울 필요가 있음을 인식하고 있다.

두 번째 대안은 재생에너지가 도움이 된다는 것이다. 그러나 제4장에서 논의했듯이 태양과 풍력 에너지는 간헐성, 인구 밀집지와의 상대적 위치, 면적 및 비용 등과 관련된 주요 어려움들 때문에 전력생산의 약 20% 이하로 제한된다. 더 나아가서 이들은 석탄이 제공하고 있는 기저부하 전력에 효과적으로 기여하지 못한다. 기저부하는 일정한 전원에 의해 제공되어야만 하는 24시간 동안의 최소 전력수요이다. 태양광 및 풍력은 낮 시간에 변동하는 중간수요에 주로 기여하지만(날씨 등의 이유로) 이용할 수 없는 경우가 있어 여전히 백업(보통은 천연가스발전소)이 필요하다.(15) 재생에너지의 무할당제(renewable portfolio standards, RPS)를 채택한 주에서는 재생에너지가 최대 30%의 전기를 공급해야하지만, 실제로 달성할 가능성이 거의 없으며 많은 주들에서 풍력 및 태양광과 관련된 환경문제가 드러나고 있어서 20%를 달성할 수 있을지도 의문이다. 그럼에도 불구하고, 현재 4%에서 20%로 증가하면 엄청난 도움이 될 것이다. 그러나 이것은 석탄 문제를 해결하지 못한다. 이를 증명하는 좋은 예는 독일이다.

독일은 태양광과 풍력 발전 비중을 더 높이기 위해 많은 노력과 투자를 했지만, 석탄 사용으로 인한 CO_2의 양이 1995년부터 2007년까지 전혀 변화하지 않았다. 2009년에 약 15% 감소했지만, 그것은 서구 세계 전역의 에너지 사용이 줄어든 심각한 세계 경기 침체(severe world recession)로 인한 것이다. 미국에서도 CO_2 배출량이 거의 같은 비율로 감소했다.(3) 그리고 독일은 후쿠시마에 대한 대응으로 원자로를 폐쇄할 계획이어서 미래에 저질 석탄(poor quality coal, 독일산 갈탄(lignite)에 더 의존하게 될 것이기 때문에 상황을 더욱 악화시킬 것이다. 결과적으로 매우 잘못된 선택이다.

셰일가스에 대한 파쇄법(fracking)의 출현으로 에너지 세계의 새로운 스타가 된 천연가스는 세계 공급량이 크게 증가하였다. 그 결과 현재 미국에는 천연가스가 과잉 공급(glut)되어 가격이 2008년 여름 1천 리터당 46센트에서 10센트 아래로 급락했다.(16) 이처럼 매우 저렴한 가스 가격과 상대적으로 적은 자본이 드는 가스연소 복합화력발전소(gas-fired combined cycle plant)가 석탄을 가스로 대체하는 자연스러운 경제적 선택인 것처럼 보인다. 동등한 양의 전력을 생산할 때, 가스가 석탄보다 CO_2 배출량이 50% 작다는 상식은 가스 채광 및 파이프에서 누출로 인한 메탄의 손실을 감안하면 실제로는 사실이 아니라고 제3장에서 논의했다. 하지만 CO_2 배출 측면에서 천연가스는 확실히 석탄보다 낫다. 사실상 천연가스는 단지 25% 또는 그 이하의 양을 절감하는 장점이 있다. 그럼에도 불구하고 에너지 관련 CO_2 배출량이 2005년 수준 이하로 유지될 것으로 예상되는 이유 중 상당 부분은 석탄화력발전소를 대체하기 위해 천연가스 사용이 증가하고 있기 때문이다.

파쇄법(fracking)과 관련된 환경 문제는 여전히 중요한 관심사이며 만족스럽게 해결할 수 없다면, 천연가스로의 전환은 실수가 될 것이다.

또한 역사적으로 천연가스 가격은 급변하는 공급 및 수요로 인해 변동성(volatility)이 매우 컸다. 주로 미국의 기저부하 전기 생산에 사용되는 석탄과 달리 천연가스는 전기, 주거 및 상업용 난방 그리고 산업 공정 이 세 부문에 거의 동일한 비율로 사용된다. 중간 및 피크부하 전력에 추가하여 기저부하 전력을 제공하기 위한 천연가스에 대한 새로운 수요가 증가한다면 다른 부문에 영향을 미쳐 가격이 크게 상승할 수 있다. 확실하게 천연가스는 CO_2 감소 방정식의 일부이지만, 천연가스발전소로 많은 석탄발전소들의 퇴출을 대체하려고 시도하는 것은 실수일 것이다. 가스는 이산화탄소 문제를 해결하지 못할 것이며, 모든 달걀을 한 바구니에 담아선 안 된다.

이제 안정적인 기저부하 전력을 위한 석탄의 대안이자 CO_2를 거의 제로로 줄일 수 있는 원자력에 대해 논의해보자. 우리에게 향후

100년 동안 화석연료의 환경적 부담없이 비교적 저렴하게 안정적으로 전기를 공급할 수 있는 '원자력 르네상스' 시대가 올 수 있을까?(역자 주: 미래에 원자력을 사용할 수 있을까? 라는 저자의 은유적 표현임) 우리는 미래로 돌아갈 수 있을까? 나는 제5장에서 175기의 3세대 원자로가 미국의 모든 석탄화력발전소를 대체할 수 있다고 주장했다. 이것은 국가 차원의 상당한 노력을 필요로 하지만, 풍력과 태양광으로부터 20%의 전기에너지를 얻으려 해도 국가 차원의 상당한 노력이 필요하다. 이러한 목표 중 어느 것도 '탄소세 및 배당금 제도' 또는 '배출권거래제'를 통해 CO_2 생산과 관련한 비용이 발생하지 않는 한 성취되지 않을 것이다. 그리고 그것은 CO_2 배출량을 저감하고 지구온난화를 중단하겠다는 강력한 공공의 요구가 있을때만 가능할 것이다.

원자와 원자력의 세계를 향한 우리의 여정은 원자력 발전을 반대하는 반핵운동가들이 인용하는 많은 미신들에 노출되어왔다.(17~19) 이 괴담들을 좀 더 구체적으로 탐구해 보자.

괴담 1: *방사선은 대단히 위험하고, 우리는 그것을 이해하지 못한다*

원자력에 대한 많은 반대론자들은 방사선과 그 위험에 대해 거의 이해하지 못하고 있다. 그러나 그렇다고 전문가들도 이것들을 잘 이해하지 못하고 있는 것은 아니다. 과학자들은 방사선에 대해 이미 잘 알고 있고, 방사선 및 그 영향에 대한 막대한 과학 문헌이 존재한다. 방사선은 인간이 경험하지 못한 어떤 비밀스러운 것이 아니다. 오히려 생명이 진화하면서 방사선은 우리와 늘 함께 존재해왔고, 우리의 세포는 방사선으로 인한 DNA 손상을 수리하기 위한 복구 효소들을 개발해왔다. 우리는 공기(우주선), 지구(^{238}U, ^{232}Th 토륨 및 ^{222}Rn과 같은 원시 방사성동위원소들)와 우리가 먹는 음식(바나나 및 기타 식품 속의 ^{40}K)을 통해 방사선에 지속적으로 노출되고 있다. 많은 사람들이 콜로라도에 살고 있는 우리들과 마찬가지로 자연배경방사선이 높은 지역에 살고 있지만, 이러한 높은 자연배경방사선과 암의 위험 사이에 상관관계는 없다. 그리고 많은 사람들이 자연에서 받는 방사선보다 훨씬 더 높은 의료 방사선에 노출되고 있다.

방사선의 위험은 다른 어떤 독성화합물보다 더 잘 연구되어 있다. 방사선은 암을 유발할 수 있지만, 과다 노출될 때만 중대한 위험이 된다. 방사선의 위험은 잘 이해되고 있으며, 엄밀히 선량(Dose)과 관련되어 있다. 반핵론자들은 사실상 선량을 전혀 언급하지 않는다. 이들은 원자력발전소 또는 핵폐기물로부터의 방사선은 왠지 특별히 악한 것이라고 말하거나 암시하고 있다. 진실은 자연에서 유래하는 알파선, 베타선, 감마선 원자로에서 유래한 것들 사이에 차이가 없다는 것이다. 중요한 것은 오직 선량이다.

우리는 또한 상대적 생물학적 효과가 특정 종류의 방사선 및 특정 조직의 민감도에 달려있다는 것을 알고 있다. 그래서 우리는 방사선과 그 영향을 실제로 잘 이해하고 있고, 특정한 양의 선량에 노출되었을 때 암을 유발할 확률에 대해 구체적인 예측을 할 수 있다.

플루토늄은 지구상에서 가장 독성이 강한 화합물이라고 일컬어진다. 사실 플루토늄은 특별히 유독하지도 않고, 인체에 거의 흡수되지도 않는다. 플루토늄의 위험은 주로 호흡을 통해서 유입되어 폐에 갇힌 채 남아있는 경우이다. 플루토늄은 알파선 방사체로서 라돈처럼 많은 선량에 노출되면 폐암을 일으킬 수 있다. 플루토늄에 가장 많이 노출되었던 사람들은 원자폭탄을 만들었던 로스알라모스의 작업자들(악명 높은 UPPO 클럽)이지만 일반 대중보다 암 발병률이 낮았다. 사실 플루토늄으로부터 암에 걸렸다고 알려진 사람은 없다. 이제는 이 괴담을 잠재울 시간이다.

괴담 2: *원자력 발전으로 생성된 핵폐기물에 대한 해결책은 없다*

핵폐기물 처리는 종종 원자력 발전의 아킬레스건으로 간주된다. 반핵주의자들은 핵폐기물의 지질학적 저장은 미래세대에게 고준위 방사선을 떠넘기는 일이라고 주장한다. 실제로 핵폐기물로 인한 난국은 일어나지 않겠지만, 조치할 필요는 있다. 현재 사용후핵연료는 기존 원자로의 냉각저장조 및 건식 저장시설에 보관된다. 우리는 냉각저장조에서 사용후핵연료를 수십 년 동안 보관하게 되리라는 사실을 예상하지 못했다. 왜냐하면 미국은 유카산에 장기 저장시설을 설치하고 1998년에 개장하기로 되어 있었기 때문이다. 그런데 그리되지 못했다. 사용후핵연료를 수십 년 동안 냉각저장조에 보관하면, 한 가지 다행인 점이 있다. 시간이 지남에 따라 열과 방사능이 크게 감소하여 취급하기가 더 쉬워지고 안전해진다는 점이다. 아주 좋은 임시 해결책은 수십 년 후에 사용후핵연료를 냉각저장조에서 건식 저장시설로 옮겨서 보관하는 것이다.

이 저장시설에서 한 세기 정도 보관할 수 있다. 미국은 여러 곳에 통합 건식 저장시설들을 설치하거나 현재처럼 각 원자로들에 보관할 수 있다. 사실, 둘 다 가능하다. 오바마 대통령이 사용후핵연료 폐기물 처분 연구를 위해 위탁 지명한 블루리본위원회(Blue

Ribbon Commission)는 가까운 미래에 폐쇄된 원자력발전소들의 '파손된 연료들'에 대해 특별히 통합하여 별도의 건식 저장시설에 보관할 것을 권고했다. 당분간은 임시로 기존 원자로 부지에 사용후 핵연료를 저장할 필요가 여전히 남아있다.(20)

그럼에도 불구하고 장기 핵폐기물 처분장은 여전히 필요하다. 유카산 프로젝트는 정치적 이유로 탄생한 일종의 청부살인이다. 그러나 그렇다고 해서 안전하고 괜찮은 처분 장소가 될 수 없다는 것은 아니다. 몇백 년 후, 핵분열생성물은 핵연료로 사용하기 위해 채광한 우라늄 원광석과 동등한 수준의 방사성물질로 퇴화할 것이다.

장기적인 우려는 플루토늄 동위원소들 및 다른 원소들에서 기인한다. 플루토늄은 점토에 쉽게 흡착되고 본질적으로 물에 잘 녹지 않기 때문에 실제로 그다지 우려 대상이 아니다. 수천 년 동안 쉽게 가둬둘 수 있다. 주요 문제는 잠재적으로 넵투늄이다. 유카산에 관심있는 과학자들이 수행한 모델링 연구에 의하면, 수만 년 동안 가둬둘 수 있다(상세한 것은 제9장 참조).

다음 만 년까지 0.15밀리시버트 및 그 이후 100만 년 동안 1밀리시버트의 허용선량한도는 정상적인 자연배경방사선량 수준보다 훨씬 낮다. 유카산 근처의 아마르고사 계곡의 자연배경방사선량은 연간 1.3밀리시버트로 콜로라도 주 평균 배경방사선량(4.5밀리시버트)의 약 3분의 1에 해당한다. 그래서 만 년 후 대중이 받는 선량이 1년에 3밀리시버트로 3배 증가하더라도 콜로라도의 평균 선량과 같을 뿐이다. 그리고 유카산에서 방사능이 방출되는 것과는 다르다. 사람들이 방사성핵종으로 오염된 물을 땅에서 펌프로 퍼 올리는 경우에만 노출될 것이다. 결국 유카산에 관한 논란은 주전자속의 폭풍처럼 실제로는 정치적 이유로 존재한다.

　사용후핵연료의 장기 처분 문제들을 최소화하는 또 다른 해결책이 있다. 그것은 프랑스와 다른 나라들이 시행하는 것과 같이 재처리하는 것이다. 핵분열생성물 특히 세슘과 스트론튬을 분리하고 유리화함으로써 처분은 훨씬 간단해지고 몇백 년 후 방사능은 배경방사선 수준으로 감소한다. 플루토늄과 우라늄은 MOX에 사용될 수 있으며, 기존의 원자로에서 연소할 수 있다. 이것은 폐기물 저장 문제를 최소화하고, 사용후핵연료에서 약 25% 더 많은 연료를 얻는 이점이 있다.

　사우스캐롤라이나 주에 계획되었던 재처리 시설을 포드 대통령과 카터 대통령이 폐쇄하기로 결정한 이후 미국은 이 접근법에 계속 반대해왔지만, 프랑스에서는 수십 년 동안 성공적으로 수행해왔다. 이것은 확실히 미래를 위한 선택지 중 하나이다. MOX 연료에서도 생성되는 플루토늄 동위원소는 궁극적으로 증식로에서 태울 수 있다. 따라서 진실은 사용후핵연료에 대한 사용 가능한 해결책이 존재하며, 이는 인간에게 위험을 끼치지 않는다는 사실이다. 오바마 대통령이 임명한 블루리본위원회는 이 문제를 매우 분명하게 설명한다:

　"핵폐기물의 문제는 해결책의 윤곽에 대해 광범위한 합의가 이루어져 있다는 점에서 독특할 수 있다. 다시 말해 우리는 해야 할 일을 알고, 또 그것을 해야 한다는 것도 알고 있으며, 심지어 그것을 어떻게 해야 하는지 방법조차 알고 있다. 미국과 해외에서의 과거 경험은 핵폐기물에 대한 지질학적 심층 저장소의 적절한 위치를 찾아내고 개발할 수 있음을 보여주고 있다. 우리가 필요로 하는 지식과 경험이 가까이에 있으며 필요한 자금이 모아지고 있다. 핵심 난제는 오히려 항상 존재했던 것들이다. 이처럼 근본적으로 논쟁의 여지가 있는 시설을 선정하는 방법과 모든 이해관계자 특히 시설을 유치하게 될 주와 부족 및 지역 사회가 자신들의 이익이 국가 전체의 이익에 의해 희생되거나 무시되지 않고, 적절하게 보호되고, 복지가 향상될 거라고 결론을 내릴 수 있는 폐기물관리 프로그램을 실행하는 방법을 찾는 것이다."(20)

괴담 3: *원자력은 안전하지 않고, 원자력 사고는 수십만 명을 사망케 했다*

두려움은 강력한 감정이다. 원자력 사고가 엄청난 사람들을 사망케 했다고 주장함으로써 두려움을 부추기기는 쉽다. 『최후 심판의 날 기계』*The Doomsday Machine*(18)라는 책은 체르노빌에서 100만여 명이 사망했다고 주장하고 있다. 그럼으로써 약 4,000명 정도가 궁극적으로 암으로 사망할 것이라고 예상(실제 사망자 약 50명)하는 전문가들을 비웃고 있다.

헬렌 칼디코트는 지구상의 모든 사람을 죽일 수 있는 충분한 양의 플루토늄이 체르노빌에서 방출되었다고 주장한다.(17) 그러나 물론 체르노빌에서 방출된 플루토늄으로 인해 단 한 사람도 사망하지 않았으며, TMI나 후쿠시마에서는 플루토늄이 누출되지 않았다. 이들 공포를 퍼뜨리는 사람들(fearmongers)은 방사선이 수십 년동안 집중적으로 연구되었다는 사실을 무시하고 있다. 우리는 실제로 방사선의 환경적 영향과 사람에 대한 피폭 시 생물학적 영향에 관해 매우 많은 것을 알고 있다. 선량과 방사선 유형을 알고 있다면, 신뢰할 수 있는 구체적인 예측을 내리는 것이 가능하다. 체르노빌이나 후쿠시마에서 노출된 실제 선량을 고려할 때, 합리적인 정확성(reasonable accuracy)으로 체르노빌에서 약 4,000명(수십만 또는 수백만 명이 아님)이 궁극적으로 추가 암으로 죽을 것이고, 후쿠시마 사고로 죽을 사람은 2명 정도라고 결론 내릴 수 있다(제10장 참조). (역자 주: 저자는 2006년 WHO에서 추정한 사망자수를 인용하고 있으며, 현재까지 체르노빌 영향으로 암사망자가 늘었다는 측정 결과는 발표된 적이 없다. 후쿠시마에서는 방사선으로 사망하거나 암에 걸린 사람은 없다. UNSCEAR 및 ICRP와 많은 전문가들은 100밀리시버트 이하에서 LNT모델을 적용하는 것은 방사선 방호 측면에서만 사용할 것을 권고하고 있으며, 사고의 결과를 평가하는 데 사용하는 것을 경계하고 있다. 그 이유는 히로시마 원폭 피폭자들 데이타에는 100밀리시버트 이하 피폭자에서 방사선에 기인한 암 사망자 증가가 없었기 때문이다).

다른 나라보다 훨씬 많은 원자로가 있는 미국에서 원자력발전소의 방사선에 의한 사망 사고는 단 한 건도 없었다.

세 가지 심각한 사고 중 TMI와 체르노빌은 운전원 실수로 발생했으며 운영자가 비상 냉각수 펌프를 차단하지 않았다면 사고가 발생하지 않았을 것이다. 원자로 설계상 문제점들도 사고에 영향을 주었으며, 특히 체르노빌 사고에서 그랬다. 이러한 사고들은 교훈이 되었고, 현재의 원자로는 훨씬 더 안전하고 운전원 훈련도 훨씬 더 잘되고 있다. 물론 후쿠시마는 일본의 역사상 가장 심각한 지진과 거대한 해일에 의해 침수되었다. 이 특별한 조합의 대상이 되는 원자력발전소는 지구상에 거의 존재하지 않으며 미국에는 전혀 없다. 물론 방파제가 더 높았고 디젤 발전기가 지하실 대신에 더 높은 위치에 설치되어 있었더라면 원자로 노심용융은 발생하지 않았을 것이다. 사고를 일으킨 것은 지진이 아니라 해일이었다.

나는 이러한 사고가 중요하지 않다는 것을 의미하는 것은 절대 아니며, 체르노빌에서 4,000명의 잠재적인 추가 암 사망자와(역자 주: 실제 일어난 일이 아니라 미래에 일어날 수도 있다고 WHO가 단순 추정한 수치임) 체르노빌과 후쿠시마에서 수십만 명의 사람들이 이주한 사실을 무시하기를 원치 않는다. 그것은 비극이다. 그러나 원자력발전소로 말하자면 석탄화력발전소로 대체할 때의 건강과 환경적 위험을 고려해보는 관점에서 이 문제를 보는 것이 중요하다고 생각한다. 문제의 진실은 모든 에너지원에는 위험성이 있다는 것이다.

제3장에서 설명했듯이 전기의 석탄에 대한 의존은 한 세기가 넘는 죽음의 흔적들을 남기고 있다. 1930년대와 1940년대에는 미국에서 매년 약 1,000명의 광부가 사망했다. 시간이 지남에 따라 그 숫자는 1960년대와 1970년대에는 매년 수백 명, 1990년대에는 45명, 그리고 21세기의 첫 10년 동안에는 약 35명으로 줄어들었다. 그러나 그것은 전체 사망자 중 단지 작은 일부일 뿐이다. 석탄 연소로 인한 대기 오염으로 매년 수천 명이 사망한다. 1970년대부터 1990년대까지 매년 2,000명이 넘는 사람들이 흑색 폐 질환을 앓았으며, 매년 수백 명이 사망했다. 더 나아가 석탄화력발전소에서 배출되는 황산화물과 아산화질소는 호흡기 질환을 일으켜 매년 1만 명이 넘는 사람들을 (조기) 사망케 할 것으로 추산된다. 매년 수백 명의 사람들이 석탄 열차 사고로 사망한다. 이 대학살(carnage)에 비추어 볼 때, 석탄보다 원자력이 더 안전한 것으로 보인다.

석탄 채굴 사고가 아주 일상적으로 사람을 죽이는 것만큼 미국의 원자로에 일어날 하나의 사건을 상상할 수 있을까? 그렇다면 그것은 원자력을 당장 중단하라는 엄청난 압력을 초래할 것이다.

중국에서 상황은 훨씬 더 나쁘다. 중국은 석탄화력발전소로부터 전기의 80%를 얻고 있으며, 석탄의 생산과 소비 두 분야에서 세계를 주도한다.(21) 수천 명의 석탄 광부가 매년 중국에서 사망한다. 2008년에는 3,215명의 석탄 채굴 사망자가 발생했으며, 이 수치는 2007년 사망자 3,786명에서 다소 감소한 수이다.(22) 그리고 그것은 광산에서의 사망일 뿐이다. 대기 오염은 대다수 중국의 많은 도시에서 극도로 심각하다. 주로 비효율적인 공장들이 대부분 석탄에서 동력을 얻고 있기 때문이다. 매년 적어도 30만 건의 사망이 석탄을 태움으로써 발생한 대기 오염에 기인하는 것으로 추산된다.(23)

미국은 단 한 명의 사망자 없이 3,500원자로-년(reactor-year) 이상의 원자로 가동 경험을 보유하고 있다. 물론 미국에서 원자력 사고가 발생하지 않는다고 말할 수는 없지만, TMI 사고가 발생한 1979년보다 규제 절차가 훨씬 더 개선되었다. 건설 예정인 새로운 원자로는 내부적으로 더 안전한 신세대 원자로로서, 원자로 노심 위쪽에 수동냉각시스템을 설치한 냉각 방식으로 전력손실 시 중대 사고의 발생 가능성을 크게 줄였다.

완전히 위험이 없는 에너지원은 없으며, 위험과 이익 사이에서 균형을 이루어야 한다. 원자력 사고들은 일어났고 사람들이 죽었다. 그러나 원자력이 존재하지 않고, 원자력을 대신하여 석탄이 수십 년 동안 제공한 전력을 제공했더라면 상황은 훨씬 더 악화되었을 것이다. 그리고 이것은 정말로 선택의 문제이다. 석탄화력발전소를 대체하기 위해 더 많은 원자로를 건설할 가치가 있을까? 내 의견으로는 이것은 경쟁거리가 아니다. 세계가 석탄화력발전소들을 대체할 원자력발전소들을 더 빨리 건설할수록 우리와 지구는 더 나아질 것이다.

괴담 4: *우라늄은 아주 빨리 고갈될 것이고, 우라늄 채광은 이산화탄소를 발생시켜 무탄소 장점을 잃을 것이다*

헬렌 칼디코트와 다른 사람들은 우라늄이 너무 빨리 고갈될 것이기 때문에 저품질의 광석만이 이용가능하게 될 것이고, 그래서 그것을 태워서 생산될 전력에서 얻는 이익보다 저품질의 광석을 캐내는 일에서 더 많은 CO_2가 생성될 것이기 때문에, 원자력에 의존할 이유가 없다고 말한다.(17, 24) 다른 모든 에너지원처럼 우라늄도 전수명주기(entire life cycle)를 고려해야 한다는 것은 사실이다. 광석 등급이 너무 낮으면 우라늄을 얻기에 아주 많은 에너지를 사용하게 되고, 많은 양의 CO_2를 생성한다.

그러나 이것은 단지 경제성 논리일 뿐이다. 어느 누구도 그것을 태워서 얻는 시장 가치보다 더 많은 비용을 들여야 하는 저급의 광석을 채굴하지 않는다. 경제적으로 (그리고 에너지 관점에서) 실현 가능한 광석 등급을 고려할 때 향후 수백 년 동안 원자력 르네상스에 연료를 공급할 우라늄이 전 세계에 풍부하게 존재한다.

한 예로 호주가 있다. 호주는 세계에서 가장 유명한 우라늄 자원을 보유하고 있다. 세계에서 가장 큰 우라늄 광산은 호주의 올림픽 댐(Olympic Dam)이며, 올림픽 댐 광산의 광석 품질은 0.05%에 불과하지만, 우라늄은 부산물이고 구리, 금, 은 등이 주산물이다.(25) 이 물질들이 어쨌든 채광될 것이므로 우라늄을 얻는데 따른 CO_2의 추가 비용은 낮아진다.

반핵론자들이 무시하고 있는 또 다른 요소는 현재 우라늄 채광의 약 3분의 1을 차지하고 있는 현장회수 채광법이다. 현장회수법은 본질적으로 안전하고 환경에 덜 해롭고 더 효율적이기 때문에, 저급 광석에서 우라늄을 얻는데 필요한 CO_2 배출량이 적아진다. 물론 우라늄을 함유한 사암층에만 적용되기 때문에, 현장회수법으로 채광할 수 있는 우라늄의 양에는 한계가 있다.

핵연료 장기 공급의 다른 중요한 요소는 핵연료 공급을 증폭시킬 수 있는 잠재력(potential)이다. 이것은 이미 사용후핵연료를 재활용하는 여러 국가에서 시행하고 있다. 이것은 폐기물처리 문제를 경감시킬 뿐만 아니라 연료 공급을 약 25% 증가시킨다. 원자력 발전을 위한 장기(수 세기) 미래는 우라늄의 가장 일반적인 동위원소인 ^{238}U을 사용하여 연료용 플루토늄을 생산하는 고속 중성자 증식로를 건설하는데 달려있다. 그리고 마지막으로 토륨 원자로가 미래 원자력의 주요 원천이 될 수도 있다.

진실은 원자력 르네상스에 연료를 공급할 우라늄이 많이 있으며, 석탄 사용을 퇴출함으로써 CO_2 배출량을 크게 줄일 수 있는 것이다.

괴담 5: *원자력 발전은 비싸기 때문에 시장에서 살아남을 수 없다*

이것은 반핵주의자들의 새로운 주문(mantra)이 되고 있으며, 아모리 로빈스의 오랜 주장이다. 『최후의 날 기계』에서 원자력을 비난하는데 있어 핵심적인 역할을 한다. 그러나 사실일까, 원자력이 너무 비싸서 청정 전력을 위한 좋은 선택이 아닌 것인가?

원자력발전소를 짓는데 많은 돈이 드는 것은 사실이다. 조지아에 건설 중인 2기의 새로운 원자로는 합쳐서 140억 달러의 비용이들 것으로 예상된다. 자본비용은 원자력의 가장 큰 비용이며, 비용을 상환하기 위해 에너지가 생산되기까지 수년 동안 기다려야 한다. 제 시간에 주어진 비용으로 신규 원자로를 건설하는 것은 매우 중요하다. 물론 2기를 제외한 미국의 모든 원자로들이 20년 전에 지어졌고, 60%의 원자로는 30년 전에 지어졌기 때문에 인용할만한 최근의 기록은 없다.(26) 그러나 과거의 역사로 미래를 결정지을 필요는 없다. 조지아와 사우스캐롤라이나에 건설 중인 4기의 새로운 원자로가 이미 기존 원자로가 있는 현장에 추가되고 있다. 이들 현장에는 원자로 가동에 대한 풍부한 경험이 있으며, 그들은 지역 사회에 의해 받아들여지고 있다.

이것은 기존의 원자로들이 건설되던 많은 현장에서 대규모 항의가 있었던 1970년대와 1980년대와는 거리가 멀다. 이러한 시위와 원자로 설계 변경으로 인해 최대 10년 이상의 건설 기간이 소요되는 경우가 있었으며, 이로 인해 비용이 크게 증가했었다. 이때는 또한 석유수출국기구(OPEC, oil cartel)의 유가상승으로 인하여 금리가 폭등한 시기였고 인플레이션이 매우 높았다. 이러한 이중의 고충으로 인해 원자로의 비용이 통제 불가능했다. 비용 증가는 TMI의 공포와 결합되어 여러 원자로들이 취소되었다.

그럼에도 불구하고, 그 중 104기의 원자로가 건설되었고, 이제는 저렴한 전기를 공급하고 있다. 자본비용은 현재의 전기요율(electricity rate)에서 지불되지만, 수년 동안 할당 지불되므로(prorated) 현재의 전기요율은 저렴하다. 우라늄 연료비용과 운영 및 유지비용을 포함하여 원자력 전기를 제공하기 위한 비용은 평균적으로 kWh당 2센트이다.(27) 전기요율에 포함된 기존 원자력발전소들의 (높은 초기) 자본비용에도 불구하고, 석탄화력발전소의 요율보다 여전히 저렴하다.

현재 매우 저렴한 천연가스 가격과 복합천연가스발전소의 상대적으로 낮은 자본비용은 함께 새로운 발전소의 최저 균등화비용(the lowest levelized cost)을 kWh당 약 6~7센트로 낮게 만들어 발전 경쟁에서 승자가 되고 있다(제5장의 <표 5.1> 및 <표 5.2> 참조).

30년의 비용 회수 기간을 고려하면 원자력의 예상 비용은 kWh당 약 11~12센트이지만, 40년에 걸쳐 비용을 회수한다면 비용은 kWh당 8센트로 떨어진다. 새로운 석탄발전소의 전력비용은 kWh당 약 11센트이지만, 탄소포집 및 저장장치를 사용하는 경우 kWh당 거의 14센트이다. 해상풍력은 kWh당 약 10센트이며, 육상풍력은 태양광과 마찬가지로 2배 이상이다.

원자력에 대한 위험 프리미엄이 정부 보증에 의해 제거되는 경우 예를 들어, 원자력발전소의 비용은 kWh당 약 7센트의 가스발전소와 경쟁적이다. 건설비용은 원자력 발전의 가장 큰 요소이다. 따라서 3세대 발전소를 현재 낮은 이자율로 제 시간에 제 비용으로 구축할 수 있다면 원자력의 경제성은 좋아 보인다. 반면에 천연가스발전소는 건설비용이 비싸지는 않지만, 역사적으로 천연가스 가격은 크게 변동하므로 운영비가 급격히 변할 수 있어 전기요율의 변동성이 발생한다.

미국 남동부 지역처럼 공공전력회사 위원회들이 전기 요율을 통제하는 주들은 요율이 통제되지 않아 요율이 매우 불확실한 주들보다 원자력발전소를 더 많이 건설할 가능성이 훨씬 높다.(28) 요율이 통제되지 않은 전력의 예측불허성(vagaries)은 2000~2001년 캘리포니아의 에너지 위기로 인해 밝혀졌다. 이 대실패(debacle)는 발전용량 부족, 시장에서 현물 가격으로 전기를 구매해야 하는 통제 부재, 매우 높은 가격으로 이어지는 엔론(Enron)의 사기성 활동 등 여러 요인들에 기인한다.(29, 30) 그것은 시장을 통제하는 것의 중요성에 대한 실증적인 교훈이었다. 미국의 대다수 주들은 전기 요율을 통제하기 때문에 시장 가격의 급변성에 영향을 받지 않는다. 전력회사가 책정한 전기 요율이 훨씬 더 안정적이다. 이처럼 전기 요율 통제는 원자력발전소들의 장기적인 비용을 상각하여(amortized), 낮고 안정적인 요율을 유지할 수 있는 환경을 만든다. 새로운 원자력발전소들은 60년 간 사용하도록 설계되고 있으며, 20년 또는 그보다 전에 제작된 원자로들이 현재 저렴한 전기를 제공하는 것과 마찬가지로 새로운 원자로들은 미래에 저렴한 전기를 제공할 것이다. 원자력에 대한 투자는 오랫동안 보상해주는 진정한 장기 인프라 투자이다.

원자력 발전 비용과 관련하여 종종 제기되는 또 하나의 이슈는 핵폐기물을 처리하는 비용과 수명이 다한 원자로를 해체하는 비용이다. 원자로를 운영하는 전력회사들은 원자력폐기물기금(Nuclear Waste Fund)에 kWh당 0.1센트를 예치하고 있다. 이 기금은 전기요금으로 이미 비용이 지불되고 있고, 현재 재무부 증권(Treasury certifica-tes)에 축적되고 있다.

원자력규제위원회는 원자로의 폐로 절차를 규제하고 있는데, 전력회사들에게 해체비용을 지불하기 위한 kWh당 0.1~0.2센트로 추산되는 별도 기금을 만들 것을 요구하고 있다.(31, 32) 실제로 핵폐기물의 장기 처분과 원자로의 해체에 대한 추가 비용은 전력비용에 kWh당 몇 십 분의 1센트에 불과하기 때문에 비용방정식(the cost equation)에서 큰 인자가 아니다.

소형 모듈형 원자로(small modular reactor, SMR)의 등장은 비용방

정식을 변화시킬 수 있다. 전력회사는 훨씬 짧은 시간과 훨씬 적은 비용으로 200MWe 모듈형 원자로를 추가로 건설할 수 있다. 필요성이 증가함에 따라 따라 요구되는 용량을 충족하기 위해 모듈 단위로 추가 건설할 수 있으면서, 자본비용 지출은 훨씬 관리하기 쉽다. 미주리 주는 풀턴(Fulton)에 있는 현재의 캘러웨이 원자로(Callaway nuclear reactor)에 이 옵션을 추가할 것을 검토 중이다.(33) 에너지부는 소형 모듈형 원자로의 첫 개발 자금을 밥콕 엔 윌콕스(Babcock & Wilcox), 테네시밸리 전력회사(Tennessee Valley Authority), 벡텔 인터내셔널(Bechtel International)의 컨소시엄에 지원했다. 비용 분담포상금(cost sharing award)은 소형 모듈형 원자로 프로토타입의 구축을 선도하고, 원자력규제위원회의 승인을 유도할 것이다.(34)

원자력발전소의 자본비용은 원자로 건설을 결정하는데 있어서 중요한 인자이다. CO_2 생산의 실제 비용이 어떤 형태의 탄소세를 통해 실현된다면 이 비용 부담은 훨씬 더 (상대적으로) 가벼워진다. 그럴 경우 석탄과 천연가스는 장점을 잃게 되고 원자력은 강력해진다. 그렇다. 원자로의 자본비용이 결정의 큰 요인이라는 것은 사실이다. 시장만으로는 이러한 비용을 충당할 수 없을 것이다. 그러나 장기적인 비용 측면에서는 매우 유리하기 때문에 원자력발전소를 건설하기로 결정하는데 장기적 비전이 있는 안정적인 전력회사들이 필요하다.

참고 문헌

1. Kolbert E. Enter the Anthropocene age of man. *National Geographic* 2011; 219:60–85.

2. Staudinger MD, Grimm NB, Staudt A, Carter SL, Chapin FS III, Kareiva P, Ruckelshaus M, Stein BA. *Impacts of Climate Change on Biodiversity, Ecosystems and Ecosystem Services: Technical Input to the 2013 National Climate Assessment.* US Global Change Research Program, 2012. http://assessment.globalchange.gov.

3. EIA. *International Energy Statistics: Total Carbon Dioxide Emissions from the Consumption of Energy.* US Energy Information Administration, 2012. http://www. eia.gov/cfapps/ipdbproject/IEDIndex3.cfm? tid=90&pid=44&aid=8.

4. Fuel efficiency(gas mileage) *New York Times,* 8-10-2011.

5. Yergin D. *The Quest: Energy, Security, and the Remaking of the Modern World.* New York: The Penguin Press, 2011.

6. EIA. *AEO2013 Early Release Overview.* US Energy Information Administration, 2013. http://www.eia.gov/forecasts/aeo/er/index.cfm.

7. Conti JJ, Holtberg PD, Beamon JA, Schaal AM, Ayoub JC, Turnure JT. *Annual Energy Outlook 2011 with Projections to 2035.* US Energy Information Administration, 2011. http://www.eia.gov/forecasts/aeo/pdf/0383%282011%29.pdf.

8. Hansen J. *Storms of My Grandchildren: The Truth about the Coming Climate Catastrophe and Our Last Chance to Save Humanity.* New York: Bloomsbury, 2010.

9. Gore A. *Our Choice: A Plan to Solve the Climate Crisis.* Emmaus, PA: Rodale, 2009.

10. ETS, RIP? *The Economist,* 4-20-2013; 75–76.

11. Senia A. California emissions plan goes forward. *EnergyBiz,* 2012.

12. A blow to coal. The Economist, 3-31-2012; 38–39.

13. American coal: a burning issue. *The Economist,* 1-28-2012; 32.

14. Lovins AB, Bell M, Bony L, et al. *Reinventing Fire: Bold Business Solutions for the New Energy Era.* White River Junction, VT: Chelsea Green Publishing, 2011.

15. Cordaro M. *Understanding Base Load Power: What It Is and Why It Matters.* New York Affordable Reliable Electricity Alliance, 10-7-2008. www.area-alliance. org/documents/base%20load%20power.pdf.

16. Silverstein K. Shale gas boom causes prices to bottom out. *EnergyBiz,* 1-10-2012. http://www.energybiz.com/article/12/01/shale-gas-boom-causes-prices-bottom-out.

17. Caldicott H. *Nuclear Power Is Not the Answer.* New York: The New Press, 2006.

18. Cohen M, McKillop A. *The Doomsday Machine: The High Price of Nuclear Energy, the World's Most Dangerous Fuel.* Palgrave Macmillan, 2012.

19. Lovins AB. *Learning from Japan's nuclear disaster.* Rocky Mountain Institute, 3-17- 2011. http://blog.rmi.org/LearningFromJapansNuclearDisaster.

20. Blue Ribbon Commission on America's Nuclear Future: Report to the Secretary of Energy. 2012. http://brc.gov/sites/default/files/documents/brc_finalreport_jan2012.pdf.

21. Old King Coal. *The Economist,* 2-25-2012; 55–52.

22. Fallows J. Correction: Chinese coal mine deaths. *The Atlantic,* 3-18-2009;

23. Kahn J, Yardley J. As China roars, pollution reaches deadly extremes. *New York Times,* 8-26-2007.

24. Storm van Leeuwen JW. *Nuclear Power: The Energy Balance.* 2007. http://www.storm smith.nl/.

25. *Uranium 2009: Resources, Production and Demand.* 23 ed. Paris: OECD Nuclear Energy Agency & International Atomic Energy Agency, 2010.

26. NRC. *US NRC Information Digest 2011–2012.* Washington, DC: Nuclear Regulatory Commission, 2011.

27. WNA. *Economics of Nuclear Power.* World Nuclear Association, 12-1-2011. http:// www. world-nuclear.org/info/inf02.html.

28. Schlesinger R. The state of America's nuclear effort: Moving beyond Fukushima. *EnergyBiz*, 2011; 30–32.

29. Shively B, Ferrare J. *Understanding Today's Electricity Business.* 5thed. Laporte, CO: Enerdynamics, 2010.

30. Tucker W. *Terrestrial Energy: How Nuclear Power Will Lead the Green Revolution and End America's Energy Odyss.* Savage, MD: Bartleby Press, 2008.

31. WNA. *The Economics of Nuclear Power.* World Nuclear Association, 3-9-2011.http://www.world-nuclear.org/info/inf02.html.

32. NRC. *Status of the Decommissioning Program: 2011 Annual Report.* US Nuclear Regulatory Commission, 2012. pbadupws.nrc.gov/docs/ML1127/ML112700498. pdf.

33. Tomich J. Small nuclear reactors generate hype, questions about cost. *Stlouistoday.com.* 4-25-2012. http://www.stltoday.com/business/local/small-n ukes-generate-hype-questions-about-cost/article_39757dba-8e5c-11e1-9 883-001a4bcf6878.html.

34. Wald ML. *Help for small nuclear reactors.* New York Times, 11-21-2012.

후기

　나는 1960년대 레이첼 카슨(Rachel Carson)이 저술한 『조용한 봄』*Silent Spring*을 읽은 이후로 삶의 대부분을 환경운동가(environ-mentalist)로서 살아 왔다. 인간은 지구의 선한 청지기(good steward)가 되어야 한다.

　인간의 삶뿐만 아니라 지구상에서 진화한 다양한 생명체들을 지원할 책임이 있기 때문이다. 우리는 지구에 큰 영향을 끼치고 있으며, 우리는 그러한 영향을 줄이기 위한 조치를 취할 필요가 있다. 많은 환경운동가들에게 원자력은 너무 위험한 것으로 간주되지만, 이에 대한 증거는 없다.

　대부분의 환경운동가들은 지구온난화가 거대하고 막연한 문제라고 생각하고 있고, 어떻게 원자력이 대안이 될 수 있는지를 모르고 있다.

　나와 동료 친원자력−환경운동가(pro-nuclear environmentalist)들은 우리 자신을 흥미로운 수수께끼로 생각한다. 내 동료이자 자유주의(liberal) 환경운동가 중 많은 사람들이 원자력에 반대하고 있는 반면, 지구온난화에 대해 단호하게 부정하는 많은 보수주의자들(conservatives)이 원자력을 지지하고 있다. 하지만 이것은 진보와 보수로 나뉠 수 있는 영역이 아니다. 인간의 영향으로 지구온난화가 일어나고 있다는 나와 같은 자유주의적 환경운동가들의 생각이 잘못되었다고 가정해 보자.

원자력 및 재생에너지원을 보유함으로써 실제로 이산화탄소 배출량을 줄이면 보수주의자들에게 정말 나쁜 것일까? 석탄 산업에서 손실되는 것보다 더 많은 일자리가 이러한 산업에서 창출될 것이다. 만일 우리가 옳다면 우리는 지구의 생태계와 인류에 심각한 피해를 주지 않도록 조치를 취한 셈이다. 그리고 환경운동가들에게는 석탄에 너무 오래 의존해온 환경비용을 살펴보고 실제 발생한 몇 안 되는 원자력 사고들의 실제 위험을 비교해보라고 말하고 싶다.

최악의 사고, 체르노빌에서도 그 효과는 매우 국한적이었지만, 석탄을 태우는 대기 효과는 전 세계적이다. 풍력과 태양에너지는 석탄의 사용을 실질적으로 감소시키지 못할 것이다. 그것은 불행한 진실이다. 원자력은 실제로 석탄만큼 나쁜 것일까? 선택을 해야 하며 모든 선택은 위험을 수반한다. 원자력에 계속 반대한다면, 석탄은 지금부터 50년 후에도 세계 전기의 대부분을 여전히 공급할 것이며, 지구는 파국적인 온난화의 길을 걷게 될 것이다.

선택은 우리에게 달렸다. 최선의 선택은 미래로 돌아가 지구온난화를막는 길이다. 대부분의 화석연료 발전을 풍력으로 보완하되, 원자력으로 대체하여야 할 것이라고 믿는다. 우리가 그 길을 택할 수 있는 지혜가 있기를 바란다.

역자 후기

지구의 미래와 대한민국의 발전을 위한 최선의 선택, 원자력

조규성(카이스트 원자력및양자공학과 교수)

　이 책은 35년간 콜로라도 주립 대학에서 세포생물학, 방사선생물학 등을 강의해온 환경주의자 마이클 폭스 교수가 2009년 은퇴 후 '원자력 발전'에 관한 본인의 생각을 2014년 한권의 책으로 정리한 역작이다.

　이 책을 출간한 영국 옥스퍼드대학은 이 책 외에도 옥스퍼드 물리학과 웨이드 엘리슨 교수의 『방사선과 이성』*Radiation and Reason* 등, 대중을 위한 다수의 원자력 관련 과학서를 출간하였다. 사실적 자료와 과학적 이론을 제시하여 원자력에 대한 올바른 판단을 하는 데 도움이 되고자 한 것이다.

　1980년대 반핵 운동의 열풍이 전 세계적으로 퍼졌으며, 당시 2건의 원전 사고는 핵폭탄처럼 강렬한 폭발과 그로 인한 방사선 피폭이 결합된 부정적인 이미지로 인류에게 각인되었다. 하지만 원전사고란 핵폭탄처럼 1초도 안되는 시간에 수 킬로미터 지형 지물을 날려보내는 폭발 현상이 아니라, 핵연료다발이 엿가락처럼 녹다가 식어서 굳어가는 수 시간에 걸친 느린 현상이라는 중요한 차

이점이 있다. 이 느린 진행 속도와 1미터 두께의 격납건물을 포함한 다중 안전설비로 인해 원자력발전소는 사고가 나도 사람들이 방사선에 과다 피폭될 가능성이 거의 없다는 점은 안타깝게도 잘 알려지지 않은 사실이다.

1979년 쓰리마일 아일랜드, 1986년 체르노빌, 2011년 후쿠시마 사고 등 세 건의 원전사고는 자세히 살펴보면 역설적으로 이 중요한 사실을 오히려 증명하는 사례이다.

1986년 체르노빌 사고시 과피폭을 예상하면서 원전 사고 화재 현장을 수습하다가 사망한 28명의 소방대원들과 사고후 1~2개월 동안 정보부재로 인해 방사성 요드를 섭취하고 5~20여 년 후에 사망한 15명의 갑상선 암 사망자를 합친 총 43명의 방사선 사망자가 발생한 것은 사실이나, 현재는 체르노빌 원전과 같은 특이한 유형의 원자로는 사용되지 않고 있으며, 방사성 요오드 섭취는 충분히 예방 가능한 일이어서 이제는 일어날 수 없는 일이다. 후쿠시마와 쓰리마일 아일랜드 사고에서 단 한 명의 방사선 사망자가 발생하지 않은 일이 그 반증이다. 후쿠시마 원전도 체르노빌처럼 구 비등경수형 원자로로서 격납건물의 벽이 20센티미터도 안되는 등 견실치 못해, 수소 폭발로 구멍이 뚫렸다. 이로 인해 방사성 물질의 누출이 있었지만, 신속히 생 우유 섭취를 금하고 분유를 공급함으로써 방사성 요오드의 섭취를 막을 수 있었다.

우리나라 모든 원전처럼 1미터 두께의 철근 콘크리트 격납건물이 설치된 쓰리마일 아일랜드 원전에서는 방사성 물질 누출이 거의 없어서 대피했던 십만 명 이상의 주민들 피폭은 제로에 가깝다. 발생시점을 무시하고, 이 세 사고를 체르노빌(인적 실수로 냉각수 상실, 노심용융, 증기폭발과 수소폭발, 화재 발생으로 부실한 원자로 건물 붕

역자 후기

괴, 대량 방사능 누출, 사고 정보 통제로 요오드 섭취 발생), 후쿠시마(쓰나미로 보조전원상실, 냉각수 공급중단, 노심용융, 수소폭발로 부실한 원자로 건물 파손으로 방사능 누출, 신속한 분유 공급), 쓰리마일 아일랜드(인적 실수로 냉각수 상실, 노심용융, 견고한 격납건물 존재로 방사능 누출 없음) 순으로 살펴보면, 현재에는 특히 우리나라 원전에서는 설령 인적 실수 등으로 노심용융 사고가 난다해도 방사능에 의한 인적 피해가 일어날 가능성이 없다는 것이 명확해진다.

더욱이 현재의 원자로에는 과거의 사고들을 교훈 삼아 이동형 보조전원, 수소제거장치, 피동형 급수장치 등의 설치로 인해 더욱 안전성이 높아졌다. 굳이 채굴 과정의 위험이나 미세먼지에 의한 조기사망 위험 및 지구온난화의 주범인 석탄화력발전이나 초미세먼지와 초강력 온실가스 배출 가능성이 크고 폭발 위험성이 존재하는 가스 발전과 비교하지 않더라도, 원자력 발전의 위험성은 과거에 비해 하루가 다르게 매우 낮아졌다.

하지만 정확한 사실과 진실을 부정하고, 정보가 부족한 대중의 막연한 공포심을 자극하여 2011년 후쿠시마 사고 후 반핵 운동이 30여 년만에 다시 새로운 괴담들을 생산하고 있다.

첫째, 방사선 피폭은 아무리 작은 양이라도 위험하며, 체르노빌 사고로 인해 20~100만 명이 사망할 것이다. 둘째, 후쿠시마 사고로 인해 일본 전체가 오염되었으며, 일본 생선은 물론 동해산 생선도 300년간 먹지 말아야 한다. 셋째, 600기의 원자로 중 5기에서 중대 사고가 발생했으니 원자로 사고 확률은 거의 1%나 되며, 한국처럼 여러 기의 원자로가 설치된 부지들은 밀집성으로 인해 사고 확률이 추가적으로 증가한다. 넷째, 아직 완벽한 사용후핵연료의 처리 방법이 없기 때문에 인류의 원자력 이용은 그만 두어야 한다. 다섯

째, 사회적 비용과 해체 및 폐기물 처리 비용 등을 제대로 반영하면 원자력은 비경제적이다. 여섯째, 태양광 등 재생 에너지원은 인류의 에너지 수요에 비해 거의 무한하며, 재생에너지 비용이 급속히 내려가고 있다.

하지만 이들의 주장은 대부분 과학적 근거가 없거나 일부만을 강조하는 편파적인 것들이다.

근거없는 주장들에 대한 철저한 분석없이, 정부는 2031년까지 에너지 사용을 전망하는 제8차 전력수급계획을 발표하였다. 발전량 기준 발전원별 비중(%)을 2017년 석탄(45.3), 원자력(30.3), 가스(16.9), 재생(6.2)에서 2030년 석탄(36.1), 원자력(23.9), 가스(18.8), 재생(20.0)으로 변화시키겠다는 계획이다. 원자력 및 에너지 전문가들이 배제된 채 수립된 이 계획에 의하면, 2030년까지 33GW의 태양광 발전소 건설과 천연가스 수입 확대가 핵심이다. 장기적으로는 석탄과 원자력을 모두 재생에너지와 천연가스로 대체한다는 방향이 설정되었다. 과연 올바르며 타당한 선택일까?

이와 같은 대한민국의 갑작스런 에너지 정책 전환은 과학적 경제적 근거하에 추진되었다기보다는 현 정부의 정치적 이해관계에 의해 충분한 국민적 숙의는 고사하고 관련 전문가들과의 회의 한 번 없이 기습적으로 추진되었다. 후쿠시마 사고 이후 정치적인 이유로 탈핵으로 돌아섰지만, 과거 30년동안 대국민 논의를 추진해 온 독일과는 대조적이다.

2017년 이후로 국내 과학기술계 원로들 및 전문가, 교수, 학생, 기업가, 노조, 언론인들의 대한민국 에너지 정책 반대 성명, 기고, 강연, 서명, 고소 고발 등을 통해서 탈원전 반대 운동이 2년 동안 끊이지 않고 있다.

역자 후기

2018년에 는 퓰리처상 수상자인 리처드 로즈, 세계적인 기후학자 제임스 한센, 가이아 이론의 창시자 러브룩, 그린피스의 공동 창시자 패트릭 무어, 미국 버클리 물리학자 리처드 뮬러 및 미국 환경운동가 마이클 쉘렌버거 등 세계적인 환경 운동 리더들이 청와대에 탈원전 정책 중단을 권유하는 서한을 보내기도 했다. 또한 2019년 1년 동안에 녹색원자력학생연대 등이 주축이 되어 58만 명의 탈원전반대 서명을 받았고, 이를 기반으로 국민 청원을 신청한 것에 대해 청와대는 산업부에게 알아보라는 식으로 책임을 회피하고 있다.

인류 문명의 발전과 인간 개인의 모든 활동은 에너지 관점에서 보면 에너지 사용의 결과이고 에너지의 변환 과정이다. 현재 인류가 사용하는 1차 에너지원은 석탄(32%), 석유(27%), 천연가스(22%), 바이오매스(10%), 원자력(4.9%), 수력(2.5%), 풍력(1.0%), 태양광(0.6%) 및 지열(0.1%)이다. 원자력과 지열을 제외한 모든 1차 에너지원들은 궁극적으로 태양으로부터 유래되었다.

화석연료라 부르는 석탄, 석유, 천연가스 및 나무와 건초 등 바이오매스는 태양빛을 광합성과 소화 작용, 지질 변화 등을 통해 화학적 에너지로 변환한 연료이다. 수력은 태양열에 의한 바닷물의 증발과 강우 현상을 통해 중력에너지로 변환된 태양에너지이며, 풍력은 대륙과 해양의 태양 복사열 차이로 인한 기온 및 기압차에 의해 발생한 대기의 운동에너지이다.

화석에너지이든 재생에너지이든 이들은 모두 궁극적으로 태양 내부 수소원자들의 핵융합반응을 통해 질량이 에너지로 변환된 '핵에너지'이다.

한편 원자력은 46억 년 전 태양계가 형성될 때 우리 은하계 내의 몇 개의 초신성 폭발에서 생성된 우라늄과 토륨 등 무거운 원소들의 인위적인 핵분열 에너지이다. 지열의 일부는(60%) 운석들이 충돌하여 지구가 탄생할때 운석들의 마찰로 발생한 열에너지가 오랫동안 식고 남은 것이며, 또 다른 일부는(40%) 초신성의 폭발에서 생성된 우라늄, 토륨 및 칼륨 등 장반감기 방사성동위원소들의 자연 핵붕괴 에너지가 지구핵과 맨틀의 열로 변환된 것이다. 이 지열은 지구를 생명체의 요람으로 만들어준다. 이처럼 원자력과 일부 지열도 초신성에서 생성된 불안정 동위원소가 핵분열이나 핵붕괴를 통해 방출되는 핵에너지이다. 결국 인간이 사용하는 모든 에너지는 '핵에너지'인 셈이다.

이미 인구수가 77억에 가까운 현대 인류에게 닥칠 최대의 위기는 조만간에 닥칠 에너지 수급 불균형이다. 원시인에 비해 이미 120배나 더 많은 1인당 에너지를 사용하는 현대인의 에너지 사용량은 앞으로 더욱 증가할 전망이다. 그 주요 원인들로서 다음 네 가지를 꼽을 수 있다. 첫째 그 동안 낙후된 아프리카, 아시아, 남아메리카, 중동 비산유국, 동유럽 등지의 저개발국가들의 현대화에 따른 에너지 소비 증가, 둘째 선진국 중심으로 4차 산업의 발달로 인한 추가 에너지 수요 증가, 셋째 전 세계 모든 국가들에서 편리성과 안전성을 위해 1차 에너지의 전기화가 추진되면서 그 변환 과정에서의 에너지 손실량 증가가 그것이다. 지구 전체로 보면 총 에너지의 13%를 전기에너지로 전환하여 사용하고 있으며, 선진국일수록 전환률이높다. 마지막으로 인간 수명이 늘어나고 보건 환경이 개선됨에 따른 인구의 지속적 증가도 인류의 총 에너지 수요를 늘리는 주요 원인이다.

그러나 이러한 수요의 증가에 비해 공급에는 한계가 존재한다.

그 핵심은 매장량에 한계가 있는 화석에너지로서 특히 1차 에너지원의 49%에 해당하는 석유와 천연가스는 지난 100여 년 동안 50%가 소모되었고, 현재와 같은 속도로 사용된다면 대략 50년이면 고갈된다고 한다. '무엇으로 대처할 것인가?'가 가장 큰 문제이다.

다행히 석탄은 100년 이상 사용 가능한 매장량이 존재할 수 있지만, 석탄은 온실가스의 78%를 차지하는 이산화탄소의 주 발생원이자, 최근에 아시아에서 크게 논란이 되고 있는 미세먼지의 주범이다. WHO에 의하면 세계 10대 문제 중 기후 변화에 이어 두 번째로 심각한 것이 대기 오염이다. 특히 미세먼지에 의한 조기 사망자 수는 전 세계적으로 연간 1,000만 명에 육박하고 있으며, 가장 심각한 나라가 중국과 인도이다. 또 중국의 세계 공장화 추세 영향과 우리나라 서해안에 집중된 석탄화력발전소들로 인해 매년 만 명 이상이 조기 사망하는 등 한국의 미세먼지 폐해도 심각해지고 있다.

따라서 전 세계적으로 석탄의 직접적 연소는 시급히 자제되어야 할 문제이며 인류의 대부분이 이를 인지하고 있다. 중국이 대량의 원전 건설을 계획하고 있는 이유이기도 하다.

한편 석탄의 연소를 시급히 자제해야할 더욱 중요한 이슈가 있다. 인류는 물론 지구 생태계에 가장 심각하게 영향을 끼치는 현상이 바로 지구온난화와 이상 기온 등 기후 변화이다. 1차 에너지원들 중 석탄, 석유, 천연가스 및 바이오매스를 합친 91%가 온실가스를 배출하는 탄소 기반 연료이다. 이들 탄소 연료들의 집중적인 사용으로 인해 지난 150년간 지구 온도가 약 1도 상승하였다. 만일 앞으로 산업화 이전 대비 2~3도 더 상승하면 지구 생명체의 20~30%가 멸종할 것으로 예상되고 있다. 2100년까지 6도 상승 시는 생명체의 80%가 멸종할거라는 것이 마크 라이나스(Mark Lynas)의 소위

『6도의 악몽』책 주제이다.

이미 지구 곳곳에서 온난화의 징후들이 나타나고 있으며, 부대 효과로서 예기치 못한 국지적 가뭄 및 집중호우, 폭염, 폭서, 연이은 태풍 등 이상 기온 현상이 빈번해지고 있다. 이를 막기 위해서 석탄은 물론 석유와 천연가스의 연소도 최대한 시급히 줄여가야 한다.

IPCC는 1988년 11월 기후 변화와 관련되는 전 지구적 환경 문제에 대처하기 위해 각국의 기상학자, 해양학자, 빙하전문가, 경제학자 등 3천여 명의 전문가로 구성한 정부간기후변화협의체이다. 2018년 인천 송도에서 열린 제48차 총회에서는 기후 재앙을 방지하기 위해서는 지구 기온 상승을 1.5도로 제한하고, 2030년까지 전 세계 온실가스 배출량을 2010년 대비 45% 줄여야 한다고 권고했다.

불과 한 달 전인 2019년 12월 12일 EU 27개 회원국은 벨기에 브뤼셀에서 정상회의를 열고 2050년까지 EU 회원국들의 탄소 배출량을 '제로'로 만드는 '탄소 중립' 달성에 합의했다. 프랑스, 영국, 체코를 비롯한 동유럽일부 국가들은 원자력을 친환경 에너지에 포함시킬 것을 요청했다. 하지만 중국과 미국의 협력 없이는 전 지구적 목표 달성이 불가능하다.

탈핵 선동가들이 새롭게 노래하는 풍력이나 태양광 발전은 기후라는 자연의 현상에 따른 시간적 변동성으로 인해 부하 추종 운전이 불가능할 뿐만 아니라 양질의 전기 품질도 얻을 수 없다. 또한 이들을 주전원으로 활용하는데는 풍력 22% 및 태양광 15%라는 매우 낮은 평균 이용률로 인해 생산용량 대비 시설용량을 4~6배로 설치해야 할 뿐만 아니라 필요시간대에 사용하기 위한 대용량 배터리(ESS), 양수발전소 혹은 수소시스템과 같은 장시간 에너지 저장장치를 필요로 한다. 하지만 전 세계 리튬 등 배터리 재료 생산량은 필요량을 충당하기에는 절대 턱없이 부족하다. 수소시스템 기술 역시 언젠가 완성되더라도 다단계 변환에 따른 효율 감소 및 엄청난 필요 시설 때문에 현실성이 없다.

그러나 진짜 문제는 태양광 패널 설치를 위한 막대한 토지 면적이다. 제8차 전력수급계획의 핵심인 2030년 재생에너지 20% 발전용량(설비 용량 기준 33.7%)을 달성하려면 2017년 기준 5.7GW를 2030년 36.5GW로 늘리기 위해서 30.8GW 신규 태양광 발전 시설이 필요한데, 최고 입지인 야산의 남서면에 설치하는데 여의도 면적(2.9 제곱킬로미터)의 100배 이상 필요하며, 평지에 설치할 경우 이격거리 확보를 위해 이보다 2~3배 더 넓은 면적이 필요하다. 경제성이 턱없이 떨어진다. 또한 산이 많은 우리나라의 경우 산림 훼손 등 심각한 환경 파괴 없이는 불가능하다. 어쩐 일인지 우리나라 반핵 환경운동가들은 이점에 대해서는 입을 다물고 있다. 지난 정부때와 대비하여 현 정부에서는 정부 지원을 받는 환경 단체가 20여 개에서 200여 개로 늘어났지만 진정으로 환경을 생각하는 국내 환경 단체는 찾아보기 힘들다.

경제적인 관점에서 태양광과 풍력은 배(태양광 패널)보다 배꼽(토지 매입, 건설 및 도로, 인버터 및 변압기, ESS, 송전선, 폐기물 등)이 더 큰 문제다. 현재 국내 상황에서 예를 들면 새만금 태양광발전소가 개통되면 전력회사가 태양광 전기를 kWh당 200원에 사서 100원에 팔아야 하는 실정이다. 말이 안된다. 더욱이 패널이나 프로펠러 수명이 15~20년 정도이어서 60~80년 사용하는 원자력에 비해 수명만으로도 또 다시 3~4배 정도 비경제적이다.

재생에너지는 정부 보조금 없이는 도저히 자생할 수 없는 사업이라 캐나다, 호주, 중국에 이어 독일도 결국 보조금을 폐지하고 있다. 더욱이 우리나라는 태양광하기엔 국토가 좁고 일조량이 낮으며, 풍력하기엔 바람이 약하다. 현재의 태양광 기술은 자가소비형으로는 권장할만한 기술이지만 국가 전력원으로 채택하기 어렵다. 결정적으로 장마나 태풍, 폭설 등 최악의 기상조건이 수 일 또는 수십 일 지속될 가능성을 고려하면 애초에 태양광과 풍력은 주전력원으로 절대 사용 불가능하다. 이웃나라들을 보조전원으로 사용하는 독일의 실상을 타산지석으로 삼아야 한다. 재생에너지는 선전 목적이고, 천연가스를 대안으로 하고자 한다면 이는 큰 오판이다.

현 정부는 출범 초기 미국을 방문하여 천연가스 기업인 델핀 및 셰니어 에너지와 20년간 장기 도입 계약들을 체결했다. 궁극적으로는 러시아의 가스를 북을 통해 송유관으로 들여오고 싶어 할 수도 있다. 호주나 미국으로부터 천연가스를 바다 건너 장거리 수송하기 위해 영하160도로 응축한 것이 액화천연가스(LNG)이다. 액화 공정 및 장거리 수송으로 인해 가격이 배 이상 상승한다. 천연가스 발전은 석탄 발전에 비해 이산화탄소 배출이 50% 정도지만, 주성분인 메탄가스는 이산화탄소보다 20배 이상 지구온난화에 영향을 주기 때문에 채광에서 발전까지 평균 5%의 LNG 누출을 고려하면, 지구온난화에 미치는 영향이 석탄 발전보다 더 클수도 있다. 석탄을 없애고 천연가스를 쓰겠다는 것은 지구온난화 관점에서 어불성설이다.

건강영향 측면에서도 천연가스 연소는 영유아 암발병 등에 치명적일 수 있는 응축 초미세먼지를 많이 발생한다. 가스 누설 시 폭발 위험성도 매우 커서 1944년 클리블랜드 사고에서 131명이 사망하였다. 또한 에너지 밀도가 낮은 LNG 저장설비의 한계로 인해 LNG 수급에 차질이 발생하면 바로 국가 전력대란으로 이어질 공산이 크다. 마지막으로 천연가스의 세계 매장량의 한계로 인해 시간이 지날수록 그 가격은 계속 상승하다가 결국 50년 이내에 천연가스는 국제 시장에서 동이 날 수 밖에 없다. 결론적으로 외국으로부터의 수입과 장거리 수송에 의존할 수밖에 없는 LNG를 주전력원으로 삼는 일은 국가 에너지 안보 차원에서 매우 위험한 선택이며 해서는 안 될 일이다.

그렇다면 남은 대안은 무엇인가? 현 상황에서 기후 변화와 미세먼지로부터 자유로우면서도 대량의 전기에너지를 얻는 유일한 방법이 원자력이다. 코로나 19 등 21세기 들어 지구촌을 괴롭히는 각종 감염증, 해마다 8백만 명 이상을 조기사망케 하는 미세먼지, 폭염, 잦은 태풍 등은 개체수가 77억에 가까운 인간종이 달콤한 화석연료를 폭식하여 자초한 결과이다. 이 문제들의 실효성있는 해결책은 비탄소 에너지원인 원자력의 확대에 있다.

현재 독일을 중심으로 4개국 정도가 후쿠시마 이후 탈원전을 선언한 상태이지만 이들도 원자력을 당장 중단하지는 못하고 있다. 원전 사고가 있었던 미국, 러시아 및 일본을 포함하여 기존의 26개국이 원전 유지 및 확대를 하고 있으며, 신규 18개국이 원전 도입을 추진 중이다. 현재 전 세계적으로 440기의 원전이 가동되고 있으며, 2030년까지 23개국에서 160여 기가 추가 건설될 예정이다. 마이클 폭스 교수의 계산대로 연간 18쿼드 전력에너지를 생산하는 미국의 600개의 석탄화력발전소를 모두 최신 원자로로 대체한다면 약 150~175기의 원자로가 필요하다. 프랑스처럼 우리나라도 모든 석탄화력발전소 40GW를 AP1400으로 대체한다면 약 30기의 원자로면 된다.

하지만 우라늄 매장량도 한계가 있다. ^{235}U를 태우는 현재 방식으로는 100여 년 정도 원자력을 이용할 수 있다. 향후 ^{238}U을 이용하는 고속로 기술이 좀 더 보편화되거나 토륨을 사용하는 원자력 기술이 개발되면(일본과 인도를 중심으로 연구가 활발함), 향후 2,000~3,000년간 에너지/기후/공해 문제들에서 자유로워질 수 있다. 마이크로 소프트사의 창시자 빌 게이츠는 자신의 전 재산을 폐기물이 거의 발생하지 않는 새로운 소형 이동파 원자로 개발에 투자하고 있다. 또 다른 옵션은 핵융합 기술이다. 핵융합 기술이 상용화되면 인류의 에너지 문제는 영원히 해결된다. 한편 사용후핵연료는 십만 년의 독성을 지닌 쓰레기라기보다는 미래 고속로의 소중한 재활용 원료이며, 미국의 윕(WIPP) 처분장처럼 필요시 안전하게 영구 보관할 기술을 이미 인류는 보유하고 있다.

원자력발전소 사고의 실제는 탈핵 선동가들이 주장하는 것과는 너무도 다르다. LNT 이론이 참이냐 아니냐 하는 논란과 상관없이 체르노빌처럼 최악의 경우라도 실제 대중에게 노출되는 선량 자체가 작아 건강에 심각한 영향을 줄 수 없다. 독성이 문제가 아니라 과피폭 가능성이 문제의 핵심이다. 앞에서 얘기했지만, 설령 노심용융사고가 난다 하더라도 현재 우리나라에서는 과피폭 가능성이 1도 없다. 열렬히 반핵을 주장했던 환경운동가 마이클 쉘렌버거도 직접 체르노빌과 후쿠시마를 다녀오고 나서 인류와 지구를 위해서는 원자력이 꼭 확대되어야 한다는 확신을 갖게 되었다 한다. 양이 문제다. 방사선은 그 무엇보다도 인간이 매우 잘 알고 있는 것이며, 두려워할 대상이 아니다. 인간을 포함한 지구 생명체는 방사선 환경 하에서 생존 및 진화해왔다.

모든 편리한 것에는 위험이 동반된다. 공짜 점심이 없다는 말이다. 2012년 6월 미국의 저명한 「포브스」지에 인용된 기사에 의하면, 1000TWh (우리나라 연간 전력생산량의 약 2배) 생산 시 에너지원별 예상되는 사망자수는 세계 평균 석탄 170,000명, 세계 평균 가스 4,000명, 옥상 태양광 440명, 풍력 150명, 체르노빌 사고를 고려한 세계 평균 원자력 90명(체르노빌을 제외하면 0.1명)이라고 한다. 원자력이 태양광이나 풍력보다 상대적으로 안전한 전력원이라는 것을 말해 주는 자료다. 사실 옥상 태양광 패널과 풍력 탑에서 떨어지는 사고에 의한 사망자가 매우 많은데, 이 일은 마치 나와는 직접 관계가 없는 남의 일처럼 무시하고 있다. 그러나 원전 사고로 인한 방사선 피폭은 마치 우리에게 피할 수 없는 위험으로 느끼게끔 호도 되어 왔다. 하지만 이것은 사실과 과학적 자료에 근거한 것이 아니라 착시현상처럼 이미지에 세뇌된 상상의 산물이다.

지난 수년간 대만, 일본, 대한민국의 탈핵 운동을 지원한 그린피스 동 아시아 지부에 막대한 자금을 지원한 것은 그린피스 세계 본부이다. 마이클 쉘렌버거에 의하면, 그린피스, 시에라 클럽, 지구의 벗 등 국제환경단체의 큰 기부자들은 미국의 석유 및 가스 기업들이다. 기업의 이기심과 자본의 힘에 의해 어렵게 이룩한 우리나라의 우수한 원자력 기술을 사장시키려 하는 것은 아닌지 의구심이 든다. 지난 근 1년간 서투른 영어와 더 서투른 우리말 사이에서 번역한다고 힘들게 보냈다. 오역이나 오타도 많을 것이다. 더 교정이 필요하지만 한전 및 한수원의 적자, 두산중공업 등 원자력 산업계의 위기, 파이로프로세스 등 중요 연구의 중단, 원자력 전공 지원자 실종 등 한시가 급해 서둘러 탈고를 한다.

이 책은 평생 원자력공학과 방사선을 연구하며 살아온 역자에게 가장 재미있고 유익했던 원자력 자습서였다. 이 책을 읽으면서 지구의 미래를 위한 최선의 선택이 원자력이라는 확신을 갖게 되었다. 과학적 근거 없이 떠도는 헛소문에 기반한 불필요한 논쟁을 불식시키고 사람들이 올바른 선택을 할 수 있도록 학자로서 사회적 책임을 다하고자 이 책을 어서 국민들에게 알리고자 한다.

저자인 마이클 폭스 교수님께 머리 숙여 감사드린다. 이런 좋은 책의 번역 기회를 주신 글마당의 최수경 대표와 하경숙 이사님, 꼼꼼히 교정을 도와주신 이두희 박사님과 한준엽 형님, 각 장별로 전문용어와 표현을 검토해 준 윤종일 조승룡 김영철 최성열 김호경 정용현 교수님들, 그리고 최윤정 작가님께 감사드린다.

또한 번역을 끝낼 수 있도록 계속해서 격려해준 가족들과 동료 또 카이스트 방사선계측 및 의료영상센서 연구실 학생들과 직원들에게 진심으로 고마움을 표한다.

2020년 3월 25일

역자 후기

부록 A   지구온난화

지구의 에너지 균형

CO₂, 에어로졸, 얼음 및 눈의 반사(Albedo), 그리고 구름과 같은 많은 요인들이 지구 대기 시스템에서 들어오는 태양 복사량과 지구 방출 복사량 사이의 에너지 균형에 영향을 미친다. 평방미터 당 총 342W의 에너지가 지구 대기에 부딪혀 반사되거나($107W/m^2$), 흡수되거나, 재사용된다($235W/m^2$<그림 A.1>).

다시 방출되는 지구 복사선의 파장은 유입되는 태양 복사선의 파장보다 길기 때문에 CO₂, 메탄, 아산화질소 및 수증기와 같은 기체에 의해 흡수될 수 있다. 이 기체들은 지구온난화에 기여하기 때문에 '온실가스'라고 불린다. 온실가스가 없으면 지구 표면 평균 온도는 약 -18℃가 된다. 온실가스 때문에 지표 평균 온도는 약 15℃이다.[1] 온실가스 농도가 너무 높아 지표면 복사선이 더 많이 지구 대기에 갇혀 지구를 뜨겁게 하면 지구온난화 문제가 발생한다.

가장 풍부하고 중요한 온실가스는 천연 수증기이다. 인간의 활동은 수증기의 양에 직접적인 효과가 거의 없지만, 지구가 따뜻해지면 수증기의 양이 증가한다. 이 현상은 다른 온실가스들이 증가

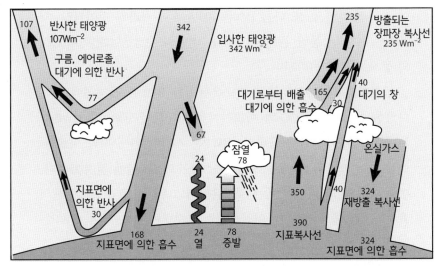

<그림 A.1> 지구로 들어오는 태양 복사와 복사를 흡수 또는 방출하는 다양한 과정간의 에너지 균형 © 기후 변화(Climate Change) 2007: 물리 과학 기준(Physical, IPCC 4차 평가 보고서 FAQ 1.1, 〈그림 1〉). 캠브리지: 캠브리지대학 출판사 2007

하여 대기가 가열될 때, 지구온난화를 경감시키는 긍정적인 피드백을 제공한다. 인위적 온실가스는 인간의 활동에 의해 생성되는 기체들이다. 이것들은 우리가 통제할 수 있고, 지구온난화에 대한 우려를 일으키는 것들이다.

서로 다른 온실가스는 적외선 흡수 효율이 다르며, 대기 중에서 수명도 다르다. CO_2의 실제 값은 $1.4 \times 10^{-5} W/m^2/ppb$이다. 상대적으로 메탄은 CO_2보다 26배나 온실가스 효율이 크며, 아산화질소는 CO_2보다 216배나 더 효율이 크다. 그러나 상이한 기체들은 대기 중에서 상이한 수명을 갖는다. CO_2는 대기와 해양 및 생물권 사이를 끊임없이 순환하기 때문에 복잡한 수명 특성을 가지고 있다. 현재 대기 중으로 일시적으로 방출되는 CO_2의 약 50%는 30년 후에 사라질 것이고, 또 다른 15%는 100년 후에 사라질 것이지만, 약 20%는 수천 년 동안 존재할 것이다. 메탄의 수명은 12년이며 CO_2 와 물로 빠르게 변환된다.

정부간기후변화협의체는 지구온난화를 일으킬 잠재성에 대해 다양한 온실가스를 CO_2와 비교하기 위해 지구온난화지수(GWP)라 는 상대적인 개념을 사용한다. GWP는 시간 범위에 따라 다르다. 예를 들어 메탄의 GWP는 20년 동안 72이고, 100년에 걸쳐 25이다. 이는 메탄이 100년 동안에는 지구온난화의 원인으로 CO_2의 25배의 효과가 있음을 의미한다. 아산화질소의 수명은 114년이며, GWP는 20년 동안에는 289,100년에 걸쳐 298이다.[2]

대기 중 CO_2의 농도는 메탄 또는 아산화질소의 농도보다 훨씬 높고 더 높은 비율로 CO_2가 증가하고 있다. 이것이 가장 우려되는 온실가스이다.

복사 강제력

복사 강제력(Radiative Forcing, RF)은 특정 요소가 지구의 에너지 균형을 변화시키는데 영향을 미치는 척도이며, 면적당 에너지 비율(전력, W/m^2)로 정의한다. 일부 요소(온실가스)는 대기 온난화를 일으키는 반면, 일부 요인은(에어로졸, 얼음층 및 구름) 한랭화를 유발한다. 가장 중요한 요소들의 복사 강제력의 양은 <그림 A.2>에 나와 있다. CO_2는 $1.66W/m^2$만큼 기여를 하는 가장 큰 양(positive)의 복사 강제력 물질이고, 반면에 에어로졸은 가장 큰 음(negative)의 복사 강제력 물질이지만, 큰 불확도(uncertainty)가 있다. 태양 복사

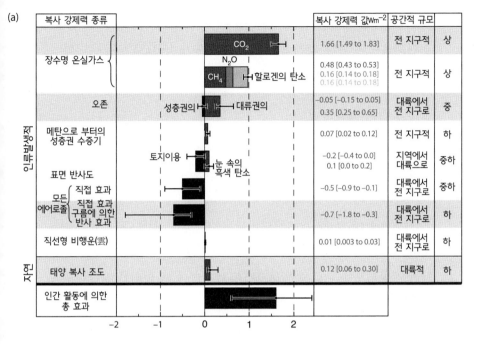

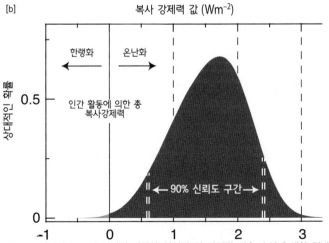

〈그림 A.2〉 1750년에서 2005년 사이의 다양한 인위적 및 자연적 기후 요인에 대한 평방미터당 복사 강제력(RF). 양의 요소는 지구온난화에 기여한다. 음의 요소는 지구를 식혀준다. 막대는 90% 신뢰 구간을 나타낸다. LOSU(level of scientific understanding)는 특정 요인에 대한 과학적 이해 수준을 나타낸다. ⓒ 기후 변화(Climate Change) 2007 : 물리 과학 기준 (Physical Science Basis)

실무 그룹: '정부간기후변화협의체' 4차 평가 보고서에 기여, 그림 TS.5. 캠브리지: 캠브리지 대학 출판사, 2007

조도(Solar irradiance)는 단지 작은 복사 강제력만 기여한다.

전체적으로 복사 강제력은 1.6(0.6~2.4)W/m²이므로 지구온난화가 발생하고 있다. 불확도는 주로 에어로졸 효과의 불확도에 기인한다.

배출 시나리오들에 관한 정부간기후변화협의체 특별보고서

2000년에 정부간기후변화협의체는 지구온난화에 대한 예측을 위해 기반으로 삼는 세계 경제 성장, 인구 및 기술 개발에 대한 다양한 시나리오에 대한 특별보고서를 발간했다.(3) 이러한 시나리오는 이후의 정부간기후변화협의체 보고서에서 잠재적인 지구온난화 예측의 범위를 확정하기 위해 사용되었다. 시나리오들을 여기에 축약하였다.

A1.

A1 줄거리(story line) 및 시나리오 그룹은 매우 빠른 경제 성장, 세기 중반에 최고조에 달하고 그 이후 감소하는 세계 인구, 새롭고 보다 효율적인 기술의 신속한 도입이라는 미래의 세계를 묘사한다. 주요 근본적인 주제는 지역 간의 수렴, 역량 강화, 문화 및 사회적 상호작용의 증가이며, 1인당 소득의 지역별 차이의 상당한 감소이다. A1 시나리오 그룹은 에너지 시스템의 기술적 변화에 대한 대안적인 방향을 설명하는 3가지 그룹으로 나뉜다. 3개의 A1 그룹은 화석 집약도(A1FI), 비화석 에너지원(A1T) 또는 모든 에너지원

간의 균형(A1B) (비슷한 개선율이 모든 에너지 공급 및 최종 사용 기술에 적용된다는 가정 하에 균형을 특정 에너지원에 지나치게 의존하지 않는 것으로 정의함)으로 구별된다.

A2.

　A2 줄거리 및 시나리오 그룹은 매우 이질적인 세계를 묘사한다. 근본적인 주제는 지역 정체성의 자립과 보존(preservation)이다. 지역별 출산율 패턴은 매우 천천히 수렴하여 인구가 지속적으로 증가한다. 경제 발전은 주로 지역 지향적이며, 1인당 경제 성장과 기술 변화는 다른 스토리 라인보다 분열되고 느리다.

B1.

　B1 줄거리 및 시나리오 그룹은 A1 스토리와 마찬가지로 세기 중반에서 최고조에 달하고 그 이후 감소하는 세계 인구, 그러나 경제 구조가 서비스 및 정보 경제로 급속하게 변화하면서 자원 강도의 감소, 깨끗하고 자원 효율적인 기술의 도입에 의한 수렴하는 세계를 묘사한다. 그 중점은 개선된 공평성을 포함하여 경제적, 사회적 및 환경적 지속가능성에 대한 지구적 해결책이지만, 추가적인 기후 계획은 없다.

B2.

　B2 줄거리 및 시나리오 그룹은 경제적, 사회적 및 환경적 지속

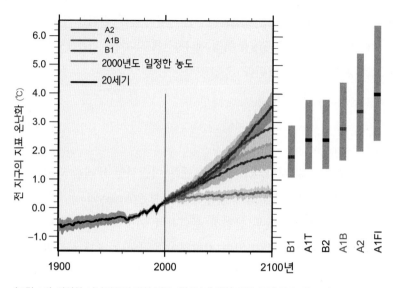

〈그림 A.3〉 다양한 시나리오에 대한 지표 온난화에 대한 다중 모델 평균 및 구간(range)
ⓒ 기후 변화(Climate Change) 2007 :물리 과학 기반(Physical Science Basis), 'IPCC' 4차 평가 보고서에 기여, 그림 SPM.5. 캠브리지: 캠브리지대학 출판사2007

가능성에 대한 지역적 해결책을 강조하는 세계를 묘사한다. A2보다 낮은 속도로 세계 인구가 지속적으로 증가하는 세계이며, 경제개발은 중간 수준, 그리고 B1 및 A1 스토리 라인보다 덜 빠르지만 더 다양한 기술적 변화가 있는 세계이다. 이 시나리오는 또한 환경보호와 사회적 공평성을 지향하지만, 국소 및 지역 수준에 초점을 맞추고 있다.

예시된 시나리오는 A1B, A1FI, A1T, A2, B1 및 B2의 여섯 가지 시나리오 그룹 각각에 대해 하나씩 선택되었다. 모두 똑같이 중요하게 간주되어야 한다. SRES 시나리오는 추가적인 기후 변화에 관한 계획들을 포함하지 않는다. 그것은 기후변화에 관한 유엔 기본협

약 또는 교토 의정서(Kyoto protocol)의 배출 목표를 명시적으로 이행하는 시나리오가 포함되지 않는다는 것을 의미한다.

정부간기후변화협의체 2007년 보고서는 여러 기후 모델 <그림 A.3>의 평균을 기반으로 다양한 시나리오들에 대한 2000년에서 2100년까지 지구 표면 온난화의 양에 대한 예측을 만들었다. 시나리오 B1만이 지구 표면의 온난화를 2℃ 미만으로 이끌 유일한 것이다.

참고 문헌

1. Wolfson R. Energy, *Environment, and Climate.* 2nd ed. New York: W. W. Norton, 2012.
2. Solomon S, Chen AD, Manning M, et al. *Technical Summary. Climate Change 2007: The Physical Science Basis. Contribution of Working Group 1 to the Fourth Assessment Report of the Intergovernmental Panel on Climate Change.* Cambridge: Cambridge University Press, 2007.
3. Nakicenovic N, Davidson O, Davis G, et al. IPCC Special Report; Emissions Scena-rios, Summary for Policymakers. In *A Special Report of Working Group III of the Intergovernmental Panel on Climate Change*. Cambridge: Cambridge University Press, 2000; 1–27.

부록 B   용어, 정의 및 단위에 대한 해설

에너지

에너지는 일을 할 수 있는 능력이다. 그것은 힘에 시간을 곱한 것과 같다. 보통 Joules(J), kWh(kilowatt hours) 또는 BTUs(British thermal units)로 표시된다. 원자 규모에서의 에너지는 eV(electron volt, 전자볼트)로 표시된다.

$1kWh = 3.6 \times 10^6 J (3,600,000\ J)$

$1MWh = 10^6 watt\ hours$

$1kWh = 3,412 BTU$

$1Quad(quadrillion\ BTU) = 10^{15}BTU = 1.054 \times 10^{18}J = 3.09 \times 10^8 MWh$

1toe(ton of oil equivalent, 오일 당량 톤) $= 41.87GJ(41.87 \times 10^9 J)$

1toe = 7.32 boe(barrel of oil equivalent 오일 당량 배럴)

1cubic foot(cu. ft.) (천연가스) = 1,027BTU

1therm(천연가스) = 100,000 BTUs = 97.4 cu.ft.

1Quad(천연가스) = 0.974 trillion cu. ft.(Tcf)

$1erg = 1gm\text{-}cm^2/sec^2$

$1J = 1joule = 1kg\text{-}m^2/sec^2 = 10^7 erg$

1eV = 1electron volt, 1볼트 전압차에 의해 움직이는 전자가 얻는 에너지이다.

$1eV = 1.602 \times 10^{-19}J$

$1keV = 10^3 eV$

$1MeV = 10^6 eV$

$1MeV = 1.602 \times 10^{-13}J$

무게(또는 질량, weight or mass) 1ton = 1short ton = 2,000lb(파운드)

1tonne = 1metric ton = 1,000kg = 2,200lb = 1.1ton

$1Gt = 1gigatonne = 1 \times 10^9 tonnes = 1.1 \times 10^9 tons$

일률(Power, 전력)

일률은 일이 완료되는 속도 또는 에너지가 사용되는 속도이다. 전력은 발전소가 생산하는 전기적 일률이다. 전기적인 관점에서, 전기와 전압을 곱한 것이다. 일반적으로 와트(watts, W)로 표시된다. 발전소는 전력생산량(예: MWe)에 따라 정격을 정하고 과열로 인해 발생하는 전력량은 무시한다.

$P = IV = I^2R$ (전력은 전류 곱하기 전압 또는 전류 제곱 곱하기 저항과 같다.)

$1watt(W) = 1amp \times 1volt$

$1kilowatt(kW) = 10^3watts(1,000watts)$

$1megawatt(MW) = 10^6watts(1,000,000watts)$

$1gigawatt(GW) = 10^9watts(1,000,000,000watts)$

$1terawatt(TW) = 10^{12}watts(1,000,000,000watts)$

10의 멱수

10^{-15}	femto	펨토	(f)
10^{-12}	picco	피코	(p)
10^{-9}	nano	나노	(n)
10^{-6}	micro	마이크로	(μ)
10^{-3}	milli	밀리	(m)
10^0	1		
10^3	killo	킬로	(k)
10^6	mega	메가	(M)
10^9	giga	기가	(G)
10^{12}	tera	테라	(T)
10^{15}	peta	페타	(P)
10^{18}	exa	엑사	(E)

방사능(radioactivity)

방사능은 단위 시간당 붕괴(disintegration)로 표현된 임의의 붕괴 과정에 의해 원자핵이 붕괴되는 비율이다. Bq(Becquerel)은 방사능의 표준 단위이다.

1Bq = 초당 1개 붕괴

Ci(curie)는 방사능의 오래된 정의이다.

$1Ci = $ 초당 3.7×10^{10} 붕괴 $= 3.7 \times 10^{10} Bq$

원자 질량(A): 원자핵 내의 양성자와 중성자의 수

원자 번호(Z) : 원자핵 내의 양성자의 수

알파(alpha) : 2개의 양성자와 2개의 중성자를 갖는 헬륨 핵(^4He)

베타(beta) : 원자핵에서 방출되는 전자

감마(gamma) : 원자핵에서 방출되는 광자

엑스레이(x-ray) : 전자 궤도에서 방출되는 광자

반감기(half-life) : 어떤 물질의 원자핵들 절반이 방사성 붕괴하는데 걸리는 시간

동위원소(Isotope) : 방사성동위원소라고도 한다. 특정 수의 중성자를 가진 원소: 같은 원소의 다른 동위원소는 다른 수의 중성자를 가지고 있다.

기호(symbol)

v : 주파수

λ : 파장

c : 빛의 속도

h : 플랑크 상수

E : 에너지

m : 질량

n, m : 전자 에너지 준위

n, l, m, s : 양자수

Δp : 운동량의 불확도

Δx : 위치의 불확도

Z : 원자번호
A : 원자질량
N : 중성자 수
X : 원소기호
S : 정지능
v : 속도
D : 흡수선량
W_R : 방사선가중계수
H : 등가선량
W_T : 조직가중계수
E : 유효선량

부록 C 두음문자(Acronyms) 및 약어(Abbreviations)

ABCC Atomic Bomb Casualty Commission 원자폭탄사고위원회

ABWR Advanced BWR 선진 비등경수형 원자로

ANL Argon National Laboratory 아르곤 국립연구소

AP1000 Advanced Passive 1000 MWe Reactor 선진피동형1000 원자로

ASTRID Advanced Sodium Technological Reactor for Industrial Demonstration, 산업데모용 선진소듐 원자로

BEIR Committee on Biological Effects of Radiation 방사선생물학적영향위원회

BRIC Brazil, Russia, India, China 브라질, 러시아, 인도, 중국

BWR boiling water reactor 비등경수형 원자로

CAA Clean Air Act 청정대기법

CAIR Clean Air Interstate Rule 청정대기주간규정

CAFE Corporate Average Fuel Economy 평균연비제도

CAMR Clean Air Mercury Rule 청정대기수은규정

CANDU Canadian Deuterium Uranium Reactor 캐나다형 중수로

CCS carbon capture and storage 탄소포집 및 저장

CF Chernobyl Forum 체르노빌 포럼

CFC chlorofluorocarbon 염화불화탄소

COGCC Colorado Oil and Gas Conservation Commission 콜로라도 석유 및 가스 보전위원회

CRS Congress Research Service 미의회연구청

CSP Concentrated Solar Power 집열식 태양열 발전

CSU Colorado State University 콜로라도 주립대학

CT computed tomography 컴퓨터 단층촬영

CWA Clean Water Act 청정대기법

DDREF dose and dose rate effectiveness 선량 및 선량률 효과계수

DNA deoxyribonucleic acid 디옥시리보 핵산

DOE United States Department of Energy 미국 에너지부

DOI United States Department of Interior 미국 내무부

EBR Experimental Breeder Reactor 실험용 증식로

EFA European Free Alliance 유럽자유연맹당

EIA United States Energy Information Administration 미국 에너지관리청

ENSO El Nino/Southern Oscillation 엘니뇨 / 남방 진동

EPA United States Environmental Protection Agency 미국 환경보호청

EPR European (Evolutionary) Pressurized Reactor 유럽형(진화한) 가압경수로
PWR

EPRI Electrical Power Research Institute 미국전력연구소

ESBWR Economic Simplified Boiling Water Reactor 경제성 단순화 BWR

EU ETS European Union's Emission Trading Scheme 유럽연합 배출권거래제

EZ exclusion zone 배타구역

FOE Friends of Earth 지구의벗

FPTC federal production tax credit 연방생산세액공제

FWS Fish and Wildlife Service 어류및야생생물보호국

GHG greenhouse gas 온실가스

GI gastrointetinal 위장관

GIROB Gray Institute of Radiation Oncology and Biology 그레이 종양학 및 생물
학연구소

GISS Goddard Institute for Space Studies 고다드우주연구소

GWP global warming potential 지구온난화 지수

Gt giga ton 기가톤

HEU high enrichment uranium 고농축 우라늄

HIV human immunodeficiency virus 인간면역결합 바이러스

HS Hanford site 한포드 사이트

HTGR high temperature gas reactor 고온가스 원자로

IAEA International Atomic Energy Agency 국제원자력기구

ICRP International Commission on Radiation Protection 국제방사선방호위원회

IFR Integral Fast Reactor 통합 고속로

INEEL Idaho National Environmental and Engineering Laboratory 아이다호 국립
    환경공학연구소

INES International Nuclear and Radiological Event Scale
    국제원자력및방사선사건척도

INL Idaho National Laboratory 아이다호 국립연구소

INPO Institute of Nuclear Power Operations 원자력발전운영협회

IPCC Intergovernmental Panel on Climate Change 정부간기후변화협의체

ISR in situ recovery 현장회수법

IRS Internal Revenue Service 국세청

ITP Institute of Theoretical Physics 이론물리학연구소

LANL Los Alamos National Laboratory 로스알라모스 국립연구소

LCOE levelized cost of electricity 균등화전기비용

LEU low enrichment uranium 저농축 우라늄

LFTR liquid fluoride thorium reactor 액체불화토륨 원자로

LHC Large Hadron Collider 강입자충돌대형가속기

LLNL Lawrence Livermore National Laboraotry 로렌스리버모아 국립연구소

LNT linear nonthreshold 선형비발단치

LOCA loss of coolant accident 냉각재 상실사고

MIT Massachusetts Institute of Technology 메사추세츠 공과대학

MOX mixed oxide fuel 혼합산화물 연료

mpg mile per gallon 갤런당 마일

MRI magnetic resonance imaging 자기공명영상

MSHA Mine Safety and Health Administration 광산안전보건관리국

NANT National Academy for Nuclear Training 국립원자력훈련아카데미

NAS United States National Academy of Sciences 미국 국립과학아카데미

NASA National Aeronautics and Space Administration 미항공우주국

NC Nature Conservancy 자연보호협회

NCDC National Climate Data Center 국립기후데이터센터

NCRP National Council on Radiation Protection and Measurement 국립방사선방

호및측정위원회

NEA Nuclear Energy Agency 원자력기구

NEI Nuclear Energy Institute 원자력연구소

NIPCC Nongovernmental International Panel on Climate Control
비정부 국제 기후관리 패널

NOAA National Oceanic and Atmospheric Administration 국립해양대기청

NRC United States Nuclear Regulatory Commission 미국 원자력규제위원회

NRDC National Resources Defense Council 천연자원보호협회

NREL National Renewable Energy Laboratory 국립재생에너지연구소

NRF National Research Foundation 국립연구재단

NSIDC National Snow and Ice Data Center 국립설빙데이터센터

NTS Nevada Test Site 네바다시험장

NWBSSC National Weather Bureau's Satellite Service Center 국립기상청위성서비스센터

NWF Nuclear Waste Fund 원자력폐기물기금

NWF National Wildlife Federation 국립야생생물연맹

O&M Operation and Management 운영및관리

OECD Organization for Economic Cooperation and Development 경제협력개발기구

ORNL Oak Ridge National Laboratory 오크리지 국립연구소

ppm particles per million 백만분률

PV photovoltaic 광전압

PWR pressurized water reactor 가압경수형 원자로

RBE relative biological effectiveness 상대적 생물학적 효과

RBMK Reactor Bolshoy Moshchnosti Kanalniy 구소련형 흑연감속 비등경수형 원자로

RECA Radiation Exposure Compensation Act 방사선피폭보상법

RERF Radiation Effects Research Foundation 방사능영향연구재단

RFETS (Rocky Flats Environmental Tehcnology Site) 록키플랫 환경기술사이트

RMI (Rocky Mountain Institute) 록키마운틴연구소

RNA (ribonucleic acid) 리보 핵산

RPS (Renewable Portfolio Standards) 재생에너지 포트폴리오 표준

RSV Rous sarcoma virus 라우스 육종 바이러스

SEF Science and Environmental Project 과학 및 환경정책프로젝트

SDW Safe Drinking Water Act 안전한식수법

SMR small modular reactor 소형 모듈형 원자로

SNF spent nuclear fuel 사용후핵연료

SNL Sandia National Laboratory 샌디아 국립연구소

SRS Savannah River Site 사바나리버 사이트

TMI Three mile island 쓰리마일 아일랜드

TORCH The Other Report on Chernobyl 토치

TRU transuranic 초우라늄

UCS Union of Concerned Scientists 참여과학자연대

UMTRAP Uranium Mill Tailings Remedial Action Project 우라늄분쇄폐석정화계획

UMTRCA Uranium Mill Tailings Radiation Control Act 우라늄분쇄폐석방사선규제법

UNEP United Nations Environmental Program 유엔환경계획

UNFCCC United Nations Framework Convention on Climate Change
  유엔 기후변화에 관한 기본협약

UNSCEAR United Nations Scientific Committee on the Effects of Atomic Radiation
  유엔방사선영향과학위원회

USEC United States Enrichment Corporation 유에스농축회사

WCI World Coal Institute 세계석탄연구소

WEO World Energy Outlook 세계에너지전망

WIPP Waste Isolation Pilot Plant 폐기물격리파일럿플랜트

WHO World Health Organization 세계보건기구

WMO World Meteorological Organization 세계기상기구

WNA World Nuclear Association 세계원자력협회

WWF World Wildlife Fund 세계야생생물기금

부록 D 관련있는 노벨상 수상자

연도	수상자	분야	발견 내용
1901	Wilhelm Conrad Röntgen	물리학	엑스레이
1903	Antoine Henri Becquerrel, Pierre Curie, Marie Curie	물리학	자연 방사능
1906	Joseph John Thompson	물리학	전자
1908	Ernest Rutherford	화학	방사성 붕괴
1911	Marie Curie(Sklodowska)	화학	라듐과 폴로늄
1921	Frederick Soddy	화학	동위원소의 기원과 성질
1922	Niels Bohr	물리학	원자의 구조
1927	Arthur Compton	물리학	컴프턴 산란
1932	Werner Heisenberg	물리학	양자 역학
1933	Erwin Schrodinger, Paul A. M. Dirac	물리학	새로운 원자 이론
1934	Harold Urey	화학	중수소
1935	James Chadwick	물리학	중성자
1938	Frederic Joliot, Irene Joliot Curie	화학	방사성 원소 합성
1944	Otto Hahn	물리학	원자핵변환
1946	Hermann Joseph Muller	생리학/의학	엑스선에 의한 돌연 변이
1949	Hideki Yukawa	물리학	원자핵력에서 메존의 존재
1958	Pavel Cherenkow, Il'ja Frank, Igor Tamm	물리학	체렌코프 영향
1962	Francis Crick, James Watson, Marice Wilkins	생리학/의학	DNA 구조
1966	Peyon Rous	생리학/의학	암 유발 바이러스
1969	Murray Gell-Mann	물리학	기본 입자의 분류
1975	David Baltimore, Renato Dulbecco, Howard Temin	물리학	전자약한 상호작용
1984	Carol Rubbia, Simon van der Meer	물리학	약한 상호작용 입자 (W and Z)
1989	J. Michael Bishop, Harald Varmus	생리학/의학	레트로바이러스 종양유전자
2009	Elizabeth Blackburn, Carol Greider, Jack Szostark	생리학/의학	텔로미어 & 텔로머라제

색인(Index)

가압경수로 PWR ; 190, 203, 204, 205, 206, 380, 389, 470, 533

간헐성 intermittency ; 154, 155, 164, 165, 168, 172, 193, 484

감속재 moderator ; 256, 257, 258, 272, 379, 388, 389, 415, 464, 465, 470, 473

갑상선(암) thyroid ; 285, 295, 296, 383, 384, 392, 398, 399, 409, 412, 423, 424, 507

개방형 연료주기 open fuel cycle ; 360

개지와트 gadgiwatts ; 479

건식 저장시설 dry storage ; 341, 343, 372, 373, 489, 490

경제협력개발기구 OECD ; 93, 102, 458, 535

고농축 우라늄 HEU ; 461, 533

고속 중성자 fast neutron ; 371, 374, 464, 465, 468, 469, 497

고온가스 원자로 HTGR ; 470, 471, 533

광전지 photovoltaic cell ; 140, 141

교토 의정서 Kyoto protocol ; 35, 480, 527

구소련형 흑연비등경수로 RBMK ; 413, 535

국립방사선방호및측정위원회 NCRP ; 300, 310, 323, 534

국제방사선방호위원회 ICRP ; 301, 302, 423, 533

국제원자력기구 IAEA ; 367, 396, 458, 533

국제원자력및방사선사건척도 INES ; 423

균등화발전비용 LCOE ; 157, 197

급성방사선증후군 acute radiation syndrome ; 297, 395, 406

기저부하 base load ; 141, 146, 155, 183, 193, 202, 209, 484, 486

기체원심 분리 gas centrifuge ; 453, 454, 455, 474

기체확산 gaseous diffusion ; 452, 453, 454, 472

기후강제력 climate forcing ; 59

기후민감도 climate sensitivity ; 58, 590

기후변화에 관한 유엔 기본협약 UNFCCC ; 526

냉각재 상실사고 LOCA ; 381, 392, 534

냉각□장조 cooling pond ; 192, 333, 338, 341, 371, 373, 417, 418, 489

넵투늄 Neptunium ; 256, 335, 349, 354, 464, 490

노심용융 core meltdown ; 17, 205, 377, 378, 389, 393, 417, 418, 493, 507, 508, 517

노천광산 pit mine ; 22, 107, 443

농축 enrichment ; 194, 195, 214, 258, 358, 360, 363, 374, 378, 451, 452, 453, 454, 455, 461, 462, 463, 464, 465, 466, 469, 471, 472

뇌혈관 증후군 cerebrovascular syndrome ; 297, 298

단일가닥절단 single strand break (SSB) ; 277, 278

대류권 troposphere ; 53, 68, 76, 391

대수층 aquifer ; 113, 118, 120, 128, 130, 131, 133, 134, 364, 443, 444, 445, 446, 447, 448, 449, 450

도시 열섬 urban heat island ; 68

돌연변이 mutation ; 61, 261, 279, 281, 282, 284, 285, 291, 292, 293, 294, 302, 303, 305, 306, 382, 383, 402

동위원소 isotope ; 47, 231, 244, 245, 246, 247, 248, 251, 256, 260, 272, 273, 311, 315, 316, 317, 318, 319, 320, 334, 335, 336, 337, 338, 340, 347, 348, 349, 354, 358, 368, 372, 373, 381, 384, 391, 392, 393, 394, 451, 453, 455, 464, 465, 466, 469, 488, 490, 491, 497, 511, 530

등가선량 equivalent dose ; 275, 277, 531

라돈 radon ; 192, 230, 246, 276, 284, 296, 303, 304, 311, 316, 317, 318, 319, 320, 321, 322, 327, 329, 333, 438, 439, 440, 441, 446, 448, 450, 472, 489

라아그 La Hague, France 재처리 시설 ; 15, 360, 361, 362, 365, 366, 367

라우스 육종 바이러스 RSV ; 286, 287, 288, 535

레드북 red book ; 458, 462, 469

레트로바이러스 retrovirus ; 287, 537

로스알라모스국립연구소 LANL ; 304, 349, 354, 355, 534

로카쇼무라 RokkashoMura ; 361

리보 핵산 RNA ; 287, 535

마그녹스 Magnox 영국 Pu 생산로 ; 369

마르셀루스 셰일 Marcellus Shale ; 129

마리와 피에르 퀴리 Marie and Pierre Curie ; 85, 222, 242, 245, 259, 317

마운더 극소 Maunder Minimum 1650~1715년; 51

맨해튼 프로젝트 Manhattan Project ; 435, 451, 452, 453

메가톤-메가와트 Megatons to Megawatts ; 461

멜록스 ; 15, 363, 365, 367, 370, 456

모나자이트 monazite ; 317, 327

모델 ; 35, 65, 66, 67, 75, 149, 210, 229, 235, 237, 238, 239, 240, 242, 264, 267, 293, 295, 300, 301, 312, 322, 323, 348, 349, 463, 490, 493, 526, 527

미국 국립과학아카데미 NAS ; 72, 96, 112, 176, 180, 296, 298, 299, 321, 350, 354, 371, 372, 534

미국 에너지관리청 EIA ; 87, 92, 96, 108, 109, 110, 115, 124, 148, 157, 159, 166, 172, 174, 198, 209, 457, 479, 480, 533

미국 에너지부 DOE ; 90, 120, 174, 175, 176, 179, 196, 201, 206, 210, 344, 345, 348, 350, 354, 355, 356, 383, 501, 533

미국 원자력규제위원회 NRC ; 196, 203, 206, 214, 215, 374, 384, 474, 475, 502, 503, 535

미국 전력연구소 EPRI ; 96, 100, 533

미국 환경보호청 EPA ; 16, 17, 36, 125, 126, 130, 132, 134, 320, 322, 344, 349, 350, 351, 354, 355, 356, 383, 438, 439, 447, 448, 449, 483, 533

밀란코비치 주기 Milankovich period ; 49

반감기 halflife ; 231, 245, 251, 252, 254, 303, 304, 314, 315, 317, 319, 326, 335, 337, 338, 340, 349, 357, 392, 393, 394, 430, 510, 530

반사율 albedo ; 59, 65, 66

발암성 carcinogenic ; 128, 261, 306

방사능영향연구재단 RERF ; 535

방사선가중계수 radiation weighting factor ; 275, 276, 283, 531
방사선생물학적영향위원회 BEIR ; 299, 303, 532
방사성동위원소 ; 14, 244, 311, 315, 316, 317, 318, 326, 336, 337, 338, 348, 349,
    354, 384, 391, 392, 393, 394, 488, 511, 530
방사성 붕괴 radioactive decay ; 231, 243, 244, 245, 247, 250, 259, 260, 304, 316,
    336, 337, 530
배가선량 doubling dose ; 303
배경방사선 background radiation ; 6, 21, 310, 311, 315, 319, 326, 327, 328, 351,
    391, 397, 405, 406, 429, 490, 491
배출상한선 및 배출권거래제 a cap and trade system ; 35, 482, 483
배타구역 exclusion zone EZ ; 390, 395, 397, 401, 402, 403, 404, 405, 409, 413,
    533
보조금 subsidy ; 148, 149, 157, 158, 159, 171, 173, 183, 200, 201, 202, 208, 514
복사강제력 radiative forcing ; 60, 76, 522, 523
복합화력발전소 combined cycle power plant ; 485
분쇄 폐석 mill tailings ; 440, 441, 443, 448, 451
붉은 숲 red forest ; 400, 409
비등수형 원자로 BWR ; 203, 204, 206, 380, 389, 413, 414
비산재 fly ash ; 106, 110, 111, 117, 342
빙하 코어 ice core ; 43, 76
사용후핵연료 SNF ; 192, 197, 207, 213, 277, 333, 335, 336, 337, 338, 340, 341,
    342, 343, 344, 345, 346, 348, 349, 350, 352, 357, 358, 359, 360, 361, 362,
    363, 365, 366, 368, 369, 370, 371, 372, 373, 374, 407, 417, 461, 463, 466,
    467, 472, 489, 490, 491, 508, 517, 536
산성화 acidification ; 71, 129
산업데모용 선진 소듐 원자로 ASTRID ; 371, 468, 532
삼림벌채 deforestation ; 18, 46, 51, 68, 75, 479
상대적 생물학적 효과계수 RBE ; 274, 307
생애연구 life span study ; 295, 298, 299, 301
석탄화력발전소 coal-fired power plan ; 14, 35, 104, 106, 107, 108, 109, 110, 111,
    118, 119, 120, 121, 122, 149, 170, 189, 192, 199, 209, 210, 342, 379, 453,
    482, 483, 484, 486, 487, 494, 495, 498, 512, 516
선량 및 선량률 효과계수 DDREF ; 302, 533
선진 비등수형 원자로 ABWR ; 206, 210, 532
설비 이용률 capacity factor ; 157, 165, 166, 167, 171, 175, 193
세계기상기구 WMO ; 32, 536
세계보건기구 WHO ; 396, 422, 423, 536
세슘–137 Cesium ; 337, 391, 393, 394, 403, 417, 491
셰일가스 shale gas ; 124, 125, 126, 128, 132, 134, 200, 485
소 빙하기 little ice ages ; 44, 51, 76, 80
소형 모듈형 원자로 SMR ; 207, 208, 500, 501, 536
수력(발전소) ; 18, 87, 89, 91, 94, 101, 139, 147, 148, 153, 155, 169, 170, 171, 203,
    510

스트론튬-90 ; 337, 391, 394, 419, 491

시뮬레이션 ; 33, 39, 41, 44, 45, 69, 170, 198, 348, 386, 408

싱어와 에버리 ; 43, 44, 46, 67

아레바 AREVA ; 15, 207, 360, 365, 369, 372, 462

악티나이드 actinides ; 336, 339, 340, 372, 468

액체불화토륨 원자로 LFTR ; 536

앨 고어 Albert Gore ; 31, 34, 54, 65, 71, 482

양성자 ; 76, 232, 237, 238, 241, 242, 243, 244

양자역학 quantum mechanics ; 54, 223, 228, 229, 233, 239, 240, 249

어니스트 러더퍼드 Ernest Rutherford ; 85, 229

에너지 밀도 energy density ; 83, 86, 90, 101, 107, 116, 456, 515

에너지정책법(안) Energy Policy Act ; 132, 200

엘니뇨(남방진동) ElNino ENSO ; 56, 57, 533

엘 치촌 El Chichón ; 57

엡스타인-바 바이러스 Epstein-Barr virus ; 286

역청탄 bituminous coal ; 102, 107

연료봉 fuel rod ; 190, 333, 334, 335, 336, 337, 338, 340, 341, 361, 362, 367, 373,
379, 380, 381, 382, 388, 417, 418, 456

연료집합체 fuel assembly ; 190, 192, 336, 362, 366, 367, 456

염색체 chromosomal ; 278, 279, 282, 283, 284, 285, 289, 290, 291, 293, 294, 295

옐로케이크 yellow cake ; 440, 445, 451, 452

오나가와 원자력발전소 Onakawa NPP, Japan ; 418

육상풍력 onshore wind ; 174, 200

이산화탄소 CO_2 ; 6, 11, 18, 19, 20, 31, 32, 33, 34, 36, 37, 39, 45, 47, 48, 49, 50,
51, 52, 53, 54, 55, 57, 58, 59, 60, 68, 69, 72, 73, 75, 84, 86, 87, 89, 90, 91, 92,
93, 95, 96, 99, 100, 101, 102, 104, 106, 107, 108, 115, 116, 117, 118, 119,
120, 121, 122, 125, 126, 149, 155, 170, 172, 177, 183, 187, 193, 194, 197,
202, 203, 210, 211, 212, 314, 342, 360, 373, 426, 428, 446, 451, 453, 477,
478, 479, 480, 481, 482, 483, 485, 486, 487, 496, 497, 501, 505, 512, 515,
520, 521, 522

이중가닥절단 DSB ; 277, 278, 279, 281, 282, 283, 285, 294, 305

자기권 magnetosphere ; 313

자연배경방사선 natural background radiation dose ; 21, 193, 300, 309, 311, 326,
398, 429, 488, 490

잠복기 latency period ; 285, 286, 293, 306, 307, 399

재생에너지 ; 89, 94, 100, 153, 169, 172, 200, 201, 509, 514

재생에너지 포트폴리오 표준 RPS ; 148

재처리 reprocess ; 15, 343, 344, 359, 360, 361, 362, 363, 364, 365, 367, 368, 369,
370, 372, 373, 374, 417, 456, 461, 467, 491

재활용 recycle ; 23, 84, 340, 358, 359, 360, 365, 372, 374, 463, 465, 466, 469, 472,
497, 517

저농축 우라늄 LEU ; 461, 534

전기요율 electricity rate ; 498, 499

전기자동차 on-line vehicle ; 90, 91, 99, 212, 479
전리방사선 ionizing radiation ; 263, 274, 282, 285, 323, 325
절약 conservation ; 90, 92, 144, 212, 479, 482, 484
접시 스털링 dish Sterling ; 151
접시형 집광기 solar dish ; 150, 151
정부간기후변화협의체 IPCC ; 32, 33, 34, 41, 42, 46, 58, 60, 61, 64, 69, 71, 72, 79,
        477, 513, 522, 524, 527, 534
제어봉 control rod ; 190, 257, 379, 380, 387, 388, 389, 430
조직가중계수 tissue weighting factor ; 276, 277, 392, 450, 531
조혈증후군 hematopoietic syndrome ; 395
종양억제유전자 tumor suppressor gene ; 291, 292, 293, 306
중수로 ; 473, 532
중수소 deuterium ; 47, 76, 272, 273, 473
증식로 breeder ; 464, 465, 466, 467, 468, 472, 491, 497
지구 기후변화 global climate change ; 5, 18, 23, 31, 32, 34, 36, 40, 69, 84, 90, 101
지구온난화 global warming ; 20, 31, 33, 34, 35, 36, 38, 39, 40, 41, 42, 44, 45, 46,
        47, 53, 54, 55, 58, 60, 61, 64,65, 67, 68, 69, 71, 73, 74, 75, 87, 96, 116, 122,
        125, 126, 127, 135, 188, 194, 213, 224, 350, 400, 428, 477, 481, 487, 504,
        505, 508, 515, 520, 521, 522, 524, 533
지구온난화지수 GWP ; 522, 533
집열식 태양열 발전 CSP ; 149, 152, 157
천연가스발전소 natural gas power plant ; 127, 170, 173, 200, 210, 211, 212, 388,
        457, 485, 486, 499
첨두부하 peak load ; 146, 147
청산인 liquidator ; 396, 399, 411
체르노빌 포럼 Chernobyl Forum CF ; 396, 399, 532
초우라늄 TRU ; 251, 252, 254, 256, 273, 336, 340, 342, 346, 348, 349, 354, 355,
        356, 357, 364, 372, 373, 465, 466, 467, 536
캐나다형 중수로 CANDU ; 473, 532
킬링 곡선 Keeling curve ; 53, 54
탄소세 carbon tax ; 197, 198, 211, 482, 501
탄소포집 및 저장 CCS ; 97, 100, 116, 117, 118, 119, 120, 121, 198, 483, 499, 532
태양광 solar power ; 18, 19, 20, 36, 43, 44, 50, 51, 60, 65, 89, 91, 92, 100, 101, 139,
        140, 141, 144, 145, 156, 147, 148, 149, 150, 151, 152, 153, 154, 155, 156,
        157, 158, 159, 164, 166, 170, 171, 173, 174, 182, 183, 193, 194, 195, 196,
        197, 200, 201, 202, 203, 209, 212, 426, 485, 487, 499, 509, 510, 513, 514,
        515, 517, 518
태양 복사량 ; 60
텔로미어 telemere ; 294, 537
토륨 Thorium ; 109, 230, 231, 246, 247, 311, 315, 316, 317, 318, 326, 373, 469,
        470, 471, 472, 488, 497, 510, 511
토치 The Other Report on Chernobyl TORCH ; 396, 398, 536
통합고속로 Integral Fast Reactor (IFR) ; 466, 467

팁핑 tipping element ; 72
파동-입자 이중성 wave-particle duality ; 228
파쇄법 fracking ; 123, 124, 127, 128, 130, 131, 446, 485, 486
폐기물 ; 23, 111, 126, 173, 213, 304, 328, 333, 334, 337, 339, 340, 341, 342, 343,
    345, 347, 348, 349, 350, 354, 355, 356, 357, 358, 360, 363, 364, 371, 372,
    373, 440, 463, 472, 473, 491, 492, 497, 508, 514, 516
폐쇄형 연료주기 closed fuel cycle ; 360, 463
피나투보산 Mount Pinatubo ; 57
칼륨-40 K-40 ; 247, 315, 317, 393, 511
폴로늄 Polonium ; 222, 223, 242, 246, 319, 320, 436
풍력 발전 wind power ; 18, 95, 135, 161, 163, 165, 166, 169, 170, 171, 172, 173,
    174, 176, 178, 179, 180, 182, 193, 194, 201, 485
프리피야트 Pripyat, Ukraine ; 390, 393, 398, 401, 406, 409, 410, 413
플루토늄 Plutonium ; 261, 273, 297, 304, 336, 338, 344, 348, 362, 363, 365, 366,
    367, 368, 369, 370, 372, 373, 417, 438, 456, 461, 465, 466, 467, 490, 491
피치브랜드 pitchblende ; 84, 85, 222, 436
해상풍력 offshore wind ; 174, 175
해수면 sea level ; 61, 62, 64, 71, 72, 76
핵무기 nuclear weapon ; 16, 17, 296, 297, 344, 347, 354, 368, 369, 370, 372, 373,
    385, 437, 461, 462
핵분열생성물 fission products ; 254, 277, 335, 336, 337, 338, 340, 342, 346, 347,
    359, 361, 362, 363, 364, 365, 366, 367, 372, 373, 391, 393, 416, 417, 418,
    470, 490, 491
핵확산 금지조약 non-proliferation treaty ; 373
헬라 헨리에타 HeLa Henrietta (유방암 세포) ; 290
헬렌 칼디코트 Helen Caldicott ; 17, 212, 261, 280, 304, 339, 348, 385, 394, 492,
    496
현장회수법 in situ recovery (ISR) ; 443, 444, 445, 446, 449, 450, 451, 458, 460,
    497, 534
호르메시스 hormesis (자극효과) ; 300, 301
혼합산화물 연료 mixed oxide fuel (MOX) ; 15, 365, 366, 367, 369, 370, 371, 372,
    373, 417, 456, 461, 462, 464, 491, 534
흡수선량 absorbed dose ; 273, 274, 275, 531

우리는 지금 지구와 위험한 게임을 하고 있다
WHY 원자력이 필요한가

지은이 | 마이클 H. 폭스
옮긴이 | 조규성
만든이 | 하경숙
만든곳 | 글마당
책임 편집디자인 | 정다희

(등록 제02-1-253호, 1995. 6. 23)

1쇄 | 2020년 5월 27일
2쇄 | 2020년 6월 6일

주소 | 서울시 송파구 송파대로 28길 32
전화 | 02. 451. 1227
팩스 | 02. 6280. 9003
홈페이지 | www.gulmadang.com
이메일 | vincent@gulmadang.com

ISBN 979-11-90244-09-1(03300)   값 19,800원
CIP 2020019866